「安南王国」の夢

ベトナム独立を支援した日本人

Maki Hisashi

牧 久

ウェッジ

「安南王国」の夢——ベトナム独立を支援した日本人　目次

装幀　間村俊一

「安南王国」の夢

――ベトナム独立を支援した日本人

凡例

・本文中の敬称はすべて省略した。
・書籍等の引用に際しては読みやすさを考慮し、旧漢字を新字、旧仮名を新仮名、一部の片仮名表記を平仮名にするなどした。また、句読点を入れたり一部簡略化したりするなど、適宜変更を加えた箇所もある。
・軍隊の部隊名および人物の肩書、学校名、地名等々は原則的にその時点のものとし、( )内に適宜補足した。また、外国の地名に関しても原則的に当時の呼称に合わせた。
・「ベトナム」の表記は、引用文等を除いて原則として「ベトナム」とした。
・満洲および「満洲国」は、満洲と表記した。
・ベトナム人の姓は、グエン（阮）、ファン（潘）、チャン（陳）、ホアン（黄）など極めて少ない。このため人名表記では、ベトナムの慣例に従い、原則的に三音節の最後の名前の部分（ファン・ボイ・チャウは「チャウ」）とした。
・クオン・デは、書籍等で「疆柢」「彊柢」「彊柢」等々の表記があるが、本書では「彊柢」で統一した。また、文脈に応じて、ゴ・ジン・ジェム→ゴ・ディン・ジェム、バオ・ダイ→バオダイ等、引用文の表記を改変した箇所もある。

写真提供
松下光興、安藤成行、山本哲朗、加藤健四郎、山田勲、三島叡、共同通信、Wikimedia Commons（その他は著者撮影）

地図作成
アトリエ・プラン

序章 「兄弟同士の戦争はやめること」

クオン・デ侯の最期――一九五一年

一九五一（昭和二十六）年四月六日午前五時五分。ベトナム・グエン（阮）王朝直系の王族、クオン・デ（畿外侯彊柢）は、東京・国電飯田橋駅近くにあった日本医科大学第一附属病院の一室で息を引き取った。白み始めた窓外では、桜の花が満開の季節を迎えていた。

死を看取ったのは、彼の身の回りの世話を続けてきた日本人女性、安藤ちゑのただ一人。長い間、同棲生活を送ってきた〝内縁の妻〟である。死の間際、彼は一言、うめくように言葉を発した。ベトナム語だったのだろう。ちゑのは、彼が何を語ろうとしたのか、理解することは出来なかった。

フエの王宮に、美しい王妃と二人の幼い息子を残して日本に潜入、フランス当局の追及の手を逃れて、世界各地を転々としながら、フランスの圧政に苦しむベトナムの独立のために地下活動をつづけて四十五年。帰国の夢はついにかなわなかった。波乱にみちた六十九年の無念の生涯だった。東西冷戦が続く中、祖国ベトナムでは同じ民族同士の戦いが激化していた。

「クオン・デ侯危篤」。死の数日前、ベトナムのバオダイ政府と米国に亡命中のゴ・ディン・ジェム（後の南ベトナム大統領）に緊急電報が打たれた。枕頭には親交のあった日本人や日本滞在中の何人かのベトナム人が詰めかけた。死期が迫るにつれ病床のクオン・デは、ベトナム語しか話さなくなった。

　仏文学者、小松清はその時の様子を『ヴェトナム』[*1]にこう書いている。


「それでも、日本人の知人としては最も古くからの知合いであるD公司のM氏などと話していると、相手がM氏であることを意識してであろう、越南語で話しながら、その合間に日本語を使うことがあった。

　死の二、三日前だつた。M氏が、それとなく侯の遺志をもとめるように、口を耳によせて越南語で話していた。そのとき侯は不意に、屹《き》っと厳しい表情をうかべ、半眼をひらき、ぐっと上半身を起すようにしながら云った。

『兄弟同志の……戦争はやめること！　国の人たちに、そう伝えてほしい！』」


はっきりした口調で、これだけは精一杯に日本語で言った、と小松清は書いている。聞き取ることが出来た最後の言葉だった。意識をなくしたクオン・デはその数日後、ちゑのに見守られながら旅立った。

クオン・デの遺志を確かめようと「口を耳によせて」ベトナム語でささやき続けた日本人「D公司のM氏」――クオン・デの家族のように最後まで寄り添い、深い信頼関係で結ばれていたというこの男は一体、何者なのか。また、小松清がこの人物を匿名にしなければならないどんな事情があったのだろう。

「インドシナではD王国とまでいわれたほど手広く商売をしていたM氏は、戦時中彊柢侯《クオン・デ》の仏印探題とも云うべき位置にあった。一種の政商とも云える風格をもった実業家で、ヴェトナムの独立運動とは最も因縁の深い日本人の一人だった。ことに親日系のナショナリストたちや、そのうちの大物の亡命者で、多かれ少かれ、M氏の庇護をうけなかったものは少い。

（略）

肉づきのよい、日に焼けた赭ら顔のM氏は、一見いかにも努力型の、精力的な体軀と闘志に溢れた気魄の持ち主だった。ひき締まった口、三日月型の額の傷跡が、M氏の風貌に凄みを加えていた。しかし、出ばった下腹に柔い両手をそっとおいて、眼尻をさげるようにして話すときの彼の表情には、強靭な性格につつまれた、情に脆いやさしい人柄を感じさせた」

小松清はこの男の面影を、文学者らしい細かな観察で表現している。

本文中では「D公司のM氏」として匿名で通した小松だが、「あとがき」でこの男の実名を婉曲に明かしている。

「四月十二日。小石川音羽の名刹護国寺で（クオン・デの）告別式が行われた。大南公司の社長松下光廣氏、在京の越南人《ヴェトナム》たち、それに筆者が祭主となり……（以下略）」

「D公司のM氏」は間違いなく戦前、戦中にかけインドシナ半島からシンガポールに至るまで東南アジアに根を張った日本商社「大南公司」の社長、松下光廣だったのである。

当時のベトナムはフランスが後押ししてバオダイ帝を擁立、「ベトナム国」が成立した直後であり、ホー・チ・ミンの「ベトナム民主共和国」との内戦が激化していた。長い間、クオン・デを担いで、フランスからの独立戦争を戦ってきたベトナム民族主義者たちの支援者だった松下光廣は、クオン・デの「仏印探題」（フランス領インドシナにおける代理人の意）であり、フランス当局にとっては危険な要注意人物だった。松下は日本の敗戦によってインドシナ半島で勢いを盛り返したフランス軍の戦犯追及の手を逃れ、日本に帰国、密かにベトナム復帰の機を窺っていた頃である。小松清は松下の安全とベトナム復帰の障害に配慮して、匿名にしたのだろう。

仏文学者として著名な小松清は、若くしてフランスに留学。作家アンドレ・マルローと親交をむすび、アンドレ・ジイドの知遇も得た。留学中、当時、グエン・アイ・コック（阮愛国）と名乗って、フランスに滞在していた若き日のホー・チ・ミンとも深い友情で結ばれる。一九四〇年九月、日米開戦に向けて戦争ムード一色の日本に帰国した小松清を待っていたのは、特高警察の厳しい監視の目だった。神戸港に上陸した小松は、要注意人物として特高に拘束され、厳しい取り調べを受けた。日本の雰囲気に絶望した小松は翌年四月、日本を逃げ出すように、雑誌「改造」の特派員としてハノイに渡る。日本軍が北部仏印に進駐する直前のことだった。

ハノイに渡った小松はフエ、ニャチャン、サイゴンなどベトナム各地を精力的に取材して回った。そんな最中に東京の留守宅で二歳の長男が病死した、との電報が届く。急遽帰国した彼は、その後、「死んだ息子の想い出を断ち切るため」に、書くこととそれを実践に移すことに没頭する。ベトナムに滞在する友人の小牧近江《おうみ》（本名・近江谷駒《おうみやこまき》）らと、東京―ハノイの連絡組織である「水曜会」をつくり、東京・世田谷に住んでいた「ベトナム復国同盟会」のリーダー、クオン・デとも接触するようになっていった。当時、仏印当局にスパイ容疑で国外追放になり、東京に戻っていた松下光廣との交友も始まり、二人は同志的な繋がりを持つようになった。

小松清が『ヴェトナム』を出版したのは一九五五（昭和三十）年。クオン・デの死去から四年後のことである。ベトナムではフランス軍が守るディエンビエンフーが陥落、ジュネーブ協定によって、南北に分断され、共産勢力の南下を恐れる米国軍の介入が始まろうとしていた時期である。小松は、激流に翻弄されるベトナムの歴史の中で、「消え去ろうとするクオン・デと日本の歴史的結び付き」を、記録に留めておきたかったに違いない。

ベトナムの歴史は絶えず侵入してくる外国勢との戦いだった、と言ってもよい。かつては中国からの独立の戦いであり、十九世紀、フランスの植民地となってからは、その圧政からの解放を目指した闘争の連続だった。日露戦争における日本の勝利はベトナムの革命家たちに大きな自信と刺激を与えた。彼らはグエン王朝の末裔、クオン・デを担いで、日本の明治維新に学び、「立憲君主制」による独立国家建設を目指す。三百人近いベトナムの若者たちが日本に密航してきた。ベトナムでは「東遊（ドンズー）運動」と呼ばれている。

話をクオン・デの死に戻す。逝去翌日の四月七日の朝日新聞は社会面二段で「クォン・デ公客死」「日本亡命四十五年　バオ・ダイ帝の大叔父」と顔写真入りで報じた。この記事の中に、「クオン・デの盟友」として「松下光廣」の名前が登場、その談話まで掲載され、二人の密接な関係が明らかにされたのである。全文を引用する。

「四十五年の亡命生活を日本で送っていた元アンナン王国のクォン・デ公（六九）は、六日朝日本医大病院で客死した。クォン・デ公はアンナン阮朝ジャロン帝の直系でバオ・ダイ帝の大叔父に当る。革命運動の中心人物として明治三十九年武器購入のため日本に潜入、独立のための地下運動を続けた。戦後公の祖国はホーチミンの共産政権と、親仏のバオ・ダイ政権とに分れて相争っているが、公は数十万のカオダイ教徒やバオ・ダイ帝派に強い支持者を持つ一方、二児トランクー《（ママ）》とトランリエット《（ママ）》はホー軍に属するともいわれ、左右両系に影響力を持つ公は『一つのヴェトナム』をつくるため昨年六月華僑に変装してタイ国への潜入を企てたが、上陸を許されず空しく引揚げた。心身ともに衰えた公は二月来肝臓ガンで入院中だった。告別式は十二日午後一時から音羽護国寺で行われる。

　なお公とは三十年来の親友で、大正元年以来サイゴンで貿易業を営んでいた松下光広氏（五五）＝千代田区有楽町一ノ二大南貿易社長＝の元に公の遺書ともいうべき『全ヴェトナム同胞に告ぐ』と題する文書が発見され、その中で公は▽完全独立▽国内戦の停止▽青年の力に期待する旨を述べ同志の奮起を促している。

松下氏談　公はバオ・ダイ政権が曲りなりにも育ってゆくのを見て喜んでおり、早く帰って協力したいと常にいっていた。故国ヴェトナムで死なせたかった」

クオン・デが亡くなった翌日、侯の遺骸は東京・下落合の火葬場で荼毘に付された。この時、十数年来のクオン・デの心友でもあった平和運動家で翻訳者の小牧近江は竈《かま》の前で合掌しながら、低い声で叫ぶように言った。「越南独立万歳（ヴェトナム・ドクラップ・ウアントエ）」。小牧近江もまた戦前、フランスに留学、戦時中はハノイに渡り、ベトナムの独立運動グループや松下光廣たちと深い繋がりを持った。彼も松下を通じてクオン・デの支援者の一人だった。革命歌「インターナショナル」を日本語に初めて翻訳、「種蒔く人」を創刊し、プロレタリア文化運動の活動家としても著名である。

クオン・デは戦後、東京・荻窪の慶応大名誉教授、橋本増吉邸の二階の狭い二間を借り、安藤ちゑのと一緒に住んでいた。一九五一（昭和二十六）年正月、体調をこわして東京・飯田橋の日本医科大学第一附属病院（平成九年廃院）に入院する。肝臓癌だったが、病名は告知されなかった。彼は一月も入院すれば治るものと思い込んでいた。安藤ちゑのが付きっ切りで看病に当たった。だが、病は次第に悪化して痛みが激しくなり、鎮痛用の麻酔薬の注射がしばしば打たれた。クオン・デの意識は次第に混濁し始める。

痛みが和らいだ二月末のある日、五階の病室の窓から飯田橋駅を発着する国電を見下ろしていた。「あの電車に乗れば荻窪の日当たりのよい自宅の部屋に戻れる。広い庭の池で泳ぐ緋鯉も見ることができる」。クオン・デは、寝間着の上に外套をかぶったままの姿で病室を抜け出した。電車に飛び乗ると朦朧としながら、数時間かかって荻窪の自宅に辿り着く。泥まみれだった。驚いて飛び出したちゑのの前で彼は意識を失い、倒れた。再び、病院に運び込まれたクオン・デは、ちゑのの看病を受けながら闘病生活を送っていたのである。

クオン・デの死後、安藤ちゑのは東京都内を転々としながら遺骨を守り続けた。クオン・デがベトナムに残した二人の遺児が前触れもなく、ちゑのの自宅に遺骨を引き取りにやってきたのは、五年後の昭和三十一年正月のことである。ちゑのはこの時、骨壺から遺骨の一部をそっと取り出し、保管した。彼女はそのわずかな遺骨の破片を、クオン・デを慕って「東遊運動」で来日し、不幸にも自殺したチャン・ドン・フォン（陳東風）が眠る東京・雑司ヶ谷の都立霊園の一隅に、密かに埋葬した。

ベトナム・グエン王朝の末裔の寂しすぎる日本での孤独な死。彼はベトナムの独立運動家、ファン・ボイ・チャウ（潘佩珠）らが起こした「東遊運動」の盟主として二十世紀初頭、二十五歳で日本に渡ってきた。彼に続いて日本に密航してきた若者たちは、多くの日本人の支援を得て、フランス植民地からの独立を夢みた。しかし、日本という国は彼らを裏切り続けたのである。

フランス政府は日本政府に対し、〝密出国〟したベトナム人留学生らの「解散」を要求、「反乱計画」の首謀者としてクオン・デとチャウの逮捕、引き渡しを求めてきた。日本政府は「引き渡し」は断ったものの、全員に国外退去を求めた。以後、クオン・デとチャウは、フランス当局の追及を逃れて、世界各地を漂泊することになる。後にクオン・デは密かに日本に舞い戻り、サイゴンの松下光廣を〝現地代行〟として、ベトナム復帰の日を待ち続けた。

それから三十年後、「大東亜諸国の共存共栄」という〝大義〟によって、日本軍はクオン・デたちの祖国、仏印に進駐する。東遊運動に関わったベトナム人や、彼らを支援した松下光廣ら日本人も、日本軍進出に大きな期待を持った。しかし、日本軍の「アジア解放」は、日本帝国主義の表看板でしかなかった。インドシナに進駐した日本軍は、「静謐保持」という方針でフランス当局と手を結ぶ。日本軍に依存して「ベトナムの独立」を夢みたクオン・デ支持者たちは、またも梯子をはずされ、その犠牲となったのである。

クオン・デの日本での孤独な最期は、無念極まるものであったに違いない。そのことを一番よく知っていたのが、彼の死の床を取り巻いた松下光廣ら「クオン・デの同志」として、ベトナム独立を支援した日本人たちであった。松下たちはクオン・デと、どこで、どう結び付き、それほどまでに強い絆が生まれたのか。彼らの実像を辿ることは、ベトナムの近現代史における独立運動と、それを支援した日本人との結び付きを示す貴重な証言にもなるはずである。

サイゴン陥落――一九七五年

一九七五（昭和五十）年三月一日、私（筆者）は日本経済新聞のベトナム特派員としてサイゴン（現・ホーチミン市）に赴任する。クオン・デの死から二十四年の歳月が流れていた。着任直後に北ベトナムの軍事進攻が始まり、サイゴンはわずか二か月で陥落、「ベトナム共和国」（南ベトナム）はアッという間に消滅した。そしてベトナム共産党による社会主義革命が一気に進行する。あのサイゴン陥落後の混乱の中で、ベトナムに残留した松下光廣と、すぐ隣り合わせにいたことを知ったのは、つい最近のことである。

恥ずかしい話ではあるが、当時はベトナム独立運動の中で、松下光廣が果たした役割など全く知らなかった、といってもよい。私たちの世代にとって「ベトナム戦争」といえば、南ベトナム解放民族戦線によるアメリカからの解放闘争だった。日本でもべ平連（「ベトナムに平和を！市民連合」）を中心にした激しい支援デモが繰り返された。赴任前のにわか勉強で、「大南公司の松下光廣社長」の名前は知っていても、「古い現地商社をつくった老実業家」程度の認識しかなかった。

赴任後、解放勢力のサイゴン包囲網が次第に狭められたが、「向こう側」（解放勢力側）の情報は、タンソニュット基地内に置かれた二者合同軍事委員会の臨時革命政府代表の公式会見に頼るしかなかった。それも週一回の会見である。変転する情勢には追い付けない。そんな折、「向こう側の情報に強い人がいますよ」と日本大使館領事部に勤める残留元日本兵、T氏に密かに紹介されたのが、大南公司常務取締役の西川寛生（本名・捨三郎）である。

西川はなぜ、「向こう側」の情報に通じていたのか。その〝秘密〟を知ったのは、その後、三十年以上も経ってからである。私は日経新聞の役員を退任した二〇〇五（平成十七）年四月、三十年ぶりにサイゴンを再訪、西川との再会を果たす。彼は八十歳を過ぎていたが、意気軒昂だった。私はサイゴン陥落前後の記憶を辿り、『サイゴンの火焔樹――もうひとつのベトナム戦争』を上梓した。

その取材で西川は戦前、戦中に「大川塾」と呼ばれた「東亜経済調査局附属研究所」の第一期卒業生だったことを初めて知る。大川周明の「大アジア思想」の心酔者である西川は、日本軍の北部仏印進駐とともに、軍属の通訳としてハノイに渡った。そこで彼はクオン・デを擁立してベトナム独立を目指す解放勢力と接触、協力関係を築き、大南公司の社員として松下光廣の下で働くことになる。松下と盟友関係にあった大川周明が、松下の下に送り込んだといってもよい。松下もまた古くから大川周明の信奉者だったのである。

松下や西川は一九四五（昭和二十）年八月、日本の敗戦により再びベトナムで勢力を盛り返したフランス軍の戦犯追及の手を逃れて、同志たちと共にサイゴンを脱出、日本に帰国する。ディエンビエンフーでのフランス軍の敗退後、彼らは再びベトナムに戻り、松下光廣のもとで大南公司の再建に取り組んだ。サイゴン陥落時には市内中心部に六階建てのビルを持ち、南ベトナム政府にも強い影響力を及ぼす大商社への復活を遂げていた。

私は西川に取材源として世話になっただけではない。あの時期、サイゴンには「南ベトナムの最期」を報道しようと押しかけた西側報道陣は二百人を超えていた。自前のテレックス設備を持たない報道機関の原稿送稿の手段は、サイゴン中央郵便局のテレックスしかなかった。テレックスセンターの窓口には毎日のように、厚い原稿が山積みになる。出足が遅れると、書いた原稿はいつ東京本社に着信するかわからない。数日遅れも度々あった。

テレックスセンターの窓口を覗いて、積まれた原稿があまりにも多いと判断した日は、サイゴンの中心街のハムギ通りにあった大南公司の本社ビルに飛び込んだ。通り一つ隔てたグエンフェ通りの日経支局から徒歩で五分とかからない。同社のテレックスを使用させてもらうためである。西川は「いつでもどうぞ」と担当者を紹介してくれていた。大南公司のテレックスを借用したのは十数回を下らないだろう。慣れないサイゴンの街を取材で駆け回っているうちに、社長の松下光廣に挨拶することも忘れていた。そんなある日、私はふと思い出し「松下社長はすでに帰国しているんでしょうね」と西川に聞いた。日本企業の駐在員の多くが先を競うように国外脱出を図っていた頃である。

「もう高齢なので帰国を勧めているのですが、オレは何があっても大丈夫だといってきかないんですよ。私が帰国する時はなんとしても連れて帰りますよ」

松下はサイゴン郊外約四十キロのビエンホアにある日本の支援でつくられた孤児院に毎日のように出向き、子供たちの面倒を見ているのだという。そのころビエンホアは北ベトナム軍の砲火を浴び、大混乱に陥っていた。「奇特な老人もいるものだ。いずれ挨拶する機会もあるだろう」。そう思っているうちに、サイゴン郊外の砲弾の音は日増しに大きくなり、四月三十日朝、北ベトナム軍はサイゴン中心部に〝入城〟する。陥落前日の二十九日、大南公司は業務を停止し、テレックス室も閉鎖され、ビルから人影は消えた。松下は西川と一緒にサイゴンを脱出、日本に帰ったと私は思っていた。

松下光廣はあの日、どんな行動をとったのだろう。私はその記憶を求めて陥落前後の新聞の縮刷版を改めてめくってみた。五月二日の日経新聞の第二社会面に「外務省に現地大使館から入った情報」として「次の在留邦人の安全を確認した」とサイゴン残留者の名簿が掲載されている。政府関係者（大使館員など）二十二人、報道関係者三十七人、企業関係者二十九人のほかベトナム人と結婚した日本人を含め百六十三人のリストである。

　企業関係者のなかに松下光廣と松下磯興（光廣の甥、当時大南公司サイゴン支店長）の名前があった。松下は甥の磯興とともにサイゴンに残留していたのだ。ビエンホアの孤児たちと共に陥落の日を迎えたのだろう。私が革命政権の退去要請によって、ベトナムを出国したのは同年十月末。その間、一緒にサイゴンの空気を吸っていたことになる。街中のどこかですれ違ったこともあるはずだ。だが当時は日ごとに進む社会主義化の取材に追われ、すでに閉鎖した日本の一現地商社の取材にまで手が回らなかった、というのが正直なところである。「一度は会っておきたかった」と悔やまれてならない。

　私は松下光廣の当時の痕跡を探して、国会図書館で各紙の縮刷版やマイクロフィルムを繰った。陥落後の松下の動静を伝えた新聞が一紙あった。一九七五年五月二日付の「夕刊フジ」である。「79歳社長、サイゴンに踏み止まる」との五段見出しで「孤児にオンク（翁）と慕われ…」「現地の従業員も見捨てられず」とのサブ見出しが付いている。「サイゴン発」の記事ではなく、東京で書かれた記事である。記事はこんな書き出しで始まる。


　サイゴン臨時革命政府軍が無血入城し、気づかわれた在留邦人たちの安全も、ひとまず確認された。しかし、荒廃のサイゴンをいつ脱出して帰国できるのか、まだメドも立っていない。その百六十三人の邦人の中に「ベトナムの孤児たちを見すてるワケには―」と、進んで踏みとどまった79歳の老人がいる。〝オンク〟（翁）と「アジア孤児福祉教育センター」のこどもたちに慕われているベトナムとの交易会社「大南公司」（本社＝東京・大手町）の社長、松下光広さんだ。

同社の専務、中野源助は記事の中でこう語っている。

もう、お年ですから仕事の方は大まかなアドバイスだけですが、あの方はベトナムが第二の故郷なんですよ。解放戦線の大攻勢が始まった三月から、仕事は事実上ストップした状態ですが、社長と甥の松下磯興支店長（五二）、そして、小森篤総務部長（四〇）の三人がとどまった。何度か帰国するようにいったのですが、社長はどうしてもとどまる、といってきかなかったんです。

サイゴン大南公司のテレックスは陥落前日の四月二十九日までつながっており、毎日、東京本社に現地の情勢が送られてきたという。

松下光廣が「二日に一回の割で様子を見に行」ったという「アジア孤児福祉教育センター」は、元衆院議長、松田竹千代が理事長となり日本での募金でつくられた。松下も理事を引き受けており、約二百人の戦災孤児を収容していた。戦闘の激化で日本人職員が相次いで引き揚げたあと、松下は「こどもたちの面倒をみるのはオレしかいない」とこの施設に通い続けたという。「何度か戦火をくぐった松下さんにとって飢えに泣く孤児たちを見るにしのびなかったのだろう」と「夕刊フジ」は書いているが、自分の身の危険も顧みず、帰国を勧める部下たちの要請も振り切って、孤児たちの世話を続けた〝思い〟とはなんだったのか。

松下の妻、千代は四月二十日、帰国、夫の身を気遣っての心労で病の床に伏せっている、とこの記事は伝えている。西川が帰国したのもこの頃。西川が千代に付き添って帰国したのだろう。同二十日は南ベトナムのグエン・バン・チュー大統領が辞任する前日。サイゴンは極度の緊張状態にあった。松下は信頼する西川を妻に同行させ、自らは孤児らとともに施設に残ることを選んだのである。

松下光廣の遺品――二〇一〇年

私（筆者）は前述したように、二〇〇五年四月、三十年ぶりにサイゴンを再訪、かつての取材源であった西川寛生と再会した。彼は共産党政権下になっても、ベトナム人たちとの深い繋がりを断ち切ることは出来なかった。ドイモイ（改革）政策によって開放経済化が進むと「政治体制は違ってもベトナムのために役立てることがあるはずだ」とまた、サイゴンの地に舞い戻っていたのである。

「彼はなぜそこまでベトナムに強い愛着を持ったのか」「彼は戦前、戦中にベトナムでどんな活動をしたのか」

私はそんな疑問から彼らの戦前、戦中の追跡を始めた。そして仏印に進駐した日本軍の参謀長、長勇《ちょういさむ》と彼の下で特務機関を率いた許斐氏利《このみうじとし》という人物に辿りつき、『特務機関長　許斐氏利――風淅瀝《せきれき》として流水寒し』を上梓した。長も許斐も古くから大川周明の同志であり、西川は大川の優秀な門下生だった。

彼らがベトナムで最も頼りにした男――それが大南公司の松下光廣だったのである。

「松下光廣は、弱冠十五歳で故郷、天草から仏印に渡り、自力で大南公司という東南アジア一円に根を張った商社を作り上げた。同社の社員数はピーク時に九千人を越えていた」

松下という男の生涯については、この程度の断片的な記述はいくつかの出版物にみられるが、彼の生涯の軌跡を正面から追ったものや、大南公司の実像について公になっているものは皆無に近い。

「大南公司は昼は商社、夜は革命家の秘密基地とも言われていた」という話をサイゴン滞在中、残留元日本兵の会である「寿会」のメンバーに聞いたことがある。当時、サイゴンには約三十人の元日本兵がいた。ほとんどがベトナム人女性と結婚した人たちである。だが、彼らはそれ以上のことは口を閉ざして語らなかった。

前述したように、小松清は松下光廣について、「クオン・デが最も頼りにした政商的人物で、クオン・デの仏印探題であり、ベトナム独立運動に最も因縁の深い人物」と述べている。しかし、松下が具体的にどう独立運動に関わったのか、については触れていない。

十五歳で単身、天草からハノイに渡った少年が、一代でインドシナ半島からマレー半島、シンガポールまでも手を広げた現地商社をどうやって創業したのか。すでに日本に潜入、フランス当局の追及を逃れて世界を転々としていた〝安南のプリンス〟クオン・デと、どこで知り合い、強固な盟友関係をどうやって築いたのか。「仏印探題」とまで呼ばれる松下光廣の生涯は深いナゾに包まれている。当時、ベトナムはフランスの統治下にあり、反植民地運動に携わる者はフランス当局への「反逆者」として厳しい追及を受け、逮捕されれば「ギロチン」が待ち受けていた時代のことである。

私はサイゴン特派員時代に知り合った許斐氏連《うじつら》に電話した。彼は父親、許斐氏利の紹介でベトナムに渡り、大南公司に入社、松下の下でサイゴンやジャカルタのOCS（海外新聞普及会社＝当時）の社長を長く務め、いまはクアラルンプールで不動産業やレストランの経営に当たっている。三十年ぶりのサイゴン再訪の際、西川寛生との再会の労をとってくれたのもこの男だった。

「松下さんには何度もお目にかかったことはありますが、父と同じで戦前、戦中のことを話したことはありません。寡黙な好々爺でした。私がサイゴンを離れた一九七六年、彼も日本に帰国したはずです。急激な社会主義化でサイゴンでは外国人排斥運動が激しくなってきましてね。彼も新政権に追われるようにベトナムを去ったのだと思います。大南公司の資産はすべて新政権に接収されたと聞いています」

「帰国後、しばらくして故郷の天草に隠棲し、そこで亡くなったはずです。確かご子息が何人かいたと聞いていますが、連絡先がわかるかどうか。あれからもう四十年近く経っていますからねえ。調べてみますよ」

許斐から連絡が入ったのは三週間ほどが経ってからだった。彼は昔の知人に片っ端から電話を入れ、やっと松下光廣の長男の連絡先がわかったのだという。長男の名前は松下光興《みつおき》。住所は神奈川県川崎市で健在だという。私はすぐに電話した。

「父の話ですか。もう死後三十年以上も経っていますからね。家にあった父の遺品もほとんど処分しました。私もまだ小さかったので父の戦前、戦中のことは全く知らないんですよ」

突然の電話に驚きながら、彼は会う約束をしてくれた。二〇一〇年晩秋のことである。

松下光興。一九四四（昭和十九）年生まれ。早稲田大学政経学部を卒業し松下電器貿易（後、松下電器と合併、現・パナソニック）に入社、一貫して海外貿易部門を担当する。東京の「特販部」で世界中のユダヤ系、印僑系、華僑系など政治的、経済的に不安定な相手や地域に電気製品を売り込んできた。訪れた国は六十か国以上。ベルギー現地法人の役員も務めた国際派である。定年を迎えたが今も関係会社の嘱託として翻訳業務に携わっている。中学、高校は父、光廣の勧めで暁星学園に学び、早稲田在学中にパリ大学に一年間留学した。クリスチャンでもある。

「父・光廣が母・千代と結婚したのが戦時中の昭和十七年。先妻のキサが亡くなって二年後のことです。父はすでに四十六歳でしたからね。私が生まれたのは、父が四十九歳の時です。私にとっては父親というよりおじいさんのような存在ですよ。物心がついた戦後も、サイゴン滞在が多く、たまに帰宅することがあっても、世の中一般の父親というイメージは感じませんでしたね」

「父は戦前、戦中のことはほとんど話したことはありませんが、一つだけ自慢していたことがあります。日米開戦直後、マレー半島沖で日本海軍の戦闘機が英国の戦艦、プリンス・オブ・ウェールズを撃沈するのですが、あの時の戦闘機はオレがサイゴン郊外に建設した飛行場から飛び立ったのだ、というのです。信じられますか」

「他人には優しいのに、私たち家族にとっては厳しい人でした。たまに帰宅すると私たちにも毎朝、仏壇に手を合わせ、ご先祖を拝みなさい、そして仏壇の上の神棚に祈りなさいというんです。私と妹は洗礼を受けていますので、家ではまさに神様、仏様、キリスト様が同居していました。寝る前にはおやじの前でフランス語を暗唱させられましてね。ぜいたくだ、と思ったものは一切買ってくれません。欲しいものは自分で稼いで買えというんです。友人とスキーに行くとき、スキーズボンを買えず、自分で縫ったこともあるんですよ」

「中学生の頃だから昭和三十年代の前半のことだと思います。日本政府のベトナム賠償をめぐって新聞が『躍り出た怪物』と父のことを書いたことがあります。友達にお前の親父は〝怪物〟なのか、と冷やかされたのを覚えています」

彼はそんな想い出話をしながら、自宅に残っていたという父、光廣の遺品を見せてくれた。四点あった。「昭和五十六年に故郷・天草に隠棲する際、ほとんどの家財は処分し、残りは天草の実家に運びましたからね。向こうにもあまり残ってないと思い

サイゴンの旧松下光廣邸（1976年頃）

ますよ」

一つが十数枚の写真である。光廣の晩年の写真が中心で、中にサイゴンで住んでいた住宅の写真が一枚。「若いころの写真は探してみますけど、あの時代ですからねえ」。二つ目が一九八六（昭和六十二）年に作成された「大南会会員名簿」である。松下の死後も、大南公司に籍を置いた元社員たちはOB会を結成し、昔を偲んでいたのだろう。百人近い人の名前と住所が記録されている。住所は関東一円だけでなく関西、九州など全国に散らばっている。この中で存命者はどれくらいいるだろう。生きていたとしてもほとんどが八十歳を越えているはずだ。しかし、この名簿を辿っていけば、大南公司で働いた人たちの〝証言〟を聞くチャンスは残っているのではないか。

もう一点は、左の欄外上に「南十字星きらめく下に」と書かれた十一枚の記事の古ぼけたコピーである。雑誌または書籍に掲載されたものの一部と思われるが、ページ数も振られていない。「内容を読むと父にインタビューして書いたものでしょうが、何に掲載されたものでしょうね」と光興は首をかしげた。この十一枚の前後には別の記事が入っていたらしく、書き出しの前には数行の空白部分がある。

コピーされた記事は次のような書き出しで始まる。

わたしは今、茫然自失の状態なのです。明治の末年に渡越して以来六十有余年、苦難経営の末、大南公司の社業が一応結実するかに見えたとたんに、北からの解放軍による制度改変です。その結果、生涯をかけたベトナムにおける将来性のすべてを失い、文字通り、丸裸に投げ出されてしまいました。

　自然の生存環境から日常の生活様式まで、生い立ちの地天草より以上、ベトナムに溶けこんできたわたしですから、昭和五十一年、日本へ引き揚げて来た時には、「第二の故郷から遠く引き裂かれた……」という思いがしきりで、以来、朝な夕な、わたしは異邦人のような気持に捉われつづけています。ただ、こういった心境の中でも、わたしを多少とも慰めてくれるのは、植民地支配一世紀の間、苦しみの中で続けられた彼の地の独立運動に、私としても、幾度か生命の危険をおかしながら協力してきたわけですが、その民族が今、われわれとは国家体制が違っても、統一独立の夢をなしとげたという事実です。

　植民地時代には、数回にわたり取り調べを受け、追放もされました。わたしに関するフランス官憲の秘密調書にはスパイその他、あらゆる悪事を働いたかのような報告が記されていたそうです。サイゴン解放後、わたしが、自分自身の経験や持合せ資料にもとづき、今後のベトナム開発に役立つはずのレポートを提出して解放政府の要人たちと対談した折、国家企画委員会のディン・ドウック・ティエム議長らが「どうも、あなたは、フランス官憲に心良く思われていなかったようだ。」と話してくれたものです。


　一九七八（昭和五十三）年晩秋の一日、東京都中野区白鷺の松下邸を訪問して松下翁の話を聞いた、と筆者はコメントしている。「おだやかな話しぶりではあるが、大南公司社長松下光広翁（明治二十九年・一八九六・八月三日生）の謦咳《けいがい》に接していると一語々々が、緊迫した重味となって筆者の耳朶《じだ》を打つ」。こんな前文に続いて十五歳で天草からインドシナ半島に渡り、苦学力行して大南公司を創業、クオン・デを支えベトナム独立運動を支援していった松下光廣の生涯が、光廣の語り口調で記されている。

しかし、コピーは途中で尻切れ状態になっている。多分、この後に記事はまだ続いているはずである。この記事はだれが取材し、何に掲載されたものなのか。このコピーでは見当のつけようもないが、彼の生涯について彼自身が語った貴重な資料であることには間違いない。

この記事の全文を入手し、これをフランス植民地時代から戦後のアメリカの介入下での解放闘争まで、ベトナムの歴史的背景の中で検証していけば、松下光廣という男の波乱万丈の人生が浮かび上がってくるだろう。そのためには、まずコピーの出所を突き止め、その全文を入手することが先決である。

もう一つ、長男光興が持参した遺品に分厚い一冊のアルバム帳があった。中身は写真ではない。一ページごとにベトナム共和国の呉廷琰（ゴ・ディン・ジェム）大統領に対する「祝詞」とサインが施された一種の「奉加帳」といってもよい。

最初のページは「福壽」と書かれた達筆の毛筆書きの脇に、

「贈　越南共和国　呉廷琰総統　日本国内閣総理大臣　鳩山一郎」

以下、「共栄　外務大臣　重光葵」「四隣皆春　農林大臣　河野一郎」「石悲天恵乏　有人工不足　通商産業大臣　石橋湛山」「為萬世開太平　文部大臣　清瀬一郎」、さらに、一万田尚人、倉石忠雄、馬場元治、正力松太郎、永田実など当時の政財界の大物十六人の祝詞とサインが続き、その後は空白になっている。これをみると「奉加帳」を回していた途中でなんらかの事情で取りやめとなり、そのまま松下が所持していたものと思われる。

アルバム帳のなかに挟んであった和紙にこの「奉加帳」の趣旨が毛筆で書かれている。松下が起草したものだろう。

「謹啓
　爾来我が日本に対し深き認識と厚き信頼を寄せて参りました越南共和国大統領呉廷琰氏は其の崇高なる精神と高邁なる人格に加えて民衆の人望を一身に担い戦わずして一世紀にわたるフランス植民地の地位より脱却し輝かしき越南共和国を樹立しました。しかも氏は今日其の独立国家としての充実と繁栄を期する為に我が日本に対し文化、経済、技術其の他全面的に特別強き友好関係を期待して居ります。

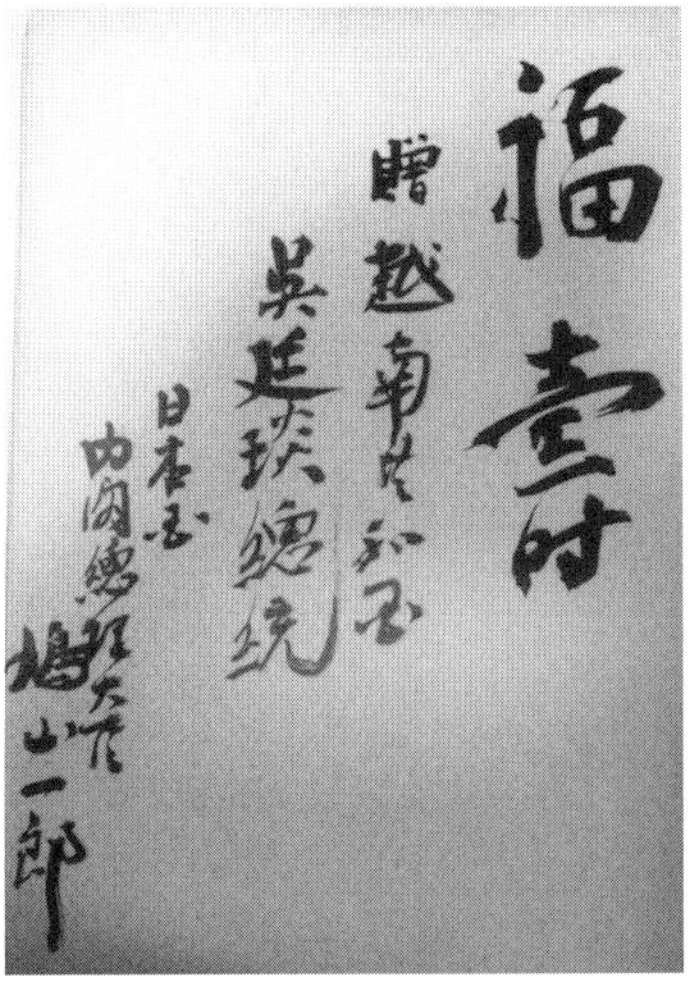

ゴ・ディン・ジェムを祝う奉加帳より

　つきましては来る一九五六年七月七日を以て呉廷琰大統領が政権を担ってから満二周年の記念日に当りますので此の親日革命政治家に贈る諸先生方の祝詞と御署名を御願い出来ますならば有難き幸にぞんじます、
　昭和卅一年六月
　　　　　　　　　　敬具」

　昭和三十一年六月といえば鳩山内閣は、重光外相を首席全権としてモスクワでの日ソ交渉が本格化していく時期である。東西冷戦もピークを迎えていた時代。日本国内では北方領土の返還をめぐり、「二島か四島か」で激しい論戦が繰り広げられていた。鳩山内閣は日ソ共同宣言に調印した後、同年十二月には辞任に追い込まれる。通産大臣だった石橋湛山が岸信介を破って総理大臣に就任するものの、二か月で病に倒れ岸内閣が発足する。政局は激しく流動していた。

この「奉加帳」は、そんな時期に、一民間人の松下光廣が、翌年のゴ・ディン・ジェム政権発足二周年を祝う形で、日本政府とベトナム政府を繋ぐ架け橋になろうと奔走していたことを示している。

日本政府とベトナムとの戦後賠償交渉が本格化するのは、奉加帳中断を余儀なくされてから二年後の一九五八（昭和三十三）年、岸信介内閣の頃からである。「ダニム水力発電所を建設、ベトナムに電力を供給する」という日本政府の賠償内容に、当時の社会党は、「鶏三羽の被害しかない南ベトナムに、数百億円もかけた発電所建設は日本の独占資本の利益に貢献するものだ」と激しく反対した。この時、国会で「背後にうごめく人物」として、松下光廣の名前が登場する。長男、光興が「お前の親父は〝怪物〟か、と冷やかされた」というのは、この賠償交渉をめぐってのことだろう。この「奉加帳」から推測するとその仕掛け人は、松下光廣だったとみて間違いなさそうである。

一九七五年四月三十日、解放勢力の軍事攻勢によってサイゴンは陥落した。

「解放側の人たちとも長い間の信頼関係があったし、オレはベトナムの人たちに何も悪いことはしていない。新国家建設のお役に立てると思っていた」

後に松下光廣はサイゴンに残留した理由を、光興にこう述懐している。解放戦線内部にも彼の「同志」がいたのである。

一九七三年のパリ協定によって、アメリカ軍撤退後の南ベトナムには解放民族戦線を中心とする「南ベトナム臨時革命政府」と、「ベトナム共和国」が並立していた。サイゴン陥落によって南の支配権を掌中にした臨時革命政府は、南の解放勢力の連合戦線組織であり、多くの民族主義者もメンバーに含まれていた。松下はこうした人たちに期待していたのだろう。前述の「南十字星きらめく下で」で述べているように、彼はそんなベトナム臨時革命政府による新国家建設に期待し、国家企画委員会に「ベトナム開発のレポート」まで提出したという。当時、臨時革命政府の中心は「ベトナム解放民族戦線」だとサイゴン市民も世界の世論も信じ、当面は一国家二政府の状態が続くだろう、と思っていた。

しかし、実際には解放民族戦線の内部も、北の共産党が実権を握っており、臨時革命政府は表面に登場することなく、一挙に社会主義化の道を突っ走る。一年後の一九七六年六月には、南の臨時革命政府は北に吸収される形で、「ベトナム社会主義共和国」が誕生した。共産党の支配下で、外国資本の「大南公司」も日本人松下光廣も生き残る道は残されていなかった。

長男、光興によれば、同年暮れ、光廣は追われるようにサイゴンを離れ、帰国する。「丸裸同然、すべてを接収され無一物の帰国だった」。十五歳でベトナムに渡り、裸一貫で築きあげた大南公司を日本の敗戦によって捨て、さらに戦後、営々として再建した大南公司はサイゴン陥落後の革命政権に没収される――ベトナムという国の現代史に翻弄され続けた人生だった。

大南公司の整理を終えた松下は、東京・白鷺の家屋敷も処分し、一九八一（昭和五十六）年夏、妻千代と共に故郷、天草に隠棲する。十五歳で故郷を旅立ってから六十九年という気の遠くなるような歳月が流れ、実家は兄武雄の長男、正明が継いでいた。実家の棟続きに部屋を増築して、妻と二人だけの生活を始めるが、体力も気力も衰えていた。天草に戻って二年後、前立腺癌により、天草の病院で息を引き取った。享年八十六。その二年後、妻千代も後を追うように逝き、天草町大江の実家のすぐそばにある松下家の墓地に埋葬された。

天草の旅──二〇一一年

光興によると、故郷、天草を愛した光廣は生前、生まれ育った大江町や、卒業した大江小学校にことあるごとに献金し続けた。大江中学には「松下記念図書館」もつくられ、また、高校生を対象にした「松下奨学金制度」もあったという。数十年前の話である。「今はどうなっているんですかねえ」。松下記念図書館があるのなら、松下が残した遺品がまだほかにも残っている可能性もある。私は光興に「お父さんの足跡を訪ねて、天草の旅をしませんか」と誘った。天草に行けば、十五歳の少年がベトナムに渡り、生涯をかけてベトナム解放を夢見た松下光廣という人物を生んだ〝土壌〟も見えてくるはずである。光廣の想い出を語ってくれる人もまだいるに違いない。

それに遺品にあった「南十字星きらめく下で」という記事コピーの出所は、天草ではないか、と推測していた。記事中に、天草に関わる話もいくつか含まれており、地元の郷土誌などに掲載されたものではないか、と思えてきたからである。それを突き止めれば、筆者もわかるだろう。存命なら会って話を聞くチャンスもあるかもしれない。長男の光興が同行してくれれば、天草の人たちも胸襟を開いてくれるのではないか、という期待もあった。

「そうですね。私も、この際、墓参も兼ねて一緒に父の故郷を訪ね、父の航跡を辿ってみますか」

光興は私の提案に乗り気になってくれたのである。

二〇一一（平成二十三）年二月中旬、東京は今にも雪が舞いそうな寒い日、私は光興とともに羽田空港を飛び立ち、天草に向かった。最初に訪ねたのが天草市本渡町五和にある「天草市立天草アーカイブス」である。一九九九（平成十一）年に発足したこのアーカイブスは、合併前の天草六市町村の公文書だけでなく、郷土誌の資料や出版物なども集めた「史料館」として、地方自治体では珍しく充実している、と聞いていたからである。

応対してくれた学芸員、本多康士は同アーカイブスの設立時から残すべき公文書の選別と新たな資料収集に当たってきたベテラン。取材の趣旨を話し、松下光興の自宅に残された十一枚の原稿のコピーを見てもらった。読み進めていた本多は途中で顔を上げ、

「この文章の調子などから判断すると、郷土史家、北野典夫さんが書いたものに間違いありません。北野先生は天草の郷土紙『週刊みくに』に長期にわたって『天草海外発展史』というタイトルの記事を連載されましてね、これはその中の一部ではないですか。それを本にして出版した際の校正用ゲラだと思いますよ」という。

本多によると、「週刊みくに」は一九二三（大正十二）年に創刊された郷土紙。大正末期、天

草では大正デモクラシーの波に乗り、不知火新聞、天草民友、天草時事新聞などが相次いで創刊されたが、平成時代まで生き残ったのは「週刊みくに」だけだという。その「週刊みくに」も時代の荒波には勝てず、一九九五（平成七）年には廃刊に追い込まれている。

天草アーカイブスでは「週刊みくに」のマイクロフィルム化を進めているが、まだ途中段階。原本の綴じ込みは天草中央図書館に残されていた。タブロイド判で四ページの新聞である。北野典夫の署名入りの「天草海外発展史」は、一九七八（昭和五十三）年春から始まり「海鳴りの果てに」、「波濤を越えて」、「南船北馬」の三つのテーマで、一九八二（昭和五十七）年の夏まで続く長期連載である。故郷を出て世界中で活躍した天草出身者を丹念に追っている。「独立の志士とともに――松下光広のベトナム人生」は、一九八一年七月十七日を第一回として同年十月十六日まで毎週一回、計十四回にわたって連載されていた。

北野典夫は一九二六（大正十五）年生まれ。浜松中学を卒業後、清水高等商船学校に入るが、病のため中退。故郷の天草に戻って療養した後、「みくに社」で記者生活を続け、戦後は「天草文化協会理事」や「有明町文化財保護委員」なども務めた郷土史家。一九八二年には「天草文化賞」を受賞している。北野は十年ほど前に亡くなったが、照枝夫人はまだ健在だという。天草市有明町赤崎に住む夫人を訪ねると、北野が松下光廣の取材に行った日のことを鮮明に覚えていた。

「東京まで松下さんの直接取材に行くというので、私も東京につれていってもらったのです。丸の内のホテルに泊まり、主人が取材に行く日、私は東京見物をしました。夕方、戻ってきた主人は『大変な人だったよ。すごい人だったよ』と興奮気味でした。それから何度も取材したようです」

「松下さんが天草第一病院に入院されてからも、何度か見舞いに行きました。亡くなる少し前でしたか、松下さんが『北野にまだ話していないことがある』と言っている、と人伝てに聞いたのですが、主人が親戚の皆さんに遠慮して、『病床に近づくのは恐れ多い』と見舞いを引き延ばしているうちに亡くなりましてね。早く行って聞いておけばよかった、といつまでも悔やんでいました」

松下光廣は、自らの生涯を語った自伝めいたものは一切遺していない。「死に場所」として故郷、天草を選んだ時、唯一、故郷の小さな週刊紙「みくに」のインタビューに応じ、歩んで来た人生の断片を語ったのである。松下が郷土史家、北野典夫に最後に話したかったのは、どんなことだったのだろうか。

確かに「週刊みくに」の連載を読むと、八十六年の波乱に満ちた松下光廣の生涯の「裏に潜む真実」を、すべて曝《さら》け出しているとは思えない。サイゴンが陥落し、ベトナムの社会主義化が急ピッチで進む時代。ベトナムではグエン王朝の末裔、クオン・デの独立運動は、「日本侵略軍への協力者」として批判され、人々の記憶だけでなく、歴史の教科書からも泡沫のように消え去った。日本でも松下たちが信じた「アジア解放の大義」は、「帝国主義的侵略の一環」として〝断罪〟され、歴史の表舞台に立つことはない。松下の心の奥には、まだまだ語りたいことがあったのだろう。

第一章　隠れキリシタンの里・大江

旅館白磯と赤崎伝三郎

北野邸を辞すると私たちは、この日宿泊する「旅館白磯」のある天草町高浜に向かった。ちょうど日没時と重なって、天草灘の向こうに真っ赤な太陽が沈もうとしていた。海は茜色《あかね》に染まる。「サンセットライン」と名付けられたこの道は、日本で最も美しい夕日が見える、と地元の人たちは自慢する。さえぎるものは何もない。東シナ海を越え八百キロ向こうは中国大陸であり、江蘇省、浙江省に対している。

「旅館白磯」は、天草灘が打ち寄せ、白波と白砂が混然一体となったように美しい白鶴浜から百メートルほどの山側にあった。豪壮な和風の母屋にモルタル造りの薄茶色の洋館が組み合わされた〝昔の豪邸〟という趣の旅館である。宿を予約してくれた松下光興の親戚筋で旧知の友人、天草市民センター所長（当時）の山下嘉明と、松下家のすぐ近くで「もみじ保育園」を経営する松浦四郎が先着して待っていた。松浦は一八七一（明治四）年に創設され、天草人の海外移住などを支援してきた社会福祉法人「誠求社」の理事長でもある。

玄関を入ると、右わきの一間に資料館風のショーケースが並び、この「豪邸」を一九二九（昭和四）年に建てた赤崎伝三郎という人物の遺品や写真、古びた雑誌や新聞の切り抜きなどが収められていた。資料によると、日露戦争当時、アフリカ大陸東岸の島、マダガスカルで小さな酒場を営んでいた赤崎伝三郎が、寄港したバルチック艦隊の詳報を逐一、日本に通報し、日本海軍の勝利に一役買ったのだという。

対馬沖を航行して日本海に入るバルチック艦隊を発見、「敵艦見ゆ」の一報を送った仮装巡洋艦「信濃丸」の話は、司馬遼太郎の『坂の上の雲』などで有名である。しかし、それより先に、マダガスカルに出稼ぎに行っていた天草出身の人物が艦隊の全容を日本に打電していたというのである。私は不思議な因縁に驚いた。松下光廣が生涯をかけて支えようとしたベトナムの王族クオン・デや、革命家ファン・ボイ・チャウら反仏闘争の闘士たちが「日本に学べ」という「東遊運動」を起こしたのは、日露戦争での日本の勝利が直接の引き金になっていたからである。

マダガスカルを出たバルチック艦隊は日本海に向かう途中、ベトナム中部のカムラン湾に寄港する。当時、ベトナムの宗主国フランスは、ロシアと同盟関係にあった。大艦隊の威容を目撃したベトナム人の誰もが「日本はひとたまりもなく負けるだろう」と思った。日本の勝利を聞いたファン・ボイ・チャウはその時の驚きを「日露大戦の報長夜の夢を破る」と次のように記している。

「この時に当って東風一陣、人をしてきわめて爽快の想いあらしめた一事件が起こりました。それは他でもない、旅順・遼東の砲声がたちまち海波を逐《お》うて、私たちの耳にも響いて来たことでありました。日露戦役は実に私たちの頭脳に、一新世界を開かしめたものということが出来ます。（略）

ああ、十九世紀の中葉、欧米の風潮が世界にみなぎる時、ひるがえってわが国を顧みればまさに熟睡中にあったのであって、全く世間知らずの井の中の蛙にも及ばない、世界の笑い物であるとは、誠に憐れむべきの限り。誰か他にわれらに比ぶべき者がありましょう？（略）国亡びて後、フランス人はもっぱらわが国民を愚にしてその眼をふさがんとするの政策を用い、唖盲の病はさらに従前に倍したという有様でした。前に遼東・旅順の砲声がなかったならば、わが国民はついにまた大フランス国以外如何なる世界があるかを知らなかったのでありますす」（潘佩珠「獄中記」[*2]）

隣村の天草郡大江村字里（現・天草市天草町大江字里）で生まれ育った松下光廣はこの年（一九〇五年）、九歳。多情多感な少年期を迎えていた。日露戦争の勝利に沸き返る日本。その勝利に大きな貢献をした赤崎伝三郎の逸話は、話題の乏しい村人たちの日々の生活の中で繰り返し語られたに違いない。幼い光廣の心にも大きな刺激としていつまでも残り、「オレもいつかは……」という強い決意が育っていったのだろう。

話は少しそれるが、少年期の光廣の心に、大きな影響を与えたとみられる赤崎伝三郎の生涯に触れておきたい。

「旅館白磯」に残された資料などによると、伝三郎は一八七一（明治四）年、天草郡高浜村皿山（現・同天草町高浜）に生まれた。赤崎家は大庄屋役として江戸期には近辺の八村を支配した名門だった。「病気引退」を理由に庄屋役を退いた赤崎家は、この村の皿山一帯で採れる良質の天草陶石を用いて「赤崎窯」を開いた。赤崎家を継いだ伝三郎はこの窯を守り続けたが、国内で販売するには輸送経費がかかりすぎ採算ベースにのらない。日清戦争後の不景気も合わさって事業は倒産、当時の金で三千円という、膨大な借金が残った。

「天草にへばりついていたのでは、借金は返せない」。伝三郎は出稼ぎを決意し長崎に渡る。二十九歳だった。長崎で市役所の雇員や郵便局の事務員などを転々とした後、外国人居留地内にあった長崎ホテルの月給八円の見習いコックになるが、二年半たっても給料は二十五円。「借金返済には、外国で一旗あげるしかない」。彼は一九〇二（明治三十五）年、単身、中国大陸へ。上海、香港でコック修行しながら、その年の八月、仏印のサイゴンに辿り着く。ここで彼は高熱を発して倒れた。この時、昼も夜も手厚く看病してくれたのが三歳年下の天草出身のカラユキさん、チカ子だった。それが縁でチカ子は伝三郎の生涯の伴侶となる。

二人はサイゴンからシンガポール、ボンベイへ。ボンベイで同郷出身者に新たに千円の借金をすると、「なにかから逃れるように」日本人のいない土地を目指し、最後に辿り着いたのがマダガスカル島北部の港町、ディエゴ・スアレズである。一九〇四（明治三十七）年の正月だった。二人はトタン屋根のバラックを借り受け、バーを開く。粗末な丸テーブル六個を並べただけの酒場である。場所がフランス植民地軍の兵営の前だったため、毎夜、フランス兵で大賑わいとなった。進駐してきたばかりのフランス兵は酒と女を求めてこの酒場に集まった。七か月後には儲け出した千円を天草に送金、最初の借金返済に充てている。

この年の二月十日、日露戦争が始まる。世界最強といわれたロシアのバルチック艦隊が、アフリカ最南端の喜望峰を回って、マダガスカル島のディエゴ・スアレズに入港したのは同年十二月二十九日。二年前の一九〇二年に日英同盟が結ばれ、英国の経営下にあったスエズ運河を航行できなかったバルチック艦隊は、喜望峰を回ってロシアの同盟国だったフランスの植民地マダガスカル島に辿り着く。ここでやっと石炭の積み込みが許され、乗組員の休養に漁村のノシベ島が提供されたのである。戦艦八隻、巡洋艦九隻、装甲海防艦三隻、駆逐艦九隻、その他の運送船などを入れると三十八隻の大艦隊だった。

驚いた赤崎伝三郎は、インド・ボンベイの日本総領事館宛にバルチック艦隊の艦の種類と隻数を、ローマ字綴りの日本語で打電した。艦船名は省いた。電信局のフランス人オペレーターに電文の内容がばれる、と思ったからである。フランスとロシアは同盟国。この電報はスパイ行為にほかならない。電文はボンベイ総領事館から転送され、日本海軍も受電する。「電信局を出たとたんに恐怖で身がすくんだ」と伝三郎は語っている。

バルチック艦隊は翌一九〇五年の二月十七日まで二か月半もこの港に停泊した。ロシアは日本海で旅順艦隊が全滅したため、急遽、援軍として第三太平洋艦隊の派遣を決める。同艦隊と合流するため、バルチック艦隊に待機命令が出たのである。暇をもてあましたロシア兵の間には捨て鉢な気分が横行、毎日、酒と女を求め伝三郎の店で大騒ぎした。金遣いは荒く、伝三郎はロシア兵相手に大儲けしたのである。この後、伝三郎は同地に「ホテル・ドゥ・ジャポン」を建設、またイタリア人の映画館と対抗し「シネマ・ドゥ・ジャポン」を建て、いずれも大いに繁盛し、マダガスカル島で有名人の一人になった。

日英同盟下にあった日本には、大西洋を南下するバルチック艦隊を追尾した英国海軍からの情報が逐一入っていたという。しかし、遠いアフリカ東岸に住む一民間人からの情報提供は、日本海軍首脳部にも大変な感動を与えた。日本人の戦意高揚にも大いに役立つ。日露戦争終結後、海軍は伝三郎に感謝状と報奨金を贈り、その行為を宣伝した。その情報は出身地の天草島にも伝わり、赤崎伝三郎は天草の英雄になったのである。少年時代の松下光廣の魂を揺さぶる出来事であったに違いない。昭和四年、望郷の念に駆られた赤崎夫妻は、すべての財産を処分して天草に錦を飾る。その住まいとして建てたのが「旅館白磯」の豪邸だった。

カラユキさん、カラユキどん

貧しい天草では明治以降、男も女も、日本各地だけでなく世界中に移民したり、出稼ぎに出ることを当然のことのように思う気風があった。これらの出稼ぎは通称「唐行」（からゆき）と呼ばれた。「唐行」は広義では、男女両方の海外出稼ぎ組をさすが、狭義では海外でわが身をひさぐ女性の呼称であり、悲惨な人生を送り、異郷に骨を埋めた女性たちも多かった。しかし、天草の人たちが使う「カラユキさん」や「カラユキどん」という言葉には、私たちが想像するようなじめじめしたイメージはない。赤崎伝三郎や松下光廣も「カラユキどん」である。

『サンダカン八番娼館』[*3]で山崎朋子は天草出身のカラユキさんについてこう述べている。

「明治時代の日本は、長かった鎖国の解けたという反動もあって、海外へ、海外へと出稼ぎ地が拡張されつつあった時であり、実際、日本内地よりも海外に出かけたほうが一攫《いっかく》千金の夢を実現しやすかった。加えて、四囲を海に囲まれ、中国大陸や東南アジアと距離的にも近い天草島では、海外へ出かけることに、本州の人間ほどの隔絶感を抱かなかったということもある。そこで、われとわが身を売ろうとする天草女性たちも、故国日本をあとにして、中国大陸へ、シベリアへ、そして東南アジアへと出かけて行ったのだ」

また、北野典夫は「週刊みくに」に連載した「天草海外発展史」を単行本に纏めた時、その序文で叫ぶように訴えている。

「貧しいということは、恥ずかしいことではない。その中で、いかに生きたかが問題なのだ。（略）彼女たちは、泣きごとも言わず、へこたれもせず、みずからの人生を大海原の彼方へ雄飛させた。異国人への売春という〝破天荒な挺身行為〟に、わたしたちはむしろ、天草人の特性である勇気とバイタリティーを学ぶ。惰弱な精神で、決行できることではない。よしんばそれが、底辺女性史的表情をもっていたとしても、彼女たちに罪はない。けっして、天草の恥などではない。その時代が、余儀なくさせたことである」[*4]

「カラユキさん」は、明治三十年代の初めごろから日本では「娘子軍《じょうしぐん》」と呼ばれるようになる。

矢野暢によると「現地の在留邦人はおおむね『娘子軍』と呼ぶならわしであった。『からゆきさん』という呼び方は、むろん南洋の現地で使われた表現ではなかった」（『「南進」の系譜』[*5]）という。

「南洋で偉い人になって帰ってくる」

松下光廣は十五歳で、仏印のハノイに渡ることを決意する。一九一一（明治四十四）年、ポーツマスで日露講和条約が調印されて五年後のことである。その時の様子を彼に取材した北野典夫は次のように書いている。[*6]

十数里離れた本渡町の天草中学校受験を終えて大江村に帰ってみると、仏印で日本雑貨店を経営しているという橋口セキが、商用で帰郷しており、いろいろと珍しい南洋の話を聞かせてくれた。彼女は、光広少年の姉が嫁いでいる、同村橋口與作の姉さんにあたる人だ。フランス政府が統治するインドシナ、そこには、フランス人の学校もあるという。少年の夢がふくらんだ。日露戦争大勝利数年後のことであった。

「日本人は、すべからく島国根性を脱却し、世界の全人類と手をたずさえて平和に進まなくてはならない。そのためには、まず、先進国の文化に触れる必要がある。」

海外雄飛こそ、当時、少年仲間の幼ない議論を支配していた考え方であった。

「おりゃあ（俺は）、セキ姉さんについて、南洋さん行こごたる。南洋で、偉うなって帰ってくるばい。」

「なんば言うかい。わりゃあ（汝は）、三人兄弟の末っ子ぞ。まあだ、十六（引用者注・数え年）になったばかりじゃろが。偉うなるためにゃ、日本で中学校さん進う《ママ》で、一所懸命、勉強せんば。」

両親が驚いて、彼を叱りつけ、いかにも子供っぽい志望を止めにかかった。

光廣少年が仏印に渡ろうとした背景には、日露戦争の勝利や、故郷の先輩、赤崎伝三郎の手柄話などから受けた刺激があったといえるだろう。だが、それだけではない。ごく身近な「おばさん」が、すでに仏印・ハノイに渡り雑貨商として、〝成功〟していたということもある。橋口セキの土産話は光廣少年の心を激しく揺り動かした。彼女がどんな目的で単身、ハノイに渡っていたのかは定かでない。橋口家はもともと天草・大江の在ではなく、幕末に鹿児島県・甑《こしき》島からやってきて、天理教の布教活動をやっていたという。仏印での布教活動もハノイに渡った理由の一つにあったのかもしれない。

光廣が受験した天草・本渡《ほんど》の天草中学（旧制）は天草島内唯一の中学校である。彼が卒業した大江尋常小学校から合格するのは数年に一人、といわれる。長男光興によると「父は合格したのを確認して大江に戻ってきた」と自慢していたという。せっかくの合格を棒に振って、南洋くんだりまで行きたいという三男坊に、両親が猛反対したのも無理はない。驚いて光廣を叱りつけ、彼の希望をつぶそうとした。だが、光廣の抵抗は激しかった。毎日のように泣き叫び、ついには食事にも手をつけずハンストに入った。頭をかかえた両親は結局、腕白坊主の抵抗に負け、彼のインドシナ行きを了承する。「おセキさんと一緒だし……」という安心感もあったのだろう。

急激な人口増加とキリシタンの島

天草島は全島が山地である。その山地は急傾斜なため、段々畑に拓いてもほんのわずかな耕地しか得られない。そのうえ対岸にある雲仙岳の爆発による降灰によって土地は著しく痩せていた。この天草で米、麦の不足を補う貴重な作物として栽培されたのがカライモ（唐いも）である。土地、気象条件がこのイモの栽培に適しており、山の頂上近くまで拓かれた段々畑の主な作物はカライモだった。貧しい食生活であったが、米麦の不作を補い人々を飢餓から救うのに役立った。これが爆発的な人口の増加を招く一因となる。

天草はキリシタン信仰の島でもある。一五四九（天文十八）年、フランシスコ・ザビエルが日本でのキリスト教普及を始めてから六年後に修道士が来島、布教を始め、キリシタン大名、小西行長の時代になって、信者数は急速に増えていった。一六〇〇（慶長五）年には全島で四十五の天主堂がつくられ、全島民三―四万人のうち、少なくとも一万五千―二万人がキリシタン化していたといわれる。だが、豊臣秀吉による伴天連《バテレン》（神父）追放令に続いて徳川家康によるキリシタン禁制によって、信者に対する迫害は過酷をきわめた。全国のキリシタン信者は転宗か、潜伏か、殉教かを選ばなければならなくなったのである。

天草では迫害と殉教が天正十七年から寛永十五年まで五十年間にわたって繰り返された。一六三七（寛永十四）年十月に起きた「天草・島原の乱」は、信仰を守る戦いであると同時に、領主の圧政に耐えかねた一揆でもあった。乱を起こしたのは、ほとんどが農民、漁民であり、キリシタン信徒だった。翌年の原城攻防戦による戦死者は一万三千人。キリシタン信徒のほとんどが虐殺されたのである。

この乱の盟主にかつがれたのが天草四郎時貞（本名・益田四郎時貞）である。父は小西行長の遺臣、益田甚兵衛。乱勃発時、四郎の年齢は十五歳。キリシタンの学問を修めるために長崎に行き、洗礼をうけたという。一六一三（慶長十八）年、マルコス宣教師が追放される際、「二十五年後に神の子が出現して人々を救う」と予言した。弾圧に苦しむ人々は天草四郎に「神の子」を見た。眉目秀麗、大変な秀才でキリシタン信仰の偶像に据えられ、海の上を歩いてわった、などという奇蹟談も多く伝わる。乱では捕えられ斬首される。乱後の一六三九（寛永十六）年七月、徳川幕府はポルトガル船の来航を禁ずるとともに、平戸にいたオランダ人たちを長崎の出島に移し、鎖国の徹底をはかった。

天草・島原の乱の後、天草は天領とされ、重い租税が課される。この乱とその後の苛烈なキリシタン征伐によって、天草の人口は半減し、島原半島寄りの村々では人煙もまばらになったといわれる。このため幕府は天領や九州諸藩に強制的に人数を割り当て、五十年にわたって人を送り込んだ。また、キリシタンの教えが残り、堕胎や間引きなど〝子殺し〟を村人たちは忌みきらい、生まれてきた子は苦しくても育てようとした。こうした理由が合わさって、江戸時代中期から、天草の人口は加速度的に増加していった。

『天草島の年輪』[*7]によると、天草最古の人口統計は一六五八（万治元）年の一万六千余人。これが八十八年後の一七四六（延享三）年には約七万五千人に増え、寛政年間（一七八九―一八〇〇）には十万人を突破、一八七〇（明治三）年には約十六万七千人に膨れ上がっている。「異常な人口増は耕地化を促進し耕地面積の拡大は人を呼んだが、これらの関係も徳川末期には早くも飽和状態となり、反対に青年子女の出稼ぎが始まった」。日露戦争が終わった一九〇五（明治三十八）年末の人口は約十八万八千人。一九一五（大正四）年には二十万を超え「せまい島内での生活は身動きならぬ状態」となった。

こうした人口増加が、国内だけでなく、海外への大量の出稼ぎとなった。一九三五（昭和十）年までの海外出稼ぎ者総数は七万二千六百人、同年の一時不在者（出漁、季節労働者など）だけでも約八千三百人を数えた。七万二千余の出稼ぎ人口のうち、約三万六千人は女性であり、「手に職もない農漁民の子女が〝からだ〟一本を資本に遠く南洋や大陸の果てに」渡って行ったという。「カラユキさん」や「カラユキどん」は飽和状態となった島の人口増加の「やむを得ざる犠牲だった」のである。

大江村と「天草崩れ」

松下光廣が生まれ育った熊本県天草郡大江村字里に入る手前約六キロの高浜「旅館白磯」で、話は脇道にそれた。彼がわずか十五歳でベトナムに渡った背景を知りたくて、赤崎伝三郎の話から、天草の歴史まで踏み込んでしまったわけである。翌朝、いよいよ大江に向かう。車では約十数分の距離だが、光廣が育った明治の末期は、「千の峠」という山々を越えねばならず、道は石ころの突出した悪路だった。

再び余談になるが、一九〇七（明治四十）年、与謝野寛（鉄幹）がまだ無名の学生詩人だった北原白秋、太田正雄（木下杢太郎）、吉井勇、平野万里らを連れて、平戸、長崎、島原、天草を中心に九州旅行をした。その旅行記「五足の靴」が「五人づれ」という匿名で「東京二六新聞」に連載される。この時代、天草と本土とを結ぶのは、長崎港や茂木港、熊本県三角港から天草・富岡港まで、百トン前後の蒸気船が唯一の交通機関であり、道路網も皆無の未開の孤島だった。光廣が幼年期を過ごした時期とちょうど重なる。当時の大江村はどんな環境にあったのか。

与謝野鉄幹らは茂木港から富岡港に渡り「富岡より八里の道を大江へ向う」。八里（約三十二キロ）の山道を一日で大江まで歩いたのである。高浜を過ぎ大江に近づいたころは日も傾いていた。「千の峠」を越えて、大江に入るのは難行苦行だった。彼らが大江を訪ねる目的は、大江にある古い天主堂の目の青いパアテルさん（宣教師）に会うことだった。『五足の靴』[*8]はこう書いている。

「日は沈んだが一里だ、行ってしまえというので出かけた。二生（引用者注・与謝野、太田）は先へ行く、三生（北原、吉井、平野）は後からぶらぶら行く。だんだん暗くなる、（略）道は山へ登る。凄く美しいと思って潜った杉の木立も次第に恐ろしくなった、地獄へ入る思いがする。山腹の段々になった芋畑が蛇の腹のように見えて怖ろしい、（略）振り返ると遥か底の方に高浜の灯が見える。山の真中だ、人の声はもとより無い、鬼気肌《はだえ》に迫って来る。蹈《ふ》む所は相変らずがりがりの石の上である。躓きながら、分れ道のあるのに直《すぐ》なる方を取って、ずんずん進んで行ったのがそもそも誤りの第一歩であった。(略) 暗い暗い、足で探り辛うじて道を求める、道はいよいよ狭い、如何《どう》も怪しい、とうとう道が無くなった。M生(太田)も流石《さすが》に弱った、道を違えてからもうよほど来ている、方角が全然違うらしい、それも一歩を誤らば百尺の谷へ陥りそうな危《あやう》い径《こみち》であった」

大江村は、山道に分け入り、峠を越えた天草下島の最西端、隔絶された村だった。なんとか大江村に辿り着いた一行は、翌朝、「大江天主堂」を訪れる。天主堂はやや小高い所に在って、土地の人が「パアテルさん」と呼ぶ敬虔なフランス人宣教師が住んでいた。神父は一行を居間兼応接間に通し、天主堂に保存されているキリシタン遺物の、聖像を刻んだ小形のメダル、十字架などを見せながら、この村に残っている隠れキリシタンの習俗などについてこう語ったという。

「この村は昔は天主教徒の最も多かった所で、島原の乱の後は、大抵の家は幕府から踏絵の『二度踏』を命ぜられた所だ。しかしこれで以て大抵の人は皆『転《こ》ろんで』しまって、ただこの山上の二三十の家のみが、依然として今に至るまで堅く『デイウス』の教えを守っているそうである。(略) いや、今は転んで仏教徒になっているものでも、家に子の出来た時には洗礼をさせ、また死んだ時にも、表面は一応仏式を採るが、その後更《あらた》めて密かに旧教の儀式を行うそうだ、棺も寝棺で、その服装も当時の信徒の風に従うのだそうだ」

高浜から舗装された道路を海岸沿いに十分も走り、大江川沿いに西に進むと、右側の急坂を上った小高い丘の上の真っ白な西洋風建物に、純白の十字架が輝く大江天主堂が聳えるように立っている。与謝野鉄幹ら五人がおとずれた明治四十年のころは明治十年代に建てられた旧式の建物で、瓦屋根の平屋造り、礼拝所も畳敷きだった。今の建物は一九三三（昭和八）年、天草への伝道に生涯をささげたガルニエ神父が私財を投じて建立したものだという。天主堂脇の木陰に吉井勇の歌碑が立っていた。

白秋とともに泊りし天草の　大江の宿は　伴天連の宿

大江天主堂のすぐそばに「天草市立ロザリオ館」がある。天草キリシタンたちの生活や文化を物語る遺品が数多く展示されている。その中心になっているのが、一八〇五（文化二）年、大江村、高浜村、今富村、崎津村という天草下島最西端の四村で「天草崩れ」と呼ばれる「異宗事件」が発覚した際、証拠品となった隠れキリシタンであることを示す「異物」の数々である。

天草ロザリオ館の館長を十六年間務めた山下大恵《ひろしげ》（昭和四年生れ）によると、事件発覚は天草の乱から百七十年近くも経っていた。

発覚のきっかけは住民が牛を殺し食用にしたことに始まる。疱瘡にかかり、体力の弱った子供に、栄養をつけるためだったが、隠れキリシタンではないか、との噂が広がり、奉行所や地域住民の監督責任を負う大庄屋が内偵に乗り出す。天草の乱の後、厳しい禁教政策がとられてきた地域である。しかし調べが進むにつれ、棄教に応じなかったおびただしい人数の存在が確認されたのである。

最終的に「異宗」と断定された隠れキリシタンは、大江村では総人口三千百四十三人のうち実に二千百三十二人。隣村の崎津村、今富村、高浜村の四村を合わせると、一万六百六十九人中、半分の五千二百五人が禁制の隠れキリシタンだった。松下光廣が生まれ育った大江村は、七割もの住民が隠れキリシタンという「キリシタンの里」だったのである。

「隠れキリシタンの大量存在」にびっくりした大庄屋は、すぐに長崎奉行所や島原藩に報告する。対応に苦慮した島原藩は、江戸幕府に「伺い書」を提出、指示を仰いだ。四か村の住民の半数にも達する隠れキリシタンを摘発したものの、厳しい処分が決まると、暴動が発生し、これら四か村が取り潰しになる恐れもある。島原藩主の頭には「島原・天草の乱」の修羅場がよぎったに違いない。「心得違いの風儀や信心があるとすれば、最近に始まったことではないだろう。信仰内容を包み隠さず白状すれば、これまでのことは許す」との穏便な処分を幕府に願い出た。

江戸幕府も同じ懸念を持った。島原藩当局に「異宗信仰」を二度と起こさない体制を取ることを確約させ、五千人余のキリシタンは「お咎めなし」で一件落着。島原藩にとってみれば、「禁教体制」の一段の強化が求められたのである。この事件以降、キリシタン信仰は、さらに厳しい状態に追い込まれ、棄教や転宗が強要された。しかし、信者の一部は改宗したように見せかけながら、危険を承知で、細々と信仰の火を繋いだのである。

この地にキリスト教信仰が復活するのは、明治政府がキリスト教を解禁した一八七三（明治六）年。六年後の一八七九（明治十二）年にはマルモン神父が来島、大江に木造平屋建ての最初の聖堂を建て、再びキリスト教信仰が活発になっていった。

松下光廣の生家と天理教

話を戻そう。私たちは前述の松浦四郎が経営する「もみじ保育園」の脇の坂道を三十メートルほど上った所にある松下光廣の生家に向かう。その途中、生家のすぐ近くにある松下家の墓所に立ち寄った。五十ほどの墓地が低い山腹を這い上がるように連なっている。入口近くに「松下家の墓」と彫られた墓石を見つけた。

後ろに回ってみると、「昭和五十六年十二月吉日、建立者松下光廣、松下磯興、松下正明」と彫られている。松下光廣が大江に戻ったのは同年八月。帰郷するとすぐに墓の建立にかかったのだろう。彼は死に場所を生まれ故郷の大江と決め、東京を引き払ったのだ。周りの墓所を見渡すと、半分くらいの墓石の上には、空に向かって伸びるように十字架が輝いている。一瞬ここは日本なのだろうか、という錯覚にとらわれる。

光廣が父徳次、母テルの三男として、産声を上げたのは一八九六（明治二十九）年八月三日。日清戦争が終わった翌年のことで、日本は戦勝気分があふれ、世界に羽ばたこうとしていた。長女のミヨシ、長男武雄、次男只四郎に次ぐ四人姉弟の末っ子だった。墓石の建立者の一人であり、大南公司の最後のサイゴン支店長を務めた磯興は、長女ミヨシの長男である。

正明夫妻は、光廣の死去後も、光廣夫婦が住んだ棟続きの増築部分には一切手をつけず、生前のままに守り続けてきた。その部屋には今も、誰も通さない。使うのは長男の光興が帰省した時だけだという。八畳の部屋の隅には、本棚が置かれ、背表紙が変色し始めた本が数十冊並んでいる。中に小松清の『ヴェトナムの血』も。表紙をめくると几帳面なペン字で「松下光廣様　小松清」とサインが入っていた。大川周明の著作も数冊。何度も読み返したのだろう。数か所に付箋が貼られている。

私（筆者）は松下家の仏壇にまずお参りを、と思った。だが、座敷の正面には大きな神棚があるだけで、仏壇らしきものはない。「いつの頃からかわかりませんが、松下家は天理教なんですよ」。光廣の葬儀も天理教の神官によって行われたという。

天理教は江戸時代末期、大和国（現・奈良県）の農民中山みき（一七九八―一八八七）という女性が開いた「神道」の一派である。「人間がこの世に存在するのは、親神が人が明るく暮らす〝陽気暮らし〟を見たいからであり、神の守護と恵みにより人は生かされている。人間は親神が見たいとする陽気暮らし実現のため欲を捨て、平和で豊かな世界を目指すことが重要である」と説く。活動の特異性から地域の寺社に疎まれ、官憲から何度も弾圧を受けた。だが、信者数は明治末から大正、昭和にかけて大きく増加し、明治末期には数百万人に上ったという。

天理教は明治時代から世界各国に進出を始める。一つは日本人が集団移民した地域であり、今もアメリカの西海岸やハワイ、ブラジル、アルゼンチン、ペルーなどにも教会がある。もう一つが戦前、日本軍が進出した台湾、満州、朝鮮、東南アジアなどである。海外布教に乗り出すため語学専門学校を設立、それが今の天理大学になった。

松下家の長女で、光廣の姉ミヨシが嫁いだのが同じ大江村の橋口與作である。橋口家は、前述したように江戸末期、天理教の布教のため大江村に移住してきた、と言われている。光廣が土産話に感動し、ベトナム渡航を決意した橋口セキは與作の姉で、義姉にあたる。セキがどんな目的で渡航したかは明らかでないが、仏印への天理教布教がその目的であった、としてもおかしくはない。天理教は大正六（一九一七）年頃からマレー半島を中心に積極的に布教活動を行っており、それも在留邦人だけでなく、現地住民が対象だったという。いずれにしても広い意味で「カラユキさん」と呼ばれる一人であったことに違いない。光廣は生涯、「セキおばさん」と呼び、尊敬し続けた。

松下家を継いだ甥の正明は、終戦後、大江に引揚げてきた橋口セキが死んだ日のことを覚えている。

「東京から駆け付けた叔父は、セキさんの遺骸に取りすがり、子供のように泣き続けたのです。『おばさん、なぜ先に逝ってしまったのだ。ぼくもすぐにそちらにいく。その時はまたいろいろ教えてくれ』と大声でセキさんに何度も話しかけたのです。叔父にとってセキおばさんは、母親であり先生でもあったように思います」

元天草ロザリオ館長、山下大恵によると、「天草崩れ」のあと、厳しく転教を迫られたキリシタン信者の多くは、藩の指導もあり曹洞宗、浄土真宗に改宗した。しかし、江戸末期ごろからは天理教に入信する世帯も増えた。山下は「天理教の教えに、キリスト教と通じるところがあったのかも知れません。同じように神様への信仰ですしね」と言う。

「父、光廣は信仰心は強かったが、宗派にはこだわりませんでした。私と妹はクリスチャンですし、東京の自宅には仏壇も神棚もしつらえ、毎日、手を合わせ拝まされましたからね」。光興の話である。

後述するが、松下光廣はベトナムの新興宗教である「カオダイ教」信者に絶大な信頼を得、彼らと独立運動の先頭に立つクオン・デ侯との橋渡しをする。カオダイ教は仏教もキリスト教も、イスラム教から道教までも包含する多神教である。幼いころからの天草の信仰風土が松下光廣の宗教観に大きな影響を与えたとみてよいだろう。

松下光廣の生家は古くから農業を営んでいたが、父親の徳次は当時、小規模ながら炭鉱の経営に乗り出していた。天草では天保年間（一八三〇―四四）、急傾斜な山の斜面などに石炭が発見された。本格的な採掘が始まるのは明治になってからである。上質の無煙炭で、その分布は天草下島の北部、中部、南部の三つの地域にわたる。石炭採掘が企業化されるのは明治中期からで、当初は小規模な個人経営の炭鉱が乱立していた。

徳次が所有する炭鉱もそうした家内工業的な小規模のものであり、採掘した石炭を、大規模な炭鉱に買い上げてもらっていた。明治の後半、石炭採掘は時代の波に乗っており、松下家の生計は裕福とは言わないまでも、そこそこ安定していた、といってもよいだろう。経済的には末っ子の光廣を「南洋くんだりまで出稼ぎに出す必要はなかった」のである。

末っ子の光廣は、両親や姉、兄たちにかわいがられて元気のよい腕白少年に育つ。学校の成績も目立ってよかった。両親にとっては光廣が本渡にある島内唯一の天草中学に入学し、さらに本土の高校、大学に進学して、立身出世することを願っていた。「中学に行かなくても勉強はできる」。光廣は自分の決心を貫き通そうとして、食事を断つ〝ハンスト〟まで実行したのである。両親も最後には折れざるを得なかった。

「海の向こうに何がある」

松下の生家を訪れた夜、私たちは大江港のすぐそばにある小さいが小奇麗な「平野屋旅館」に泊まることにした。光興も、私に遠慮したのか「ぜひ実家に」という正明の勧めを断って、私に付き合ってくれることになった。平野屋の主人、平石水穂は天草市に合併前の天草郡天草町の町長だった。私は食事をしながら平石に、松下光廣が、サイゴン陥落の最後の瞬間まで、ビエンホアの孤児院の孤児たちを守ろうとした話をした。そして、「松下さんの行為は、大江のキリシタン文化から来た慈善心からだった、ということで説明がつくんですかねえ」と尋ねた。

しばらく考えた平石は、こんな話をしてくれた。

「明治の中ごろから、大江の裏山の根引き山の中腹に孤児院があり、大江天主堂の神父さんたちが生活困窮者や親を亡くした子供たちの面倒を見ていたのです。その孤児院の場所は今では林道が整備されすぐ近くですが、当時は松下家の脇の小道を通って登っていくしかなかったと思います」

「松下さんは毎日のように孤児院に通う神父さんを見ていたのでしょう。好奇心から神父さんの跡をつけ、孤児たちと友達になり、一緒に遊んでいたことも十分考えられますね。孤児たちに対する強い思いはそれが原点になっているのではないでしょうか。孤児院の跡はまだ残っているはずですよ」

翌朝、松浦四郎は私たちをまず、大江町の最西端の高さ三百メートルほどの「荒尾岳」と呼ばれる小高い丘に案内してくれた。今では道路も整備され、見晴台のある山頂まで十分もかからない。当時、山道を歩いて登っても小一時間ぐらいだっただろう。見晴台に立つと、真っ青な東シナ海が前面百八十度に広がる。海はどこまでも続いているように、遮るものは何もない。左手の海上に浮かぶのは、鹿児島県の甑島であり、右手の遙か彼方に五島列島の島影が見える。水平線は丸みを帯びて、南北に限りなく伸びている。左眼下に大江湾が小さな口をひっそりと開けたように光っていた。

「八百キロ先は中国大陸ですよ。南に下れば沖縄、台湾、さらにその先はフィリピン、ベトナムですよね。北に向かえば朝鮮半島、遼東半島です。私の保育園でも、年に数回はここに子供たちを連れてきて海を眺めさせます。松下光廣も、幼いころからここに何度も登って来たのではないでしょうか。『海の向こうには何があるんだろう』。子供たちは海を眺めながらそう聞くのです。彼もそう思い続けたのではないでしょうか」

松浦は背後の天草連山を振り返りながらいった。「この大江から見れば、日本本土は山の遙か向こうです。東京はここから千数百キロ。山また山を越えていかねばなりません。大江港から、手漕ぎの船でも潮流に乗れば、中国大陸も台湾、フィリピンも、そう遠い世界ではないのです。大江の人々は常に海を眺めて暮らしてきたのです」

大江の裏山を一つ越えた入り江に「軍《いくさ》ガ浦《うら》」という港がある。ここはかつて「倭寇《わこう》」の基地だった。十三世紀から十六世紀にかけ、中国、朝鮮からベトナムまでその沿岸を荒らし回った「日本人海賊」のことを、中国などでは倭寇と呼び、恐れた。もともとは私貿易を目的としたもので、天草市河浦町の「河内浦城跡」でベトナム産の大皿（磁器）が発掘され、同倉岳町の「棚底城跡」からもベトナム産の染付け椀が出土している。いずれも十四世紀から十五世紀にかけてのもので、彼らが天草から遠くインドシナ半島まで出かけていたことを示している。

荒尾岳を下り本渡町に抜ける林道を走ると、十数分で明治時代に託児・孤児院があったという通称「根引き山」の中腹に着く。当時は松下家の脇の細い急な坂道を約三キロ、一時間ほどかけて登って行ったという。孤児院を偲ぶものは、古い十字架の墓碑と井戸だけしか残っていない。孤児たちを収容した小屋のあったその真上に「みみずの子　いのちのほかに　なにもなし」（岳石）という句碑が建てられていた。

大江天主堂に赴任してきたフランス人神父、フェリエが、この山奥の一角に井戸を掘り、小屋を建て、孤児たちを集めて、教育と医療を施す「根引きの子部屋」を開いたのは一八八三（明治十六）年。おそらく明治時代の児童福祉施設としては第一号と言ってもよい。三歳までの育児は有償で麓の民家に委託し、養子の斡旋を行い、養子の縁のない子を「根引きの子部屋」に移した。長崎の修道院から児童福祉に精通した修道女を呼び寄せて、常駐させ、子供たちの就職の世話までしたという。

フェリエ神父が去ったあと、施設運営は後任のガルニエ神父に引き継がれ、一九〇七（明治四十）年まで続けられる。光廣少年は自宅脇の山道を暑い夏も、厳しい寒風の吹き荒れる冬も、毎日のように「根引きの子部屋」に通うガルニエ神父の姿を目撃していたはずである。「どこに行くのだろう」。多感な少年は、裏山に登り、神父が通う「子供部屋」の実情を覗きみる。そして彼は、そこで生活する子供たちと一緒になって遊ぶ友達になったのだろう。

神谷恵「根引き山のアリア」[*9]によると、この一帯を施設ゆかりの人たちと一緒になって整備したのは、崎津・大江教会の川添神父。「みみずの子　いのちのほかに　なにもなし」と子供たちの心境を込めた句の作者でもある。この施設から「私は、根引き出身です」「根引き出身者の子孫です」といつまでも胸をはる誇り高い子供たちが育っていった、と神谷は書いている。ビエンホアの孤児院に毎日のように出向いていたという松下光廣の心の中に「根引きの子部屋」への想いが、サイゴン陥落という修羅場の中で甦った、と思えてくる。

第二章　植民地・仏印

苦学力行の十年

「おりゃあ、セキおばさんについて仏印に行く」。泣き叫び、食事まで断って頑強に主張する光廣少年。「時間が経てばあきらめるだろう」。両親は当初、少年期特有の〝反抗期〟くらいにしか思っていなかった。しかし、光廣の決心は収まるどころか、時間の経過とともに強まっていく。天草中学の入学手続きも放棄した。

「おりゃあ、もう子供ではない。天草・島原の乱で島民の先頭に立った天草四郎も、おりゃあと同じ十五歳だったではないか。仏印に渡ってきっと一旗あげて戻ってくるばい」

それから半年以上が過ぎ、セキが再び仏印に戻る日が近づいた一九一一（明治四十四）年暮れ、両親はしぶしぶ光廣の仏印行を認めたのである。「しっかり者のセキさんが付いていてくれるのなら……」。祈るような思いもあったのかも知れない。

年が明けた翌年一月八日、セキに伴われた光廣は、故郷大江から海路、長崎に向かう。当時、陸路なら長崎行の船の出る富岡港まで裏山を越えて厳しい山道を三十余キロ。その日のうちには着かない。二人は手漕ぎの小舟で富岡に向かった。舟を漕いで富岡まで見送ったのは、多分、父徳次と二人の兄たちだったのだろう。長崎に着いた光廣とセキは県庁で旅券の交付を受けるため、一週間、滞在している。

一月十四日、二人はオーストラリア航路の「熊野丸」に乗船する。熊野丸は四昼夜かかって香港に着く。香港で一泊した後、中国船に乗り換えて一昼夜半、仏印北部のハイフォン港に入港した。一月二十二日の朝だった。ハイフォンは、首都ハノイの東方約百キロ。当時から仏印北部を代表する港湾都市であり、仏印北部から中国に通じる交通の要衝として、物資輸送の一大拠点であった。すぐ近くには、数千もの奇岩が海中から空に向かって伸び、今では世界遺産に指定されているベトナムきっての景勝地ハロン湾が広がり、フランス植民地時代の美しい街並みと建物が多数残っている。

ハイフォンに二泊した光廣らは汽車でハノイに向かう。ハノイで列車を乗り換え南下して、日暮れ前に北部仏印の古都、ナムディンに着いた。ナムディンはハノイに次ぐ北部第二の大都市。「米国との戦争」では、北爆の標的になった工業都市である。セキはこの町で、フランス人向けの日本土産品雑貨の小売店を出していた。セキの家は二軒続きの長屋。片方ではフランス人がカフェを経営していた。光廣はこのセキの家に居候する形で、異郷での生活が始まった。

当時のベトナムは「フランス領インドシナ連邦」と呼ばれるフランスの植民地であり、ハノイを中心とする北部はトンキン（東京）、フエを中心とする中部はアンナン（安南）、サイゴンが中心都市の南部はコーチシナ（交趾支那）と呼ばれ、三つの地域に分断統治されていた。フランス支配の実情は後述するが、「フランス人でなければ人に非ず」であり、アフリカの多くのフランス植民地と同じように、ベトナム人は奴隷的地位に甘んじていた。セキの雑貨店もベトナム人を相手にする店ではなく、居留するフランス人相手のものだった。ベトナム人相手では商売にならなかったのである。

松下光廣のナムディンでの生活が始まった一九一二（明治四十五）年当時、アジアの情勢は新しい時代に向けて大きく動きだそうとしていた。日本ではこの年の暮れ、明治天皇が崩御し大正時代が始まる。明治維新以来、「坂の上の雲」を仰ぎ見ながら富国強兵に努めてきた日本だが、日清、日露戦争の勝利によって、軍国主義の傾向が強まり、米、英、仏、蘭など欧米列強と肩を並べ、中国大陸への進出を本格化させようとしていた。中国は孫文の辛亥革命の渦中にあり、同年一月一日には長い間中国を支配した清朝に代わって、孫文の中華民国臨時政府が成立する。しかし、北洋艦隊を率いる袁世凱一派との確執が強まり、混乱の最中にあった。

こうした動きは同じアジアの一角のフランス領インドシナにも大きな影響を与え、フランスの植民地政策に対するベトナム人の抵抗運動は、激化の一途を辿っていた。アジアの歴史の変動のるつぼの中に飛び込んだ松下の仏印での生活は、そうした時代の雰囲気と無縁ではあり得なかった。日本からやってきたばかりの光廣少年も、次第にその荒波の渦に巻き込まれて行くことになるのである。

光廣少年がすぐに直面したのが「言葉の壁」だった。セキは知人のフランス陸軍の将校にフランス語の個人レッスンを頼んだ。フランス語だけでは生活はできない。現地の小学校の先生にベトナム語の特訓も頼んでくれた。熱心な彼の語学力は短期間に伸びていく。一応の基礎力が付くとフランス公学校に入学、三年間みっちりとフランス語を勉強する。もともと語学の才があったうえに、まず言葉に習熟しようという彼の熱意もあって、フランス語もベトナム語も、日に日に不自由なく使いこなせるようになった。

彼は言葉を学ぶだけでは満足しなかった。「言葉は意思疎通の道具でしかない」。日本で上級学校に進学した同じ年齢の若者と、同レベルの専門知識を独学で身につけなければ、「両親との約束は果たせない」。彼は早稲田大学に手紙を書き、同大学の商業講義録、法律講義録などだけでなく、商業英語の講義録も取り寄せて独学で猛勉強を続けた。

勉強だけというわけにもいかなかった。生活費のすべてをセキおばさんに頼るのは彼の誇りが許さなかった。猛勉強の傍ら、ナムディンの街の洗濯屋の御用聞きを始めた。町にはフランス軍の兵営があり、その家族も多数住んでいた。洗濯ものはベトナム人洗濯屋が引き受けていた。毎朝午前四時に起きて、フランス人家庭や兵営を一軒一軒回り、洗濯の注文を取って歩いた。今風にいえば「学生アルバイト」である。生活費稼ぎであると同時に、松下にとってはフランス語の実地勉強でもあった。フランス人主婦たちの早口の苦情も十分聞き分けられるようになる。「御用聞き効果」は大きかった。

この頃、橋口セキの雑貨屋には、若いベトナム人青年たちが、松下を訪ねて来るようになる。ベトナム語の先生役を買って出る若者もいれば、日本のことを松下から学びたいという青年も多かった。苦学力行する松下に、彼らはロシアに勝った日本人の典型を見ていたのかもしれない。彼もまたこれらの青年たちと友達になり、ベトナムの風俗習慣を学んでいった。その中には祖国の独立を志す革命家たちもいた。彼らは深夜密かに訪ねてきて、言葉が十分にわからぬ松下に、漢字の筆談を交えて、ベトナム人の抵抗の歴史を熱く語りかけた。

「私がただ日本人というだけで、信頼してやってきたのです。その時から私は、訪ねてきた志士たちの独立と自由への切々たる悲願に魂の底で共鳴し、古くは中国の弾圧に苦しみ、さらにヨーロッパ植民地主義者の圧政に呻吟苦悩しているベトナム民衆に同情の念を強くするとともに、その桎梏《しっこく》を打破すべく、命をかけて抗争している革命家たちの言動に深く感動したものです[*6]」

三年が経った一九一五（大正四）年の春、松下はセキの家を離れてようやく「独立」する。最初に上陸した港町ハイフォンにあった日本人商社「池田洋行」に就職口が見つかったのである。この商社で二年半、輸入雑貨の税関事務を担当し、日本との取引に携わる。この経験が後に「大南公司」設立に役立つことになる。この後、ハノイに出てこれまた日本人経営の「富茂《フーモー》洋行」に職を得た。「いずれ首都ハノイで独立する」というのが彼の願いだった。

池田洋行や富茂洋行などと立派な名前はついているが、いずれも零細な個人企業である。富茂洋行での松下の仕事は、フランス人家庭向けの鮮魚類の仕入れだった。

ハノイの食卓にのぼる鮮魚類は、南シナ海やハロン湾などで獲れたものが、ハイフォン港から水揚げされ、貨車でハノイに運ばれていた。鮮魚類を仕入れるには、ハイフォンまで通わなければならない。しかし早朝、ハノイ―ハイフォン間の列車はない。毎朝、午前二時過ぎには起き出して、百キロの道のりを馬車に揺られながらハイフォンに向かう。南国とはいっても冬を迎えると、ハノイやハイフォンはぐんと冷え込み十度を下回る。そんな寒い日、冬ものを持たない松下は馬車の上で毛布をかぶって震えていた。仕入れた鮮魚は午前六時、ハイフォン駅発の貨車に積み込む。

当時、ハイフォン港の近くで、天草下島の天草郡島子村（現・天草市有明町）出身の石山ゆきという女性が「石山ホテル」という旅館を経営していた。カラユキさんとして故郷を離れた女性である。セキおばさんとも親しかった。松下は魚の買い付けが終わると、毎日のようにこの石山ホテルを訪ねた。ホテルには東南アジア一帯を旅する日本人の多くが出入りしていた。彼らの話を聞くことも楽しみだったが、もう一つ目的があった。ホテルがお客に出すパンの切り屑や切れ端をもらって、それを弁当代わりにする生活を続けていたからである。

「オレには大望がある。一銭の無駄遣いもできない。少しでも金を貯め、いずれ自分で事業を始めるのだ」

このころの松下は傍から見れば「守銭奴」であり、質素倹約、文字どおり爪に火を灯す生活を続けていた。

松下光廣が毎日、パン屑をもらった「石山ホテル」は、一九二九（昭和四）年、劇作家岸田国士が書いた有名な戯曲「牛山ホテル」のモデルといわれる。「牛山ホテル」の女将「牛山よね」が、天草出身の石山ゆきである。この旅館を舞台に宿泊する日本人商社マンやフランス人の妻となった日本人女性、現地に住む写真師、剣道教師、さらに女将を始めこのホテルで働く日本人女性たちなどのやり取りを通して、当時の現地在留の日本人の生態が生々しく描かれている。

女優、故岸田今日子の父、岸田国士は陸軍士官学校を卒業し任官するが、文学への思い止みがたく、軍籍を離れて東京帝大仏文科に入学。二十九歳の時、パリに留学する途中、三井物産仏印出張所付き通訳の職を得て、ハイフォンに三か月間滞在している。この時、彼が宿泊したのが石山ホテルだった。光廣が毎日のように出入りしていた頃より数年後のことだが、石山ホテルの雰囲気はそう変わっていなかったと思われる。

仏文学者、小松清も仏印に渡ったころ、この石山ホテルに宿泊している。

「夕方六時の快速電車でハイフォンにゆく。石山ホテル。久しぶりに日本食にありつけて、心嬉々たるものがある。石山ホテルは、岸田さんの創作『牛山ホテル』のモデルである。ハイフォン名物の一つ。相当の年配をした宿の女主人に、岸田さんのことをきいてみたが、漠然としか覚えていない。（中略）家族的な感じのする泊り心地のいい旅館である」[*10]

客は日本人だけではなかった。中国国境を隔てた雲南省は、辛亥革命の渦中にあった中国国民党の闘士たちの拠点の一つになっており、孫文の国民党副総裁、唐継堯が護国軍を率いて袁世凱軍と戦っていた。彼らはしばしば国境を越えベトナムに潜入、ハイフォンでは石山ホテルを根城にして、ベトナムの華僑たちに革命の指導を行っていた。松下はこのホテルで、唐継堯を始めとする闘士たちの話を聞く機会がしばしばあった。彼らは幼くして異郷で苦学する松下を弟のように可愛がり、新しいアジアの胎動を教えてくれたのである。

仏印にやってきて六年たった一九一八（大正七）年、彼は南部コーチシナのサイゴンにある三井物産出張所に採用され、商社マンとしての業務全般をみっちりと勉強する。最初の仕事はサイゴン郊外の中国人街、ショロンでの精米所の監督だった。ここで米の取引に精通しただけでなく、ベトナムの華僑との繋がりが生まれる。メコンデルタなどで生産される米の流通は華僑が取り仕切っていたのである。続いて電信や文書事務、さらにサイゴン港からのシッピング（船積み）などに従事し、商社マンとしてやっていく自信が徐々に生まれた。

一方で松下は日本から河上肇の『貧乏物語』なども取り寄せて愛読、社会主義思想にも理解を深めた。ハノイからサイゴンまでベトナムでの生活で彼が見たものは、フランスの植民地支配のもとで、虐げられ、差別され、生活に困窮し、苦悩するベトナム人の現実だった。

この頃から彼は暇を見つけては、ベトナム中部のかつて日本人が住んでいた町の遺跡を訪ね始める。少年の頃、天草で日本人は昔から海を越え、ルソン、仏印、シャム（タイ）など南洋諸国に進出して行った、と聞かされていた。そうした先人たちの足跡を辿ることによって、遠い故郷、天草に思いを馳せていたのだろう。

豊臣秀吉の時代から徳川家光による一六三九（寛永十六）年の鎖国令まで、フエやダナン一帯にかけ多くの日本人が交易にやってきた。「朱印状」という許可証をもって貿易に携わり「御朱印船貿易」と呼ばれていた。朱印状は約四百枚発行されているが、その四分の一はダナンの南三十キロのホイアン向けだったという。ホイアンには日本人町がつくられ、約四百人の日本人が住んでいた。町を流れるフェフォ川に古くから架かる橋は「日本橋」と呼ばれる。正式名称は「来遠橋」。論語の「朋あり遠方より来る。また楽しからずや」がその由来である。幅三メートル、長さ十八メートルの橋の中央は太鼓橋のように盛り上がり、橋の中央脇は寺院になっている。この橋は十七世紀初め、日本人の手で造られたといわれている。

町の郊外には今も三人の日本人の墓が残っている。松下光廣はこれらの墓にも、お参りしてまわった。一つは一六四七（正保四）年に死んだ「谷弥次郎兵衛」の墓である。言い伝えによれば、谷は江戸幕府の貿易禁止令によって、帰国の途に就くが、ホイアンに残した恋人が忘れられず、途中から引き返し、この地で死んだという。日本商人「潘二郎」の墓や、「孝文賢具足君墓」と墓標に記された墓もある。日本の武具を扱っていたのだろうか。どの日本人墓も北東、日本の方向を向いて建てられている。

ダナン（旧ツーラン）の港には一五九六（慶長元）年、日本の商船がベトナム兵と協力してイスパニア船隊と激戦をかわし、これを打ち破ったという記録も残っている。ダナンとホイアンのほぼ中間にある五行山にも松下は立ち寄った。この山の中腹にある洞窟内の「普陀山霊中仏」の台座には、日本人や中国人の名前が彫られている。この仏像を建立する時に寄付した人たちで「日本国茶屋」「日本宮七郎兵衛」といった名前もある。ホイアンの日本人町に住んでいた人たちだろう。

この地を訪れるたびに若い松下の気分は高揚し、「日本とベトナムの長い交渉史に想いを巡らせた」。そして大声で叫んだ。

「おる（俺）が成功したら、こけえ（ここに）、日本人望郷寺ば建ててやっぞ。そのかみの豪快な海の男たちといっしょに、不遇に死んだカラユキさんたちも弔うてやろうたい」

松下のこの想いは実現しなかったけれど、戦後、大南公司の再建に成功すると、天草の後輩たちのために「松下奨学金」を発足させ、勉学の支援を惜しまなかったのである。

在留邦人の〝共通語〟は天草弁

その頃のサイゴンには、一番娼館から五番娼館まで日本娼館が並び、ハイフォンなど大きな港町にも日本娼館があった。そこで身を売るカラユキさんたちの多くが彼の故郷である島原、天草出身だったことにも、彼は衝撃を受けていた。天草四郎の反抗の精神を受け継ぐ天草男児の血がたぎり始めたのである。

話は飛ぶが、一九四〇（昭和十五）年、日本軍の北部仏印進駐の際、軍属の通訳としてハノイにやってきた姫田嘉男は、「神戸旅館」という名の、日本人女性が経営する旅館に逗留した。仏印滞在三十有余年の女将が、「神戸出身なのでこの名を付けた」と聞かされていたが、「女将に会って驚いた」と彼は「仏印雑記」に次のように書いている（『貿易風の仏印』所収）[*11]。

「（この女将は）神戸の出身でありながら、天草言葉を使っていた、ここへ来てから、天草の人間ばかりなので、自然とその言葉になったのだという」

天草言葉が、在留邦人の〝共通語〟となるほど、仏印には天草出身者が多かったことを示す証言だろう。

サイゴンの娼館に、どれくらいの日本人女性がいたのかは明らかでないが、松下はこう述べている。

「インドシナにも、そのころの南洋各地同様、いわゆる娘子軍（カラユキさん）が多かった。たとえばサイゴンには、一番娼館から五番娼館まで、日本妓楼がたちならんでいた。香港あたりに大ボス何某がいて、上海、サイゴン、マニラ、シンガポールなどを拠点とする人身売買の組織網を張りめぐらしていた。ドイツに留学するつもりで日本を出た千葉医学専門学校出身の下村里寿という青年が、ハイフォン寄港中、高谷マサおばさん（長崎市大浦出身）の店に登楼してそのまま居坐り、いつしかこの組織網の一員となり、自分も抱女二十人の楼主におさまったりしていた[*6]」

不遇に身を沈めたカラユキさんばかりでなく、フランス人現地高官やフランス人豪商の夫人に収まる〝幸運〟なカラユキさんも少なからずいたという。

多分、松下はこの頃、仏印で働く悲惨なカラユキさんたちの実情について調べたのだろう。「高谷マサおばさん」とわざわざ「おばさん」の呼称をつけて呼ぶ高谷マサは、橋口セキとは、古くからの知人であったと思われる。彼は「当時の南洋はこんな時代雰囲気であったのだ」と憤る。

彼は悲惨な情況のカラユキさんたちになにもやってやれない非力な自分に、怒りさえ覚えていた。後述するが、松下が実業家として独立した後、最初に結婚した相手は、五歳年上の島原出身のカラユキさん、前田キサ（長崎県高来郡西郷村出身）であった。

余談になるが、同じころのシンガポールの娼館には、四百人前後の日本人娼婦がいた、という証言を聞いたことがある。私（筆者）は一九七五年のサイゴン陥落後、革命政権に国外退去を命じられ、シンガポール支局に移った。そこで取材を通じて知り合いになったのが、当時「シンガポール越後屋」の総支配人をしていた福田倉八という老人である。当時、七十歳を少し過ぎていた。福田は松下光廣が仏印に渡ったのと同じころ、シンガポールに呉服店を開業した新潟県柏崎の先輩、高橋忠平に声をかけられ、小学校卒業と同時にシンガポールに渡ってきた。和服も扱う越後屋は、娼館で働くカラユキさんが重要な商売相手であり、店は出入りするカラユキさんたちで繁盛していた。

「小学校を出たばかりで、シンガポールに渡って来た丁稚小僧の私に同情してくれたのか、お姉さん方に可愛がってもらいましてね」

福田はしばしばそんな想い出話をしてくれた。

ある日私は、シンガポール島のほぼ中心部のセラングーン地区にある日本人墓地の掃除に行く福田に「一緒に行きませんか」と誘われた。彼は明治時代から続くこの墓地を戦前から守り続けてきた日本人の一人だった。

この墓地にはロシアからの帰路、インド洋上で病死した明治の文豪、二葉亭四迷の墓や、終戦の年、サイゴン郊外で病気に倒れ、ジョホールの知人宅で死去した南方軍総司令官、寺内寿一元帥の墓があるので知られている。しかし、福田が汗を拭き拭き、丁寧に草むしりをしたのは、小さな小石が積まれただけの墓や、古ぼけた木標にほとんど読み取れない名前の入った墓、土饅頭状の小さな墓の一群などだった。彼は墓掃除をしながらこんな説明をしてくれた。

「全部で一千近い墓がありますが、このうちの半分近くがカラユキさんの墓だと思います。読み取れる墓標を見ると天草、島原の出身者が圧倒的に多いのです。私がシンガポールにやって来た頃、カラユキさんたちのいたカフェ（彼は娼館をカフェと呼んだ）はミドルロードとノースブリッジロードに挟まれた一角にありましてね、その周りには日本料理店が取り巻いていました。もう一か所、中国人街にも五、六軒の店がありました。カラユキさんの総数は四百人を超していたと思います」

「明治から大正にかけてシンガポールにいた日本人は数の上からいうと、カラユキさんが圧倒的に多かったのです。故郷に帰ることなく、この地で寂しく死んだカラユキさんは、この墓地に埋葬され、毎年、在留の日本人が集まって盛大に彼岸法要も行っていたんです」

五つの娼館があったサイゴンもシンガポールほどではないにしても、在留の日本人の中でもっとも多かったのがカラユキさんだったとみて間違いないだろう。

「たんにシンガポールに限らず南洋の各地において、大正の初め頃までは、在留邦人の統計をとると、女子人口のほうが男子人口を上回る状態が続いた」と矢野暢は『「南進」の系譜』[*5]で次のように述べている。

「娘子軍の存在はたんに風俗的な意味をもったというよりは、初期の在留邦人社会では、むしろ経済的な意味を帯びたことのほうがもっと重要であった。娘子軍に『寄生』するかたちで邦人の商業活動が形成発展を遂げていったからである。なかでも、呉服屋、日常雑貨商、旅館業、医者、そして写真屋、洗濯屋、鼈甲細工店など、すべて娘子軍の繁栄に『寄生』するかたちで発生したのだった。日露戦争直後の最盛期には、スマトラのメダン付近まで含めて、六千人の娘子軍が年にゆうに一千万ドルの収入を得ていたという」

娘子軍（カラユキさん）の一人として渡航した橋口セキを追って仏印に渡った松下光廣。二人の関係は、矢野暢のいうこの時代に南方（東南アジア）に〝進出〟した在留日本人社会の典型的なケースであったと言えるだろう。

ベトナム最後の「グエン王朝」

話は変わる。ベトナムの大都市を訪れると、通りの名前の多くが、人の名前であることに気付くだろう。例えばホーチミン市（サイゴン）の中心街。レロイ通り、チャンフンダオ通り、ハイバチュン通り、グエンフェ通り……などといった具合である。いずれも歴史上、中国と戦った英雄たちの名がかぶせられている。ベトナムの歴史は、古くから侵入してくる外国勢力、特に南下する中国の圧政に対する抵抗の歴史だった、と言ってもよい。

紀元前二〇八年、秦の始皇帝の時代に始まった中国のベトナム支配は、漢、唐、宋、元、明の時代と千年以上にわたって続く。漢時代にはベトナム人同化政策として公式用語として漢字の使用を強制、どの時代も高い租税を押し付け、中国人官吏に対する反乱がしばしば起きた。遣唐使の一員として唐に渡った阿部仲麻呂が、蘇州からの帰国途中、暴風雨に遭ってベトナムに流れ着き、唐に戻って玄宗皇帝によって「安南都護」に任じられ、ハノイに赴任した記録も残っている。

今でも、南シナ海のパラセル（西沙）群島やスプラトリー（南沙）群島の領有権を主張する中国に対するベトナム人の厳しい反応を見ると、彼らの遺伝子の中に、中国への抵抗の歴史が刷り込まれているのではないか、と思われてくる。抗仏戦争、抗米戦争を指導し、いずれも勝利を収めたボー・グエン・ザップ将軍は、今では百歳近い高齢だが、訪ねて来る人たちに「中国だけには警戒を怠るな」と説き続けているという。

しかし、十九世紀末から二十世紀初頭にかけては、中国に代わって欧米列強の一つフランス

れ以前に八十年近いフランスからの独立闘争の歴史があったのである。ていく。ベトナム戦争といえば、私たちはアメリカとの長い戦争にだけ目を向け勝ちだが、そ「独立と自由を求める魂」に感動し、後に彼らを背後から支える「隠れたスポンサー」となっムは、フランス当局との血まみれの闘争の時代だったのである。松下はこうしたベトナム人のの侵略が始まり、その植民地に組み込まれていた。松下光廣が根を下ろそうとした頃のベトナ

長い中国支配を打ち破ってベトナムが独立国家となったのが一四二八年。明との戦いに勝利したレ・ロイ（黎利）が、レ（黎）朝を開く。国名は「ダイヴェト（大越）」、首都をハノイに置いた。レ朝は九代続くが十六世紀に入るとその勢力は弱まり、北部はチン（鄭）一族が、南部はグエン（広南阮）一族が実権を握り、二百年以上にわたり「南北抗争」の時代が続く。チン、グエン両氏の抗争が終わりを迎えたのは十八世紀末。中部クイニョン（現・ビンディン省）西方の山岳地帯タイソン（西山）で一七七一年、「タイソンの乱」と呼ばれる空前の大反乱が起きた。反乱の指導者となったのがグエン・ヴァン・ニャック（阮文岳）ら三兄弟。グエン政権に不満を抱いていた多くの民衆がこの乱に結集、反乱は拡大し、一七八七年、チン、グエン両氏とも亡びた。

この「タイソンの乱」で生き延びたグエン一族が一人だけいた。後にベトナム最後の王朝を築くグエン・フック・アイン（阮福映）である。タイソンの乱が起きた時はまだ九歳。タイソン軍に追われシャム湾内の島々を転々としていた時に、フランス人のキリスト教宣教師、ピニョー・ド・ベーヌと出会う。彼は布教活動のために、ベトナムにやってきた。ピニョーは、ア

インにフランスの援助を求めることを勧めた。万策つきて苦しんでいたアインは、ピニョー宣教師を仲介としてフランスに軍事援助を求める決断をする。

ピニョーはアインの長子、カイン（景）を名代としてフランスに連れて行き、国王ルイ十六世に謁見するなどアイン支援に奔走。さらにピニョーは、自分で武器弾薬を購入、兵を募り、フランス人義勇兵を組織した。アインはポルトガルにも援助を頼み、武器弾薬を購入する。外国勢力に支えられたアイン軍は、一八〇二年、ハノイに入城し、タイソンの乱は勃発から三十年で終焉した。

ベトナム全土を統一したアインは、年号を嘉隆（ジアロン）と改元、一八〇六年、正式に越南皇帝の位につき、グエン（阮）朝第一代のジアロン（嘉隆）帝となる。首都はグエン氏歴代の居城であったフエに定めた。第二次世界大戦直後まで続くベトナム最後の王朝「グエン朝」である。グエン朝はベトナム古来の領土であるトンキン（北部）、アンナン（中部）、コーチシナ（南部）だけでなく、その勢いはカンボジア、ラオスまで及んだ。

アインの開いたグエン朝は、政権奪取にフランスの力を借り、その後もフランスの協力を得てベトナム統治を行った。必然的にベトナム国内におけるフランスの力は次第に大きくなっていく。キリスト教の布教は活発となり、上流階級中心だったキリスト教は下層階級にまで浸透していった。このことが、その後のベトナムの歴史に悲劇を生み出すことになる。

フランス領インドシナの成立

ジアロン帝が死去し、グエン朝二代目を継いだのが二男のミンマン（明命）帝である。長男のカインは二十一歳で病死した。彼の直系の子孫がクオン・デであり、ミンマン帝の末裔がグエン朝最後の皇帝となったバオダイである。

ミンマン帝は儒教を修めたことから外国勢力に対してあからさまな反感を抱いていた。「この国の歴史に根ざしている神仏の教えに従わず、祖先崇拝を否定するキリスト教は許しがたい」としてその布教を禁止、鎖国政策をとり、数百の教会を破壊する。その後の皇帝たちもキリスト教徒の弾圧政策をとり続けた。こうしたキリスト教迫害政策がベトナムの対外関係を危機に陥れる。

キリスト教弾圧の報復としてフランスは一八五八年、スペインと連合してベトナム侵攻作戦に踏み切った。同年八月、ダナン港から上陸を開始したフランス・スペイン連合軍は、数日でダナン、フエを落とし、翌年二月にはベトナム南部のサイゴンを中心とするコーチシナ全域を占領した。旧式装備のベトナム軍は最新式の装備を持つフランス・スペイン連合軍に手も足も出ず、壊滅した。この結果、一八六二年六月、ベトナムは国内におけるキリスト教布教の自由を認め、ベトナム南部のコーチシナ東部三省と、後に「処刑の島」として有名になるプロコンドール（崑崙）島をフランスに割譲、賠償金二千万フランを両国に支払うことになる。

フランスの真のねらいはメコン河を遡り、中国西南諸省の豊富な資源獲得にあった。その通路獲得のため、一八七三年、ハノイに侵攻、紅河を開放するようにグエン朝に迫った。グエン朝政府がこれを拒むと、フランス軍はハノイだけでなく、北部トンキンの主要都市を次々に占領したのである。翌年の一八七四年、グエン王朝はコーチシナ全省におけるフランスの主権を認めた。

フランスの野望はさらに広がる。ベトナム全土の植民地化推進のため、一八八三年八月、一挙に首都フエに進撃を開始した。グエン朝政府は抵抗できず、たちまち屈服して講和を求め、フランスの保護国になることを承認したのである。トンキンはフランスの監督下に置かれ、中部アンナンはグエン朝政府に従来どおり統治させるが、その対外関係、関税、土木などの重要事項はすべてフランスの管理を受けることになる。ベトナム全土がフランスの支配下におかれ、国家としての独立を完全に失った。

だが、ベトナムを完全な植民地とするには、清朝のベトナムに対する宗主権を打ち破る必要があった。一八八三年暮れ、フランス軍は中越国境を越えて北上を開始し清仏戦争が始まった。清仏両国とも決定的な勝利が見込めず、一八八五年六月、天津で講和条約が結ばれる。この条約によって清国はベトナムから撤兵し、フランスのトンキン、アンナンにおける保護権を認めた。ベトナムに対する中国の宗主権は完全に放棄されたのである。清仏戦争後、グエン朝は単なる名目的な存在でしかなかった。

フランスはすでに保護国化していた隣国カンボジアとベトナムを併せて一八八七年、「フランス領インドシナ」を形成する。さらに一八九三年にはタイの影響下にあったラオスも保護国とし、一八九三年にはフランス領インドシナに編入して「インドシナ連邦」を形成、インドシナ全域に対するフランスの植民地化が完成した。以後はフランス植民地政府による過酷な支配が開始される。ベトナム民族から見れば「民族の貧窮と屈辱の暗黒時代」がやってきたのである。

フランス支配の実態

フランスの統治下でベトナム人の千年以上に及ぶ異民族支配への「抵抗の精神」が衰えたわけではない。しかし、相手は当時の中国と違って、近代兵器を装備したフランス軍である。立ち上がるたびに強力な軍事力によって壊滅され、抵抗は地下に潜ったゲリラ戦に移行していった。その旗印は「グエン王朝の復活、復国」という「勤王運動」であった。松下光廣は、彼がベトナムに渡った二十世紀初めのベトナムの雰囲気をこう語っている。

「その当時は、エンテ（安世）の森＝タイ・ニュエンを拠点としていたデ・タム（提探＝黄花探＝ホアン・ホア・タム）の三十年にわたる活発な反仏抗争が、ベトナムの若い人々の血を湧かせ、有名なクォン・デ公の日本亡命やグェン・タイ・ホクの指導せるエンバイ（安沛）事件（ベトナム兵の反乱）などがあって、独立復国運動の気運が全土に横溢していた時代だったのです。それは、日露戦争という近代戦で日本が大国ロシアを打ち破り、アジア人として最初にヨーロッパの侵略を阻止した歴史的事実に刺激された結果によるもので、アジアの民族的覚醒期にあたっていました[*6]」

「偉大な文化の国」と言われ、多くの文化人たちの憧れでもあったフランスである。そのフランスが、遠く離れたベトナムの地でどんな植民地統治を行ったのか。その実態を知れば、ベトナム人が徹底的に抵抗し、また松下光廣がそれに共鳴して支援することになった理由を、理解できるだろう。

『フランス植民地主義の歴史』[12]によると、一八八〇年に百万平方キロ、人口五百四十万人だったフランスの植民地は十五年後にはそれぞれ十倍に膨れ上がる。アルジェリアを核とした領土は、ブラック・アフリカから仏領インドシナまで広大な領域となり「フランス植民地帝国」と呼ばれた。「私にとってまさに精神の故郷ともいうべき偉大な文化の国としてのフランスではなく、資本主義的、植民地主義的侵略国としてのフランス[13]」（小松清）となったのである。

一八八〇年代、植民地拡張政策を強力に推し進めたのがジュール・フェリー内閣である。フェリーは植民地を資本の投下先あるいは製品の販路としてとらえただけではない。彼は「現実問題として、優れた民族には、劣った民族に対する権利がある」「つまり劣った民族を文明化する義務がある」とし、「植民地拡張政策は、ヨーロッパの列強すべてが並び立つ今日では、各国の原動力となっている」と述べた。そして「こうした政策を取らなければ、子や孫の時代にそのつけが回ってきて、フランスは三流、四流の地位にまで落ちる」のだと言う。「植民地なしには一流国家にはなれない」というフェリーの考えは、支配される側の立場からみれば、「許しがたき傲慢な哲学」としか言いようがない。

こんな考え方に立つフランス政府は、一八八七年十月、大統領令によって「フランス領インドシナ総督府」を設置した。総督府が管轄するのは植民地であるベトナム南部のコーチシナ、保護領である北部トンキン、中部アンナン、それにカンボジア、ラオスを加えた「五邦」からなる「フランス領インドシナ連邦」である。総督府は軍事、警察、財政、公共事業、郵便、農業、貿易などすべての分野で権限を握った。

歴代総督のうちで、最も強引な同化政策と本国本位の植民地政策を実施したといわれるのが、一八九七年に就任したポウル・ドウメである。

ドウメはインドシナ経営にあたって大幅な増税を実施した。人頭税を〇・五ピアストルから二・五ピアストルに、土地税を一ピアストルから一・五ピアストルに上げ、それまでフエ政府が徴収していたアルコール、アヘン、塩の専売による間接税を総督府が徴収することにした。間接税の徴収権を手中にしたドウメは、一九〇二年、アルコールの製造、販売をフランスの企業に独占させる。そのうえで飲酒をベトナム人に強制し、各村の人口によってアルコール消費量を割り当てた。

ベトナムでは古くから酒はほとんどが自家製。各家庭でドブロクを自由に製造し、祝い事などがあると村をあげて酒を振る舞い、皆で賑やかに祝っていた。自家製造の禁止はそうしたベトナムの文化さえ破壊する。総督府は密造を摘発すると、投獄し、財産を没収した。塩の専売では、小規模なベトナム人生産者から買い上げた塩を高い値段で販売、塩の値段は跳ね上がり、人々の生活に大きな打撃を与えた。

もう一つが総督府によるアヘンの販売独占である。

アヘンはグエン朝の初めから禁制品だったが、民衆の間にはアヘン吸引が深く浸透し社会問題になっていた。グエン朝政府はフランスへの賠償金支払いのために、アヘンの専売制を実施した。このアヘン専売権を奪った総督府は、アヘン専売を一層、大規模に実施する。収入増大のために、ベトナム人のアヘン吸引をむしろ助長したのである。このためアヘンの価格は暴騰し、ドウメ総督が去った一九〇七年の総督府のアヘン収入は、彼の就任時の二倍となり、アヘン吸引者は二十一万人に達したという。

一九四〇（昭和十五）年に仏印を訪れた小松清は当時のベトナムでのアヘン吸引の実情をこう書いている。

「ハノイでは、阿片の吸入の大っぴらに行われているところはないが、サイゴンではまるで喫茶店のように公然と営業されている。（サイゴン）駅の近辺から港の方にかけて、到るところに阿片窟がある。（略）看板には、どこでも公煙開燈とかいて、傍らに屋号がしるされてある。（略）入口には質屋の鉄格子のようなのが張ってあって、そこで吸入券を売っている。（略）吸入者は昼となく夜となく、入れかわり立ちかわり出入りしている。それほど店――すべて華僑が経営している――は繁盛している。（略）吸入者は支那人と安南人である。殆んどその日暮しの労働者だが、汗水たらして手にした僅かの金の大半は、阿片にとられてしまうのだ[*10]」

さらにベトナム人の怒りを買ったのが土地政策である。ベトナムでは土地は王権に属していると考えられ、一定の年数、開墾されずに放置された土地は、国王がいったん取り上げ再配分する慣習になっていた。ところがドウメ総督は一時放置された土地を勝手にフランス人に分け与え、フランス人が次々と入植した。この結果、フランス人大地主と、総督府にうまく立ち回った一部ベトナム人の大地主が出現し、土地は大地主によって支配されることになった。土地を失った農民たちの多くは、貧しい日雇い労働者に転落せざるを得なかった。

　それだけではない。総督府は植民地支配を確固とするために、それまでベトナムで使われていた漢字や、その変形であるベトナム漢字「チュナム」のローマ字化を急ピッチで推し進めた。ベトナム語のローマ字表記はキリスト教を布教しようとした宣教師たちが発案したもので、グエン朝初期のジアロン帝の親仏政策によって広まり、「コックグ」（国語）と呼ばれるようになる。フランスの植民地となったコーチシナでは一八六二年にコックグが正式に採用され、官吏登用試験である「科挙」もコックグで行われるようになる。総督府は学校教育でもコックグの普及を推し進めると同時に、教育制度も変えた。公学校ではフランス語を必修科目とし、フランスが「いかに素晴らしい国家であるか」を教えた。ベトナムの文化は一変していったのである。

　こうしたフランス総督府の統治に反対したり、抵抗するベトナム人には厳しい「処刑」が科せられた。極刑はフランス伝統の「ギロチン」による死刑であり、拷問後の処刑や死後のさらし首、「公開処刑」もあった。囚人を収監する監獄は七か所あったといわれ、その代表的なものが、今もハノイの中心部に残る「ホアロー収容所」である。周囲は高さ四メートル、厚さ五十センチの石で囲まれ、壁には高圧電流が流され、多いときには二千人が収容されたという。人が最も集まるハノイ市内中心部につくられたこの収容所は、ベトナム人に対する「見せしめ」の意味があったといわれる。

「勤王の檄」

こうしたフランスの過酷な統治に対し、一八八五年に即位したハムギ（咸宜）帝は、フエの王城を脱出して「国家存亡の時に皇帝への忠誠を訴える」という「勤王の檄」を全国に発する。これに呼応してアンナン、トンキンなど各地で多くのベトナム人が結集、フランスに抵抗する「勤王運動」が巻き起こり、フランス軍との戦闘が始まった。

だが、強力な近代兵器を装備したフランス軍の敵ではなかった。敗走するハムギ帝の捜索に躍起となったフランス当局は、情報収集のため多額の懸賞金をかけた。一八八六年、ハムギ帝は懸賞金目当ての少数民族に捕まり、フランス軍に引き渡される。すぐにフランス軍艦でアルジェリアに護送され、再びベトナムに戻ることなくその生涯を終え、「勤王運動」は鎮圧された。

しかし、その後も十数年にわたってゲリラ戦を展開したのが、ファン・ディン・フン（潘廷逢）とホアン・ホア・タム（黄花探）である。

グエン朝に仕えていたフンは宮廷内の争いに連座して免職となり、故郷に隠棲していたが、ハムギ帝の檄をうけて決起し、義勇兵を集めて勤王運動に加わった。彼が指揮する軍は三千人以上に達し、ハムギ帝が捕まった後も、ジャングルにこもってゲリラ戦を続け、フランス軍は容易にこれを屈服させることは出来なかった。フンは一八九五年、ジャングルの中で赤痢にかかり死亡する。彼の死によって部隊はばらばらになり、鎮圧された。

ハノイ東北のエンテの農民出身のタムは、一八八八年、フランスに対する抵抗運動を起こし、エンテの森を根拠地として中国国境にまで勢力を広げ、フランス軍を悩ました。フランス軍は攻撃を繰り返したが、反撃にあってその鎮圧はできず、タムの有利な条件で休戦協定を結んだ。だが、これはフランス軍の謀略であり、まもなく協定を無視して、戦闘を再開、タムの根拠地に対する包囲網を縮めていった。一九一三年、フランス軍は大軍を送り込み、裏切者を利用してタムを暗殺した。

だが、こうした武装蜂起を中心としたベトナムの抵抗運動も、二十世紀に入ると次第に変化が現れる。長い抵抗の体験を通じて、装備の劣ったベトナム人部隊が、優秀な火器を備えたフランスと戦う不利を悟る。ヨーロッパの技術や思想を学び、近代化の道を歩くことの必要性を強く感じるようになっていった。日本は明治維新によって天皇中心の新国家をつくり、欧米の文物を急速に取り入れて近代化の道を歩み、近代的陸海軍を整備した。その日本が日清戦争で中国を破り、さらに日露戦争では、大国であり、白色人種であるロシアに勝ったのである。この事実はベトナムの民族主義者たちに大きな刺激を与えた。

その結果として、ベトナムに起こったのが「東遊（ドンズー）運動」と呼ばれる日本留学運動であり、中心となったのが革命家ファン・ボイ・チャウである。彼はジアロン帝の直系であるクオン・デをその会長に推戴した。彼らは、日本の支援でベトナム独立を果たすという期待を抱いた。ベトナムの反フランス運動は新しい時代を迎えていた。天草からやってきた松下光廣少年が飛び込んだベトナムは、反仏活動家たちによって「日本に学べ」という東遊運動が、密かに進められていた時代だったのである。

第三章　大南公司と大川塾

大南公司の創業

一九二二（大正十一）年春。松下光廣、二十五歳。仏印に渡ってから十年の歳月が流れていた。サイゴンの三井物産出張所に四年間勤務し、貿易業務に精通した松下は、首都ハノイでの独立経営のチャンスを窺っていた。三井物産のサラリーマンで生涯を終えるつもりはない。十年間にわたって「爪に火をともす」生活を続け、こつこつと蓄積した金は五千ピアストル、当時の邦貨換算で約一万円に達していた。今の貨幣価値に直すと三千万円近い金額になる。

そんな彼のもとにナムディンの橋口セキを通じて願ってもない情報が飛び込む。「ハノイで日本人の経営するホテルのオーナーが買い取り先を探している」というのである。「鮫島ホテル」という名前で、ハノイを訪れる日本人だけでなくフランス人にも人気があった。松下の故郷、天草の富岡町（現・天草郡苓北町）の大網元、鮫島本家当主の次女マツ（一八七六＝明治九年生まれ）と三女キヨ（一八八二＝明治十五年生まれ）姉妹が経営していた。同じ天草から出てきた橋口セキとは昔なじみのカラユキさん仲間だった。

鮫島姉妹もカラユキさんであることにかわりはないが、二人は「貧しい出稼ぎのカラユキさん」ではない。一八九三（明治二十六）年のシカゴ万国博覧会に「モデル・オブ・ハッタネット」（八田網）と呼ばれる漁網を考案、出品したことで有名な鮫島分家、八田十内（本名・小七郎）の姪にも当たる。二人は行儀見習いのため長崎の豪商宅に住み込みで働いていた。そこに出入りするフランス人商人に見染められ、ハノイに渡ってきたのである。フランス人商人は二人のためにホテルを建て、経営を任せていた。

松下はこの物件に飛びつき、「松下旅館」と名前を変え、ホテル経営に乗り出す。多くの人が出入りするホテルは情報の集積所であることを、彼はハイフォンの「石山ホテル」の経験で十分に知っていた。フランス人客も多いホテルである。ホテル経営の狙いの一つに「情報収集」があったとみて間違いない。ホテルに宿泊した〝同志〟との情報交換は、外部に漏れにくいというメリットもある。

ハノイに「松下旅館」という活動拠点を得た松下は、前述した島原出身のカラユキさん、前田キサと結婚式を挙げる（婚姻届出は一九二三年）。一八九一（明治二十四）年生まれのキサは光廣より五歳年上の姉さん女房だった。セキおばさんが「しっかりした気立ての優しい働き者」と見込んで持ち込んだ結婚話だったのだろう。カラユキさんの苦労を表には一切見せないキサの明るさを、松下も気に入った。三十歳を過ぎて初めて幸せをつかんだキサは、「まさに貞女そのもの」で献身的に光廣に尽くした。ホテルの女将としても、客や従業員の評判もよく、ホテル経営は順調に軌道に乗った。これを見極めると、一九二二（大正十一）年五月、松下はハノイの中心街に「大南公司」の看板を掲げ、念願の貿易商社を創業した。

「バリバリ働いて、実業家として大成する」。大南公司を設立した時、松下はこう決意した。しかし、実業家として大成することは、彼にとって最終目的ではない。志を実現するための「手段」である。フランスの支配下にあるベトナムの地で十年余、松下は多くのベトナム人の過酷な生活を見続けてきた。「同じアジア人として、ベトナム人の解放に役立ちたい」。松下はそう決意していた。創業した会社に「大南（ダイナム）」という名前をつけたのも、その決意の表明でもあった。

ベトナムの当時の国名はフランスが名付けた「フランス領インドシナ連邦」（仏印）である。中国の支配下にあった時代もベトナムは、自国の国名を自分たちで決めることが出来なかった。中国から見れば、国境の南方が「越南（ベトナム）」である。国境に近い北部はトンキン（東京）であり、中部地方はアンナン（安南）、南部はコーチシナ（交趾支那）と呼ばれていた。

一四二八年、侵入してきた明軍を打ち破ったレ・ロイ（黎利）が統一国家「レ（黎）朝」を樹立した時、自ら国名を「ダイベト（大越）」と名乗ったが、中国にとっては「ベトナム（越南）」であり、「中国の南方の領土」にすぎなかった。一八〇二年、全土を統一したグエン朝を開いたグエン・フック・アイン（阮福映）は、朝貢関係にある清国に国名を「ナムベト（南越）」にしたいと申し出る。だが、清朝はこれを黙殺し、「ベトナム（越南）」と名付けさせた。清朝と事を構えたくないグエン朝は、清国に対する公式文書では「越南」という国名を使ったが、ほかの国との文書には「ダイナム（大南）」という国名を使った。中国に押し付けられた「ベトナム（越南）」が気に入らなかったためである。

「ダイナム（大南）」というのは「南方の大きな国」という意味であり、「中国国境以南はすべて自分たちの領土である」との主張が込められている。日本が「大和国」、韓国が「大韓国」と名乗るように、「大南国」はベトナム人の誇りの表現でもあった。フランスから独立し、グエン朝の復活を目指す志士たちにとっては、象徴的な意味合いを持っていたのである。

　松下光廣が自分の経営する会社名に、あえて「大南（ダイナム）公司」と名付けたのは、被支配者であるベトナム人の立場に自分を置く、という意志の表明でもある。後述するが、松下は大南公司創業前の一九二一（大正十）年ごろから、日本に潜伏するクオン・デと密かに「文通」を始め、互いの意思疎通をはかっていたのである。「日本に学ぶ」という「東遊運動」を進めていたクオン・デやファン・ボイ・チャウたちに、松下の志はこれで十分に伝わったことだろう。しかし、それはあくまでも水面下のことである。フランス当局にとって、クオン・デやファン・ボイ・チャウは、体制に刃向う〝お尋ね者〟だった。

　松下にとっては、発足したばかりの大南公司の事業を一日も早く軌道に乗せることが、当面の大仕事である。それに失敗すれば、独立運動の支援も絵に描いた餅にすぎない。若い光廣は、鼻の下に立派な八の字ひげを生やし、胸をはってハノイの街を闊歩した。心は明治維新の壮士だった。「わたしも、生意気ざかりの年ごろでしたからねえ」*6

　大南公司社長として、松下はまず、仏領インドシナ全域で産出する原材料を集め、日本やフランスに輸出することから始めた。原材料といっても、当初は農産物が中心で、主なものはウイキョウの実である。その油を生成すると香味料や薬用に使われる。また、牛皮やトウモロコシをフランスに、もち米を日本に向けてハイフォン港から船積みした。三井物産サイゴン出張所での四年間の経験が役立った。

同時に開業したのが、ハノイ市内での日用雑貨店である。当時、ハノイには日本人が経営する日用雑貨店が五、六軒あったが、いずれもナムディンで橋口セキが営業する雑貨店と同じように、フランス人など外来の白人を相手に日本製の陶磁器などを売る土産品の小売店だった。現地ベトナム人への大衆向け日用雑貨は、香港経由の中国輸入品をさばく華僑が取り仕切っていた。松下は先輩の日本人雑貨商がベトナム人を無視し、フランス人ら白人客だけを相手に商売しているのに批判的だった。

彼は店に「大南公司」の看板を掲げ、ベトナム人を対象に日常の生活必需品を取り扱う店舗を展開した。「腐らない品物、実用的な品物、大衆向きの品物」を売る店であり、しかも気軽に「裸足で入れる店」だった。当時、ベトナム人の多くは、裸足のままで生活していたのである。

壮年期の松下光廣

大南公司を創業した翌年の一九二三（大正十二）年、日本での取引先を開拓するため、帰国した。天草・大江村を出てから十一年ぶりの日本である。生漆、食用油原料、米、トウモロコシなどベトナム産の各種物産の見本を持ち帰り、東京を中心に売り込みに奔走する。運悪く同年九月一日の関東大震災に遭遇し、具体的な商談は一件も成立しなかった。この帰国時に光廣は生まれ故郷の大江村に帰省する。大会社とは言えないまでも、「大南公司社長　松下光廣」としての一時帰国である。母校の大江小学校の全児童にお菓子や鉛筆のおみやげを用意した。

この帰省で大きな収穫が一つあった。大江の小学校を卒業したばかりの頭のよい少年、日《ひ》渡《わたし》敬治をスカウトし、仏印に連れて来たことである。日渡は村役場の書記に就職したばかりだったが、松下の話を聞いて、南洋に憧れ、彼に同行することを望んだ。松下が仏印に渡ったのと同じ年頃の少年である。少年時代の自分を見る思いだったに違いない。日渡はハノイの「松下旅館」の手伝いをしながら言葉を覚え、その後は大南公司社員として、松下が開業した輸入日用雑貨店の経営に従事する。

後述するが、日渡は大南公司ハノイ支店長をしていた時、松下の指示で、台湾拓殖会社が澤山商会ハノイ事務所の山根道一と協力して設立した「印度支那産業会社」に移り、事務一切を取り仕切る。山根道一もまた、クオン・デたちの反仏独立闘争に大きな役割を果たした人物である。反仏闘争を支援する日本人として、戦時中は「山根の智謀、松下の俠気[*14]」と言われたほどで、日渡は両者をつなぐ役割を果たすことになるのである。

私事ではあるが、私（筆者）は、一九七五（昭和五十）年のサイゴン陥落前後、この日渡敬治に世話になった。戦前、ハノイの花街カムテン随一の美人といわれた中国系ベトナム人と結婚した彼は、日本敗戦時に苦労して妻と共に帰国。一九五五（昭和三十）年、再びサイゴンに渡り、大南公司の活動再開に現地で活躍する。私がサイゴン特派員として赴任したころは、大南公司から独立して市内のツドー通りに事務所を構え、日本交通公社や近畿ツーリストなど約二十社の旅行代理店を経営していた。まだベトナム観光が脚光を浴びる時代ではなかったが、彼はどんな旅行者にも分け隔てなく親身になって相談に乗っていた。

陥落前後の大混乱に陥ったサイゴンには、東京からの送金が途絶えた。東京銀行を始め各国の銀行が機能しなくなったのである。わずかな手持ちの米ドルで支局の運営や、毎日の生活をしなければならない。陥落後はそれも底をつく。無一文では取材も生活もままならなくなった。そんな時、親しくなった残留元日本兵の一人に「日渡さんに相談してみなさいよ」と示唆された。すでに四十年近くが経ち、時効だと思うので書くが、彼に相談すると、手持ちのドルは公定交換レートの数倍の率で、現地通貨に交換してくれた。それどころか、必要な金額のドルも黙って貸してくれたのである。

返済の方法を聞くと、サイゴンを離れたあと、バンコクや香港の○○銀行のこの口座番号に振り込んでくれればよいという。振り込み先の名前はほとんどが中国人名だった。多分、陥落前後の混乱で海外送金が出来なくなった華僑たちが、手持ちの現金を海外に持ち出すために、日渡に頼んでいたものだろう。契約書の一通も作るわけではない。すべてが信頼関係の上に成り立つ金の貸し借りである。柔和な表情で、「信用していますから……」と言いながら、何一つ条件を付けない日渡に、どこか圧倒される迫力を感じたことを覚えている。

日渡も陥落後、サイゴンに残り、事業の継続を革命政権に願い出るが、大南公司と同様、外国人の自営は認められなかった。陥落翌年の一九七六年八月、美人の誉れ高かった妻と一緒に故郷、大江に帰り、大江港のすぐそばで夫人とともに食堂「おしどり」を開いた。しかし、彼の人生は、通算五十年に及ぶベトナムで燃え尽きていたのだろう。大江での生活は文字通りの「余生」でしかなかった。夫婦とも十数年前に亡くなり、食堂の跡はいま、駐車場になっている。

話を戻したい。関東大震災もあって、この時の一時帰国で商談は成立しなかったが、この帰国で蒔いた種が後に徐々に芽を出し、大南公司の日本との取引が広がっていく。日本では震災後の復興需要で物資不足が深刻になっていた。生漆、もち米、綿花、トウモロコシ、古鉄などの注文が舞い込み、大量取引契約が次々と成立した。そうなると物資の調達にはハノイより商業都市サイゴンの方が便利であることに気付いた。物資を積みだすサイゴン港も近い。一九二八（昭和三）年、思い切って本社機能をサイゴンに移した。社長の松下もサイゴンに移り住む。ハノイは支店とした。

そうなると、ハノイで妻、キサが事実上一人で切り盛りしてきた「松下旅館」をそのままの状態にしておくわけにはいかない。松下旅館の経営権は、古くからの天草の友人である小田直彦にすべて譲った。松下旅館は「小田旅館」と名前も変えた。

天草で写真館を開いていた小田は、松下より二年遅れの一九一二（大正元）年、天草からハノイに写真機を抱えて渡って来た。彼はハノイで初めての写真館を開き、もの珍しさもあって写真館は繁盛した。ベトナム人の弟子を何人か使って、弟子の腕が上がると独立させ、その弟子がまた弟子をつくり、仏印各地に写真屋のネットが拡がった。彼の写真の技術はハノイでも評判となり、旅館を譲り受けたころは、フランス総督府の専属カメラマンとなっていた。「総督府のオフィシャル・カメラマン」といえば、総督府内の動向が手に取るようにわかるし、要人やその家族との繋がりもできる。仏印各地の写真屋のネットワークも、情報収集に大きな役割を果たす。松下が小田に旅館を譲った理由はそこにもあった。小田旅館は日本軍が進駐すると、将校宿舎となった。

小田直彦の長男、親《ちかし》は、戦後、大南公司に入ってサイゴン支店長を務め、松下の手足となって働いた。日本とベトナムの戦後賠償交渉では、松下の裏方となって活躍。日本工営に移り、ダニム発電所の建設に長期にわたって関わることになる。

私（筆者）は二〇一〇（平成二十二）年十一月初め、「大南会会員名簿」に掲載されている茨城県北相馬郡利根町の小田親の自宅に電話して取材を依頼した。電話口に出た家族の話では、小田は病床にあり、体調のよい日に取材に応じてくれるという。だが、彼はそのまま快復することなく、数週間後、帰らぬ人となった。八十九歳だった。

拡大、成長する大南公司

大南公司の経営では「失敗」もあった。カンボジア国境近くでとれるトウモロコシは養鶏飼料として最高の品質と評判だった。これを食べさせると、鶏卵の黄身が濃くなるといわれており、養鶏業の盛んな愛知県下の鶏卵業者から大量の注文が舞い込んだ。カンボジアの産地直結で仕入れて三千トン級の貨物船に満載してサイゴン港から積み出した。ところが船倉の風通しが悪く、航海中に積荷のトウモロコシが一斉に芽を吹きだしたのである。飼料としては役にたたない。違約金一万円を払わされ、大損をした。

そんな失敗を繰り返しながらも、大南公司の事業は輸出を中心に拡大していった。しかし、日本からの輸入は不可能に近い状態が長く続く。フランス当局が日本からの商品を排斥するため、仏印への日本製品の輸入に、他の特恵国に比べ四倍もの関税をかけていた。鉄鋼は特恵国の十倍以上、針金は価格の八割という高関税だった。日本からは関税の低い陶磁器、ガラス製品、じゃがいも、リンゴ、ナシ、スルメなどを細々と輸入する状態が続いていた。

一九三二（昭和七）年になって、暫定日仏関税協定が結ばれ、この関税障壁がやっと取り払われ、為替レートも安定した。これによって、日本製品の輸入がし易くなり、大南公司は輸出入両面にわたる貿易業務を確立する。それまで、一回に五、六箱程度の取引しか出来なかった中部地方の陶磁器やガラス器類も、一度に五、六十箱動かせるようになったという。

現地ベトナム人に信用の厚い大南公司に、インドシナ銀行や香港上海銀行も積極的に融資してくれるようになり、資金繰りも安定した。松下は一九三七（昭和十二）年、それまでの個人経営方式を解消して、フランス法人の有限会社とし、古くからの店員たちに株を分かち与えた。資本金は四百万ピアストル（邦貨換算八百万円）で、ベトナム人も株を持てるようにしたのである。

以来、事業内容も貿易だけでなく、水陸運送業、土木建設業、薬品、食用油製造業などに手を広げていく。日本の海上火災保険会社の代理業や服部時計店、宮田自転車、松下電器などの特約店となって、各種製品の販売から修理まで一貫して手掛けるようになり、仏印各地の主要都市に支店や出張所を置いた。一九四〇（昭和十五）年の日本軍の仏印進駐によって、事業はさらに拡大することになるのだが、その直前までの資産は、倉庫、土地、建物などを合算すれば「邦貨換算で二千万円超」だったというから、今の邦貨に直せば六百億円近い。仏印の当時の現地企業ではトップクラスの大企業に成長したのである。

松下は大南公司の経営に没頭する一方で、「学ぶ」ことも忘れなかった。中学入学を強く勧める両親の願いを振り切って、ベトナムの地にやってきたという〝負い目〟もあった。「中学に行かなくても恥ずかしくない教養人になってみせる」。いつもこう思い続けた。日本から早稲田大学の講義録を取り寄せて、専門的な勉強を続けたが、同時にベトナムを第二の故郷にする以上、ベトナムの歴史を学ぶ必要を感じた。ひまを見つけては「越南興亡史」の勉強に取り組み、教えてくれる先生がいれば、遠くまで出かけて教えを乞い、「ベトナム人が長い間、いかに独立を願い、そのために闘ってきたか」という歴史を知った。

松下の大南公司は日本の国家権力や大資本をバックに「力」によって築きあげられたものではない。裸一貫で仏印に渡ってきた十五歳の少年が、現地ベトナム人の協力を得ながら、独力で育てあげた企業であり、日本軍が北部仏印に進駐する頃までに仏印全域にしっかりと根を張っていた。「大南公司はベトナム人のための企業であり、その利益はベトナムの独立運動のために使うのだ」という松下の信念があった。その意味で、仏印の政治状況と結びついた〝政商〟だったと言えるだろう。

明治維新以来、満州、朝鮮、中国、ロシアなど北方に目を向けてきた日本が、仏印、マレー半島、フィリピン、蘭印（オランダ領インドネシア）など「南方」に注目するのは、米国との開戦を想定し始めた昭和十五年前後からである。今ではこの地域を「東南アジア」と呼んでいるが、それまでの日本はこの地域を「南洋」または「南方」と呼んでいた。明治以降、この地域に進出してきたのは「カラユキさん」や「カラユキどん」たちであり、初期のころは密航者も多かった。彼らの後を追うように各種の個人レベルの商業資本が進出していったのである。松下の大南公司も当初はそんな中の一つであった。しかし、その大南公司が、進出してきた日本軍も無視できないほどの力を持つ企業に成長していたのである。

進出してきた日本軍の仏印統治は、経済的にも人脈的にも「松下光廣」という存在抜きには考えられず、陰に陽に松下の力を頼りにするようになる。日本軍進駐の真の狙いは、戦争遂行のための資源確保にあったのであり、そのためには長い時間をかけて現地に根を張った大南公司の協力は欠かせない。日本軍の注文や依頼による仕事も急増、大南公司の規模は一段と拡大していくことになる。

終戦直前の大南公司は、フランス法人の「合資会社」としてサイゴンに本店を置き、仏印での支店はハノイ、ハイフォン、ショロン、プノンペンの四か所、各地に二十の出張所があった。タイはバンコク支店の下にチェンマイなど六出張所、マレー半島では昭南（シンガポール）、ペナンの二支店にイポーなど二か所の出張所、ビルマではラングーン支店に二出張所、海南島でも海口支店と二出張所を設けるなど九支店、三十数出張所を持ち、社員数はピーク時九千人という大会社となっていた。

事業内容も木材、造船、土木建築（飛行場建設を含む）、鉱山（雲母、燐鉱、緑柱石）、皮革、油脂工業（精油、石鹸製造）、食品工業（精米、乾燥食品、缶詰）、運輸、鉄工業（艤装金具、建築

金具、車両、鋳物、兵器部品など)、保険代理業、軍需品納入、自動車タイヤ再製、雑貨卸小売など多岐にわたっていた。

戦時中の昭和十八年から十九年にかけて大南公司サイゴン本社に勤務した大川塾出身の三浦琢二は「大南公司には日本人のほか、ベトナム人、中国人、タイ人、マレー人、フランス人、イギリス人、イタリー人、ユダヤ人、インド人、カンボジア人などなど、数多くの国籍の人々が社員として働いていた。けだし、松下社長の哲学というか、信念又は国際性に基づくものと思う。私と木材部で机を並べていたラピニッチ氏はイタリー人で、ミラノ工科大卒の伯爵。年齢四十歳前後の俊秀、ローマ時代の彫刻像にみられるような眉目秀麗、背丈けは二メートル近い偉丈夫であった。実に勤勉このうえなく、工科大学出身のためか計数にも明るかった。彼のもとには毎日のようにイタリー人やフランス人などが出入りしていた。(略)彼は松下社長の顧問的存在で、その仕事振りには私共日本人社員も舌を巻くほどであった」[15]と会社の雰囲気を述べている。

ホーチミン市に残る旧大南公司社屋

三浦はショロンとサイゴンのほぼ中間にあった大南公司の寮「アラス宿舎」に入ったが、三棟あった宿舎には個室と二人部屋があり、中庭には二十五メートルプールとテニスコートも完備したきわめて快適な宿舎だったという。終戦直後には英国軍に接収され、戦犯裁判の法廷として使われた。戦時中に、「敵国人」も含めた国際色豊かな社内の雰囲気は日系企業では珍しく、社員寮にしても極めて近代的である。社長、松下光廣の経営哲学は「利潤のみを目的とするのではなく、会社に集まった皆がお互いに話し合い、助け合って豊かな生活を実現する」という「協同組合主義による会社経営」であり、それが会社発展の原動力にもなっていた。また、社員の国籍の多様さは、彼が広範囲にわたって情報を収集していたことを示している。

大南公司は日本軍のいいなりになって、その規模を拡大したのではない。松下たちの目標は、ベトナムをフランスから解放し、独立国にすることにあった。日本国や日本軍が南方進出のために唱えた「大東亜共栄圏」や「アジアの解放」を、松下たちは文字通りに受け止め、それを実現しようとしていたのである。それによって、日本軍の進駐以降、松下ら独立支持派と日本軍との間に微妙なズレが生じてくることになる。

クオン・デ侯の「現地代行者」

松下光廣が、ベトナムの独立を目指すクオン・デと手紙のやり取りを始めたのは一九二一（大正十）年頃からだった。松下のもとに密かに訪れる独立運動の若い闘士たちの中には、日本への留学経験者もおり、クオン・デを中心にした「東遊運動」の体験と反仏独立闘争の実情を松下に熱心に語った。クオン・デもまた、彼らを通じて松下の人柄とその志を知り、密かな文通を続けていた。松下も手紙を通してクオン・デの独立への熱い志は十分に理解していたが、直接に会って話したいという思いが年々強まってくる。

後述するが、一九〇七（明治四十）年六月、日仏協約が結ばれると、フランス当局はクオン・デらの引き渡しを要求、日本はその要求は断ったものの、彼らに国外退去を求めるなどその対応を一変する。大正から昭和初期にかけて、日本を追われたクオン・デはフランス当局の目を逃れて世界各地を転々とし、日本に密かに舞い戻っていた時期である。公然と接触すれば、松下にも危険が及ぶことになる。そのチャンスはなかなか訪れなかった。

一九二五（大正十四）年、日本に帰国中だった松下に、ある人物が「安南の志士クオン・デ侯を紹介しよう」と言ってきた。その頃、クオン・デは中国名「林順徳」を名乗って、東京・本郷の第二中華学舎内に潜伏していた。警視庁の調べでは「この当時、クオン・デの下に出入りしていた日本人は何盛三《がもりぞう》一人だった」と外交史料館の資料に記録されており、後に松下は「（何盛三が）影のように彼（クオン・デ）の身辺にあった」と語っている。[*6] クオン・デと松下を引き合わせようとした「ある人物」は、何盛三とみて間違いないだろう。しかし、クオン・デの周辺にはフランス当局の依頼を受けた日本警察の監視の目が光っていた。下手に動けば「双方が困難な事態に陥る懸念」がある。このチャンスは見送らざるを得なかった

何盛三は明治十八年、東京・神田で生まれるが、十五、六歳の頃、日本に帰化し長崎で通詞（通訳）をしていた中国人、「何家」の養子となる。京都大学で河上肇の教えを受け久原鉱業などの社員になるが、サラリーマン生活が性に会わずに退社。中国に興味を持ち、中国語、エスペラント語を学んだ。大川周明の「大アジア主義」に共鳴、大正八年に老壮会の、後に大川周明の猶存社の会員になっている。ファン・ボイ・チャウが書いた「獄中記」の翻訳者は、「南

十字星」という匿名を使っているが、何盛三ではないか、とも言われる。*16

クオン・デと松下光廣が初めて会ったのは一九二八（昭和三）年のことである。松下は商用で海南島に向かう途中、台湾に立ち寄った。この時、日本の新聞記者が仏印事情について彼にインタビューした。仏印の気候、風土、産業、経済一般などについて、彼は気軽に取材に応じた。この記事がたまたま台北の知人宅に潜伏していたクオン・デの目に留まる。新聞を読み終えたクオン・デは、松下が宿泊するホテルに駆けつけた。「早朝の六時すぎだった」という。台湾は当時、日本の支配下にあったが、クオン・デは入り込んでいる「シュレテ（フランスの特高警察）」の目を警戒したのだろう。

松下によると、この時、クオン・デは「とつとつとした日本語」を交えながら、長い苦渋に満ちた亡命王族の身の上と、ベトナムの独立にかける思いを長時間にわたって訴えた。松下もまた、仏印に渡って以来、二十数年間の、ベトナムとベトナム人に対する思いをベトナム語で語った。感動した二人はお互いに手を握り締め、「血盟関係」を誓った。これをきっかけに松下は、亡命中のクオン・デを始めとするベトナム独立運動の志士たちに、本格的に活動資金を送り続けることになる。

松下に対する信頼感を一層強めたクオン・デはこの時、彼にベトナム各地で地下活動を行っている同志たちや、海外を転々としている同志たちとの連絡役を依頼した。松下はこれを快く引き受けた。以後、ベトナム国内の独立運動の同志たちと盟主であるクオン・デの連絡はすべて彼を通して行われるようになる。それだけではない。クオン・デは松下を心から信頼したのだろう。その後、同志たちとの連絡書簡の中で常に「現地においては、余の代行として、松下氏の指導を仰ぐように」と書き加えるようになった。

松下はクオン・デの「ベトナム現地探題」であるだけでなく、「盟主クオン・デの現地代行者」となったわけである。大南公司の社長室には、反仏独立運動の闘士たちが、当局の目を避けながら頻繁に訪れるようになる。「昼は商社、夜は革命運動の司令部」と密かに呼ばれるようになっていった。

だが、この事がフランス当局に露見すれば、大南公司そのものの存続にもかかわってくる。大彼は、サイゴン郊外の中国人街ショロンにある「大世界」の中に秘密の連絡場所を設けた。大世界は「東京の浅草公園」のような盛り場で、「芝居、軽技、見世物、小博奕のような投げ矢、カフェーといったような遊技場[*17]」だった。ショロンには大南公司の販売店、土産物店、レストランなど四店を開き、ベトナム人同志の秘密アジトにした。本社に近いサイゴン駅のすぐ近くにもレストラン「ＡＲＩＳＴ」を開業、この店も資金の受け渡しや連絡場所として使った。

「あなたが承認すれば、国内の勢力を結集してすぐさま決起し、独立を勝ち取る」。中には、松下の署名入りの指令書を求める性急な〝過激派〟も現れた。「まだその時ではない。機が熟すのを待たねばすべてが水の泡になってしまう」。松下はそんな同志たちの軽挙妄動を諌《いさ》めることもしばしばだったという。フランス公安当局はこの頃、反仏独立運動は、フランス政府に対する反逆、反乱として、厳しく追及していた。松下の反仏運動におけるこうした立場が露見すれば、「ギロチン」も避けられない危険な役割を背負っていたのである。

松下が反仏独立闘争に深く関わっていった昭和初期、日本は世界大恐慌の最中にあり、本格的な中国大陸への進出のチャンスを窺っていた。一九三一（昭和六）年には関東軍が柳条湖で満鉄線を爆破、これをきっかけにした満州事変によって、中国東北部に侵出、翌年には日本軍の傀儡国家「満州国」を建国した。欧米諸国の支配に苦しんでいたアジア諸国は、日露戦争での日本の勝利を我がことのように喜んだ。その日本が今度は欧米列強と同じようにアジアを侵略する側に回ったのである。仏印の大南公司にもこの影響が徐々に及んでくる。ベトナム人の対日感情は良好だったが、フランス当局や在留フランス人、仏印在留の華僑たちの間に日本や日本人に対する警戒感が広がり、排日気運が高まってくる。その矛先が日本の象徴としての「大南公司」に向けられることもしばしばだった。

スパイ容疑、国外追放

大南公司の事業に専念する傍ら、松下光廣はこうした「排日運動」との闘いを決意する。自費を投じて、日本の立場の宣伝に乗り出した。当時、仏印では新聞五紙が発行されていたが、各紙に一九四〇（昭和十五）年に東京で開催されることになっていた「第十二回オリンピック」の広告掲載を続け、平和国家日本を印象付けようとした。さらに仏越混血のフランス人が経営する「アレルト」紙のスポンサーとなり「インドシナと日本」欄を特設して、自らの意見を紙面に反映させ始めた。

松下自らペンを取り、こんな記事を書いている。

「日本と中国は、兄弟である。兄弟喧嘩に第三国が乗り出し、一方のみを偏愛して不和混乱を増大させているのは、はなはだ遺憾なことである。現在、フランス側の宣伝は、刺激的で、日本を仮想敵国としている観があり、あまりに激越にすぎる。われわれは、神経質に日仏両国民間の反感憎悪を高める政策を絶対不可とする。平和的、経済的交流によって日仏の理解を深め、相互の提携をはかるのが、東洋平和のためにも有意義にして正しい方向である」[*6]

「アレルト」紙は、次第にフランス植民地政策に対する批判を強め、総督府の内幕を暴露する記事を相次いで掲載し、反体制運動の先頭に立つ様相を呈し始めた。記者の中に若いベトナム人の反仏運動家を何人も抱え、彼らの筆は止まらなくなっていたのである。

一九三七（昭和十二）年夏、松下は妻キサを連れて帰国する。キサの体調が思わしくなかったからである。カラユキさんとして仏印にやってきて三十年余。働き詰めの人生に、暑い気候も影響したのだろう。松下は日本で最高の治療を受けさせようと思った。専門家を訪ね歩き、大阪帝国大学医学部附属病院に入院させた。

仏印当局は世界各地からの情報で、松下光廣とクオン・デ一派の反政府運動の結び付きに嫌疑を強め、内偵を続けていた。松下の不在を狙ったように、仏印当局は大南公司を始め、松下の自宅、「アレルト」社などの家宅捜索に乗り出した。中国では盧溝橋事件が勃発、日中戦争が始まった年である。

松下は、クオン・デら反政府運動家との連絡には、すべて偽名を使うなどきわめて慎重に行っており、証拠は残していない。しかし、フランス当局は、大南公司のオフィスから押収したベトナム近海の海図を「仏印総督府攻撃の準備行為の為のものである」と決めつけた。海図は大南公司が「塩田開発計画」を推進するために購入していたものだった。日本で連絡を受けた松下は急ぎサイゴンに戻ろうとするが、「スパイ容疑」で再入国は認められない。彼には、すでに欠席裁判で「八年の要塞禁錮、または国外追放」という判決が言い渡されていたのだ。

フランス当局としては、疑いの目を向けてはいたが、証拠は摑めない。松下を独立運動勢力と切り離すには、「裁判なし」で「国外追放」するしかなかったのだろう。この一時帰国の直前、北部仏印に物産買付の旅をした時、松下はこんな体験をしている。

「ベトナム人相手に取引をしていると、私の前後には常に私服探偵が付いており、私と接したベトナム人に対して、どんな要件だったのか、などとうるさく質問していた。相手は仏印当局に睨まれるのを恐れ、私共から遠ざかる者さえあった」

大川周明の「アジア主義」への共鳴

やむなく日本に引き返した松下光廣は、当面、事態を静観しながら東京やサイゴンに近いタイ・バンコクから指揮をとることにした。そのために一九三八（昭和十三）年には、急遽タイの首都バンコクに支社を設立、タイ国内数か所に支所をつくった。その後三年近く、日本軍の北部仏印進駐で、仏印復帰が可能になるまでの間、松下は東京とバンコクを行き来しながら大南公司の経営に当たった。

バンコク支社長にはサイゴン本社で輸入部門を担当していたベテランの村上勝彦を送り込む。村上は天草郡高浜町の出身。光廣が生まれ育った大江村の隣町である。彼は一九二四（大正十三）

年、叔父の村上竹松を頼ってサイゴンにやってきた。竹松は日露戦争前後にサイゴンに渡り、三井物産サイゴン出張所を経て独立、そのころ中国人街、ショロンで貿易商社、中和公司を経営していた。村上勝彦はこの叔父の会社に勤めた後、一九三二（昭和七）年に大南公司に入社したベテラン社員である。村上はバンコクでゴムや地下資源、マッチなどを扱いながら、東京の松下光廣との連絡役を務めた。

しかし、このサイゴンを離れた期間が松下の人生にとって大きな転機となった。仏印当局によって国外追放になって、松下は改めて自分の「仏印人生」を振り返った。妻キサを大阪帝大附属病院に入院させると、後に「大川塾」と呼ばれることになる東亜経済調査局附属研究所の設立に奔走していた大川周明を訪ねた。一九三七（昭和十二）年秋のことである。大川は海軍の青年将校たちが首相官邸の犬養毅首相を襲った一九三二（昭和七）年の「五・一五事件」に連座し禁錮五年の判決を受け、刑期を終えて豊多摩刑務所から出獄したばかりだった。松下は大川の著作をサイゴンに取り寄せ、ほとんどを読了していた。大川は新たに開設しようとしていた「アジア解放」のために働く「人材養成所」の構想を松下に熱く語った。松下は自分の辿った人生に確信を持った。大川の謦咳《けいがい》に接することによって彼の説く「アジア解放」の思想に一段と共鳴する。二人は意気投合した。

松下は「それまで右翼的国家主義団体とのつながりはいっさい持たなかった。ただ、大川博士だけは例外、政治活動を抜きにして、個人対個人の交友関係を結んだ」。アジア諸民族の解放を叫ぶ大川の指導理念に心を動かされ、その思想に共鳴し、人格に傾倒したのである。

松下光廣は当時、四十三歳。十五歳でハノイに渡り、独力で現地仏印に大南公司という貿易会社を立ち上げ、その過程でベトナム独立のために闘うクオン・デたちと深い繋がりを持ち、彼らの独立運動を黙々と支援してきた。大川周明の一言一言は、松下の心を激しく打ち鳴らし、確固たる信念となった。大川周明の「大川塾」の目的は、最終的に松下のような人物を一人でも多く育てることにあった。大川もまた、松下の生き様に感動し、二人は、「政治活動抜きの個人対個人の交友関係」を結んだのである。

二人の親交が深まるなか、大きな衝撃が松下を襲う。一九四〇（昭和十五）年二月、大阪帝大附属病院に入院していた妻キサが治療の甲斐なく死去したのである。五十一歳だった。前半生はカラユキさんとしてハノイに渡って苦労を重ね、後半生は献身的に夫に尽くした生涯だった。妻の死という心の痛手を紛らわすかのように、松下の「アジア解放」への思いは一段と強まり、大川との親密度は会うたびに深まっていった。

大川周明が松下に語った「大東亜復興」の哲学の基本は「それまでヨーロッパが世界を制覇していた近世史のなかで『アジアが復興する』ということを実現すること」にあった。大川は「亜細亜民族に告ぐ」（「朝日新聞」一九四二年六月二十四日付）でこう記している。

「世界戦（第一次）後の亜細亜問題とは、ヨーロッパの支配に対する亜細亜の復興の努力を意味するに至った。しかしてこの変化に伴いて、ヨーロッパ人のいわゆる亜細亜不安が起こってきた。そは彼等にとりてこそ『不安』であるが、アジアにとりてまさしく復興の瑞兆である。そは西はエジプトより東は支那にいたるまで色々なる姿をとりて現れた。（略）印度においては迅速なる自治または完全なる独立に対する運動となりて現れ、ジャワ及び安南においてさえその支配者を覆さんとする陰謀となりて現れた。これ等の一切の運動は、その表現に現われたるところは政治的ないし経済的であるが、しかもその奥深く流るるところのものは実に徹底して精神的であり、目覚めたる亜細亜の魂の要求に、その源を発せるものであった[18]」

大川の「アジア復興論」の根底にあったのは「帝国主義的南進論の克服であった」と大川塾二期生の山本哲朗は言う。大川は昭和十五年十一月に書いた「新亜細亜小論」でこう述べている。

「日本の南方への進出は、単に母国の戦敗によって微力となれる従来の支配階級に対し、吾国に有利なる協商や条約を強要することを目的としたり、又は此の地域における新支配者として日本を登場せしめんとする如き意図の下に行われてはならぬ。若し日本が、自己の経済機構を英米依存の体系より脱却せしむる必要からのみ南方への進出を画策するならば、恐らく土着の民衆は茲《ここ》に危険なる新侵略者を見出し、旧来の統治者との共同戦線を以て対抗し来る危険性がある。仮令《たとい》英・仏・蘭の旧勢力掃蕩に成功するとしても、若し彼等と同じき侵略的支配の立場を取るならば、極めて長期に亙る絶望的なるゲリラ戦の反覆を覚悟せねばならぬであろう[18]」

松下光廣もまた、クオン・デを筆頭にしたベトナム人たちと一緒になって、「フランス人の支配を覆そうという陰謀」に加わっていた。しかし、「日本のアジア進出は英・仏・蘭と同じであってはならない」。大川が語るアジア復興論は、松下の考え方や行動に正当性を与え、大きな自信となったに違いない。

大川周明とクオン・デ

「南一雄」という偽名を使って東京で祖国復帰のチャンスを窺っていたクオン・デを、松下は大川に引き合わせた。以後、クオン・デも大川の語る「大アジア主義」に感銘し、しばしば大川塾を訪ねるようになる。大川は一時、クオン・デを、東京・目黒の「大川塾」近くにあった自宅に住まわせるほど親密な関係となった。『大川周明日記』[*19]には、「南一雄」が事あるごとに大川周明を訪ね、公私ともに二人が深い友情で結ばれていったことを示す記述がたびたび登場する。

「午後、研究所（引用者注・大川塾）に粕谷哲策君及び南一雄君来訪。（略）南君は台湾にて活動中で、月末にはまた台北に赴くとのこと。（南洋協会の）今川淵君宛の紹介状を認《したた》む」（昭和十五年一月十四日）

後述するが、この頃、クオン・デは日本の南進政策に呼応するため、台湾に拠点を設け、「林順徳」の中国名で台湾軍を始め台湾拓殖会社などと接触、活発な仏印復帰作戦を進め、台北の放送局からベトナム語で故国の同胞に独立の戦いを呼び掛けていたのである。日本軍の仏印進駐を前にしたこの頃、松下もまたサイゴン復帰のチャンスを窺っていた。

一九四二（昭和十七）年一月七日には「南一雄君来賀」とあり、クオン・デが新年の挨拶に大川邸に出向いている。一九四三（昭和十八）年になるとクオン・デと大川の交流は一段と頻繁となった。一月十六日の日記には「夕南君来る。相携えて花蝶に至り渡辺氏の馳走になり且《かつ》両氏を紹介す。高橋良蔵君同坐」と記す。同十八日には「今日高橋良蔵君、南氏を角力に案内する約束にて予の宅にて待合せる筈なりしに南氏来らず」という。そのお詫びや返礼もあったのだろう、六月六日にはクオン・デが大川、渡辺、高橋氏らを招いて一席設けている。大川日記には「午後銀座に往き五時より南氏の招待にて延寿春にて夕食。渡辺、高橋、西諸氏と伴なり」とある。大川が風邪をひくとクオン・デはすぐに見舞いに駆けつけた。「午後南一雄氏見舞に来らる。（略）午後三時体温三十七度」（同年二月九日）という具合である。

松下光廣のサイゴン復帰が実現したのは日本軍の南部仏印進駐後の一九四一（昭和十六）年のことである。『大川周明日記』には次のような記述もあり、松下が大川と絶えず連絡を取りながら、クオン・デの仏印帰国工作を行っていた一端が見えてくる。

「午後、調査局。仏印より南一雄氏への最初の送金一万余円を外務省より受取りて同君に手交す」（昭和十八年一月二十一日）

仏印から送られてきた一万円、というのは何を意味しているのか。当時の一万円といえば、今の価値に直せば、五、六千万円相当の金額だろう。送金してきた人物について、大川は触れていないが、松下光廣だと見て間違いはない。それも外務省経由で送ってきたというのである。クオン・デの仏印復帰のための準備資金だったと思われる。『大川周明日記』には以後、「送金」についての記述はないが、「最初の送金」とあることを考えれば、その後も送金は続いていたはずである。

「読売新聞の西貢（サイゴン）支局長河辺確治君が松下（光廣）君から託された手紙とマルテル二本を携えて来てくれた。いろいろと仏印の話あり。武尾君が無断にて大南公司を去り、昭

和通商に入れりという不届の始末を聞く」（同年二月十七日）

ベトナムの独立運動家たちとの連絡や、クオン・デの同志の受け入れに大川が積極的に協力していたことも彼の日記から読み取れる。

大川が上海を訪れていた同年六月二十八日の記述。「南君に託されし、三通の書簡を安南人に手交するために馳駆し、漸《ようや》く其の一人を探しあてて他の二通を託す」

大川はクオン・デに託された手紙を亡命ベトナム人に渡そうと、上海の街中を探しまわってやっとその一人を見つけたというのである。大川はクオン・デと同志たちとの連絡役も引き受けたのである。

大川塾五期生（昭和十七年入塾）の山田勲は当時の記憶を辿りながらこう語る。

「南さんが安南の王子クオン・デ侯であることを塾生はみんな知っていました。昭和十八年の秋、ベトナムからやってきた三人の青年が、塾で生活を始めたことがありました。彼らは一週間くらい塾から国際学友会に通って、日本語の勉強をしていたのですが、ある日、なぜか帰って来なかった。心配してみんなで探していたらクオン・デ侯の所にいることがわかったのです。三人はその後、クオン・デ侯の所で生活することになりました。大川先生も松下さんと一緒になって、クオン・デ侯の仏印復帰を目指していたのだと思います」

山田は大川塾でペルシャ語を専攻し、卒業後、ビルマでインドの独立運動の闘士、チャンドラ・ボースの護衛などに当たった。戦後は大南公司に入社、松下光廣の下で働くことになる。今は東京の世田谷で小さな煙草屋を営みながら余生を送る。店の書棚には大川周明の著作がびっしりと並び、壁には大川塾の卒業証書や大川自筆の書が所狭しと掲げられている。「大川塾卒業生」であることが、今でも彼の誇りである。
山田の語る若いベトナム人三人の話も、『大川周明日記』には次のように記述されている。
「国友君安南人三名を伴い、昨日着京のよし、東支那海上にて潜水艦のために乗船沈められ、辛くも一命を助かれりとのこと」（昭和十八年九月九日）
「午前、南君及び安南人」（同十月七日）
「南一雄君来り。瑞光寮内の安南青年三名、寮長に叱咤せられ、帰寮を欲せずとて、善後策を相談に来る。適当の家を見つけて別居させる外なし」（同十月十二日）
大川塾副寮長の国友一志が、ベトナムまで出向いて、クオン・デの同志であるベトナム人青年を、途中、潜水艦の攻撃に遭いながら日本に連れて来て大川塾に入れ、彼らの生活相談にも乗っていたのである。大川とクオン・デの深い結び付きの一端が垣間見える。
同十月二十二日には、大川はこう記している。
「仏印松下君より電報、何盛三、村井正四郎両君の渡航を承諾し来る」
何盛三《がもりぞう》はクオン・デに絶えず影のように付き添っていた人物である。彼もまた、大川周明の仲介でサイゴンの大南公司が受け入れることになったのである。クオン・デの帰国準備は着々と進められていたと見てもよい。
余談になるが、松下はサイゴン陥落後、日本に帰国、故郷の天草に隠棲した際、大江町にあった「何医院」を懐かしそうに訪ねたという。何医院は代々、何家の一族が継いでおり、松下は何盛三から縁戚が大江で病院を経営していることを聞いていたのだろう。何医院は代替わりしたが、天草から熊本市幸田に移り、今も経営を続けている。

東亜経済調査局附属研究所

「大川塾」について、改めて触れておきたい。

東亜経済調査局附属研究所は一九三八（昭和十三）年五月、満鉄、陸軍参謀本部、外務省の三者がそれぞれ五万円を拠出して、東京・中野区鷺宮の旧北畠男爵邸を借りてスタートした。この附属研究所を世間は「大川塾」と呼んだ。所長はもちろん大川周明であり、この年入所した一期生は二十名。全国の中学四年生から一校一名の推薦を受け、選考した。修業年限は二年の全寮制。衣食は一切公費で賄われ、塾生には毎月五円の手当が支給された。「募集案内書」によると、開設の目的は、

「将来、日本の躍進、発展に備うる為海外各地に派遣し、満拾年間当研究所の指定する公私機関に勤務しつつ、該地の政治、経済及び諸般の事情を調査、研究し当研究所に定時報告を提出せしめ、且《かつ》一旦緩急あれば必要なる公務に服せしむる目的を以て青年を訓育す」[20]となっている。

入所のための選考基準は厳しかった。

（一）身体強健にして激務に耐え得る者
（二）意志鞏固にして責任感強く、困苦欠乏に堪え得る者
（三）秘密を厳守し得る者
（四）数理的才能を有する者
（五）家庭的繋累少なき者
（六）親権者の同意を得たる者

入寮する際は、辞書に類するもの以外の私物の持参は許されない。塾生たちは年末、年始以外、夏休みもない集中特訓。入塾するとすぐに英語、フランス語、オランダ語はもちろんペルシャ語、トルコ語、アラビア語、インド語（ヒンディー語）、タイ語（シャム語）などに班分けされ、徹底的な語学教育が行われた。語学の選択は個人の希望ではなく、強制的に割り当てられた。

尾張徳川家の〝最後の殿様〟徳川義親公爵の特別講義「礼儀作法」は、箸の上げ下ろし、ナイフ、フォークの置き方まで教えた。田中隆吉（当時中佐）の「謀略・満州事変裏面史」や、新宿の「中村屋」に隠れ住んでいたインド独立運動の闘士、ラース・ビハーリー・ボースの「インド独立運動」に関する特別講義もあった。

一九三八年入学の第一期生二十名に続いて、二期生（三九年入学）二十名、三期生（四〇年）十名、四期生（四一年）が十一名、五期生（四二年）十九名、六期生（四三年）十五名の計六期九十五名が入学した。卒業生の赴任地は仏印、タイがそれぞれ十名、インドが十五名のほかアフガニスタン、ペルシャ、トルコ、アラビアなど東南アジアから中近東までに及んだ。

大川塾は、翌一九三九年五月、品川区上大崎の東急目蒲線沿いの閑静な高台に建てられた新校舎に移る。国電目黒駅から徒歩五分。現在は、ドレメ通りと目蒲線に挟まれた杉野学園本部校舎のあたりである。大川周明の自宅も塾から約二百メートルの距離にあり、彼も毎日、顔を見せた。玄洋社の頭山満の筆になる「瑞光」の額が塾の集会用の和室に掛けられていたことから「瑞光寮」と呼ばれていた。

松下の協力によって、ハノイ、バンコクの二か所にも大川塾出身者が自由に出入りできる「瑞光寮」がつくられた。サイゴンの大南公司本社だけでなく、ハノイ支店の建物やサイゴンの松下の自宅も、各地支店の「大南寮」と同じように大川塾出身者の自由な出入りが許された。大南公司は大川塾出身者たちの〝実践の場〟となったのである。

戦後の極東国際軍事裁判（東京裁判）で、国際検察局は「大川塾はスパイ養成学校だったのではないか」と追及した。大川周明は第一期生の卒業式の訓示で「諸君は南方政策の礎《いしずえ》として、任地の研究調査に、日本の眼・耳・手足となると共に、日本人として日本の真の姿を南方民族に知らしめるべき魂の実践者たらねばならぬ[*20]」と述べている。「日本の眼、耳、手足になること」も〝スパイ行為〟というなら、そういう側面があったことは否定できないだろう。しかし、大川や卒業生たちは「アジア民族の解放」「自由アジアの建設」のためにそれを生かそうとしたのである。

大川周明はこの附属研究所で、みずから「近世ヨーロッパ植民史」や「アジア建設者」「回教概論」などの講義を行った。寮生活については、寮長以下の自治にまかせ平素はあまり改まった訓示などはしなかった。しかし、「寮の行事などの際における簡明直截な、先生独特の力強いお話は、烈しく寮生の魂を打った」と寮長を務めた菅勤《かんすすむ》は機関誌「みんなみ」に書き、「先生が繰り返し寮生の魂に打ち込まんとせられたこと」として、次のような言葉を挙げている。「諸君の一番大切なことは正直と親切です。これがいっさいの根本です。諸君が外地に出たとき、この二つをもって現地の人に対し、日本人とはかくの如きものであるということを、己の生活によって示さなければならない。これさえできたら、他になにもできなくても十分です。

そしてさらに、一人でも二人でもよい、本当の友だちを現地人の中に見つけることです[*21]」

「アジア解放のために全身を投げ出す人材の育成」。これが大川塾の最大の目的だった。

　ここで学んだ九十五人の塾生は、大川周明をどう受け止めたのか。彼らは一九五三（昭和二十八）年、「南方会」というOB会を結成し、機関誌「みんなみ」を発行、二年間の在寮期間を振り返ってその全容を記録した『東亜経済調査局附属研究所』も纏めた。その「序」で、編集者、山本哲朗はこう述べている。


「ここにアジアの熱帯ジャングルに、熱砂の砂漠に咲く『自由アジア』を目ざして、隷属の荒野に種を蒔こうとした一人の人物が居た。大川周明その人である。彼が育てた苗床・大川塾から巣立った日本の青年達は、その青春を、その人生を、復興アジアに捧げた。

　二十世紀は大戦争が地球を覆った。世界戦

1953年5月3日、日比谷松本楼にて催された南方会設立総会。前列左から4人目・大川周明、5人目・松下光廣、二列目左端・西川寛生、三列目右端・山田勲

の大暴風は若芽若木を倒して訪ねるに跡なしとしてしまった。大川塾は二十世紀歴史の大舞台の誰も知らない裏に消えた。（略）本誌はアジア復興、アジア諸国の独立に捧げた大川先生と大川塾、支えてくれた諸先生、諸先輩の記録である。アジアの独立に生涯を捧げようと夢見た青年達の記録である[*20]」

卒業生の一人によると「大川先生は戦後、十年早くこの塾を創っていたらアジアの情勢は変っていたかも知れないと語った」という。結果的にみれば、大川や塾生たちの夢は挫折したばかりか、戦後は〝日本帝国主義の先兵〟だった、という批判に晒され続ける。そして、大川周明自身も「大東亜戦争のイデオローグ」として戦後、否定され続けた。しかし、「大川塾」を巣立った寮生たちが、師である大川の教えに感銘し、純粋に「アジアの独立と復興」のために生涯を捧げようと、各地に散っていった、という事実を無視することはできない。大川は思想家であると同時に、若者たちの心を燃え立たせる優れた教育者でもあった。

松下光廣は「大川塾生」ではない。しかし、大川周明の話を聞き、自分の人生を振り返ってみた時、「大川の思想を現地ベトナムで最も実践している門下生の一人である」と確信した。日本軍が仏印に進駐後、サイゴンに復帰した光廣は、積極的に大川塾卒業生を大南公司で受け入れ、社員として雇用し、大南公司を〝拠点〟に、ベトナム独立運動に協力する。塾生の一人は「私たちにとって大川先生も師なら、松下光廣という人も同格の師と思っていました。大川先生も、松下さんを弟子というより対等の同志と思っていたのではないですか」と語る。

大川塾は一九四〇（昭和十五）年に第一回卒業生を出すが、仏印やタイに渡った卒業生の多くが「大南公司」に入社する。一期生からは、後に常務取締役として松下の右腕として生涯をともにすることになる西川捨三郎（寛生）を始め、三浦琢二、加藤鐵三、入谷壽義、石川信雄、大塚壽男の六名が、二期生も山口知己、片野（現姓・加藤）健四郎、梶谷俊雄ら三名など、戦後の入社組も合わせると二十数名が大南公司に籍を置く。政府や軍関係など別の組織に属していても、サイゴンを始め各地の大南公司宿舎には大川塾卒業生が自由に出入りし、松下の手足となってベトナム人の対仏独立闘争を支援した。大南公司は、戦時中の一時期、大川塾生の〝出先〟の観さえ呈していたのである。

大南公司のバンコク支店長を務めた前述の村上勝彦は、バンコク支店に送り込まれてきた大川塾出身者について、「志を抱く若者たちなのであろうが、仕事、とくに事務面がさっぱりだ」。間違いだらけの計算書に「五分以内に誤りを訂正して再提出せよ」などと命じた、と語っている。[*6] 村上のような実務家の存在が、大南公司の「商売」の面を支えていたのだろう。

戦後、日本の敗戦でフランスの追及を避け、日本に帰国した松下は、空襲で焼け残った東京・目黒の大川周明の自宅を借り受け、大南公司の社員のための「大南寮」とする。東南アジア各地から引き揚げてきた大南公司社員たちはここを拠点にして、再び、ベトナムで大南公司を復活するチャンスを窺った。「瑞光寮」は一九四五（昭和二十）年五月、米軍による空襲で焼失した。

第四章　「東遊《ドンズー》運動」と王子クオン・デ

「越南維新会」の結成

　歴史の針をベトナムの「東遊運動」が始まった二十世紀初頭まで戻したい。徳川幕府の鎖国政策によって、日本とベトナムの関係は約三百年にわたって途絶え、ホイアンの日本人町もいつしか消滅した。両国が再び繫がったのはクオン・デを盟主にした東遊運動（日本への留学運動）によってである。クオン・デたちの独立運動を支援したのは、松下光廣や大川周明たちだけではなかった。彼が日本に亡命してきた明治末年から、大正、昭和と三代にわたって密かに支援し続けた多くの日本人がいた。それはまさに、ベトナムの民族運動と日本の歴史的な結び付きそのものであり、日越交流史ともいえるだろう。

　東遊運動を推し進めたのは、当時のベトナムの代表的知識人の一人であり、独立運動の中心的指導者であったファン・ボイ・チャウ（潘佩珠）である。チャウはフランス当局に捕えられ、軟禁状態にあった一九二五年頃、回顧録ともいうべき「自判」（「年表」とも呼ばれる）を執筆する。漢文で書かれたこの「自判」を戦中戦後、ハノイで貿易業に従事していた在留日本人最古参の一人、内海三八郎が入手して翻訳、解説も加えて『ヴェトナム独立運動家　潘佩珠伝』[22]を執筆した。この本や、チャウ自身が書いた『ベトナム亡国史他』[2]、小松清の『ヴェトナム』[1]等々を参考にしながら、「東遊運動」の過程を追ってみたい。

ファン・ボイ・チャウ（肖像画）

ファン・ボイ・チャウは一八六七年、ベトナム中部の王都、フエに近いゲアン省で生まれた。父は真面目な漢文教師。幼いころから「神童」「天才少年」と呼ばれたチャウが七歳の時、ゲアン省での反仏蜂起の鎮圧に出動したフランス軍にチャウの村は焼き払われた。成長するにつれ、彼はフランスに支配されたベトナムの現状を憂い、反仏思想を強めていく。十九歳の時、ファン・ディン・フン（潘廷逢）の指導するフランス抵抗勢力に呼応して同志を集めて決起するが、フランス軍に敗れしばらく逃亡生活を送る。一九〇〇年、三十四歳の時、彼の立身出世を心から願っていた父親が七十歳でこの世を去った。後顧の憂いのない自由の身となったのである。彼は同郷の同志と謀り、密かに反仏革命闘争に乗り出した。

この時、チャウが立てた基本方針は（一）勤王の志のある若者を糾合して義旗を挙げ、国内に一大暴動を起こしてフランスを国外に追放する（二）そのため皇族中より盟主を一人選び、各地の有力者、勤王の志士の応援を求める（三）近代的な火器を手に入れるため、海外に人を送って外国の支援をもとめる――の三点である。これが後の「維新会運動」の始まりだった。当時のチャウはまだ、なんらのイデオロギー的思想の影響も受けておらず、「孔孟の教えにこり固まった熱烈な勤王の志士[*22]」だった。

チャウが本格的に動き出したのは一九〇三年春、三十六歳の時である。フエで王族に接近、盟主と仰ぐことの出来る気骨ある人物探しに乗り出した。しかし、王族のほとんどはフランス政府の意を迎えることに汲々としており、人物が小さく、一党の党首として仰ぐには力量が不足していた。同志たちの意見を聞いて回る中で、名前が挙がってきたのがクオン・デだった。その頃、東宮（のちの維新帝《ヅイタン》）の守役を務めていた。

諱《いみな》は彊柢、爵位は畿外侯。グエン朝を開いたジアロン（嘉隆）帝の長男、カイン（景）王子の直系四代目に当たる。本来ならクオン・デは正当な王位継承権を持つ王族である。だが、カインは一八〇一年、天然痘のため二十一歳の若さで逝去する。このためグエン朝は二男のミンマン（明命）帝が継ぎ、その子孫が代々、王位を継承してきた。フランスはベトナム支配の傀儡機構の中でフエ王宮にいる「越南国王」の存在だけは認めていたのである。

王族中でもっとも由緒正しいのは、長男カインの血を引くクオン・デ侯である、彼の力量を計ってみるべきだ、との声は同志の間でも強かった。一九一八年、上海で密かに刊行された『越南義烈史』はクオン・デを「沈毅公明でまた策謀を好み士を愛し、進取の気象に満ち愛国の心に富むお方」[23]と記している。チャウも、クオン・デが幼少のころからその人となりに心惹かれていた。

フランスがフエ城を占領した一八七三年、フランス総督は当時のタンタイ（成泰）帝を廃し、衆望のあったクオン・デを王位につかせ、彼を利用しようとした。だが、年少のクオン・デはフランス総督の魂胆を見抜き、「御好意は誠にかたじけないが、今は成泰帝が位にあって一国の元首である以上は、罪跡のあらわれない中にほしいままに廃位を行なえば、皇帝及び国民に対して、おそらく説明の詞がないであろう」（「獄中記」[2]）ときっぱりとこれを断る。フランスの後押しで王位についても「傀儡」にすぎぬことを、クオン・デは十分にわかっていたのである。こうした事実を聞き知っていたチャウは、クオン・デは十三、四歳のころから反フランスの志を抱いていた、と高く評価していた。

チャウはフエに戻ると、王宮にゆかりのある知人を通してクオン・デに会う工作をする。彼は「風水星命」（易断）の先生という触れ込みでクオン・デの私邸を訪ねた。応接間に通されたチャウはまず型どおりの人相、手相を観た後、よもやま話に花を咲かせ、その間、彼の「人物試験」をした。そんなこととは知らないクオン・デは、チャウの問いかけに、「フランス人の暴状と彼等の頤使《いし》に甘んじている政府高官の不甲斐なさを口を極めて痛罵した」。「合格点」を付けたファンは思い切ってクオン・デに同志の計画を打ち明け、「侯の出馬をぜひに」と願い出る。

それまでフランス総督府の官職就任の誘いには頑として応じなかったクオン・デが、胸をたたいてはっきりと応えた。

「よろしい、私は父祖の社稷《しゃしょく》を守るためなら家も妻子も捨てます」

喜んだチャウは、すぐにクオン・デ邸を辞し、同志たちに会談の模様を伝えた。同志たちの賛同を得たチャウは、再度、クオン・デ邸を訪れ「打倒仏賊（フランス）」の誓いを結んだのである。

同年四月上旬、チャウたちはフエ南部のクアンナムにクオン・デを迎えて、新党結成の打ち合わせ会を開く。二十余名の同志が密かに集まった。「維新会」の正式の旗揚げであり、席上、クオン・デを会長に推挙した。彼はその後、同志たちに「オンチュウ（主人）」と呼ばれることになる。本名を表に出さないためであり、参加者も自分のことは「エアム（弟）」、相手のことは「アイン（兄）」と呼ぶことも申し合わせた。出席者の名前はもちろん、書いたものは一切残さない〝秘密結社〟の誕生だった。

席上、「暴動を継続して行うのに必要な各種武器を調達するために、外国からの援助を求める」などの方針も決めた。援助を求める国はどこにするのか。同文同種の国であり地理的にも最も近い中国は、列強に切り取られ満身創痍で頼りにならない。大帝国ロシアを相手に、海に陸に大戦果を収めている日本なら、必ず我々を助けてくれるだろう。出兵はしてくれなくても、兵器を買う金は貸してくれるかも知れない。思い切って日本に頼ろう。これが維新会の決定だった。その交渉のために、チャウに加え、タン・バット・ホ（曾抜虎）、ダン・トウ・キン（鄧子敬）の三人を日本に送り出すことになる。

出国を前にチャウはクオン・デを訪ねた。「公のご出国の時は、改めて私がお迎えに参ります」

と約束した。クオン・デは「祖国の興亡は我々の双肩にかかっています。先生のご自重を切に望みます」とチャウの手を固く握りしめた。

ファン・ボイ・チャウの日本密航

チャウら三人は一九〇五年一月、ハロン湾の島影に隠れるように南シナ海を北上し香港に向かう。ハロン湾は湾内に三千余の島があり、フランス官憲の目を逃れるには最も適していた。フランス総督府はベトナム国民が海外へ渡航することを原則禁止していた。まして当時、同盟関係を結ぶロシアと戦争状態にある日本へ密出国しようというのである。捕まれば処刑を逃れることは出来ない。一行は漁師などの身なりをし、漁船を乗り継ぎ、香港に向かう。

香港で日本行の便を探すが、日本へ直行する便は一隻もない。そのころ、ロシアのバルチック艦隊がベトナム中部のカムラン湾に入港、燃料や食料の補給をしており、いつ北上するかわからなかったからだ。やむなく上海行きの便に乗り込む。この船上でファンは貴重な情報を得た。清国の「戊戌《ぼじゅつ》の変法」による改革に失敗、西太后に追われ、康有為らとともに日本に脱出した梁啓超が、横浜で「新民叢報」という中国人向けの新聞を発行していることを知ったのである。梁は十八歳の時に康有為に師事し、生涯にわたって行動をともにする。チャウは梁啓超の著作のいくつかをフエで読んでおり、彼に一度会ってみたいと思っていた。

上海でも日露海戦が近いとみて、日本行の便は出港を見合わせていた。五月二十八日、日本海海戦は日本の大勝利に終わる。上海には日本行の留学生が大勢、船便を待っていた。チャウは中国人留学生に成りすまし日本に向かう。六月上旬、神戸港に入港、日本の土を踏む。「翌朝、東京行の急行列車に乗り、横浜駅で降りた」。梁啓超が横浜に住んでいると聞いていたからである。当時、横浜には中華街を中心に約四千人の華僑が住んでいたという。

初めて海外に出て、日本語も知らず通訳の人もいない。チャウら三人は、この横浜駅で「噂に違わぬ東方の君主国」と度胆を抜かれる体験をする。

三人は改札口を出たが、神戸・三宮で預けた行李の受け取り場所がわからない。聞くにも日本語がわからない。困っていると、一人の警官が駆け寄り、小さな手帳に「どうしたのか」と漢文で書いて見せた。「行李の受け取り場所がわからない」と筆談で答えた。警官は「心配無用」と宿の手配をしてくれたうえに、三台の人力車まで呼んでくれたのである。警官が手配してくれた旅館に着くと、部屋の中に入るころには、行李は部屋に届いていた。

「私はここにおいて、日本警察行政の誠によく整えるに敬服した。わが国にて、フランス人の用うる警吏のことを回想すれば、その凶暴にして詐術多きに比べて、じつに氷炭相反するではないか」[*2]

チャウはまず、日本の有力な政治家に会いたかった。しかし、密航してきた彼らには、その糸口もつかめない。彼は思い切って梁啓超に漢文の手紙を書く。この手紙の文章に、チャウの高い学識を見抜いた梁啓超は、丁重な返書をしたため、二人の会見が実現した。会談はすべて漢文による筆談。チャウは「私は日本語もシナ語も学んだことはない。幸い支那文ができる相手とは筆談をした」という。彼は日本にやってきた理由を「日本人に依頼して武器を得たい」と説明し、「日本の政治家を紹介してほしい」と頼んだ。

チャウの熱意にほだされた梁は、憲政党の大物政治家、大隈重信と犬養毅に引き合わせることを約束する。

大隈は説明するまでもなく、早稲田大学の前身、東京専門学校の創立者であり、憲政党を結成し首相にも就任した。〝護憲の神様〟とも称された犬養も後に首相に就任するが、昭和七（一九三二）年の五・一五事件で、首相官邸を襲撃した青年将校に暗殺される。二人は「明治十四（一八八一）年の政変」でともに下野、立憲改進党を創設して以来の同志であり、在野の大物政治家である。数日後、希望に胸ふくらましたチャウは、梁啓超に付き添われて初めて上京、麴町にある犬養邸に向かった。大隈重信も二人と前後して馬車で乗り付けた。

大隈も犬養も、〝珍客〟チャウとの会見をことのほか喜んだ。この時、大隈は六十七歳、犬養が五十一歳。チャウは四十一歳。この頃、ベトナム語を解する日本人は少なかっただろうから、多分、梁啓超の時と同じく、漢文による筆談だったのだろう。「自判」などにもこのことは触れられていない。

チャウはまず、「ベトナムの革命にぜひ力を貸していただきたい」と切り出した。以下、三人のやり取りを前掲の『潘佩珠伝』[*22]などから再現する。この会談がその後の「東遊運動」の端緒となったのである。

犬養「諸君は日本の援助を得たい、助けてもらいたいと言うが、（中略）それにはまずヴェトナムの国体から聞きたい。諸君の国では長者を敬う伝統がありや、なしや。もし長者を敬う君主国であるなら、まず皇族の中から一人立派な人物を選んで党首に戴くことは出来ないものだろうか。私はその点をおたずねしたい」

「ありますとも、これこのとおり」。チャウは内ポケットから「畿外侯入国許可申請書在中」と書いた封筒を取り出した。彼はベトナム独立後の政体について「君主か民主か、それは我らが独立を恢復してから決める問題である。但し我国古来の歴史と今日の民智よりすれば、君主の方が宜しきに適うと思われる。我党が皇親彊柢侯を推戴する所以もそこにある」（小松清『ヴェトナム』[*1]）と考えていた。

犬養「おやおや、これは手廻しのよいこと。それではぜひこの人の出境を早く進めなさい。遅れると肝心の党首がフランスの警察に捉まります」

「我々はすでにフランス側には絶対分からないように、侯脱出の手筈は定《き》めておきましたから、その点ご安心下さい」とチャウは紙に書いて答えた。

犬養「君たちはすでに革命軍を組織しているのか」

チャウは内心、「死にたいほど恥ずかしかった」。国内にはまだ完全な革命組織などなかったからである。「組織はあるが、まだ党勢微弱にして無きに等しい」。彼はその場をそうとりつくろった。

大隈、犬養、梁の三人は日本語でなにか話したあと、犬養はこう述べた。

「我々は政党として貴公の計画を援助しましょう。これが現在我々のなし得る援助の最大限度である。日本政府が兵力をもって公然他国の革命運動に介入することは、国際慣例上許されないことであり、かたがた国際情勢の複雑な現在、もし日仏両国が開戦した場合、その戦争は二国の間だけでは済まないばかりか、一つ間違うと全世界の動乱にも発展しかねない。また一歩譲って戦争が一局地に限られたとしても、戦後の日本が単独でフランスを向こうに廻して戦争をするということは、今の日本の国力では不可能に近い。諸君は、よろしくこの国際情勢に鑑み、隠忍持久機会の至るのを待つよりほかに、良い方法はないと私は思う」

静かに聞いていた大隈が、演説口調で滔々と語り始めた。

「我々日本人は、今度諸君が日本へ来たので、初めてこの東洋にヴェトナムという国のあることを知ることが出来たのである。インド、ポーランド、エジプト、フィリピンは、いずれも亡国ではあるが、その国民は決して諸君のように自分の国の中に幽閉されているわけではないのである。それだから諸君は声を大にして多くの同胞に呼びかけ、一日も早く国を捨てて外国へ脱出、各自が一業を身につけることを勧めるべきである。諸君の言う救国の急務は、彼等に外国で自由な空気を胸一杯吸い込ませ、心身を一新し、彼等が座して空しく悶死しないように指導して行くことであると私は信ずるものである」

大隈の意見は、出来るだけ多くのベトナム人の若者を外国に出し、世界の実情を学ばせよ、ということである。

チャウは初めて会った日本人の考えに「驚きかつ感動した」。武器問題だけに執着していては、わが国の独立の事業を図る最良の計とはならないことを悟った」

「国を出る時は武器調達問題しか頭になかった。武器問題だけに執着していては、わが国の独立の事業を図る最良の計とはならないことを悟った」

この会見には、犬養毅の懐刀といわれた柏原文太郎も同席していた。柏原は東京専門学校(後の早稲田大学)卒業後、東亜商業学校、東亜同文書院などの設立に参画した教育者であり、衆議院議員にも四度当選する。三人の会話が終わるのを待って、柏原は筆をとり「話を残らずはたで聞かせてもらった。さながら三国志に出てくる英雄豪傑の話をきくようで強く心を打たれました」と書いた。

彼はその後、「東遊運動」で日本に〝密航〟してきたベトナム人青年たちの最大の支援者になる。ベトナム人青年数名を自宅に引き取って自分の子供のように慈しみ、ベトナム人たちに「日本のお父さん」と呼ばれた。大隈や犬養も後々まで、陰に陽にクオン・デやチャウを始めベトナム人留学生たちの日本での生活を支えることになる。

犬養、大隈と会見した翌日、梁啓超は再び、チャウを宿舎に招いた。そして「昨夜一晩中考えた」と前置きして、こう語った。

「読む人の肺腑をえぐるような熱烈の文字を使用、断末魔の苦しみを受けているベトナムの実情を詳しく描写し、広く世界の世論に訴える宣伝工作が必要だ。この宣伝文ができたら、それを携えて帰国し、できるだけ多くの青年の海外脱出運動を起こし、それによって国民の覚醒をうながすべきである」

梁の厚意に感激したチャウは、それから昼夜兼行で「越南亡国史」を書き上げた。一週間後、印刷が出来上がる。このなかでチャウは、ベトナムの民衆が極度に困窮しており、すこしでもフランス政府に不都合な行動をとるものは厳罰に処せられていること、フランス人がベトナム人に暴行しても処罰されないこと、過酷な重税、強制労働などフランスの残虐行為を具体的に描写し、ベトナム人同胞の決起を促し、抗仏運動の展開を訴えている。

一九〇五年七月、チャウはこの「越南亡国史」数十部を持ち、帰国の途につく。「クオン・デ侯をフエから連れ出すこと」、「優秀な青年数人を日本に連れてくること」がこの帰国の目的だった。漁師や商人などに成り済ましたチャウは、香港経由でハイフォンに上陸。ナムディンからゲアン行の汽車に乗り込むが、途中、同志から「フランスのシュレテ（特高警察）がチャウ逮捕の密命を受けて動いている」との情報が入った。このため汽車を降り、馬車で大回りしながらゲアンやハティンに向かう。そこで待っていた同志たちに日本での活動を報告、優秀な留学生の選考を依頼した。

この帰国の際、同志たちと協議して出来上がったのが「ベトナム援助秘密組織計画」である。梁啓超のアイデアによるものだが、これによってゲアンに「朝陽商館」、ハノイに「東京義塾」、さらに「農会」「学会」といった組織が各地につくられた。「東京義塾」は、日本の慶応義塾を見習ったもので、反仏、独立のための教育推進が目的の「夜間学校」だった。ここではフランス政府が使用を強制したローマ字綴りの新国字で地理、歴史、数学、物理、政治などのほか、中国革命史、ヴォルテール、ルソー、モンテスキューなどフランス革命関連書についても講義した。またこの学校には出版部が設立され、教科書や愛国心高揚のための図書を出版する。

この滞在で新たに三人の日本留学生が決まった。チャウはクオン・デからの便りを待ったが、同志から入った連絡は「フランスの監視が頗る厳重で年内の脱出は絶対不可能だ」というものだった。クオン・デ連れ出しをあきらめたチャウは、同志にクオン・デ脱出の手配を頼んで三人の留学生を連れて、九月末、日本に戻った。この後、さらに六人の学生がチャウの後を追うように日本にやってきた。

クオン・デの出国

「一九〇六年から一九〇八年の秋までは、私の一生の中で、最も華やか幸福な時代で、為すこと成らざるはなく、今から思えば私の人生のうち最も得意な時代であった」とチャウは「自判」に書いている。

一九〇六（明治三十九）年、正月、チャウが故国を脱出して一年。「畿外侯（クオン・デ）がユエ（フエ）脱出に成功し、月なかばには香港着の予定」との手紙が届く。チャウは横浜で書いた印刷物を詰めた行李を持って急遽出発、香港へ。「待つこと数日、待ちに待った畿外侯の乗船が入港してきた」

〝美人の産地〟といわれるフエでも評判の美少女といわれた妻レ・ティ・トランと、長男のチャン・リエット、次男のチャン・クーの幼い息子二人を残し、再び帰ることのない出国だった。クオン・デはこの時、二十四歳。彼がどのようにしてフエを抜け出し便船に乗り込んだのか、文書は残っていない。ただ、「流布されている説によれば、暮夜、賤民の姿で秘かに順化（フエ）を抜け出した侯は、都から数里離れた海岸から帆船《ジャンク》にのって北上し、海防（ハイフォン）に至り、そこで仏汽船の火夫となって巧みに船内に紛れこみ、火夫としての労役をやりながら香港にまで辿りついた」[*1]と言われている。

上陸してきたクオン・デを迎えたチャウは、彼の前に恭しく跪座し両手を組み合わせて平身低頭した。古いベトナムの儀礼である。小松清によると、「クオン・デの風貌には侵しがたい気品と高貴さがあった。顔立ちも整っていた。特徴はその迫った濃い眉と鋭い眸、締まった意思的な顎と厚い唇にあった」。ファンは日本の情勢を詳しく報告、ベトナムの国内情勢をクオン・デに聞いた。香港滞在中、チャウは毎日、クオン・デのお供をして香港見学をして回ったという。クオン・デにとっては初めて西欧の高い文化に接することができたのである。

二月上旬、クオン・デを案内して広東に渡る。そこに集まった数人の同志たちにそれまで誰にも見せなかった「維新会」の党則を披露した。クオン・デが出国した以上、隠しておく必要はなくなり、党の名前で大々的に排仏国民運動を展開する時期がきた、と判断したからである。カンナムで極秘裏に「維新会」を結成した時、党則は口から口へと伝え、成文化しなかった。フランス当局に秘密が漏れることを恐れたからである。

党則は三つの大綱と細目六項からなる簡潔なもので、設立の趣旨は「ベトナムの独立と立憲君主国の樹立」となっていた。党則はすぐに印刷にかかり、刷り上がった六百部を他の小冊子とともに、ハイフォンの同志たちに送った。

クオン・デはチャウに付き添われ三月中旬、桜の花の咲き始めた横浜に上陸する。クオン・デが持参した金もあり、さっそく「臨時に借り受けた日本家屋」にチャウ以下全員が引っ越した。住居はその年の干支にちなんで「丙午軒」と名付けた。新居に落ち着いたチャウはとりあえず犬養毅にクオン・デの無事日本到着を報せ、留学生たち九人の入学先を依頼した。犬養はすぐに東京同文書院院長の細川護成や東京振武学校校長の福島安正に連絡、柏原文太郎が関係者の間を奔走して、とりあえず東京振武学校三人、東京同文書院一人のベトナム人留学生の入学先が決まる。他の五人は当分の間、「丙午軒」で日本語の勉強を続けることになった。

東京振武学校は、一九〇三（明治三十六）年、日本の陸軍士官学校への入学を目指す中国人を対象に、参謀本部が東京・河田町（跡地は現在、東京女子医科大学）に創設した学校で、レベルの高い教育と軍事訓練が行われていた。中国国民党の蔣介石もこの学校の出身である。校長の福島は陸軍大将。ドイツ公使館付き武官の任を終えた際、単騎、シベリアを横断して帰国したことで有名で、日露戦争には参謀として従軍した。

また、東京同文書院は中国や朝鮮からの留学生のために近衛篤麿が中心になって一八九九（明治三十二）年に創立した学校である。校舎は東京・落合村（現・新宿区下落合）の近衛邸敷地にあった。留学生たちに日本語や普通学（一般教養）を授け、その後、専門学に進む準備をさせた。近衛が会長となって組織した「東亜同文会」は、中国で活動する日本人を養成するため、上海にも「東亜同文書院」を開校、両校は姉妹校の関係にあった。

問題はグエン王朝直系の王子であるクオン・デの受け入れ先である。他の留学生と同列に扱うわけにはいかない。数日後、チャウはクオン・デを連れて上京、犬養毅と福島安正に引き合わせた。東京振武学校の校長として中国人留学生の教育に当たっていた福島はクオン・デにこう述べた。

「我々日本人は、現在貴国がフランスの保護国である以上、フランス政府との了解がない限り、国際慣例上、残念ながら殿下を公然外国の貴賓としてお迎えすることは出来ない。そこで我々同志が協議の結果、便法として侯を外国の一留学生としてお迎え申し上げることにしたから、この点あらかじめ承知しておいてもらいたい」

東京同文書院と東京振武学校に入学を許された四人のベトナム留学生はいずれも給費生。しかし、クオン・デだけはあくまでも「自費留学生」の扱いで、東京振武学校への入学が認められた。彼は「中国人、阮中興」として入学する。犬養や福島はフランスの万一の抗議に備えて「日本国はクオン・デ侯を匿い、面倒を見ているわけではない」という便法をとったのである。

「日本留学ブーム」と東京同文書院

このころから東遊運動は次第に勢いを増す。チャウが東遊運動を推進するために書き、祖国に送った「全国父老に敬告する」や、フランス支配を厳しく糾弾する「海外血書」などは、ベトナムの若者たちに大きな感動を与えた。

一九〇七年になると、ベトナム各地で密かに「日本留学ブーム」が起きた。気息奄々《えんえん》だった「勤王党」の残党が息を吹き返したように活動を始めた。同年八月には南部のサイゴンからも数十名の青少年が何組かに分かれて香港までやってくる。時を同じくして中部、北部からも続々と出てきた。密出国ルートは中越国境の鎮南関（現・友誼関）を越え、香港を目指す者が多かった。

福島安正

香港まで出迎えたチャウは、南部からの四十余名、中北部の六十余名など総勢百人を超える若者を引率して横浜に向かう。これまでの留学生はバラバラに日本に渡って来たが、集団でやってきたのはこれが初めてである。

一行を乗せた船は同月末、横浜港に着き、チャウは彼らを引き連れて宿舎に入った。チャウはこの宿舎がどこにあったのか一切記していない。横浜の「丙午軒」では収容できなかったはずである。すでに百名近い先輩留学生がいた上に、さらに一挙に百名を超す新人の到着である。宿舎は大騒動、文字通り足の踏み場もない。さらにその後に脱出して来た者も含めると総数はピーク時三百人近くになった。

人数が膨れ上がると問題も起きてくる。第一が彼らをどこの学校に入れるか、ということだ。私立学校はそれぞれ校則や手続きが違い、チャウらが希望する軍事教練のない学校も多い。官立学校の場合は、入学願書に国籍証明書の提出を求められるが、全員が密出国であり国籍を証明するものはない。本国からの送金が不安定で、学費を納める計画も立たない。最大の問題は、やって来たばかりのベトナム人に日本語を教える専門の学校がない、ということである。

困り果てたチャウは再び、犬養毅を訪ねた。彼は気軽にチャウを連れて、振武学校校長、福島大将邸を訪ね、「ベトナム人留学生の受け入れをお願いしたい」と口添えをした。しかし、福島はこれを明快な口調でこう言って断った。

「乃公《わし》は今、参謀本部の長官という責任の重い公職を持っているので、私情によって公事を曲げることは絶対許されない。（略）これは国際外交上の通念慣行であるが、一つの国が他の一国内の反政府運動に公然加担してその政府の顚覆を図るようなことは、およそ文明国として最も慎まなければならない。というのは、これを許せば各国に反乱が絶えず起こり、世界の平和を乱すからである。（略）以前、わが振武学校に四名のベトナム人留学生を入学させたのは、まったく破格の取り扱いで、人数としても最大限度であった」[*22]

福島は東京振武学校への受け入れは断ったものの、留学生をどこで受け入れてもらうか、犬養と一緒にその場で真剣に検討する。その結果二人は、「東亜同文会」に依頼して、同会が経営する東京同文書院に、ベトナム人留学生全員を入学させてくれるよう要請してくれたのである。

当時、東亜同文会の会長は貴族院議員の鍋島直大《なおひろ》（侯爵）、学院長は細川護成（侯爵）、学校の実質的な責任者である学院主任が柏原文太郎だった。受け入れ要請を受けた彼らは私財を投じて、ベトナム人留学生受け入れに五教室を増設する。また、後からやってくる留学生のために院内に「特別日本語教室」を設置して、全員を収容することになった。

留学生たちへの授業は、午前中は日本語のほかに算術、地理、歴史、化学、物理、修身などの一般教養が中心。午後は軍事訓練と野外教練に充てた。軍事訓練はベトナム側が強く希望したもので、軍事主任には日露戦争で名をはせた予備役陸軍中佐が就いた。学生たちは制服を着て、ほとんど毎日、午後は軍事主任が引率して野外演習に出かけ、「軍規整然、勇猛活発な青年」に〝変身〟していった。

留学生の間には、生活の規律を守るため「ベトナム公憲会」という自治組織もつくられた。クオン・デを会長に、チャウが総理兼監督となり、経済、規律、交際、文書の四部を設け、各部には北、中、南部を代表する三名ずつの委員が置かれた。公憲会会員は、日曜日ごとに学院の講堂で学生の全体会議を開き、クオン・デ会長とチャウ総理の訓示、報告を聞く。それが終わると、学生は交代で演台に立ち、自由に意見を述べ、意思の疎通をはかった。

クオン・デやチャウの東遊運動は、ここまでは順風満帆、すべてが順調に進んだ、といってもよいだろう。

残念なことがあったとすれば、一九〇八年五月二日に起きたチャン・ドン・フォン（陳東風）の自殺という不祥事だった。『越南義烈史』によると、フォンは北部ゲアン省の出身。彼の生家は豪農の金持ちだった。来日したフォンは留学生の多くが細々とした故国からの送金で生活に困窮していることを知る。彼は何度も父親に手紙を書き、送金を依頼した。しかし、梨のつぶて。貧乏な南部の親たちは苦しい家計から送金を続けているというのに、裕福な彼の実家からの送金はない。他人の金で学業を続けることは、彼の潔癖性が許さなかった。フォンは死を選び、遺書を残して東京・小石川の東峰寺で首を吊って自殺した。二十一歳だった。

彼を弟のように可愛がっていたクオン・デは、日本人知人の名義を借りて、東京・雑司ヶ谷の都立霊園の一角に墓地を購入、墓石には「越南志士陳東風之墓」と刻む。後でわかったことだが、フォンの手紙はすべてフランス当局の手で押さえられ、父親には一通も届いていなかったという。

日仏協約と留学生解散命令

東遊運動に逆風が吹き始めるのは、一九〇七（明治四十）年、「日仏協約」が調印される前後からである。

日露戦争当時、ロシアの同盟国であったフランスは、ロシアの勝利を信じて、協力を惜しまなかった。しかし、そのロシアが日本に大敗すると、狼狽したフランスは、仏印での権益を守るためにも、日本と友好関係を結ぼうとする。一方、中国大陸に権益を確保した日本は、満州問題などをめぐって米国や英国との対立が表面化しつつあった。その対立を和らげるためにも、日本はフランスとの協調親善が必要になってくる。双方の利害は一致してきたのである。

同年六月、日本の駐フランス大使、栗野慎一郎とフランス外相、ステファン・ピションとの間で日仏協約が調印された。これによって、日仏の関係は最恵国待遇に引き上げられ、清国内における互いの勢力を認め合うことになる。また「清国と直接、境界を接する地域の平和維持に努める」ことが盛り込まれ、日本はフランスのインドシナ支配を認め、フランスは朝鮮における日本の優越的地位を認めることになった。日仏間の政治取引であり、「越南《ヴェトナム》民族の期待にたいする、日本の裏切り行為の第一歩は、茲《ここ》にはじまった」[*1]といえるだろう。

日仏協約の交渉が続いていた同年初め、フランス外務省は、「安南王族クオン・デが日本に入国したらしい。犬養毅や柏原文太郎が関与しているとの情報がある」と日本外務省に調査を依頼してきた。日本側は「犬養毅が安南王族（彊柢ならんか）を伴い帰朝の実否に関し精査するに、其模様なきを以て更に同人の通訳を兼ね清国へ往復したる東亜同文会幹事柏原文太郎に就き偵察するに、犬養は安南王族を同行せざるは勿論、右に付き何等の約束を為したることなし。尚、安南王族と称する者が目下、安南に近き英領に居る筈なりと言えり。以上」[*24]とそっけない返答をする。フランス政府は同年四、五月にも「クオン・デを中心とする不穏分子が、文書などによって仏印のフランス当局への反乱を呼び掛けている」と日本の注意喚起を求めてきた。

日仏協約が締結されると、日本側もフランス当局の調査依頼を無視するわけにはいかなくなってくる。日本の外務省は以後、フランス当局の要望を内務省に連絡、警視庁が在留ベトナム人について本格捜査に乗り出した。クオン・デらに対する行動監視記録が外務省外交史料館に保管されている。「仏国内政関係雑纂・属領関係・印度支那関係・安南王族本邦亡命関係」[*24]などと題された三冊の分厚いファイルで、フランス外務省と日本外務省とのやり取りや、日本の警察当局から外務省に上げられてくるクオン・デらの追跡記録が、明治末から大正、昭和にわたって克明に記録されている。この文書を紐解いてみると、日本政府はクオン・デを徹底的にマークし、その行動を常に警官が尾行し、フランス側に通報していたことがわかる。

日仏両国の監視体制が日に日に強化されていた一九〇八年の梅雨の頃である。チャウにサイゴンから一通の手紙が届いた。「有志から集めた資金が十数万ピアストル貯まった。送金するので、送金方法を指示して欲しい」というのである。活動資金に窮していたチャウはこの手紙に飛びついた。南部出身の学生の中から二人を選んで資金受け取りという重大任務を命じた。

二人はバンコク航路の英国船に乗り、サイゴン港に着いた。船に真っ先に乗り込んできたのは、フランス税関と水上警察の警察官など十数名。彼らは二人の到着を手ぐすね引いて待っていた。手紙はフランス官憲のワナだったのである。タラップを駆け上がってきた警察官たちは、乗船名簿を手に、乗客のパスポートを厳しく調べた。二人はすぐに発見され水上署に連行、逮捕される。隠し持った秘密文書も押収され、二人には即決裁判で禁固三年が言い渡されたのである。

フランス総督府は、多くの青少年が数年前から日本に密航してクオン・デやチャウが組織する「維新会」に加わり、反フランス運動を始めようとしているとの情報をつかんでいた。該当すると思われる子供たちの父兄を呼び出し、尋問を続けていたが「息子は遊びに出掛けたまま家を出た。すぐに戻ってくるはずだ」といずれも判を押したような返事で、確証は摑めなかった。そんな状況の中に、二人の留学生が仕掛けたワナに嵌って帰国したのである。

悪いことに同じ頃、ベトナム各地で維新会の呼びかけに応じて納税拒否の騒擾事件が続発していた。さらに、ハノイのフランス軍兵舎の食物に毒が投入され、八十人の兵士が食中毒で動けなくなる事件が起こり、フランス当局はこの一連の事件の首謀者はクオン・デやチャウであり、〝日本密航組〟が関与しているとの疑いを強めていた。

同年十月のある日、フランス当局の強い要請を受けた内務省の命令で警察官数名が突然、東京同文書院を訪れ、ベトナム人学生を講堂に集めて全員の本籍と本名を確かめたあと、各学生に実家宛の手紙を書かせ、これを拒むものはフランス大使館に引き渡すと通告したのである。手紙はすべて警察が持ち帰った。警官が立ち去った後の学校は大騒ぎとなった。

まもなく、学生たちに故国の実家から続々と手紙が届く。「いずれも警察に監禁されている苦痛を訴え、お前たちが帰国、自首すれば家族は全員、即時釈放される」というものだった。学生たちは先を争って帰国を求めるようになる。事実上の解散命令だった。チャウ自身、尊敬する父親の生存中は過激な行動は控えた。儒教の影響が強いベトナム人にとって、両親や家族が持つ意味は極めて大きい。フランス当局は、学生たちの家族を「人質」にとったのである。

帰国後、逮捕された二人の自供などから、フランス官憲はサイゴン、カント、ミトなど南部を中心に「反乱煽動容疑」で相次いで二十人を逮捕した。逮捕者にはフランス国籍を持ち、ベトナム語紙の主筆で、ホテル経営者でもあるジルベール・シエウ（本名・陳政紹＝チャン・チャイン・チエウ）という大物も含まれていた。仏印の各紙は当局の発表に基づいて一斉に「〝日本留学組〟とベトナムの協力者の間に地下組織が存在し、その本拠は東京にある」というキャンペーンを始めた。

同年十一月二十日、在仏大使、栗野慎一郎から外相、小村寿太郎あてにパリで発行された「ルタン新聞」に掲載された「トンキン通信欄」の切り抜きが送られてきた。「インドシナにおける日本の奸策」と題する記事で、栗野は「無害の通信なら見過ごさざるをえないが、当地ではこうした新聞に掲載された外国記事に信を置く慣習がある。参考までに送る」と付記している。

その記事は「インドシナの現状は憂慮すべき状態にあり、植民地に危機が迫っている」と前置きし、概略、次のような内容だった。

仏印におけるフランス排斥の原動力は日本の東京にあることは明らかである。最も早く日本に渡航した安南人は「クオン・デ」であるが、その後に渡った若者は、最新の教育を受けた安南人青年たちである。これらの青年が日本に赴くのは、仏印に潜った日本の間諜（スパイ）の誘引によるものである。間諜は日本で学業を研磨する胆力や野心を持つ勤勉な青年を勧誘して、日本に渡航させている。

日本に渡航したベトナム人の多くは、クオン・デやその他の野心家の配下だった者で、彼らは旧知の青年を日本に誘導し始めている。日本側は「そんな事実はない」と否定しているが、声望ある日本軍人の援助のもとに、強固な安南人の団体ができて、「檄」を本国に飛ばし「日本政府は寛容で、厚遇を受け、その生活は快楽である」と説いている。日本に渡航した青年は今や、「フランスの敵」と化した。

有望な青年が日本崇拝者になっているのは、ゲアン省の秀才だったファン・ボイ・チャウが旧友たちに「日本で厚遇をうけ、数年で大廈（豪邸）に住み、日本が全力で援助している結果、大きな勢力になってきた」との文書を配布していることも一因である。

この記事は仏印在住の日本人にも影響を与えた。「大阪毎日新聞」は「仏人の対日猜疑」という記事を、一九〇九（明治四十二）年一月八日から四回にわたって連載する。ハイフォンに住む「MY生」という匿名の日本人在留者の投稿記事である。彼は「ルタン紙」の記事を引用し、「フランス人は日本人に猜疑心をいだき、ベトナム人を煽動して仏国の羈絆《きはん》を脱せしめんとする陰謀があるごとく憶測し、仏印在住の日本人を警戒するようになっている。特に日本の間諜が入り込んで、日本渡航を勧誘しているなどというのは、仏国の一流紙の記事とは思えない」とし、「これでは日仏協商《（ママ）》の先が思いやられる」と嘆いている。

「安南学生教育顚末」

一九〇九年一月十四日、フランス外務省は、改めて東京に居住するベトナム人の挙動取り調べを日本政府に要求してきた。その中で特に「安南人プリンス、コンデ」の名前をあげ、「本人は齢二十五歳、躰軀中庸なり」と彼の特徴を記し、写真数葉を送ってきたのである。外務省は同年二月八日、この依頼に応じることをフランス側に確約する。しかし、大隈重信や犬養毅を呼びだして事情聴取するには大物すぎた。そこで、ベトナム人留学生を受け入れていた東京同文書院主任の柏原文太郎に「顚末書」を提出するよう命じたのである。

同年一月二十五日付で提出された柏原の「安南学生教育顚末」が外交史料館に残っている。

柏原は「明治三十三年北清事変後、支那に於ける所謂文明的新教育の勃興に刺激せられ、隣国たる安南に於ても一部人士間に新学修養の希望を惹起し、尋《つい》で日露大戦役に於ける我軍連戦連勝国威の発揚に敬服感嘆の念切なるに至ると共に、益々我新教育を仰望欽慕して止まざるの結果、明治四十年に至り安南人潘是漢なる者（引用者注・ファン・ボイ・チャウの偽名）我東京に来り、（略）学生留学に就き其収容監督を余に托せり」との書き出しで、学生たちを全面的に擁護し、「すべての責任は私にある」と言い切っている。

以下は顚末書の要旨である。彼のベトナム留学生に対する思いが伝わってくる。

ベトナム留学生たちは漢文に習熟しており、「教育して欲しい」という依頼の趣旨は全く平穏なものだったので、まず四人を引き受け、東京同文書院で清国からの学生と同じように、日本語と中学普通程度の教育を受けさせた。四人の学生は資性温順、行動平静で学業に励み、成績もよく、清国の学生よりも上位にあった。

その後、同国留学生は次第に増えたが、いずれも真摯穏和で、政治等に関心または憤慨する様子は毫もなかった。一九〇八（明治四十一）年五月には同文書院で受け入れた学生は六十余人となり、年少の九名は小石川礫川小学校で小学教育を受けさせた。この間、なんらの異変もなかった。

ところが、昨年七月頃から、留学生の父兄、関係者がハノイ方面で四百余名、サイゴン方面で百余名、フランス官憲に逮捕されたとの報があり、同九月、数名の学生が事情を知ろうと帰国したが、乗船がサイゴン港に入ると、彼らは皆、逮捕された。残留の学生も心配になり、三十余名が次々に帰国した。

学生たちが求めていたものは極めて平和な普通教育である。その志願も専門的な農業、工業、法律などで、彼らは安南の農工業の発展を計り、政治的地位の改善を期していた。みんな成績も優秀であり、同文書院留学生の模範である。彼らの多くは安南名族の子弟で、クオン・デ侯の奨励の下で同国有志者に嘱望され、その拠金を学資に充てていたのは事実である。

しかし、フランス当局が言っているように、クオン・デ侯が日本に潜在するというのは謬見であり、学生たちは東京同文書院の当事者がきちんと監督している。その責任者は私（柏原文太郎）である。彼らを教導することによって、ベトナムの事情が分かり、通商上でも日本にとっても利益となるうえ、フランスと国際関係を築くチャンスも生まれてくるだろう。

彼らの教育はフランスにとっても役に立つことであり、日仏協約によって、これを排除しようとすれば彼らを過激、極端の方向に追いやることになる。フランス当局も学生たちに高圧的な手段をとると、怨恨や反発の情を生む心配がある。我が国の監督下で教育することこそ日仏両国にとっても得策である。

彼らは我が国の新教育を敬慕し数千里もの異郷からやってきて学ぶ青年である。当局諸公の寛洪惻怛《かんこうそくだつ》の雅量で、彼らの前途を愛護してくれるよう懇願する。

吹き荒れる逆風に弱り果てたチャウは、犬養毅、福島安正ら日本側後援者を訪ね、こうした事態への対応を依頼した。しかし、事はすでに外交問題に発展していた。彼らも効果的な手は打てない。チャウは残った学生たち全員を集め「日本に残り、勉強を続けよう」と訴えるが、浮き足立った学生たちの耳には届かない。「泣き出す者、病気になるものさえ出る始末」で、結局、「学生たちの解散」と「帰国」が決まった。

「解散」が決まると、最大の問題は帰国旅費だった。すでに故国からの送金は全く途絶えていた。「公憲会」の予備金も使い果たし、明日から食べる米を買う金も底をついた。チャウは日本の後援者を歴訪、金の無心をして回った。犬養はポケットマネー二千円を出してくれた。いまの金に直すと一千万円近くになるだろう。また犬養の斡旋で、日本郵船が横浜―香港間の乗船切符百枚を寄付した。

これによって帰国希望者の旅費のメドがやっとつき、留学生たちは相次いで帰国する。外交史料館の資料は、「一九〇九年二月末時点での留学生は神田・小川町の常陽館に五人、豊多摩郡落合村の同文書院寄宿舎に七人など計二十名である」とし、残留者全員の名前を列記している。しかし、「これらの者は清国広東省人、広西省人と自称し、姓名も変名を使用しているので真姓名であるかどうかは判らない」。「東遊運動」は、始まってからわずか四年で、完全に挫折したのである。

大義侠・浅羽佐喜太郎

日本政府からベトナム人留学生の事実上の「解散命令」が出た時、チャウはすべて日本に頼っていた自分を反省する。「なんとしてもフランスの非を欧米諸国に訴えたかった」。しかし、学生の帰国費用にすべての資金は使い果たした。そんなチャウに「思いがけないところから、忽然として救いの手が伸びてきた」のである。静岡県・浅羽村の医師、浅羽佐喜太郎である。チャウは「大義俠、浅羽佐喜太郎先生」と表現している。

一八六七（慶応三）年、今の静岡県袋井市梅山（旧・東浅羽村）に生まれた浅羽佐喜太郎は、東京帝大医学部を卒業した後、小田原市（旧・前羽村町屋）に浅羽医院を開業する。国府津《こうづ》の海岸近くで病院の窓から海が見えたという。彼は名医であるとともに、困っている人をみると見過ごせない気質で、治療費を払えない患者からはお金をとらなかった。

ベトナム人留学生と浅羽の関係はこれより数年前に遡る。日本にやって来たばかりの留学生、グエン・タイ・バット（阮泰抜）が空腹と疲労のため東京の街中で倒れた。この時、通りすがりの一人の日本人医師が車を止め、応急手当をした上、外国人とわかると、手持ちの金を渡し、名も告げずに立ち去った。この美談を当時の新聞が報道したことがきっかけになり、この医師が浅羽佐喜太郎だったことが判明する。浅羽とベトナム人留学生たちとの交流が始まった。

東遊運動がピークに達したころ、三百人近い留学生を収容していた日本家屋はどこにあったのか。フランス当局は、取り調べた留学生の供述として、「学生たちは広い敷地にある茅葺の三棟の建物に分かれて居住し各建物に厨房、食堂があった。各建物は一列に小室が並び、一室に二人の学生が割り当てられた。建物の回りには庭園があり、欅の大木が数本あった」と外務省に知らせてきた。だが、その場所は特定されていない。

多くの留学生を収容し、そこで共同生活をするとなると、普通の日本家屋ではまず不可能だろう。東京都内や横浜で日本語も十分に話せない多くの学生を収容すれば、目立ちすぎ、すぐに話題になったはずである。『浅羽町史』[*25]によると、浅羽医院は、東海道線国府津駅に近い神奈川県前羽村町屋にあり、「海に沿って、東から西へ平屋建の第一病棟・住宅・二階建の第二病棟・第三病棟と一列に並び、田舎には稀な大病院」としており、留学生の供述とほぼ一致する。三棟の病棟は若いベトナム人学生たちが共同生活を営むには持ってこいの場所だったのではないか。病棟であれば、大人数の食事問題も解決する。チャウは浅羽に迷惑が及ぶのを恐れて場所を明示しなかったのだろう。

チャウはそうした浅羽佐喜太郎の行為に対するお礼の手紙も出していなかった。「厚顔無恥の恩知らず」と思われるのは覚悟の上で、彼は浅羽に無心の手紙を書いた。浅羽からすぐに返事が届いた。封を切ると中には手紙といっしょに千七百円もの大金が入っていたのである。当時の小学校教員の初任給は十円余、浅羽小学校の校長の給料はひと月十八円ぐらいだったという。手紙には「まことに少ないが、家中の有り金全部かき集めてお送りするから、当座の費用にあてて下さい。今後も出来るだけのご用立てはするつもりでおります」とあった。「万感胸に迫り、手紙をおし戴いた手で幾度も目頭をこすった」と彼はその時の思いを記している。

クオン・デ、チャウへの国外退去命令

チャウはこの金を手にすると、今度は中国やインド、朝鮮などの革命勢力や、日本の変革を推し進めようとする社会主義者たちの間を奔走し「アジア民族の大同団結運動」に乗り出した。日本で「私の窮状にもっとも同情を寄せてくれた人」としてチャウは大杉栄や堺利彦の名前を挙げている。その結果、一九〇八年十月、「東亜同盟会」を結成、彼は会長に就任する。また、ベトナム国内向けに宣伝するため、「海外血書」を漢文、チュナム（喃文）、コックグ（ローマ字）の三種で書き、計三千部を東京の印刷所で刷って、ベトナムで配布する準備を整えた。

日本当局も、チャウが大杉栄ら社会主義者と結びついたとなると、放っておくわけにはいかない。フランス政府からの再三の要請を受けて、同年冬、チャウの「海外血書」が刷り上がり、荷造りしているところを日本警察が踏み込んでこれを押収する。フランス大使館はこれをすべて焼却処分にした。この時、押収した「海外血書」が今も一冊だけ、外交史料館に残されている。

「アジア各国に多くの植民地を持つ英米両国の強い要請と、直接には清国の抗議」によって、東亜同盟会の結成から四か月後の一九〇九（明治四十二）年二月、日本の第二次桂内閣は「東亜同盟会」に解散を命じた。この時を待っていたかのように、フランス当局は日本政府にクオン・デとファン・ボイ・チャウの引き渡しを要求してきた。フランスの狙いは最初から二人の首謀者の逮捕にあった。チャウが大杉栄らに接触したことが、日本の警察当局がフランス側に協力して、積極的に捜査に乗り出す口実を与えたといえるだろう。

二人の引き渡し要求には、犬養毅を中心とする政治家たちや頭山満などから強い反対運動が起こる。政府側もフランスの引き渡し要求を拒否せざるを得なかった。結局、「二人の国外退去命令」という処分で日仏両国間の妥協が成立する。

東亜同盟会に解散命令が出てまもなく、クオン・デとチャウに対して別々に日本政府からの「退去命令」が届く。「クオン・デは二十四時間以内に、チャウは十日以内に東京から立ち退くべし」という厳しいものだった。

クオン・デが東京を後にしたのは一九〇九年の十月と言われる。その直前に、彼は犬養毅宅に挨拶に訪れた。「彼にとって犬養は慈父のような存在であり、理解者だった。彼ほどクオン・デやベトナム人留学生を親身になって面倒をみた日本人はいなかった」。小松清は、二人の別れの場面をその著『ヴェトナム』に次のように書いている。

クオン・デがチャウを伴って犬養を訪ね、滞日中の厚誼に「声涙共にくだる感謝の言葉をのべた」。犬養はクオン・デの手を固く握って言った。

「我等微力にして、これ以上力になることの出来ぬのは慚愧《ざんき》の至りである。しかし事茲《ここ》に及べば何とも致し方がない。これで侯と御別れするのは寔《まこと》に断腸の想いがするが、いずれ近いうちに相見《まみ》える日がくることだろう。唯々、侯や潘《ファン》君、青年志士諸君の武運長久と越南独立成就の日を祈るのみ！」[*1]

そう言いながら犬養は餞別のしるしにと金一封と拳銃三丁を贈った。金一封は当時の金で三千円とも四千円とも言われている。拳銃はクオン・デとその従者二人の護身用である。

犬養はクオン・デをかえりみて、低い声でこう囁いた。
「侯は、一先ず上海に上陸されるらしいが、下船の時の手筈は、こちらでも既に案が練ってあるから、ご心配なきよう！」。犬養の心遣いに二人は強く心打たれた。

浅羽記念碑の建立

国外退去命令をうけたチャウは、暇乞いに神奈川県・国府津の浅羽佐喜太郎の自宅を訪ねる。自ら玄関で出迎えた浅羽は、挨拶もそこそこに彼を客間に案内し「豪華な日本料理を前に鯨飲劇談尽きるところを知らなかった」（「自判[*22]」）という。浅羽は日本政府の退去命令を聞くと、日本外交の拙劣なることを、口をきわめて非難する。浅羽の怒りの矛先は大隈や犬養にも向けられた。日本政府に妥協して、最後までベトナム人留学生を守りきれなかった犬養たち政治家が、許せないという気持ちになったのだろう。彼は「犬養、大隈の腰抜け武士、恥を知れ。彼等は陰謀と野心の権化です」と叫んだ、とチャウは記している。

犬養毅

日本を追われた二人はその後、世界中を転々とすることになる。後述するがクオン・デは数年後の大正時代の初め、密かに日本に舞い戻り犬養毅らに匿われることになる。ファン・ボイ・チャウは十年後の一九一八（大正七）年、一度だけ密かに日本に再入国した。目的は東遊運動に関係した人との再会や帰国を拒否して日本に残留した同志たちとの情報交換にあったのだろう。この時、チャウは、かつて困窮していた留学生たちに暖かい支援を惜しまず、自分の窮状も救ってくれた浅羽佐喜太郎にお礼を述べようと、国府津の自宅を訪れた。だが、浅羽は彼が日本を去った翌一九一〇（明治四十三）年九月、四十三歳の若さで亡くなっていたのである。

チャウはすぐに浅羽佐喜太郎の眠る静岡県磐田郡浅羽村梅山（現・袋井市梅山）の常林寺に駆けつけた。墓参を済ませた彼は、その足で村長の岡本節太郎を訪ね、「報恩の碑」を建てたいと申し出る。「深く大恩の償うに及ばざるを感じ、而《しか》して以《もっ》て知己に謝するなきに愧《は》じ、よって先生のためにその墓前に記念碑を建てることにせり」（「自判」）。申し出をうけた岡本村長は感激し「〝善は急げ〟というから早速とりかかってはどうですか」。その提案にチャウは困惑した。途中で調べた石碑の建立費用は石材、彫り賃に運搬費などを入れると二百円ほどかかる。しかし、彼の懐には百二十円しかなかった。

チャウは村長に事情を説明し、とりあえず村長に百円を預け、残金は東京で集めて持ってくるので工事はそれまで待って欲しい、と申し出た。村長は翌々日の日曜日に小学校に村民を集め、チャウの石碑建立の思いを説明し、「この義理堅いチャウ先生にみんなで手を貸そうではないか。我が村出身の故浅羽博士の義侠の話と碑を後世まで伝えることができれば本望である」と訴えた。村民から万雷の拍手が起こり、すぐに寄付が集まる。一週間後には天然石の立派な記念碑が出来上がったのである。

今も常林寺に残るこの石碑は、台の高さは別にして二・七メートル、幅八十七センチ。完成当日、チャウも出席して厳粛な除幕式が行われたという。歳月を経て、今は読み取るのも難しい古色蒼然とした碑には、次のような文言が彫られている。

浅羽佐喜太郎公紀念碑
予等以国難奔扶桑公哀其志極於困弗冀所
酬蓋古之奇俠也嗚呼今竟無公矣蒼茫天海
俯仰誰訴爰泐所感于石銘曰
豪空古今義亘中外公施以天我受以海
我志未成公不我待悠比心其億萬載
戊午春　越南光復会同人謹誌
大杉旭嶺鐫

「われらは国難（ベトナム独立運動）のため扶桑《ふそう》（日本）に亡命した。公は我らの志を憐れんで無償で援助して下さった。思うに古今にたぐいなき義俠のお方である。ああ今や公はいない。蒼茫たる天を仰ぎ海をみつめて、われらの気持ちを、どのように、誰に、訴えたらいいのか。ここにその情《おもい》を石に刻む」（後藤均平訳*25）

「あなたたちのおじい様（佐喜太郎）が行なったことは、気の毒な外国の人を助けてあげたのですから、立派なことなのですよ。でもその人は、フランス政府や日本の警察に追われているインドシナの偉い人だったのです。決して口外してはいけませんよ」[*25]。佐喜太郎の孫、和子は母、ゆき江からきつく言われていたという。半世紀にわたって浅羽家ではこのことを固く秘し続けてきたのである。

第五章　クオン・デ、漂泊の日々

日本からの脱出

フランス官憲の狙いは、あくまでも仏印でのフランス支配転覆を煽動するクオン・デやチャウの逮捕にあった。しかし、日本政府にとってみれば、フランスの要求に屈して、日本国内で彼らを逮捕させるわけにはいかない。当時の外務大臣は小村寿太郎であり、フランス駐在の日本大使は栗野慎一郎である。日露戦争後、米国・ポーツマスで開かれた日露講和会議で小村は日本全権代表であり、栗野は全権代表補佐として苦労を共にした間柄だった。

日露戦争で大勝したと日本国民は浮かれていたが、それ以上、日本に戦う力はないことを、二人は熟知していた。日本側が要求する樺太全面割譲や、多額の賠償金支払いをロシア側は拒否した。米国のルーズベルト大統領の斡旋もあり、小村全権ら日本側は「樺太南半分、賠償金支払い要求の放棄」で妥協する。二十万人にも及ぶ死傷者を出しながらも、苦しい生活に耐えて戦争に協力してきた日本国民の世論は収まらず、国内では焼き打ち事件などが相次いだ。その二人が外務大臣、駐仏大使として、クオン・デらベトナム人留学生問題の当事者だったのである。

彼らは、日仏協約を結んだフランスの要求を、全面的に無視するわけにはいかない立場にあった。強力な情報網を持つフランスの諜報組織が日本にも入り込んでいた。しかし、フランス側の「実力行使による主権侵害」だけは、なんとしても食い止めなければならない。同時に犬養、大隈らベトナムからの留学生を支援してきた日本の在野勢力の力も、無視するわけにはいかない。外務当局はクオン・デの日本退去に対し、微妙な立場にあった。

外務省の要請をうけた内務省は警視庁を通じて、日本出国前後のクオン・デの動静を追跡し始める。逮捕するための追跡ではなく、彼が何事もなく日本を離れ、海外の〝闇〟の中に姿をくらますのを見届けるためだった、ともいえるだろう。日本の管轄地を離れる前にフランス官憲が逮捕することは阻止しなければならないし、同時にクオン・デが日本の支援者に匿われ、国内に潜伏することも食い止めなければならない。警察当局にしてみれば、クオン・デの姿を見失うことは許されなかった。

一九〇九（明治四十二）年十月十三日、駐日フランス大使から外務省に四枚のクオン・デの写真が送られてきた。大礼服を着たもの、東京振武学校の学生服を着た二人の若者に挟まれた平服のクオン・デ、さらにチャウと二人で椅子に腰かけた写真などだった。これらの写真を手に、私服の捜査員が動き始めた。クオン・デたちにとって、こうした警察当局の動きが、彼の逮捕を狙っている、と思えたのも無理はない。クオン・デは警察の追及を逃れるように、居所を転々と変え始めた。捜査記録[*24]から彼の行動を追ってみたい。

同年二月、豊多摩郡戸塚村の信静館という下宿屋に空室の有無を問い合わせてきたのを最後に、クオン・デの消息は途絶えていた。九月十五日ごろ、京橋区新港町五丁目の鈴木ナカ方に清国人、黄大坡と自称し止宿した男が「手配写真のクオン・デという人物に相違ない」との報告が警視庁に入った。

この男は清国人、陳有常と名乗って十月六日、胃病、泌尿器病のため湯島の順天堂医院に入院した。同十五日、退院して一旦、前記鈴木方に立ち戻ったが、すぐに同所を引き払う。同日、神田区西紅梅町のミルクホール、高橋スエ方の二階に移り住み、順天堂医院に外来患者として通うようになった。しかし、同月二十日、同医院に入院する、といって立ち去り、そのまま帰宅せず「目下、行方を内偵中」である。

十月十九日の報告は「付記」として、（一）本人を柏原文太郎が援助しているが、（彼に事情を問い合わせたところ）、当方、政策上の見地から亡国民たる境遇を憐れんで援助している、と述べるだけで「彼らの不利益になるべき事柄は一切口を閉ざして語らざるなり」（二）クオン・デの写真中、振武学校の制服を着た男は、目下、牛込区築土前町の西本方に止宿している、と記している。

「安南王族所在発見」という報告が警視庁に入ったのは同二十五日である。「順天堂病院に入院すると称し、その所在がわからなくなっていた安南王族は、今朝（二十四日朝）に至り牛込区早稲田鶴巻町一〇九の斎藤兼方に従者一名とともに潜伏しているのを発見せり」。だが、気付かれたと察知したクオン・デらは、その夜午後十一時十二分、品川発の列車で従者の陳仲友（変名・陳有力）を伴って神戸に向けて出発したのである。

内務省からの緊急電報で兵庫県の警察が動き始めるが、ここでもクオン・デらは複雑な動きを見せる。

十月二十五日、神戸駅に着いた二人は雲南省の潘林（二十四歳）、同じく陳季芳（二十六歳）と名乗って、神戸海岸通りの清国人の経営する旅人宿「海発盛」に投宿する。二人は時々、市内を散策する以外は、一室に閉じ籠って書見にふけり、訪ねて来る人もいなかった。「二人は長崎に向かい、上海に出発する」と宿の者に言っているという。潘林は胃腸を患っている模様で、二十八日朝などは、腹痛だといって朝も起きて来ず、朝食も取らない。正午ころ、警視庁から張り込み中の巡査のもとにクオン・デの顔写真が届いた。

写真をみた巡査四人は「潘林とクオン・デは同一人物である」と断言する。本人に会って写真と照合し、確認しようとするが、潘は腹痛で苦しみ、まだ起きて来ないという。宿の女中に写真をみせると、潘林はクオン・デに間違いないと証言した。だが、彼は午後になっても起きてくる気配がない。巡査が同宿の陳季芳に容態を訪ねたところ、潘林は苦痛に堪えられなかったので、午後四時ごろ病院に行った、という。巡査たちはクオン・デに逃げられたのではないか、と疑い始めた。

刑事は陳季芳を厳しく追及する。彼は、潘林は偽名で「安南親王、畿外侯」であることを認めた。東京や横浜では常に警察に追われ、落ち着くところがないので、二十四日、自分の和服、帽子を着せて変装させ、神戸にやってきた。しかし、また警察に探知されたことに気づき、昨夜（二十七日）の零時ころ、密かに居室二階の窓から逃走させた。クオン・デの逃走を援護するため、彼は腹痛で食事も出来ないように見せかけ、寝ているように布団も二人分のべて、宿の主人らを欺いていた。クオン・デの行先は長崎であり、到着すれば東京・小石川の寄宿舎の自分宛に、電報が届くことになっている、と自供したのである。

あわてた兵庫県当局は長崎県へ手配すると同時に、兵庫県知事名で石井外務次官宛に「クオン・デ侯、二十八日午後四時から五時までの間に逃走、行方不明。目下捜索中」との電報を打った。ところが、警視庁に、クオン・デに似た男が二十八日午後十一時着の列車で新橋駅に降り立ったとの情報が入り、調べたところ、クオン・デが再び牛込区早稲田鶴巻町一〇九番地の斎藤兼方に身を潜めていることを突き止めた。彼は長崎に向かうどころか、東京に舞い戻っていたのである。

壮年期のクオン・デ

翌二十九日朝からクオン・デへの説得が始まった。誰がこの役を引き受けたのか、記録には残っていない。「日本に滞在することはよろしくない、と懇々と諭した」という。多分、クオン・デの支援者の一人が、日仏両国の外交関係の実情を彼に説明し、国外に出ることを勧めたのだろう。クオン・デは最初、「突然の勧告ですぐに返答できないので、今後三か月の在留を許してもらいたい。それができないならせめて明朝まで回答を猶予してほしい」と要請した。
しかし、日本政府の方針は「十一月一日正午、門司港発の伊予丸で国外に立ち去らせる」ことに決していた。多分、フランス側にも通知済みだったのだろう。クオン・デの要望は聞き入れられなかった。彼も説得に応じ、伊予丸で日本を去ることを決断する。

十月三十日午後三時三十分、クオン・デは「同国人、鄧子敏を随え門司に向け出発せり。同地まで尾行を附す」[*24]。出発の際、新橋駅には成城学校生徒、阮超、東亜商業生徒、黄利賓の二人が待ち受けており、この二人も同乗した。クオン・デは神戸までは格別、落胆する模様はなかったが、神戸駅から陳有力が乗り込んで「種々話した結果、態度一変し、沈鬱憂愁の色が見ゆるに致れり」。フランス官憲の諜報員が、クオン・デを追っていることについて、陳有力が得た情報を伝えたのだろう。

一行は途中、何事もなく下関に着き、川卯旅館に投宿し、日本での最後の夜を過ごし、翌十一月一日午前十時十分、伊予丸に乗り込んだ。出港の間際、クオン・デは警備の警察官たちに「在留中は日本政府に対し種々の迷惑をかけまことに申し訳ない、日本の行為と貴官たちの芳志に深謝する。退去にあたり惜別の情に堪えない」と述べ、次のような談話を発表した。

「日本は国交上の必要にして余に退去を促すは、現時の情勢において止む得ざる処なるべし。余も之を諒とせざることあらず。他日また時を得れば、再来の光明来らんを一縷の望みと為す。余の身辺には大難を目前に控えあるの秋《とき》なり。これは生死の分岐点なるを以て、実に憂慮に堪えざる所なり。請う同情あれよ。余が退去は最も秘密にせられたし。何となれば、仏国の其の筋のものの尾行し来るを恐るればなり。最後に日本官吏の健康を祈る」

彼は、これから直面することになるシュレテの追及の手を恐れていた。同船に二人のフランス人が乗船することを知り、彼らを警戒していた。その対応のためだったのだろう。当初、落着き先の香港まで随行するはずだった鄧子敏ら二人を東京に戻し、随行者は急遽、陳有力と阮超に変更したのである。伊予丸は同日正午、門司を出港した。

東京に引き返した鄧子敏らはその足で東京同文書院の柏原文太郎を訪れた。彼らは「日本政府はクオン・デ侯を国外に追放し、日本の領土外でフランス官憲に逮捕させようとしているのではないか」と懸念していた。そして

「もしフランス官憲に逮捕されることになれば、私と同行の従者は共にその場で自殺する。その時はフエに残る妻子を保護し、私の意思を継続させてほしい」

というクオン・デの覚悟を柏原に伝えた。

「日本政府は決してクオン・デ侯をフランスに逮捕させる便宜を与えたものではない。その懸念は無用である。彼は決して死ぬべきではない。もし、フランス当局に捕えられても、自ら死ぬことは自重すべきである」

柏原はすぐにクオン・デ宛の手紙を書き、さらに伊予丸の最終目的地である香港の日本領事館にクオン・デの保護を依頼する書面をしたためた。そして、鄧ら二人の旅費を工面すると、その手紙を持ってすぐに香港に向かわせた。

柏原はこの鄧ら二人とのやり取りを外務省にも伝え、クオン・デの保護を要請したのだろう。外務省の同年十一月十一日の記録に残っている。

上海で消えたクオン・デ

伊予丸は香港に向かう前に十一月三日午後三時、上海に寄港する。当時、上海の日本総領事館の総領事代理は松岡洋右だった。松岡は後に全権大使として日本の国際連盟脱退の演説を行い、また外相として日独伊三国同盟や日ソ中立条約の締結を推し進める。上海総領事代理というポストにあった若き日の松岡が、「クオン・デ侯の上海入港問題」を、一人で取り仕切るのである。

以下、伊予丸の上海入港からクオン・デ逃亡までを、外交史料館の資料で追ってみたい。

伊予丸が入港する直前、上海の共同居留地内の波止場でフランス警察が、一人の日本人を逮捕し、身体検査をした。報告を受けた松岡はフランス総領事館に説明を求めた。これが「クオン・デ騒動」の幕開きだった。フランス側は伊予丸にクオン・デらが乗船しているかどうか、日本総領事館に正式に問い合わせてきた。松岡は「クオン・デら三名が乗船しているかどうかは、船が最終目的地の香港に到着した際、事実確認をされたい」と冷たく突き放している。

伊予丸が入港すると、総領事館からも私服警察官を同船に派遣し、一行の行動を監視する。上海租界警察も署長自ら警察官を引き連れて、伊予丸に乗り込み、夜間にも小蒸気船で、同船の周囲を警邏し、厳重な警戒態勢をとった。だが松岡は「日本総領事館の私服警官が監視している事実が発見され、日本がクオン・デ一行を庇護している、と思われるのを避けたい」と、翌四日には派遣巡査を引き揚げさせた。

そんな中で松岡に新たな情報が入る。東京の柏原文太郎一派のクオン・デ援護者が、上海の古河鉱業会社支店長の荻野元太郎、同店員神津助太郎、東亜同文書院一派の者たちに援護を依頼し、クオン・デを上海に上陸させて、身柄を隠す計画が進んでいる、というものだった。「フランス当局の監視が厳しいところで、もし日本人がそんな行為に出れば面倒なことになる」。松岡は、動静監視から一転してこの計画阻止に動く。

松岡は、古河鉱業の荻野支店長らに「断じて関与するな」と警告すると同時に、伊予丸の事務長に対しても「クオン・デに深入りした保護を与えるべきではない」と注意した。また、クオン・デ自身にも「当地はフランスの監視体制が厳重であり、上陸目的を達するのは困難である。たとえ上陸してもフランス官憲の『追捕』を逃れる望みは少ない。ひとまず（目的地の）香港に向かうべきである」と「上陸断念」を勧告する。

しかし、五日午前十時ごろ古河鉱業店員、神津助太郎が伊予丸に行き、支店長、荻野の代理と称してクオン・デに面会、上海に上陸するよう勧めている、との急報があった。松岡はすぐに領事館警察を同船に派遣したが、手遅れだった。クオン・デら三人は午前十時半ごろ突然、小船で上陸したというのである。

松岡は、荻野ら古河鉱業関係者の事情聴取を始めた。その直後の午前十一時ごろ、古河鉱業上海支店に密かに上陸したクオン・デ随行者の一人が逃げ込んできた、との電話連絡が入る。彼は「クオン・デらが上陸したあと、少し遅れて一人で上陸した。自分はすぐに日本へ引き返したい。東京に戻れば自分を保護し、学校にいかせてくれる人がいる」と話しているというのである。この男は中国服と和服を半々に着用しているという。

午後二時ごろにはもう一人の随行者が、日本総領事館に駆け込んで来た。その男は郵船会社の「ボーイ」の制服姿である。彼の話によると、クオン・デと上陸して街中を歩いている時、探偵らしい外国人二人に尾行されているのに気付いた。それをまくために別々の行動をとり、自分はようやく総領事館に辿りついた、もしクオン・デがフランス官憲に捕まれば自分は自殺する、と訴えた。

その男は、すぐにでもクオン・デを探しに出かけたい、という。松岡は「これ幸い」と「再び当館に戻ってくるな」と厳重に申し渡して立ち去らせた。同時に古河鉱業の荻野に対しては、「同支店にいる一人はひとまず至急、『支那旅館』に移し、日本人関与の形跡を断じて留めるな、と申し渡した」。荻野もこれを了承した。ところが、総領事館と、荻野がこんなやり取りをしている間に、当の人物はにわかに「買い物に出かけたい」と言って立ち去ったまま、行方をくらましてしまったというのである。

松岡は最初に伊予丸に行き、クオン・デに上陸を勧めた古河鉱業の神津にも事情を聴取している。クオン・デに面会した神津は、「東亜同文書院の学生数名を連れてくるので、同文書院の制服に着かえて変装し、学生たちと一緒に上陸するよう持ちかけた」。しかし、クオン・デはこの申し出を断り、実行されなかったという。神津は「クオン・デ侯を慰めようと思って言ったことで、実行するつもりはなかった」と供述している。

松岡はクオン・デの突然の上陸について「神津らが自分たちの動きに領事館警察の注意を引

き付けておいて、監視の目を欺き、その裏をかいてクオン・デたちを逃がしたと思わない限り、クオン・デ自らの上陸作戦だったのかどうか、疑わしい」と外務省に報告する。いずれにしても、クオン・デ一人が上海という大都会の中に、日仏官憲の監視を逃れて、忽然と姿を消したのである。

上海総領事代理としてこの案件を取り仕切った松岡洋右にとって、表面的に言えば大失態である。しかし、クオン・デをフランス官憲に逮捕させることなく、逃亡させることが目的であったとするなら、結果は狙い通りの結果になった、ともいえるだろう。この逃亡劇のシナリオを書き、それを指揮した〝演出者〟がいたのではないか。

松岡洋右の小村寿太郎外相への報告書は、「上陸したクオン・デは安南人の間で匿い、従者二人は当地の日本官民の態度を探るために、総領事館や古河支店に逃げ込む芝居を演じたのではないか。安南人にしては出来すぎであるし、大胆すぎる」と結論付け、その後、フランス官憲もクオン・デの行方について何らの手がかりも得ていないことから「古河鉱業など日本人が秘密に関与していなかった、というのも疑わしい。日本人家庭に潜伏しないよう厳重に警戒している」と述べている。

「このような松岡の態度は当時の日本政府に一貫したものだった」（白石昌也著『ベトナム民族運動と日本・アジア』[*26]）。白石は「クオン・デらの国外追放は対仏外交上、厄介な存在を領土外に放逐することを意図したものだった。しかしその際に彼らがフランス官憲の手に渡ることも日本政府は望まなかった。彼らを支援してきた国内の日本人たちの不満を招く恐れがあったからである」と指摘する。松岡の態度はそう理解するしかなさそうだ。

クオン・デの足跡は上陸後ぷっつりと消えた。同月二十二日、松岡は「フランス警察においても手掛かりはないようだ。総領事館でもその後の動静は探知できない。一説にはすでに日本内地に逃走した、あるいは上海租界地内に逃亡したとも言われる」とお手上げの状態にあることを本省に伝えている。

クオン・デはどこに消えたのか。小松清は『ヴェトナム』[*1]に、その日の夕、出帆の香港行の便船で香港に向かった、と書いている。小松は後にクオン・デに直接、事実を確認したのだろう。伊予丸には二、三人の屈強な日本人が乗船してクオン・デの身辺警護に当たっていた。彼らは「上海に身を潜めていることは出来ても、これから先、行動は窮屈になる。仏官憲の密偵どもが血眼になって上海を捜しているあいだに、船は香港についてしまう」と、香港行をクオン・デに勧めた。クオン・デは咄嗟に決心し、その日夕、中国服を買って中国人になりすまし、香港行の船に乗り込んだ、という。

前述したように、犬養毅は挨拶に訪れたクオン・デに「下船の時の手筈は既に練っている」と語っている。また、柏原文太郎は、門司からクオン・デの意向を伝えるために東京に戻った鄧子敏ら二人をすぐに香港に向かわせている。伊予丸で身辺警護に当たっていた日本人が、誰だったか知る手掛かりはない。しかし犬養や柏原らが、一連の逃亡劇の筋書きを描いたとすれば、上海で上陸騒ぎを起こしておいて、その隙に当初からの目的地である香港に向かわせたのだろう。伊予丸に乗船し、警護に当たった日本人というのも、彼らが送り込んだと思われる。

上海での騒ぎから一月が経った同年十二月十一日、外務省に分厚い封書が届く。宛名は「大日本帝国外務大臣、小村寿太郎閣下」、差出人は「安南国亡命客、潘佩珠」。手紙は、長さ三メートルにも及ぶ巻紙に毛筆の漢文でびっしりと書き込まれていた。ファン・ボイ・チャウからの「クオン・デの国外追放」に対する激しい抗議の手紙だった。

「謹みて一書を呈す」との書き出しで始まるこの抗議書で、チャウは要旨こう述べている。

「欧米白人種がアジア黄色人種を蹂躙する中で、日本がロシアに大勝した。我々は以来、日本の文明を尊敬し、日本に学ぼうとやってきた。その日本が十月、越南国王族、クオン・デを国外に追放しフランス人にこれを報せ、逮捕させようとしている。クオン・デとは何者ぞ。アジアの黄色人種、安南国の王子である。追放したのは何の罪なのか。祖国を愛し、独立を願うのは罪なのか。私は東洋の黄色人種のために哀しむ。また大日本帝国とその指導者である閣下のために哀しむ」

「欧米人には卑下してこれに媚び、ごもっともということは、アジア人なら卑しみ蔑まれることである。安南の王子、クオン・デは本国において実に白璧無瑕の貴公子であり、仏印で犯罪を犯した証拠もなく、滞在した日本の法律に触れ、治安を乱した行為もない。罪の有無も確かめず、一方的に追放するとは何ごとぞ。日本は世界共通の公理に反している。我々はアジア人であるということで、欧米人の牛馬になりたくはない。黄色人種であることで、白人種の奴隷になりたくはない。文明国の大臣であり、アジア人であり、黄色人種である閣下にあえて文明の大義にのっとり、一文を捧げる。間違いがあったら教えてほしい」

この手紙は今も外交史料館にその訳文付きで保存されている。その内容の激しさに、当時、小村には見せなかったとも言われる。日本に対する期待が大きかっただけに、日本に裏切られたというチャウの思いは強かったのだろう。この手紙は彼の日本に対する「訣別宣言」でもあった。日本を去る時、「日本官吏の健康を祈る」と感謝の言葉を述べたクオン・デとの隔たりは大きい。それが、その後の二人の生き方を左右することになる。

フランス官憲の目を逃れて

香港に着いたクオン・デは、すぐに密書を認め、サイゴンの同志の一人に欧州行の旅費の工面を依頼する。香港、シンガポール、シャム（タイ）を転々とし、「あるいは裏町に潜み、また流浪の生活を送る」。一度はサイゴンにも潜り込んでいる。一九一三（大正二）年の後半にはヨーロッパに姿を現し、ベルリン、ロンドンに数か月滞在、官憲に怪しまれ、再び中国・広東に戻った、と言われる。フランス政府は「クオン・デは一九一六（大正五）年、日本に再潜入した」との情報を日本外務省に伝えてきている。

一方、クオン・デより一週間ほど遅れて横浜を出たファン・ボイ・チャウは、香港に着くと小さな家を一軒借り、「当分の間、そこを拠点に形勢を展望、時節の到来を待つ」ことにした。日本退去に先立つこの年の三月、たまたま香港を訪れていたチャウに、祖国ベトナムの北部エンテでホアン・ホア・タム（黄花深）がフランス軍と戦闘を開始した、との情報が届いた。タムとは、相互に支援するとの約束があった。彼は同行していた鄧子敏ら二人に集めた金を持たせて日本に赴かせ、旧知の横浜の鉄砲商「山口商店」から、武器を極秘に購入した。この時、チャウらが入手した武器は、「明治三十年式歩兵銃」を帯剣、実弾付きで現金で百挺、後払いで四百挺の計五百挺。三十年式歩兵銃は日本陸軍が日露戦争で使用したものだが、すでに三八式の新しい銃に切り替わっており、旧式銃は廃銃になっていた。山口商店にしてみれば、廃物にするより、少しでも金になればよかったのである。

密かに香港に運んだ銃は、香港の倉庫に隠し、バンコク経由でベトナムに運び込もうとする。しかし、監視の目は厳しく、トランクの底に隠して手荷物として持ち込もうとした二十挺は、検査官に発見されて没収された。輸送に手間取っているうちに、決起したタム軍は全滅、残りの銃は香港の倉庫に眠り続けていたのである。

「ベトナム光復会」の結成とチャウの逮捕

放浪生活にチャンスと思える時期が巡ってきたのは、一九一二（大正元）年のことである。前年末、中国の革命の嵐は全土に広がり、この年一月、長い間、中国を支配した清朝はあっという間に倒れ、孫文が南京で中華民国を建国、臨時大総統に就任する。辛亥革命である。中国は皇帝が支配する「君主国」から「共和国」となった。チャウたちは日本に亡命していた孫文や、広東都督に就任した胡漢民らとも犬養毅などを通じて面識があった。ベトナムの同志たちの意気もあがり、広東に亡命してくる者も相次いだ。それまで各地を転々としていたクオン・デも合流する。

中国の歴史的変革を目の当たりにしたチャウは、新中国の指導者の一人である胡漢民の助力を受けながら、広東に集結したベトナム人同志を集めて同年五月、それまでの「ベトナム維新会」を解消し、「ベトナム光復会」を結成した。新しい「光復会」は、「ベトナムの独立を回復し、ベトナム共和国を樹立する」ことを真っ先に掲げた。これまでの「立憲君主国」から「民主共和国」への大転換である。

「維新会」から「光復会」への転身はすんなり決まったわけではない。チャウは日本滞在中からルソーやモンテスキューなどの著作も読み、フランス革命に影響を与えた啓蒙思想に感銘を受けていた。だが彼は、クオン・デを担いで「立憲君主国を」と呼びかけてきた手前、「民主共和国」への転換を率先して言い出せずにいた。だが、孫文の「三民主義」による中国革命の成功で、内外の情勢は大きく変わったのである。光復会結成の会議は、クオン・デを盟主とする君主制を主張する勤王派と、中国に倣った共和制支持派が激しく対立。結局、多数決で「ベトナム共和国樹立」の方針が採択されたのである。

クオン・デ自身は「君主国か、共和国か」にそれほど拘ってはいなかった。彼の意思はあくまで「ベトナムの独立」にあった。チャウもまた自分が担ぎ、支えてきたクオン・デを無視したわけではなかった。ベトナムの一般国民の支援を受けるには、クオン・デは欠かせない存在だった。光復会の会長にはクオン・デが就任、チャウはその下で実務を取り仕切る総理のポストに就く。チャウは「獄中記」に「会主（クオン・デ）の命により、私が総理となった」と記し、あくまでクオン・デが中心の組織であることを強調している。

チャウの本音はどこにあったのか。「彼の功利的な打算であった」と白石は『ベトナム民族運動と日本・アジア』で述べている。クオン・デの存在は、「日本人たちからの協力を得るためにも、ベトナム国内への宣伝活動にとっても有用だった」。ベトナム南部へ運動を広げるには、人気の高いグエン朝創始者、ジアロン帝の長男であるカイン直系のクオン・デを活用することが不可欠だったのである。

光復会はベトナムの独立の日を夢見て、国旗を制定し、光復軍の編成に着手する。国旗は、黄地に五つの赤星。黄色は黄色人種を表わし、五つの星はベトナム北部（ハノイ地区）、中部（フエ地区）、南部（サイゴン地区）とラオス、カンボジアを表わし、赤い星は、熱く燃える炎の国ベトナムを示している。軍旗は赤地に白星である。クオン・デを先頭に「征討の軍」を進める時は、白い星を金色に変えることにしていた。ちなみに言えば、ホー・チ・ミンのベトミン（越南独立同盟）の旗は赤地に金星である。光復軍は、中国各地の軍関係の学校を卒業、中国軍に入隊し、実地に軍事訓練を受けたものを中心に編成した。

それだけではない。光復会は「軍票」まで発行した。「越南光復軍用票」と印刷された軍票は四種類の金額があり、裏面には「越南光復軍臨時政府発行」と印刷された。「本票は額面の金額通り、銀と引き換える。越南民国政府成立時には額面の倍額を払う」ことになっていた。資金集めに苦労するチャウらの苦肉の策ともいえるだろう。

光復会結成を機に、チャウは宿願であった武装闘争に走った。だが本格的な武装闘争に乗り出すには資金が不足していた。同志たちが体を張ったテロ戦法に出るしかない。彼はベトナム各地でフランス総督府の高官を狙った爆弾テロを指令する。目的の相手に爆弾を投げつけ逃走をはかる〝自爆テロ〟作戦である。チャウが参考にしたのは、一九〇九（明治四十二）年、満州のハルビン駅頭で日本の伊藤博文を射殺した朝鮮人、安重根だった。ベトナム人の中に「安重根」をつくろうとしたのである。しかし、実行に移したテロ計画のほとんどが失敗し、逮捕者が相次いだ。

中国の辛亥革命の状況も、袁世凱派が台頭し、目まぐるしく変わる。孫文に代わって袁世凱が臨時大総統となり、広東でも袁世凱派の竜済光が胡漢民に代わって広東都督府のトップである都督に就任する。ベトナム光復会に対する迫害が始まった。一九一二年十一月、ハノイでフランス総督、アルベール・サローに対する爆弾テロ未遂事件が起きると、フランス政府は広東都督府に「光復会は殺人機関である」として犯人の引き渡しを要求する。当初、これを拒否していた中国側も翌年七月、サローが自ら広東を訪問し、竜済光新都督にクオン・デやチャウの逮捕、引き渡しを要請すると、竜はこれを了承した。

この動きを知ったチャウは、香港にいたクオン・デに通報し、「一緒に欧州に逃げるため、サイゴンでの資金集め」を依頼した。クオン・デの人気は南部では特に高く、クオン・デが顔を見せて頼めば多額の金が集まることをチャウは知っていた。変装したクオン・デは警戒厳重なサイゴンに密航、同志たちに迎えられ、南部デルタの各都市を歴訪し、わずか十日余りで五万ピアストルという大金を集めた。裏切って彼をフランス当局に売る者もいなかったのである。

しかし、彼がこの大金を持って再び香港に戻ると、待ち構えていたように英国警察に逮捕された。サロー総督は広東に行く途中に立ち寄った香港で、英国の香港総督にクオン・デの逮捕を依頼していたのである。フランスに引き渡されれば死刑になりかねない、と判断したクオン・デは、香港でも有名な英国人弁護士に集めてきた金の大半を渡し、仮出所する。そして、ちょうど入港中だった欧州行の日本船に乗り込み、香港を離れる。あまりにもうまく行き過ぎたクオン・デの欧州逃亡だった。内海三八郎は「これも当時香港にいた日本人の陰の援助、斡旋があったと見てよいであろう」[22]と記している。

この年の暮れ、竜済光軍は突如、広東の光復会事務所を家宅捜索し、光復会に解散を命じ、チャウ逮捕に踏み切った。しかし、竜はチャウをフランス当局に引き渡さず、「保護」という名目で外部との連絡を絶ち、陸軍監獄に監禁する。フランス領事にはすでに死刑に処した、と通告したのである。いずれ、フランス当局との取引の材料にするつもりだった、と言われている。

チャウは死刑を覚悟した。「沿道押送の様子では、手錠は厳重だし、縛り方もきびしく、また入獄して見ると、皆死刑囚といっしょなので、竜〔済光〕督軍が私を遇するに政治犯をもってするのではないということ、従って死刑の遠からざることを知ったのでありました」（『獄中記』[2]）。彼はその後足かけ四年を獄中で過ごす。一九一七（大正六）年、竜済光が海南島に追われ自由の身になるが、死を覚悟したチャウが、過去四十七年にわたる自分の経歴と独立運動の過程を振り返って書いたのが「獄中記」である。

クオン・デ、再び日本へ潜入

クオン・デが日本に舞い戻っているのではないか、とフランス当局からの問い合わせが外務省に入ったのは一九一三（大正二）年六月のことである。再び警視庁が動き出す。しかし、この時点では、日本国内にクオン・デの所在は確認されなかった。日本で得られた情報は、彼はまだ上海方面に潜んでいるのではないか、ということだった。「故国ベトナムで爆裂弾事件が頻発し、自分が関与している疑いを受け、危機が身辺に迫っているので、近日中にドイツに難をさけるつもりだ」という意味の手紙が、「当地の某所に届いたという情報がある」と日本側は返答している。

クオン・デの日本への再潜入は、一九一五（大正四）年である、と日本の警察当局の記録にはある。日本を退去してから六年。年齢はすでに三十歳を越えていた。「東京都小石川区表町一〇九番地に中国人、林順徳または高松と名乗っていた」「故福島大将に私淑し、その出資により一時、早稲田大学に学んでいたことがある」。これは後に警察当局が得た情報であり、その時点で把握していたものではない。「日本に戻るや表面上は行状を謹み、挙措は慎重を極め、支那に常住する間諜と会うことを避け、書面で指令していた」

その後、数年間、クオン・デに関する情報はぷっつりと途絶えている。一九一四（大正三）年七月、ロシア、フランス、イギリスの三国協商側とドイツ、オーストリア、イタリアの三国同盟側の対立が深まり、第一次世界大戦が始まったのである。日本はこの機をとらえて東アジアにおける勢力拡大と安定をはかるため、日英同盟を理由にドイツに宣戦する。山東半島のドイツの軍事基地、青島やドイツ領の南洋諸島を占領した。日仏両国にとってクオン・デ追及に時間を割いている余裕はなくなっていた。

フランスは、ベトナムで仏本国への義勇軍を募集し、多くのベトナム人を前線に送り込む。この大戦によって欧米列強の中国での勢力が後退したのを機に、日本は中国への派兵を増強し、孫文を退けて大総統となり北京に政権を樹立していた袁世凱に二十一か条の要求を突き付けた。

一九一六年五月三日夜、ベトナムではヅイタン（維新）帝がフエの王宮を脱出し、翌日、フランス当局に逮捕される。彼はヨーロッパ戦線に送られるベトナム人義勇兵三千人を率いて、反乱を起こす計画だった。ヅイタン帝はインド洋の孤島レユニオンに島流しになり、側近や反乱計画に参加した官僚など十六人が死刑となる。

一九一七（大正六）年三月には、ロシア革命が起こって帝政は倒れ、同十一月にはレーニンの指導で世界最初の社会主義政権、ソビエト連邦が誕生した。日本はアメリカの出兵要請を受け、大軍をシベリア、沿海州、北満州に送り込む。ドイツが連合国に降伏し、第一次世界大戦が終結したのは一九一八（大正七）年十一月である。

第一次世界大戦中は日本への調査依頼を控え、沈黙を守っていたフランス当局は、一九一九（大正八）年三月、「革命陰謀者クオン・デが日本に入国したので調査して欲しい」と申し入れてきた。五月に入ると「クオン・デは『タカマツ』と偽称し、本郷区弓町一―八に住み、国会議員、柏原文太郎氏、犬養毅氏と昵懇なる交際を結び、しきりに往復している。柏原は多大の金額を交付し、クオン・デは日本より補助金の支給あり、と誇っている」とフランス側の諜報機関が得た情報を伝えてきた。しかし、日本側はこれに返答しない。

これに業を煮やしたのかフランス側は、六月になると仏印総督府政治治安局の捜査担当課長、ナドーが東京を訪れ、日本の捜査強化を要請する。しかし、日本側の動きは、なぜか、その後もしばらく止まったままとなる。犬養や柏原への事情聴取を躊躇したのかもしれない。

一九二二（大正十一）年になると、クオン・デ支援者の一人だった大隈重信が死去する。その翌年の九月一日、関東地方に未曾有の大地震が発生、東京、横浜の下町は焼け野原となり、死者・行方不明者は十万人を超えた。日本軍や警察当局は「在日朝鮮人や社会主義者たちが震災の混乱に乗じて井戸に毒を投げ入れるなど暴動を起こそうとしている」との流言飛語を流し、それを口実に戒厳令を敷いた。各地で自警団が結成され、人々は鋤や鎌を手に朝鮮人を探し求め、多くの朝鮮人が殺された。日本警察にとっては、クオン・デどころではなかった。

関東大震災翌年の一九二四（大正十三）年五月、日仏親善のため仏印総督メルランが来日する。帰途、立ち寄った広東で「招待宴」が開かれた。この席にベトナム光復会に所属するファム・ホン・タイ（范鴻泰）が、爆弾を抱えて入り込み、メルランに向けて投げつけた。メルランは難を逃れたが、そばにいたフランス人五名が死亡する。「わが事終われり」と叫んで走り去ったタイは、珠江に身を投げて自殺した。フランス当局は、この事件は光復会会長のクオン・デの指示によるものではないか、と疑っていた。

事件翌年の六月、仏印総督府のナドーがクオン・デ調査のため再び日本に派遣されてきた。彼は在日大使館でクオン・デ問題を担当することになる通訳官ボンマルシャンと共に外務省を訪れ、山川端夫条約局長に面会し、概略こう述べた。*24

「クオン・デは支那人、林と称し、柏原文太郎氏の書生をしているはずである。フランス側は、クオン・デが日本政府の間接の監視の下に日本に居ることを望んでおり、他国に行って、その足取りを眩ますようなことになっては困る。日本政府は当人に知られないような方法で彼の行動を監視し、毎月一、二回、その報告をして欲しい。彼への書信なども複写して送ってもらえないか。その対償としてフランス側は上海居住の不逞朝鮮人に対する情報を日本側に供給し、必要なる措置をとる」

フランス側はこれまでの「クオン・デ拘束」の方針から、「日本当局の監視の下に、日本国内に留め置く」方針に切り替え、日本側に「上海における不逞朝鮮人の情報提供」という交換条件を提示したのである。当時、フランスは上海に「フランス租界」を持ち、強力なスパイ網を張り巡らしていた。山川は内務省と相談したうえ、日本側の見解を要旨、こう伝えた。

「内務省の今日までの調査では、大震災で書類がすべて焼失したこともあり、クオン・デが日本に滞在しているかどうかは不明である。日本にいるとしても、政治犯であるから、引き渡しや処罰などの処分は行うわけにはいかない。しかし彼が、日本を基地として革命運動をするなら取り締まるのが当然である。内務省当局でクオン・デの在否を確かめ、出来る限り要望に沿いたい。しかし、書状の写しを取ることは、信書の秘密上、約束し難い」

クオン・デらの国外退去をフランスに要求された明治末年に比べ、日本の立場は極めて強くなっていた。第一次世界大戦を経て、日本の国際的地位は当時と比較にならないほど向上し、欧米列強と肩を並べている、という自負が日本側にあったのだろう。クオン・デについての情報を、持っていなかったわけではない。犬養毅や柏原文太郎が「義俠的精神」でクオン・デを庇護していることは十分に把握していた。しかし、「東洋の弱小民族に対する日本の武士道的節操」を守りながら、その一方で、フランス側から上海などでの「不逞朝鮮人」の情報が得られるならば、「この交換条件は日本に有利だ」と判断したのである。

監視下の日本生活

これを受けて二か月後の一九二五（大正十四）年八月四日、内務省警保局が調査し、外務省経由でフランス側に伝えられた情報は、「戦うクオン・デ」ではなく、独立闘争などどこかに忘れたように、生活に困窮し、趣味に生きがいを見出そうとするクオン・デの姿が中心になっている。その後の情報も含めて、日本におけるクオン・デの行動は、フランス側にとって「彼の反フランス闘争への影響力は、それほど考慮する必要はない」と判断されるような、当たりさわりのないものだった。日本側の情報を時系列的にまとめてみよう。

クオン・デは一九二四（大正十三）年一月三十一日に、本郷区追分町三十一番地の第二中華学舎に「自称支那名、林順徳こと阮福彊柢」として入っている。「帝国大学医学部で研究する」というのが、入居申し込みの理由だった。だが、「大学に於て研究する模様も無く、行先は不明なるも昼間は概ね外出せり」。この年の初めごろから彼は養蜂に関心を示し、近県の養蜂場を見学し、自分の部屋で小さな規模の養蜂をし、他の学生に嫌われている。同年五月頃には、岐阜市内にある岐阜養蜂場より種蜂を取り寄せ、盛んに繁殖を計っている。「自国郷里の養蜂が旧式にして改良の余地多ければ、新式の方法を研究して之を改良せんが為にとてなり」。そして、入浴のため銭湯に行く以外、次第に外出することも少なくなり、読書に耽ることが多くなってくる。外出の際は居室に堅く施錠し、机上には犬養毅の署名の入った封筒などが置かれていることを、掃除の下女が目撃している。

　一九二五（大正十四）年九月十八日の報告では、二百四十円で写真機一台を購入、「撮影の研究」をしている。また、本郷区追分町の桜州館に止宿する陳福安（目白中学の習字教師で、上海同文書院卒業後、同校で生徒監兼講師として勤務）という中国人と一緒になって、彼の部屋で、新たに渡来してくる中国人に日本語を教え、その収入を生活の足しにしている。ちなみに目白中学（旧制）は、東京同文書院併置の教育機関で、柏原文太郎が実質的な責任者だった。

　犬養毅からクオン・デには毎月二百四十円ぐらいが送金されていた。大正末期、サラリーマンの初任給は大学卒で五、六十円だった。犬養の送金はそのほぼ四倍、今の金額では七、八十万円というところだろうか。生活に困ることはなかっただろうが、王族としての対面を保つには少なすぎたのだろうか。

　翌一九二六（大正十五）年三月には「プリンス・コンデに関する件」として、にわかに信じがたい言動が報告されている。

「本件に関しては屢報の処、依然無為徒食にして居れるが、三月十二日差出の表記なき通信ありし以来、何事か心中、期するものあるものの如く、後継者を儲くる必要ありとて、本郷本富士署員に対し、年齢二十七、八歳の婦人を娶りたきを以って、斡旋されたしと依頼したる由」

　日本警察は彼に届いた手紙の差出人はチェックしていたが、「信書の秘密」までは踏み込んでいなかった。この報告にある「差出人不明の信書」の内容はわからないが、それを読んだ直後にクオン・デは本富士署員に「結婚の斡旋をしてほしい」と依頼したというのである。本富士署員もびっくりしたに違いない。どこにその本心があったのだろう。手紙の内容まで捜査当局に知られたのではないか、と懸念したクオン・デが、その内容をカムフラージュするためにあえて打った芝居だった、のではないか。日本の支援者たちを通じて、毎日の行動が警察当局に監視されていることを彼は十分承知していた。ベトナム独立闘争を全く忘れたような「無為徒食の生活」だけでなく、「どこかおかしくなったのではないか」と監視の警察官に思わせることが彼の狙いでもあった、とみてもよい。

この時期の前後、クオン・デにとって衝撃的な事件が相次いで起きていた。一九二五年五月十一日、長年の同志として彼を支えてきたファン・ボイ・チャウが再び逮捕されたのである。今度はフランスの諜報機関による直接の逮捕だった。

逮捕前年の十二月、ファン・ボイ・チャウは広東で「ベトナム国民党」を結成する。日本でクオン・デらと結成した「維新会」はその後、「光復会」に衣替えしたことは前述したが、チャウが四年間入獄している間に、光復会は崩壊寸前に追い込まれ、名ばかりの存在になっていた。メルラン総督襲撃事件を契機に新しい時代に即応した組織再編を迫られた彼は、中国の国民党を手本にして、「光復会」を「ベトナム国民党」として再生する。ロシア革命などの影響もあり、革命色を強く打ち出し、ベトナム独立闘争の強化を狙っていた。当時、フランスにいたホー・チ・ミンとも連絡を取り合っていた、とも言われる。

この改組を同志たちに諮ると同時に、メルランを襲った後、自殺したファム・ホン・タイの追悼会に出席するため、チャウは上海に向かう。上海駅を出た直後だった。チャウは、待ち構えていた三人の外国人にいきなり自動車に押し込まれる。車は一直線にフランス租界の同国領事館に向かい、さらに厳重な警戒の下に、近くの埠頭に停泊していたフランス軍艦に移された。ベトナムに連行されたチャウは、ハノイの法廷で爆弾テロ事件など八項目の罪で求刑され、同年十一月二十三日、終身刑が言い渡された。

一九二六年に入って彼の有罪判決が公になると、ベトナムではフランスの理不尽に抗議する世論が沸騰した。民衆の騒ぎは日に日に大きくなり、各地で街頭デモが繰り返され、フランス総督府にはチャウの釈放を求める電報が殺到する。民衆の激しい反応に総督府も彼を釈放せざるを得なくなった。こうした一連の動きを知らせてきたのが「差出人不明の信書」だったのだろう。クオン・デは祖国の実状を知り、心の動揺と高揚を抑えるのに懸命だったはずである。それを官憲に悟られないため、咄嗟に打った芝居が「妻を娶りたい」という奇抜な行動となって現れたのではないか。吉良邸に討入りする計画を進めながら、敵の目を眩ますために祇園などで遊興にふけっていた大石内蔵助を連想させる。

釈放されたチャウはハノイからフエに護送され、そのまま軟禁される。彼がフエに送られて来た時、人々は拠金して、フエの中心を流れるホン河のほとりに一軒の家を建て、彼に贈った。この家が彼の軟禁場所となり、総督府当局の厳しい監視を受けることになった。

チャウはそれから十五年にわたって、この家で淡々と詩文の創作や著述の生活を続ける。彼が静かに息を引き取ったのは一九四〇（昭和十五）年十月二十九日のことである。フランスからの独立闘争のために日本に渡ってから、三十五年の歳月が流れていた。享年七十五。日本軍が北部仏印に進駐した直後のことである。

全亜細亜民族会議での大演説

この時代、クォン・デという人物を知る日本人は、ほとんどいなかっただろう。「悲劇の主人公」として、彼の存在が華々しく日本国民の目に触れたのは、ファン・ボイ・チャウが逮捕された翌年、一九二六年十月八日の「国民新聞」紙上である。

「亡命は憂し安南王族　流浪の身を我国へ入る」「フランス官憲の眼を憚るクォンデ氏　敗残の寵臣等を引連れ広東から潜行」「淋しく王朝の末路を話す」という大見出しの記事。七面のほぼ全面を使い、中折れハット、背広姿で、コートと革鞄を手に持ったクォン・デの、四段ぶち抜きの写真入りである。

国民新聞は一八九〇（明治二十三）年、徳富蘇峰が創刊した日刊紙。当初は「平民主義」の立場から政治問題を論じる大新聞《おおしんぶん》として発展、大正時代にかけ、山県有朋や桂太郎ら藩閥勢力や軍部と密接な関係を持ち、政府系新聞の代表的存在となった。大正中期頃から大衆化が図られ、商業新聞として東京五大新聞（東京日日、報知、時事、東京朝日、国民）の一角を占めていた。掲載された記事の主な部分を引用しよう。

仏領印度支那安南の王統をくむ福民王彊柢（クオンデ）氏が、同志数人を随えて広東から日本内地に潜行したという報が、最近仏国政府から日本駐箚《ちゅうさつ》仏大使クローデル氏の許へ秘密裡に達したので、大使館並に仏領事館は外務省を初め、全国各方面の関係筋をたどり、クオンデ氏の所在を突きとむべく、厳重な手配を行った。斯うした形勢のなかにクオンデ氏は単身、仏国官憲の眼をはばかりながら、我が政界の某有力者の好意を受けていたが、身辺に迫る危機を惧れ、僅か一日滞在したばかりで何処ともなく立ち去ろうとした時、偶然にも記者は某所でク氏と出会って約二時間余り談話を交え、最近に於ける安南の政状と悲しむべき政治的闘争にさいなまれた安南王朝の末路——当然王位にのぼる身でありながら十八歳の少年時代から仏政府に対する激しい反感を胸に抱き、四十五歳の今日まで上海、香港、北京、日本、欧州各国に亡命し、辛くも仏国官憲の手から脱れていたというクオンデ氏の数奇な運命を聞かされた。そしてその物語の後、氏は「私が日本に亡命している事を仏人に知られたら、必ず無事にはすまされぬ、これから広東に根拠を置く同志国民党の許に身を落ちつける……」と淋しい笑を残して悄然と再

國民新聞
大正十五年十月八日 金曜日

安南王朝の末路を語るクオンデ氏

亡命は憂し安南王族
流浪の身を我國へ入る
フランス官憲の眼を憚るクオンデ氏
股肱の寵臣等を引連れ廣東から潜行
淋しく王朝の末路を話す

―クオンデ氏は單身
―十八歳の少年時代

一度は危かった
ク氏の身邊
この夏には長崎に現はれ
生死の巷に活動した

何人も

クオン・デの動向を伝える1926年10月8日付、国民新聞

び流浪の旅へ上った……。

クォンデ氏は、現在安南の革命派光復軍の総司令であり、広東にのがれている安南の同志によって樹立された安南仮政府の首領の地位にあった。革命によって安南の国権を回復せんとするク氏の志しは更に外国統治下にあって、悲境のうちに置かれたアジア民族の現状を改善するという固い決意の下に、嘗て今年八月一日から三日間、長崎で開かれた全アジア民族大会には安南を代表して広東から出席し、日本、支那、印度、フィリッピン、シャム、トルコ、蒙古、馬来（マレーシア）等の各代表と共にアジア主義を高唱し、人種的偏見の打破、正義と平等を叫んだが、当時、仏官憲はするどい監視の下にクォンデ氏の動静を窺い、機会を見て何等かの処置に出でんとしたのを、大会の主催者は巧にク氏の身辺をまもり、何人にも安南王族の身分を秘して上海にのがした。

それ以来、仏国政府は氏の行方を捜査する事急にして、何処へも身の置き所もなく全く生死の間をくぐって広東から日本の土地を数回往来したが、ク氏が知遇を受けている某氏等の手厚い保護に、何人もクォンデ氏と気付く者はなかった。氏は常に支那人を装い、阮舎利という偽名を用いて其筋の眼を晦まし、日本内地に渡っても広東の仮政府との連絡は決して絶つ事なく、密書の往復を怠らなかった。

この後、「一度は危かったク氏の身辺」「一難去って直ぐまた一難」「船底に身をひそめ、密に香港へのがる」などの見出しで、クォン・デがフエを脱出して日本に密入国して以降の彼の苦闘の人生が、ベトナムの歴史と共に記述されている。事実関係から見れば、先述してきた内容と大筋では変わらない。フランス官憲と戦い、「アジアの解放、ベトナムの独立」を叫び続けてきたクオン・デへの「応援歌」とも読める記事である。

大正末期のこの時代、日本も満州、朝鮮、台湾への進出を果たし、先行してアジアを支配していた欧米列強との利害が、対立するようになっていた。欧米の植民地からの脱却を目指すクオン・デらのベトナム独立闘争は、台頭してきた日本の「大アジア主義」にとって、大きな存在意義を持ってきたのである。

この記事が掲載された経緯について同年十月二十七日、内務省は外務省に対して次のような報告をしている。

「(本月八日付国民新聞に掲載された記事は) 本月七日同紙社会部主任結城敏が政友会所属代議士今里準太郎及牧野豊四郎等の諒解の下に、安南国民党の状況並に曩《さき》に長崎市に於て開催されたる亜細亜民族会議の其後の状況に関し感想を聴取すべく、阮福彊柢を新聞社に迎え、同人の住所其の他の真想を掲載せざる約束の下に其の談話の大要を発表したるものにして、同人の旅行又は同志潜入等の事実は之無く候によって御了知相成りたし」

クオン・デの日本での動向が記事の通りだとすれば、外務省の立場もある。すぐに内務省に真相を確かめたのだろう。記事は「クオン・デに偶然出会って単独会見した特ダネ」と謳っているが、事実は意図的な〝やらせ〟だったのである。クオン・デの偽名や足取りがわかる部分は伏せるか、意図的に変えている。「広東から潜行してきて、安南王族の身分を秘して上海にのがれた」などという件《くだり》は、フランス当局に対する〝目くらまし〟だった。この記事掲載を今里準太郎が所属する犬養毅の政友会側から持ちかけたのか、新聞社側が政友会側に依頼したのかはともかく、クオン・デは堂々と国民新聞社に出向いてインタビューに応じていたわけである。

そこにはどんな意図があったのか。

「全亜細亜民族会議」は一九二四年に設立された全亜細亜協会が企画した会議で、アジア諸国の代表者が一堂に会して、西洋列強の帝国主義の打破とアジアの復興に関して協議しようというものだった。会議の企画、運営の中心的役割を担ったのは、政友会の代議士、今里準太郎である。会議は当初、上海で開かれる予定だったが、英国の権力が及ぶ上海では、インド代表として出席するラース・ビハーリー・ボースの安全が確保できないとして、長崎で開催された。また今里は、日仏協約に配慮して正式に安南（ベトナム）代表を呼ぶことも見送っていた。

だが、会議終了後三か月もたって国民新聞に掲載されたこの記事によって、会議最終日にクオン・デがベトナムを代表して出席し、演説をしていたことが明らかになったのである。この会議は、日本でどう報道されていたのか。

一九二六（大正十五）年八月二日付の「大阪朝日新聞」朝刊は「全アジア民族の叫び　六民族五十一名の代表　長崎に大会を開く」と一面トップで報道、インドのボースやフィリピンのベルゾサ代表の演説要旨も伝えている。翌日朝刊も一面ワキで「不平一つなく　議案の審議終わる」との続報を掲載した。ところが三日目、最終日の会議でちょっとした異変が起きていた。

八月四日夕刊の見出しは、「演壇に躍り出て　安南の志士熱弁を揮う　かき消す如く会場を去る」。記事によると、「正午過ぎ支那代表が熱弁を揮って降壇するや、傍聴席から突如モーニング姿の一紳士が壇上に現れ、『私は安南の国民党外交部長フェレバー・ロイという者です、或は御存知の方があるかも知れません』と日本語で話し始めるや、満場喝采を送」ったという。

フェレバー・ロイと名乗るこの男は、「本連盟の成功のため一致団結して実力ある仕事をして行くこと、人類の共存共栄が吾等の希望であるとすれば、単にアジア一州の幸福に止めず、門戸を開いて一旗幟の下に大団結をなし行けば、欧亜間にある懐疑心も雲散することが出来ると思う。安南は多年保護政府の横暴手段に苦しめられたが、獣形的文明国人の圧迫を受けつつあり、諸君には既に〳〵安南のこの苦しい立場を諒解して貰えることと思う」と発言、さらに「私は広東の隠れ家から香港に出で、上海を経由して来たものである。本会議の正式代表として出席出来ぬのを遺憾に思う。私は途中日本に来るまでに幾度か危険が身に迫りました」と結んだ。この男は別室で背広服に着かえ「今、日本を去ります。再会の機のいたらんことを祈ります」と言い残して、従者一人を連れて「脱兎の如くいずれへか姿を消した」と伝えている。

「或いは御存知の方があるかも知れません」との冒頭発言は、彼がクオン・デであることを知っている人がいるかもしれない、との意味だろう。インド代表として出席していたビハーリー・ボースも目の前に座っていた。英国官憲に追われ日本に亡命したボースは、犬養毅らによって、新宿・中村屋に匿われ、同じ亡命仲間としてクオン・デとは旧知の仲だった。それから三か月も経って、「国民新聞」は、「国民党外交部長フェレバー・ロイ」と名乗った男は、クオン・デ自身だった、という事実を明らかにしたわけである。会議への登場の仕方といい、また国民新聞の報道の仕方といい、主催者たちの〝演出〟があったに違いない。

記事の掲載は、前述したように逮捕されたファン・ボイ・チャウがハノイの法廷で有罪判決を受け、ベトナムではチャウの釈放を求めるデモが繰り返されていた時期と重なっている。チャウの逮捕、軟禁によって反仏闘争が終焉したわけではない。チャウが広東で立ち上げたベトナム国民党の党首として、クオン・デが健在であることを、ベトナムの人々に伝える意図もあったのではないか。さらに、日本のアジア主義者たちは、フランスからの解放闘争の先頭に立つ「安南の王子」クオン・デという人物の存在と、彼の苦難に満ちた人生や、三か月前に長崎で開催された「全亜細亜民族会議」の意味を、日本の人々に広く知らせるチャンスだと見たのだろう。

当時、彼の最大の支援者である「我が政界の某有力者」とは、前述したように、政友会の犬養毅である。この会議の開会初日、「亜細亜運動の功労者」として、インドのマハトマ・ガンディーやトルコのケマル・パシャなど十五人を選んでいる。日本人は頭山満と犬養毅の二人が選ばれていた。

「全亜細亜民族会議」の演壇に立ったクオン・デは何を語ったのか。「檄文」や「解放理論」の執筆は、すべてファン・ボイ・チャウに任せ、クオン・デ自身は、自ら語ったり、記述したりしたものはほとんど残していない。クオン・デの演説内容は、彼の思想や思いを知るうえで貴重な資料といえるだろう。以下は、外交史料館に国民新聞の記事と一緒に保存されている彼の演説内容の要旨である。

アジアの各民族の代表が一堂に集まって、人類のために幸福を図ろうとすることは偉大なことであり、歴史上に一新紀元を開くものであります。その末席に参加できたことは光栄であり、かつ痛快であります。全亜細亜民族会議の開催を賀し、アジアの前途の向上発展と各民族の繁栄を祈ります。

往年の世界大戦の結果は、全世界の人心に偉大なる聳動《しょうどう》を与え、世界各地の人々が正義の扶持《ふち》と人道の擁護のために立ち上がり、中国や日本でも様々な組織が創設されています。それぞれ大同小異はありますが、人類の福祉を培殖《ばいしょく》し、世界の平和を擁護し、人類に黄白強弱のへだてなく、国に欧亜東西の別なく、光天白日の下に共存共栄せしめんとする趣旨はみな同じであり、設立者の苦心と希望に敬意を表したい。一言申し上げれば、勢いというものは、分かれればその力は弱まり、効力は小さくなる。一つにまとまり、団結することで強くなるということであります。

私は今日、安南国民党代表の資格で参加しています。安南人の多年の困苦の情況や、フランスの東洋保護政策の横暴な手段、悪劣政策について述べれば、ご参加の諸君の大多数は、かの獣性的文明国人の圧迫を受け、また現に受けつつあり、わが安南人と同じだと思います。世人は我が党を報復的偏見及び狭義的国家思想を抱く者と誤解していますが、全く遺憾であります。

わが国の世俗的信仰である仏教は、身をすてて世を救うことを心としており、約言すれば博愛主義であります。また、我が国民は幼少の頃から、孔子の教理を学んできました。幼少の時代から仰いだ宗教と学んだ道理とにより、博愛精神を陶冶されてきたのです。故に私どもの常に主張するのは、徹頭徹尾人類愛であります。

私は幼少の時、世界各国の興亡史を読み、人道の哀れむべきは、鳥や魚にも劣っていることを痛感してまいりました。爾来、不平等、不自由、非人道の待遇を蒙っている各民族をばいっさい救い、各人をしてみな天賦の人種を回復せしめ、「しかる後に已まん」と思ってきました。しかし人類を救おうとするには、相当の実力がなくてはなりません。

私は安南に生まれ、育ち、国民の信愛を得ています。安南はアジアの交通の中枢地に位置しています。そこに世界人道革命軍の大本営、すなわち根拠地を設置し、幽閉あるいは圧迫されている各民族を解放したいと、この二十有余年、念願してきました。このために一切の肉体的欲望を犠牲にし、万難を排し、万死を賭してきました。私は浅学菲才ですが、皆さんに私どもの積年の念願を訴えることができ、大変光栄に思います。

一言申し上げたいことは、この会に出席するには、途中、危険地帯を通過することになるため、参会を前もって通知することが出来ず、今日、突然出席した失礼は、お許し下さい。


表向きには「ベトナム国民党外交部長フェレバー・ロイ」という偽名だったが、独立運動の先頭に立って戦っているクオン・デの健在ぶりを、日本内外に〝宣言〟する演説だったと言えるだろう。彼はベトナムをアジア解放の拠点にしようと、参加各国に呼びかけたのである。監視役の警官に「無為徒食」とまで言われた長年の日本での生活も、フランス当局を欺くための完全な〝演技〟だったと見た方がよさそうである。

第六章　日中戦争と日本の南進政策

犬養毅首相の暗殺とクオン・デ

話を再度、日本の昭和初期に戻す。一九二六（大正十五）年の暮れも押し迫った十二月二十五日、大正天皇が神奈川県・葉山の御用邸で逝去された。摂政、裕仁親王が皇位につき「昭和」と改元される。戦争とテロの時代の幕開きである。

中国大陸では満州の軍閥、張作霖の乗った列車が一九二八（昭和三）年六月四日、奉天郊外で爆破され、殺された。関東軍の高級参謀、河本大作が〝仕掛け人〟だった。河本ら関東軍の一部将校には、この事件をきっかけに満州を日本軍の直接支配下に置こうという狙いがあり、張作霖爆殺は蔣介石政権側の仕業と発表する。疑惑を抱いた民政党など野党は「満州某重大事件」として田中内閣の責任を追及した。田中義一首相は真相究明と犯人処罰を決意し、その旨、天皇にも上奏する。陸軍はこれに猛反発した。田中はこれを抑えることが出来ず、事件は軽い行政処分で済まされた。田中義一は上奏との食い違いを天皇に指摘され、内閣は総辞職に追い込まれた。

こうした政治、経済情勢の混乱に追い打ちをかけるように、一九二九（昭和四）年、アメリカの株価大暴落に端を発する世界大恐慌の波が日本を襲う。翌年一月、浜口雄幸内閣は国際競争力強化のため金輸出解禁を実施するが、世界恐慌のなかで輸出は振るわず、かえって外国からの安い商品が流れ込み、大量の金が海外に流出した。東北地方を中心とした冷害・凶作がこれに重なった。巷には失業者があふれ、大学を出ても、就職もままならない。東北では農民の自殺が相次いだ。

一九三一（昭和六）年九月十八日、関東軍は奉天近郊の柳条湖で南満州鉄道の線路を爆破、これを「中国側の仕業」として全部隊に出動を命じ、奉天に入城する。満州事変の始まりだった。「満蒙の危機」を国民に訴えてきた有力新聞の多くは日本軍の行動を讃え、満州事変を支持する熱狂的な世論がつくり出された。第二次若槻内閣は「事件の不拡大」の方針を貫こうとしたが、軍部を抑えることが出来ず、総辞職に追い込まれる。

この年の十二月、政友会の犬養毅が内閣首班に任命された。権力への執着心の薄い犬養にしてみれば、困難な時代状況を承知の上で、「国家に対する責任感」から大命を拝受したのだろう。犬養内閣の下で年が明けた一九三二（昭和七）年は収拾のつかない動乱の年となった。

新年早々には、第一次上海事変が起きた。関東軍参謀、田中隆吉の命をうけた〝男装の麗人〟川島芳子が、金を渡して中国人工作員に日本人僧侶を襲わせる。日本海軍は居留民の保護を目的に陸戦隊を送り込み、中国の正規軍と全面衝突したのである。二月には金解禁政策を実施した前蔵相、井上準之助が、三月には三井合名会社理事長の団琢磨が射殺された。金解禁と再禁止の政策転換時に大量のドルを売買し、莫大な利益をあげたことが射殺の理由だった。犯人は二件とも血盟団員で盟主、井上日召の「一人一殺」に共鳴していた。

そして五月十五日の日曜日。海軍中尉の三上卓を筆頭にした海軍将校や、陸軍士官候補生らが四隊に分かれて、首相官邸や警視庁、牧野内大臣邸などを襲う。五・一五事件である。首相官邸には海軍青年将校と陸軍士官候補生合わせて九人が表門、裏門に分かれて乱入した。「話せばわかる。話せばわかる」と繰り返しながら日本間に招き入れた犬養は、床の間を背に座布団に座り、「靴ぐらい脱いだらどうか」と彼らを諭した。その時飛び込んできたのが山岸宏海軍中尉。彼が「問答無用、撃て」と叫ぶのと、黒岩勇海軍少尉が拳銃の引き金をひくのはほぼ同時だった。

ベトナムの王子、クオン・デが来日して以来、親身になって彼の世話を焼き、面倒をみてきた犬養毅は、日本が決定的な曲がり角にあった最中に、その命を絶たれたのである。この日の拳銃の音は、日本の議会政治崩壊の音であり、太平洋戦争序幕の号砲でもあった。「私にとっての日本での父は犬養毅氏である」といつも言い続けてきたクオン・デにとって、その衝撃の大きさは想像にあまりある。

犬養の孫、犬養道子はその著『ある歴史の娘』[*27]に、こう書いている。

「百ヶ日のすんだ一日、私は学校から近い青山墓地に、秋の小菊を持って行った。が、墓に近づきもせず帰って来た。眩しい午後の、無人の墓地境内に、ただひとり、お祖父ちゃまの墓石を撫でつつ哭くがごとくに立ちつくすその人がいたからで」

犬養の三男、健（戦後、法務大臣などを歴任）の長女である道子はこの年十一歳。小学校高学年の少女だった道子は、五・一五事件の前後、犬養家に住んでいたクオン・デのことを鮮明に覚えていた。犬養家にとって昭和六年末の大命降下から首相就任、官邸への引っ越しという慌しい時間が過ぎると、「何か起る、何か起る」という緊張感と不安感が襲うようになる。「たれにとってももう、耐えられないものだった」。五・一五事件の後、残された犬養一家には「事件ののち、一種不思議な――そう、安堵感と言ってしまっては些か語弊があるが、それにも通じる静けさが訪れたのであった」。

そんな雰囲気の漂う犬養家に「家の空気をわかちあいもせず、さりとて五・一五の社会的性格の重大さを見てとりもせず、その事件をわが身ひとつの個人的悲劇とのみ受け取って、黙念と邸の一隅に坐す人がいた」と道子はクオン・デを描写する。事件が起こるかなり以前から彼は犬養家の「北のベランダ」と呼ばれた十二畳ばかりの空間」にあった背のまっすぐな坐り心地のよい椅子に座っていることが多かった。犬養家はいつも朝から全国から上京してきた支持者や、〝憲政の神様〟のファンでごった返していた。道子も女中たちも「北のベランダ」の椅子に黙って座っているその男に、注意を払うことはなかった。

「彼は黒い細縁の眼鏡をかけていた。もはや多くない胡麻塩の頭髪は、いつもきちんと、櫛目分け目を見せて中央から左右にかき上げられていた。眼鏡の奥には、少しく吊り上った、二重瞼の重い眼があり、眼鏡の上には濃く豊かな眉。鼻は筋が通っていたが、その筋肉は厚かった。否、鼻だけでなく、唇も頰も。笑いを忘れた口元には、頑《かたく》なものがあらわれ、口は表現のためとよりはむしろ閉鎖のためについているようであった。（略）眉間には深い皺がたてに彫りこまれ、皮膚の色は蒼みをおびた濃い褐色であった」

年は五十一、二歳くらい。道子の見たクオン・デの表情である。

彼女は父親、健の部屋で、父の手から「大きな部厚い封筒」が彼に渡されるところを目撃したことがある。健に「なんだ、なんだ、あっちだ……」と追い払われるが、彼女の記憶には、ふたつのことが鮮やかに残っているという。

「ひとつは、渡されたものが金の包みであったこと。もひとつは、金と言うものはもらう方が一応謙《へりくだ》るものなのにあの人はあたかも献上品を受ける者の態度で、当たりまえのような顔をして、静かに受けとっていたのである……」

道子は五・一五事件が起きる少し前、母に「ねえママ、あの人、だれよ」と聞いたことがある。その時の母娘のやりとりを以下に引用する。

「どなた、とおっしゃい」

と母は私をチラと見て言った。

どなたは敬語である。あ、あの人はやっぱり曰《いわ》くつきの人なのだ——好奇心が波のように昂まって、

「ねえ、ママ、どなたよ」

母は私のその好奇心をちょっと焦《じ》らすように持ってまわって、

「南さん……」

南と言う姓の存在することを私はとっくに知っていた。

母の父である。（略）

「ふうん——ミ、ナ、ミ……」

私はつぶやきながら、築地のあの最新式な病院の南先生の「南」と、あの茶色の人の「南」の間には、何か大変なちがいがあるように直感した。私は勘の早い子であった。

母の、笑いを含んで面白がって私を見ている眼に会うと私は訊ねた。

「南の国の人——じゃあなかった。方《かた》だから？」

「お蔵《くら》に火が付いた」と彼女は笑った。それは「かくしておいたことがバレた」と言う意味で、彼女が時々使う文句なのであった。

「道ちゃん、あの方はね——学校なんかで言っちゃ駄目よ、黙っているのよ、ほんとに、よ」

念を、これはまじめに押してから、

「安南の王様。亡命の最後の王様……」

「南」という亡命の名は、犬養家の女中や書生たち、また取材に訪れる新聞記者たちをはばかってつけられた「犬養家の名」だったかもしれない、と犬養道子はいう。昭和十年ごろ、たった一度だけクオン・デの方から声をかけられたことがある。その時のやりとりを次のように書いている。


「その犬」

と、私が可愛がっていた座敷飼いの小さな白い犬を指して、

「仔、生むか」

私は遠慮なく大声で笑った。

「南さん、これ、男の子だ……」

が、彼は笑わなかった。低く呟いて、

「犬、ほしい……」

少女心に私は彼の淋しさを理解した。私が彼をそれまでとちがう眼で見はじめたのは、この時からである。

のちに、わが家のコッカーの仔犬は一匹、彼にもらわれて行った。

「抱きしめてねえ、涙ぐんでねえ、しっかり抱いて帰って行かれた。さみしいんだねえ」

そのときその場にいなかった私に、母はあとで、やはり涙ぐみながら言ったっけ。


一九〇六（明治三十九）年、フエでも評判の美人と言われた妻、トランと二人の幼い男の子

と別れ、日本に密航してきて四半世紀に近い歳月が流れていた。クオン・デは、フエで彼の帰りを待ち続ける家族を一日も忘れたことはなかったに違いない。二人の息子はもう立派な成人になっているはずだ。思い出すたびに、心が千切れるように寂しさはつのっただろう。

そこへ、「日本での父」と慕ってきた犬養毅の突然の死である。犬養はクオン・デが日本を追われた時も大金と護身用の拳銃を持たせ、密かに日本人の護衛まで手配して、彼を無事中国に潜入させた。密かに再来日した後も、生活の一切の面倒をみた。犬養の死が彼に与えた〝心の傷〟の深さが、コッカーの仔犬を抱きしめて涙ぐむ中年を迎えた男の姿に、象徴的に表れている。

クオン・デの恋

これより少し前、関東大震災のあと世の中が少し落ち着いたころ、というから一九二四(大正十三)、二五年ごろのことだろう。当時、クオン・デは本郷区追分町の下宿に住んでいた。その隣家の中田家の長女、中田貞子に彼は恋心を抱く。貞子はそのころ二十一歳、師範学校を卒業し、小学校の先生になったばかりだった。ほっそりと華奢な貞子の面影が故国に残した妻、トランを思い出させたのかもしれない。

この成就しなかったクオン・デの恋は、一九五四(昭和二十九)年、小松清が朝日新聞に寄稿した「ヴェトナムに咲いた日本の花――コンデェ侯をしのぶ――」[*28]という記事がきっかけとなって明らかになる。

ディエンビエンフーの戦いでフランスがホー・チ・ミンのベトミン軍に敗退、その後、ジュネーブで開かれた和平会談で、ベトナムの南北分断が決まった。北緯十七度線を挟んで「ベトナム民主共和国」（北ベトナム）と「ベトナム国」（南ベトナム）の二つの国が成立する。一つの独立国というわけにはいかなかったが、ともかく、八十年に及ぶフランスの支配は終わったのである。この時期に合わせて「ベトナムの思い出」という原稿を依頼された小松清は、クオン・デを偲んで、ハノイの大湖の水辺に咲いていた〝アジアの花〟とか〝日本の花〟と呼ばれていた薄紫色の花の思い出を書き、その最後をこう結んだ。

「当時の若き党首コンデェも、永年の亡命漂泊の旅路の果てに、望みの祖国独立の日を目の前にしながら、東京神田の某病院で、彼の晩年の伴りょであった安藤千枝さん唯一人にみまもられて最後の息をひきとった」

記事が掲載された数日後、小松宛に中田貞子という見知らぬ女性から長文の手紙が送られてくる。二十数年前のクオン・デの思い出話だった。クオン・デが死んで三年が経っていた。小松の記事を読んだ貞子の脳裏に昔の記憶が昨日のことのようによみがえり、小松に急いで手紙を書いたのだろう。

手紙は、多情多感なクオン・デが懸命に貞子に自分の思いを訴え、戸惑いながらも彼の思いを拒絶した若かった貞子の青春の思い出の手記でもあった。小松は『ヴェトナム』[*1]で、貞子の手紙を引用している。

「私の家は、侯の下宿のすぐ近くの至って貧しい住家で、縁側に出ますと侯のお部屋からよく見えました。侯は朝に夕に窓から眺めて居られ、よくお顔を拝見しました。姉の子供が居りましたので、夏の夕方など外に出て居りますと、よくあやされて『坊や坊や』とおっしゃいました。時々風船やおもちゃなど下さいました。そんな事から次第に家の者とも親しくなりまして、父が東洋大学の前身の哲学館を出ていましたので、言葉の通じない時は、筆談でお話を伺ったり、時々お招き頂いてお手料理の御馳走になったりしました。家へも、よくお出でになりました。今とちがって当時の娘たちは、そのような場合、お茶をもっていく程度で、あまりお話もしませんでしたし、お言葉もあまり充分お分りにならないようでした（後略）」

震災によって本所の小学校から転勤してきたばかりの貞子は、出勤途中に散歩するクオン・デに毎朝のように出会うことになる。クオン・デは彼女の出勤時間を見計らって、散歩に出ていたのだろう。若く元気な彼女は、いつも急ぎ足でクオン・デを追い抜き、一寸おじぎするだけで、駆けだすように学校に向かった。「足はやい」と後ろから、声をかけられることが多くなる。クオン・デは彼女に話しかけたかったのだろう。

小学校の運動会があった日、運動場の片隅で子供たちを見ていたクオン・デは、運動会が終わっても立ち去らず、後片付けをする貞子の方をじっと見つめていた。そして「映画にいきませんか」「お芝居にいきませんか」と積極的に声をかけるようになる。彼はすでに四十歳をすぎていた。ある日、貞子の家にやってきたクオン・デは、お茶を出して引き下がろうとした貞

子を呼び止め、

「お父さんやお母さんは私に大変好意を持って下さるが、あなたは私をどう思いますか」

と唐突に切り出した。面食らった貞子は正直に「私は何とも思って居りません」。

さらに彼女は「恥かしい言い方、全く失礼な申し分」だが、こう言ったというのである。

「毎朝、道に待っていて下さることは困ります。私は街の女ではありません。教育者です」

「ああ、あなたはまちがえている。わたし程真面目な正しい人間はないと思っているのに
……」

貞子は「その時の侯の悲しそうなお顔は今でも忘れません。父は、まだ子供で誠に失礼申し上げました、とおわびしたようでございました」とその手紙に書いている。クオン・デはその後すぐに追分町の中田貞子の隣家から、戸塚町に転居した。「真面目で正しい人間」だと自負するクオン・デには、貞子の隣家に住み続け、彼女と顔を合わせることに耐えられなかったのだろう。


もう一つ、叶わなかったクオン・デの恋の話を書いておきたい。インド・カリーで有名な新宿「中村屋」令嬢との失恋話である。

中村屋の店主、相馬愛蔵、黒光《こっこう》夫妻は犬養毅や頭山満に頼まれ、インドから亡命してきたラース・ビハーリー・ボースを店の裏手にあったアトリエに匿っていた。ボースもクオン・デたちと同じように日露戦争に刺激を受け、英国からの独立を目指す急進派に参加、武力革命のチャンスを窺っていた。一九一二年、デリーで起きた英国総督に対する爆弾事件の首謀者として、

英官憲に追われたボースは一九一五年六月、日本に亡命。クオン・デと同様、犬養たちの庇護のもとにあった。

ボースにも英国政府の要請で、常に日本警察の監視の目が光っていた。クオン・デの場合は、肌の色や容貌から中国人だとごまかすことが出来ても、インド人のボースの場合はごまかしようがない。秘密裡に交流をもった日本の有力者たちも、その連絡にいつも危険がともなった。「ボースに寄り添い、彼の手足となって動くことのできる人間がどうしても必要であった」（中島岳志『中村屋のボース』）[*29]。頭山満は相馬家の長女、俊子に目をつけ、相馬夫妻に、俊子をボースの妻にすることを懇願したという。

ボースも、フェリス学院出身で英語も堪能、活発な俊子に匿われた時から、恋心を抱いていた。相馬夫妻は俊子にこの話を伝えると、彼女は顔色も変えず「行かせて下さい、私の心は決まっております」と快諾する。結婚したボースは日本に帰化し、日本人としてその後もインド独立運動に参加する。結婚の保証人になったのは犬養毅と頭山満だった。犬養は二人の新しい戸籍を、「防須」と命名した。

犬養は日本に舞い戻ったクオン・デを同じ目的を持つボースに紹介し、クオン・デもボースを訪ねて、たびたび中村屋に出入りしていた。ボース夫妻の睦まじさに、彼はフエの家族を思い出したのだろう。俊子の妹、二女の千香に密かに恋心を抱くようになる。千香はまだ十五、六歳だった。クオン・デの片思いだったのかも知れない。多分、相馬夫妻はこれに気付いたのだろう。クオン・デに告白された千香が、その話を両親にしたのかも知れない。相馬家は千香を病気療養のためと称して、妻、黒光の仙台の実家に預けたという。

実らなかったこの恋の話は、記録が残っているわけではない。大川塾第一期生の三浦琢二が、台北でクオン・デ自身にこの話を聞いた、と「みんなみ」[*30]に書いている。

三浦琢二は昭和十五年五月、大川塾を卒業すると、台北の南洋協会で半年、研修をする。同期の西川寛生は台湾拓殖会社に入っていた。後述するが、この頃、クオン・デは祖国に向けてベトナム語放送をするために台北に滞在していた。

「クオン・デ侯は側近数人と共に（台北に）滞在しておられ、私も親しくお話しする機会があり、長い亡命生活の中で、終始、越南復国の希望を捨てなかったクオン・デ侯の志に触れることができた。お話の中で、中村屋のお嬢さんとの悲恋の話などあり、興味深いものがあった」

日本軍が北部仏印に進駐する直前のことである。クオン・デはベトナム復国同盟会を設立し、ベトナム復帰の日は近い、と心躍らせていた時期である。故郷の家族に会える日も近い。そんな気持ちが、若い三浦たちに懐かしい昔話をさせたのだろう。

安藤ちゑのとの同棲

「五・一五事件」の翌年、一九三三（昭和八）年七月、警視庁から外務省に出されたクオン・デに関する報告は、犬養毅が暗殺された後の彼の心境を象徴するように、次のように記されている。報告は「亡命安南人、南一雄事　阮福彊柢に関する件」[*24]となっている。この頃以降、クオン・デは犬養家で呼ばれていた「南さん」をそのまま日本人名として、「南一雄」と名乗るようになっていた。

「右者の行動に対しては、常に厳重注意し居れるも、印度支那独立運動等に策動する形跡なく無為徒食しつつある実情なり。近来は経済的にも豊かならず、屢々居所を転々し判明せざること多し。最近、女中として使用し居たる安藤千枝子と内縁関係を生じ、安藤の実兄安藤賢治の紹介にて埼玉県浦和市の某常設活動写真館主と共同して之を経営したるも、元々収支償わず、経営難に在りし活動写真館の事とて何等得るところなき模様なり」

外交史料館に残る警察当局の調査資料に「内縁関係」にある日本人女性、「安藤千枝子」（筆者注・本名ちゑの）という名前が登場するのは、これが初めてである。一人住まいの「安南の王子様」クオン・デには食事の世話から掃除、洗濯まで、身の回りの面倒を見る「女中」の存在は欠かせなかった。王宮であれば「女官」だろうが、侘しい日本の下宿生活でも常に必要だったはずである。当初は〝通い〟でクオン・デの部屋を訪れていた安藤ちゑのと、同棲生活に入っていたのである。

長い間、共に闘ってきたファン・ボイ・チャウはフランス当局に捕えられ、フエで軟禁状態にあり連絡はとれない。フエの王城で別れた妻子とも全くの音信不通状態である。しかし、この頃になると、一九二八（昭和三）年に台湾で会い、「クオン・デの現地代行」となった松下光廣から、当時のベトナム国内の情勢については克明な連絡が入っていたはずである。故国のフランスの弾圧は一段と厳しく、決起した反仏闘争は次々とつぶされ、届けられる情報は悲観的なものばかりである。追い打ちをかけるように、日本の父とも思い続けた犬養毅は暗殺。絶望的な心境に陥っていた当時のクオン・デは、「時代の流れと共に漂って居る一介の孤独で、無力な彷徨者でしかなかった」（小松清[*1]）。

当時のベトナムの情勢を振り返っておこう。ファン・ボイ・チャウが捕えられた二年後の一九二七年七月、ハノイで教員をしていたグエン・ダイ・ホック（阮大学）が仲間の学校教師や新聞記者など北部の青年同志を集めて新しい「ベトナム国民党」を結成する。彼はチャウが広東でつくった国民党の綱領をそのまま踏襲する。だが、闘争戦術は「あらゆる暴力を使って部分的反抗から全面的な排仏独立運動に移行していく」という過激な「革命政党」だった。ホックの国民党は二年後には北部だけで百二十のアジトをつくり、千二百名の党員を獲得したという。

ハノイで決起の機会を狙っていたホックの新国民党は一九二九年、南部ベトナムでゴム園の労働者を募集する役所の所長であるフランス人を暗殺するなど、各地でフランス官憲やその同調者を殺害するテロ作戦に走った。フランス総督府は徹底的な弾圧に乗り出し、国民党の幹部の多くが逮捕される。この時、ハイフォンに逃れたホックは翌年二月十日、エンバイ（安沛）で総決起しフランス軍の兵営を襲撃する。しかし、フランス軍の反撃にあって蜂起は挫折し、前年生き残った幹部は一網打尽となった。

フランス当局はその後一年余にわたって、航空隊による爆撃や機銃掃射などによる鎮圧を行い、二万人余のベトナム人が殺されたという。ホックもしばらく潜伏するが捕えられ、同年六月、十五名の幹部とともにギロチンで首をはねられた。ベトナムでは「エンバイ事件」と呼ばれる。この結果、ホックの新国民党も完全に解体したのである。

同じ頃、グエン・アイ・コック（阮愛国、のちホー・チ・ミン）も広東から帰国、チャウの残党なども集めて「ベトナム革命青年会」を結成、独自の抗仏革命闘争に入り、一九二九年には「インドシナ共産党」を創設する。共産主義に基づく新たな独立運動の誕生であった。コックがハイフォンに乗り込んだのは、国民党のホックらが処刑された直後のこと。彼は警戒厳重な北部を避け、中部地方の農民運動に重点を置き、特に不作が続くゲアンで農民を煽動し「米寄こせ運動」を展開した。一九三一年六月にはハノイで赤旗を翻した民衆が総督府などのベトナム人官吏六十人を殺害する事件が起きた。

エンバイ事件の後だけに、新たにベトナム独立運動に参加したインドシナ共産党に対するフランス当局の弾圧は峻烈を極め、共産党の幹部数百人が一挙に捕えられ、党首のコックだけがかろうじて香港に逃れた。しかし、彼もまたそこで英国官憲に捕えられ、一時、獄窓に繋がれる。

話を日本のクオン・デに戻そう。日本での最大の支援者だった犬養毅の死。ベトナムの情況も八方塞がりである。絶望的なクオン・デの〝心の空白〟を埋めたのが、彼に献身的に尽くしてくれた安藤ちゑのだったのである。前述したように、彼女は後に〝内縁の妻〟として、クオン・デの最期を唯一人、看取ることになる。

安藤ちゑのがいつごろ、だれの紹介でクオン・デの身の回りの世話をやく〝女中〟として、彼の下にやってきたのかは定かでない。「最初の出会いは一九三〇（昭和五）年ごろだったらしい」と言うのは、戦後、彼女の養子となった安藤成行《しげゆき》である。一九三六（昭和十一）年生まれの成行は、ちゑのの弟、仁《まさし》の長男である。

成行は戦争が始まる直前の一九四〇（昭和十五）年、父、仁が台湾拓殖会社に職を得て台北に渡り、二年後に海南島・海口支店に赴任するまでの間、伯母ちゑのに預けられ、東京・世田谷で「南一雄」を名乗るクオン・デと三人の同居生活をする。終戦後も海南島から引き揚げた仁一家の生活難もあって、再び彼女に預けられ、クオン・デが亡くなるまでの五年間、三人で親子同然の生活を送った。その頃、周囲の多くが、成行をクオン・デの息子ではないかと噂した。働きながら早稲田大学を卒業した成行は、一九六三（昭和三十八）年、ちゑのと養子縁組をした。戸籍上、ちゑのは母である。

安藤ちゑの

安藤成行によると、ちゑのは一八九八（明治三十一）年、山形県東《ひがし》置賜郡《おきたまぐん》の旧名主の家系に生まれた。クオン・デとは二十一歳の年の開きがある。ちゑのは十人兄弟の九番目、成行の父、仁は末っ子である。兄弟の年の差は大きく、二歳しか違わない九番目の姉と、末っ子の弟は子供の頃から特に仲がよかった。東京に出てからも二人はいつも助け合って暮らしていた。仁は、仲の良かったしっかり者の姉ちゑのをいつも頼りにし、彼の生活上の都合で息子の成行を戦前、戦後と二度にわたって預かってもらったのである。

ちゑのは色白の山形美人で、活発な頭のよい娘だった。高等女学校を卒業後、両親の勧めで見合い結婚をするが、親の決めた夫とそりが合わず、家を飛び出して上京したという。クオン・デと出会った時は三十歳を過ぎたころであり、上京してからどんな生活を送っていたかは、成行にも〝謎〟である。「ある華族様の家に住み込んでいたことがある」という彼女が、「近衛さま」のことをぽつりと話したのを、成行は聞いた記憶がある。外部には「看護婦をしていた」と語っていたというが、「実生活を見る限り、看護婦をしていたとは考えられなかった」。

彼女の立居振舞は優雅で、教養があり、言葉にも気品があった。その写真が絵葉書に使われたこともあったという。「上京して華族などのお屋敷で、女中見習いから始めて、その頃は女中頭などとして家政を取り仕切っていた。そんな彼女の日常を知る誰かが、クオン・デ侯の世話役として、また通訳兼秘書役として、送り込んだのではないか」と成行は推測する。警察当局の監視下にあったクオン・デと同志たちとの極秘の連絡係も必要だっただろう。日本語がそれほど上手くないクオン・デが、公の場などで言葉に詰まることがあると、ちゑのはきちんとフォローし、また、彼に日本の文化や風習をいつも丁寧に説明してやっていたという。

インド独立運動の指導者、ビハーリー・ボースは日本人と結婚し、日本に帰化しても、独立運動を続けることに支障はない。しかし、クオン・デは違う。ベトナムがいつの日か独立を達成し、故国に凱旋した時、彼は「帝」となり、妻のトランが「王女」となる。日本女性に本気で惚れても、正式に結婚することも、子供を産むことも許されない。その時、彼はベトナム人の「象徴」としての地位を失うことになるのである。

真面目で思い込みの激しいクオン・デは、かつて隣家の中田貞子に恋した時のように、本気になって日本人女性に惚れ込む心配がある。中村屋のお嬢さんにも想いを募らせた。当時のクオン・デの寂しい生活と、絶望的な心境を考えると、彼の心を癒すことの出来る〝日本人女性〟の存在が必要だ、と支援者の多くが考えたとしても不思議ではない。

「安南の王子」クオン・デにふさわしい女性を、密かに探していた犬養毅や頭山満ら支援者が、華族の家に住み込みで働いていたしっかり者のちゑのに白羽の矢を立てた、と考えてもおかしくはない。前述したように、ボースと相馬俊子の結婚の仲立ちをしたのは頭山満だった。

クオン・デを慰め、献身的に仕えても、彼との結婚は出来ないのである。祖国独立のために生涯を捧げる王子を尊敬し、同時に、日本での彼の目であり、耳でなければならない。彼らはちゑのに、因果を含めて送り込んだのだろう。日本でも〝側室〟が認められていた時代である。当初、通いの家政婦として身の回りの世話をやいていたちゑのと、クオン・デの同棲生活が始まるのは時間の問題だった。

大アジア主義者たちのクオン・デ支援

五・一五事件が起きた一九三二（昭和七）年、中国大陸では「満州国」の建国宣言が発表され、清朝最後の皇帝、溥儀が執政に就任、さらに二年後には溥儀は皇帝となった。犬養内閣の後を継いだ海軍大将、斎藤実を首班とする挙国一致内閣は同年、満州国を公式に承認した。中国国民党政府は、満州事変以降の日本の満州進出を「日本の武力侵略である」と国際連盟に訴えた。翌年二月、国際連盟臨時総会が満州を占領している日本軍の撤退を求める勧告案を可決すると、松岡洋右全権代表は日本代表団を率いて退場し、翌月、国際連盟脱退を通告した。

国際的な孤立化の道を歩き始めた日本は、ヒトラーの率いるナチス独裁政権のもとでヨーロッパに新秩序をつくろうとしていたドイツや、これと手をむすんだムッソリーニのファシスト政権下のイタリアに接近した。一九三六（昭和十一）年、国際的な共産主義活動に対抗するとして「日独防共協定」が成立、翌年、イタリアもこれに参加し「日独伊防共協定」に発展した。世界の自由主義諸国や社会主義国と対抗する「枢軸陣営」が形成された。

一九三六年二月二十六日、日本では陸軍の青年将校が、千数百人の兵士を率いて反乱を起こし、首相官邸などを占拠、内大臣斎藤実、大蔵大臣高橋是清ら要人を殺害した。「二・二六事件」である。東京には戒厳令が敷かれ、反乱は間もなく鎮圧され、民間人の北一輝なども含め首謀者のほとんどが処刑された。事件をきっかけに陸軍当局は、関与した皇道派軍人を一掃し、東條英機らを中心とする統制派の軍人が政治の主導権を握るようになった。

こうした状況の中で起きたのが、日中戦争の引き金となる「盧溝橋事件」である。一九三七年七月七日、北京郊外十五キロの永定河にかかる盧溝橋の近くで、誰が撃ったかわからない数発の銃弾が、日本軍と中国軍の全面的な武力衝突に発展する。戦火は上海など中国中部にも広がった。日本は次々に大軍を送って、戦線を拡大。中国側も国民党と共産党が民族統一戦線を結成して日本に対抗し、本格的な日中戦争に発展したのである。

「遅れてやってきた日本の植民地支配」は、「満州国」という傀儡国家をつくり、さらに中国北部も中国政府から分離し、独立した傀儡政府をつくろうと画策を始めていた。ファン・ボイ・

チャウやクオン・デたちベトナム人は、日露戦争で勝利を収めた日本にアジア解放の夢を託し、日本に学ぼうと命を懸けて密航してきた。その日本が、ロシアや欧米列強と肩を並べる植民地支配者になったのである。日本はアジアの被支配民族にとって敵なのか、味方なのか。日本の時代の推移に翻弄され続けるクオン・デたちにとって、苦しい判断の連続だったとみてもよい。しかし、日本のおかれた時代状況の中で、クオン・デの存在に再び光が差し始めた。

　中国大陸へ進出した日本は、その真意はともかくとして、表向きには「大東亜共栄圏」「アジアの解放」を国策として謳うようになっていく。クオン・デに「満州国」の皇帝、溥儀の役割を期待し、温存していつか「仏印処理」に利用しようと考えた一派が軍部内にあったとしても不思議ではない。犬養毅の死後、こうしたグループからの接触も始まった。

　一方、長い間、欧米に支配されたアジアの解放を叫び続けた日本の「大アジア主義者」たちにとって、クオン・デは〝掌中の珠〟でもあった。サイゴンには松下光廣も健在だった。彼は現地の情報をクオン・デに知らせ、定期的な送金も欠かさなかった。クオン・デを再び、表舞台に立たせようと支援するアジア主義者グループの代表格が陸軍大将の松井石根《いわね》や玄洋社の頭《とう》山《やま》満、大川周明たちのグループだった。犬養毅の暗殺後、彼に代わって積極的にクオン・デ支援に動いたのは後者のグループだった。

　松井石根は南京事件が起きた時の上海派遣軍司令官、中支方面軍司令官として戦後の極東国際軍事裁判（東京裁判）では、A級戦犯として絞首刑になる。中国側が三十万人が殺されたと主張した南京事件の責任を取らされて、死刑が宣告されたのである。東京裁判で検察側は当初、

「松井が大虐殺を命じた」と主張したが、次第に「部下の残虐行為を防止する措置が充分ではなかった」に代わる。判決では「自分の軍隊を統御し、南京市民を保護する義務の履行を怠った」という〝不作為の罪〟が問われたのである。東京裁判の持つ「意味」や南京事件の真相についてここで触れるつもりはない。

五・一五事件が起きた一九三二年春、東京に「汎アジア学会」というアジアの諸問題を研究する団体が発足する。平凡社の創立者である下中弥三郎や戦後、衆議院議員や日本アラブ協会会長を務めた中谷武世ら学者、評論家など多数が参加した。インドのラース・ビハーリー・ボースも会員になった。この団体が中心となって翌年三月、「大亜細亜協会」を設立する。松井石根が会長に就任し、発起人には近衛文麿、広田弘毅、本間雅晴、鈴木貞一、末次信正、荒木貞夫らが名を連ねた。「日本と中国の固い協力の下にアジア諸国の解放と独立を目指す」というのがこの協会設立の趣旨だった。

一九〇六（明治三十九）年、陸軍大学を首席で卒業した松井は、自らすすんで北京駐在武官を志望する。彼は中国を愛し、中国との信頼関係を築くことが日本の役割だと考えていた。蔣介石とも信頼しあい、日本が中国と手を組んで、アジア諸国の解放、独立を目指そうとした人物であった。上海派遣軍司令官として、松井は中国駐在ドイツ大使トラウトマンの和平工作に最も期待していた一人といわれる。日本軍の「南京入城」後、南京入りした松井は「陸海軍戦病没者慰霊祭」に出席、朝香宮をはじめ参列者一同に対し説教のような演説を始めた。「おまえたちはせっかくの皇威を輝かしたのに一部の兵の暴行によって一挙にして皇威を堕してしまった」という叱責の言葉だった。「しかも老将軍は泣きながらも、凛として将兵らを叱っている」と、同盟通信の従軍記者だった松本重治は、その著『上海時代』に次のように書いている。「『何たることを、お前たちはしてくれたのか。皇軍として、あるまじきことではないか。おまえたちは、今日より以後は、あくまで軍規を厳正に、絶対に無辜の民を虐げてはならぬ。それがまた戦病没者への供養となるであろう』云々と、切々たる訓戒のことばであった[*31]」

松井は軍中央からは中国寄りと見られており、考え方の違いからその後、更迭されて帰国し予備役となる。彼は熱海の自宅近くの伊豆山中腹に一九四〇（昭和十五）年、日中戦争の戦死者を弔った高さ三メートルもの「興亜観音像」を建立した。観音像の材料には中国の戦場の土が使われたという。観音像脇の本堂にも、小さな観音像を納め、「日本国民戦没者霊位」と「中華国民戦没者霊位」という二つの位牌を並べて祀っている。

犬養毅が暗殺された後、クオン・デへの資金援助を始めた松井は、頭山満が顧問を務める「黒龍会」の関係者を中心として「如月会」という組織を結成する。この如月会が中心となって、終戦の日までクオン・デらベトナム独立運動家たちへの精神的、経済的な支援を行い続けたのである。松井はベトナム人留学生たちのために、東京・桜上水に十人くらいが住める家も提供していた。

玄洋社の頭山満も右翼の巨頭として、戦争推進者だったと言われることが多く、戦後、GHQ（連合国軍最高司令部）は玄洋社を「侵略戦争を推進した団体」として解散を命じている。一八八〇（明治十三）年、西南戦争の敗北の中から福岡で生まれた玄洋社は、当初、日本国内の過激な自由民権運動に留まっていたが、次第に視野をひろげ、欧米列強に虐げられたアジアの民衆への同情とヨーロッパの植民地主義への反発を強めていった。辛亥革命の孫文らも支援し、革命運動に直接参加していく。頭山満は孫文との交友も深く、「孫文の辛亥革命こそ大アジア主義の実現である」と確信していた。

「アジアの国々の独立」を目指して、犬養毅らとともにインドのビハーリー・ボースやフィリピンのアルテミオ・リカルテ、ビルマ（ミャンマー）のウ・オッタマら日本に亡命して来たアジア各国の独立運動の闘士たちへの支援を惜しまなかった。玄洋社の「海外工作センター」ともいわれた黒龍会は、インドやフィリピンなどの独立運動を支援するなど「復興アジア」に積極的に取り組んだ。

犬養亡き後、クオン・デは松井、頭山や大川周明らの支援を受けながら、代行者である松下光廣らと連絡を取り合い、祖国復帰の日を待っていた。中国戦線が拡大し、英米との対立が深まると、日本は、「アジアの解放」「大東亜共栄圏」を唱え始める。そして南進政策が声高に謳われるようになると、その思惑はともかくとして、クオン・デ支援者も増えていったのである。

松井はのちに、クオン・デについてこう述べている。

「自分も頭山、犬養両翁から頼まれて、（クオン・デの）面倒を見た、支那事変がはじまってから、安南で国民運動にたずさわっていた各党派が団結してはどうかという話が出てきた、そこで上海で大同団結した越南復国同盟会が結成された。この会の党首にも侯がなったのである。このようにいつも推されて党首になる位だから、一口に言って彼は温厚なしかも亜細亜思想に固った意志の人であり、人望のある志士だった」[*32]

松井がここで述べている「越南復国同盟会」は、クオン・デを党首にして一九三九年に結成された新たな独立運動組織である。後述するが、松下光廣たちもこの組織と一体になって、密かに「ベトナム独立戦争」の準備を進めるのである。

日本の南進政策と台湾拓殖会社

中国、ロシア、朝鮮など北方を中心に展開されてきた日本の外交政策が、「南方」に目を向け始めたのはいつごろからか。一九一四（大正三）年七月、第一次世界大戦が勃発すると、日本はドイツに宣戦、ドイツ領ミクロネシア（南洋群島）に兵を進め、占領に成功する。南洋群島は日本の委任統治領となり、日本の領土の構成部分として、国内法で直接統治が行われるようになった。明治以降、常に「北方」に目を向けてきた日本が、この時、初めて「南方経営」を現実政策として位置付けた、と言ってもよい。

翌年一月には東京で「南洋協会」が創設されている。発起人には犬養毅、渋沢栄一、郷誠之助、近藤廉平ら七十余名が名を連ねた。設立趣意書を要約すれば「広大な南洋諸島は無尽蔵の宝庫である。日本と南洋は地理的、歴史的にも親密な関係があり、資本労力を注入すれば発展の余地は大きい。本会は南洋の事情を研究し、その開発に努め、世界文明の発展に貢献したい」ということだ。内外に支部がおかれて「南洋における産業、制度、社会などの調査」が進められた。この「南洋協会」が、南洋関係の公的な機関としては、初めてのものだった。

「遅れていた南方開発」が本格的に動き出すのは一九三五（昭和十）年頃からのことである。

この年、台湾総督府は、台湾だけでなく東南アジア一帯への経済進出を任務とする「台湾拓殖会社」の設立を決め、ほぼ同時期に、拓務省は南洋群島の開発を目的とする「南洋拓殖会社」設立を決定する。翌年十一月「台湾拓殖会社」は、本社を台北市に置く半官半民の国策会社として発足した。当初の資本金は三千万円、後に六千万円に増資された。資本金の三倍の社債を発行できる当時としては第一級の「巨大国策会社」である。

資本金の半額は台湾総督府が、後の半額は台湾銀行、台湾電力、各製糖会社などの民間企業が持った。社長には三菱合資会社の加藤恭平、副社長には台湾銀行の久宗薫が就任、台湾政財界中枢部がこれに結集した。南洋拓殖会社も同時期に発足し、南方進出が本格化した。

事業内容は「拓殖」のために必要な農業、林業、水産業、鉱業などの生産、加工、販売はもちろん、土地の取得、移民、資金の供給まですべての分野を対象にしていた。満州の経済開発の中核になった「南満州鉄道会社」(満鉄)の〝東南アジア版〟と考えてもよい。日本軍の南方進出に伴って台湾拓殖の組織は拡大、終戦時にはその支店網は台湾の台中、台南、高雄などを始め、ハノイ、サイゴン、バンコク、昭南(シンガポール)、ジャカルタ、マカッサル、パダン、マニラ、香港、海口など東南アジア全域に及んでいた。

しかし、台湾拓殖会社の発足当時、フランスが支配するベトナムへ進出する企業はまだ、極めて少なかった。一九三五年頃には、ハノイに九社、サイゴンに六社、ハイフォンに五社などの計二十九の日本企業があったといわれるが、いずれも零細な商業中心。松下光廣の大南公司が最大の現地日本企業であり、大企業では三井物産がホンゲイの石炭、珪砂買付などのためにサイゴンに事務所を構えているくらいだったという。

後述するが、国家レベルでの本格的な「南進政策」が急浮上してくるのは、中国戦線が泥沼に陥り、中国の支援国である米英との戦いも避けられない、と判断した一九三九（昭和十四）、四〇年頃からだろう。「大東亜共栄圏の建設」という大義名分も、戦争遂行のための資源獲得という側面があったことは否定できない。日本とベトナムの本格的な関わりも、日本軍の仏印進駐という南進政策抜きには考えられない。日本の南進政策は、グエン王朝の正統な末裔、クオン・デを領袖にした「ベトナム独立運動」とは、もちろん全く無縁のものであったが、日本の進出に、欧米列強からの〝アジアの解放〟を期待した多くのベトナム人がいたこともまた事実である。

海軍士官・中堂観恵の仏印探索

日本軍の進出以前から松下光廣と同じように、個人的レベルでベトナムの重要性に目を向けていた日本人がいた。一人は海軍士官（後・少将）の中堂観恵であり、もう一人が長崎を拠点にした海運会社「澤山商会」の代理人として、ベトナムの地下資源開発のために送り込まれた山根道一である。中堂はフランス総督府にスパイ容疑で追放されていた松下光廣のベトナム復帰に尽力し、戦後は大南公司の役員も務めた。山根は日本軍の北部仏印進駐後、「山根機関」を率いて、密かに松下らのベトナム独立運動に協力し、独立運動家たちに「山根の智謀、松下の侠気」（第三章）と呼ばれるようになる。

中堂観恵は一八九四（明治二十七）年、石川県穴水町生まれ。海軍兵学校、海軍大学校を卒業後、一九三二（昭和七）年、軍令部参謀となった。「海軍における南進論の急先鋒」だった中堂は、自ら志願して一九三五年、創設されたばかりの「泰（タイ）国大使館付海軍武官」としてバンコクに赴任する。海軍の南進に備えて、東南アジア一帯の情報を精査する諜報要員である。彼の所管地域は、タイ、ビルマ（ミャンマー）、マライ連邦（マレーシア）、シンガポール、仏印三国（ベトナム、ラオス、カンボジア）だった。

中堂は日本軍が北部仏印に進駐した一九四〇（昭和十五）年には、仏印国境監視委員の海軍委員長を務め、日米開戦時には大本営軍令部（海軍）の情報担当課長となる。終戦間際の一九四四年には少将に昇進、終戦の年には南方軍総参謀副長として終戦工作に当たった。彼は、仏印時代の松下光廣との交友を記した『松下社長とわたし』[*33]という冊子を書き残している。

それによると、彼がバンコクに赴任した当時の仏印は、日本の陸海軍人の入国は絶対に認めなかった。それまで陸軍士官で一、二人、仏印に入ったものがいたが、それは軍人の身分を一切隠して潜入したもので、それもごく一部の限られた地域にすぎなかった。仏印当局の日本軍への警戒心がいかに強かったかを示している。

中堂は「正々堂々とベトナム全域を視察したい」と考え、そのチャンスをねらっていた。彼が目を付けたのが、バンコク駐在のフランス大使館付き陸軍武官である。この男は海軍武官も兼務していた。国は違っても同じ職務同士、タイ国が催す会合などでしばしば顔を合わせた。すこぶる飲んべえなこの男、招きに応じて中堂の家にたびたび酒を飲みに現れるようになる。酒は口実で、彼も日本側の情報が欲しかったのだろう。

ある日、中堂はこの男にこう持ちかけた。

「いま日本は支那事変で鉄が欲しいが、文献で見ると隣りの仏印には鉄鉱が方々にあるという、これを日本に売ってくれないものだろうか。差し支えなければその鉄鉱の山を見たいのである」

鉄鉱もさることながら、中堂の本心は仏印全土の情勢を探ることにあった。数日後、彼から返事が来た。「大使に相談したところ、よろしいということだ」

一九三六（昭和十一）年、中堂は陸路、バンコクから鉄道、バスを乗り継いでアンコールワットを見物、プノンペンを経てサイゴンに入った。日本の陸海軍士官が正式に仏印に入った第一号である。

彼はバンコクを出発する前に三井物産バンコク支店に、サイゴンにいる大南公司の松下光廣を紹介される。ベトナム通の「国士肌の人」で、あなたの目的にも協力してくれるだろう、という。中堂は「そのうち行くからよろしく頼む」とあらかじめ松下に手紙を書いた。

身分も隠さずサイゴンに乗り込んできた中堂に、フランス当局は警戒を強めていた。尾行がついていることを察知した中堂は、日本海軍の軍服に着換えて勲章をつけ、いきなりフランス海軍司令部を訪れ、司令官に面会を求めた。「司令官は画家で軍人ばなれしたところがあり、話がはずんだ」。訪問を終え、ホテルでくつろいでいると、フロントマネージャーが「海軍司令官が訪ねてきている」とびっくり顔で飛んできた。司令官は几帳面に答礼に訪れたのである。ホテルの待遇も一変した。

このあとすぐに中堂は大南公司に松下光廣を訪ねた。「百年の知己にあったようにいろいろの話が出た」。その後、生涯を通じて助け合うことになる二人の初めての出会いである。中堂はこの日の話の具体的な内容については触れていない。松下はクオン・デを中心にした独立運動への協力を中堂に密かに依頼し、「安南工国」独立の夢を語ったに違いない。

中堂はこの後、鉄道で北上する。フランス海軍の基地のあるカムランは「わざと避けて」、ニャチャン、ツーラン、フエと見物してハノイへ。ハノイでは松下に紹介された小田旅館に泊まる。前述（第三章）したようにこの旅館は、かつて松下が買い取り経営していたが、天草の友人で仏印総督府のお抱えカメラマンでもあった小田直彦に譲ったものである。後に大南公司に入社し、日越間の戦後賠償でも活躍することになる息子の小田親《ちかし》は、まだ十歳ほどの腕白少年だった。

中堂が小田直彦に、日本はベトナムの鉄鉱石が欲しいのだと話すと、北部のタイゲンに仏印当局が相当な金をかけて開発しようとしたが、「いま途中で打ち切り、もてあましている」鉱山がいくつかある、これを買いたいと言えば仏印当局も「渡りに船」で乗ってくるのではないか、という情報をすぐに〝取材〟してきた。仏印総督府お抱えカメラマンの情報網は完璧だった。

中堂は、小田の仲介で中越国境に近いジャングルの中にあるこの鉱山を視察する。海軍省に報告すると、すぐ「台湾拓殖に命じ調査させる」との返事が来た。後述するが、山根道一が中心となる「印度支那産業会社」はこの情報によってスタートし、陽の目を見ることになる。中堂は、仏印事情の調査という本来の目的を「カムフラージュした鉄鉱視察が本物となって、フランス当局をだましたことにはならなかったのである」と述懐している。

バンコクに帰任した中堂と、松下光廣の情報交換が始まった。「軍事情報などは、わたしの視察で充分」に入手していた。彼は本格化した日中戦争の〝真相〟を、松下を通じてベトナムの新聞に流し、ベトナム人の世論工作をしようと動き出した。前述したように、松下がベトナムにおける「排日運動」を阻止しようと、仏印で発行されていた新聞に積極的に広告を出したり、「アレルト」紙のスポンサーになって自ら言論活動に乗り出した背後には、中堂観恵がいたのである。松下が「アレルト」紙に書いた記事の大半は、中堂から送られてきた情報によるものであり、中堂の原稿をそのまま掲載したものも多かったと思われる。しかし、それが直接のきっかけとなって、大南公司や松下の自宅が家宅捜索を受け、スパイ容疑で仏印を追われる原因の一つにもなったといえよう。

日本軍の仏印進駐時に、国境監視委員の海軍委員長として再びハノイに戻って来た中堂が真っ先にやったのは、フランス当局から〝国外追放〟になっていた松下の仏印復帰工作だった。これについては後で述べる。

山根道一と長崎・澤山商会

中堂観恵が仕掛けた仏印の地下資源開発に話を戻したい。中堂は小田旅館で得た「仏印当局が放棄しようとしている鉱山がある」という情報を海軍省に送ったが、その時点でこの鉱山の開発、輸出の権利は、すでに長崎の「澤山商会」という海運業中心の会社が握り、その開発に向けて動き始めていたのである。

澤山商会は長崎県大村出身の澤山精八郎が三十歳だった一八八五（明治十八）年、船舶給水業などを営んでいた父親の経営する澤山商店を継承して発足した。日清、日露戦争で長崎港が連合艦隊の基地となり、その燃料炭や給水補給に活躍し、事業規模を一気に拡大させる。一九一七（大正六）年に「澤山汽船」を創り、さらに一九一九（大正八）年には長崎銀行を創業する（一九二七年に十八銀行と合併）。澤山は一九〇八（明治四十一）年、長崎商業会議所の副会頭に就任し、十八年にわたって長崎の商工業のリーダー役を務めた。一九一二（大正元）年には長崎県会議員に、さらに一九二五（大正十四）年から六年間、高額納税者として貴族院議員も務めた長崎の名士である。

親仏派の彼は、長年、フランスの長崎駐在名誉領事として日仏親善に努め、フランス外務省や仏印総督府とも、極めて親密な関係にあった。一九三三（昭和八）年には、日仏親善に貢献したとしてフランス政府から「シュバリエ・ド・ラ・レジオン・ドヌール勲章」を受賞する。澤山商会はそうしたフランス本国との繋がりを生かして、当時、仏印総督府からホンゲイ炭鉱の石炭以外の地下資源発掘の権利を買い取り、その輸出の権利も得て、鉱山開発に着手する計画を進めていた。

澤山商会から送り込まれ、仏印における代理人としてすべてを任されていたのが、澤山精八郎と旧知の仲だった山根道一である。一八八四（明治十七）年、山口県防府市に生まれた山根は当時五十一歳。若くして香港に渡り、英国人の家庭で皿洗いしながら英語を身に付けた。その後、高知県出身の元陸軍中尉、岩本千綱に従って東南アジア各地を転々とする。岩本千綱という人物は若い頃、バンコクから陸路ラオスを経てアンナン山脈を越え、ハノイに辿り着き、『暹羅（シャム）老撾（ラオス）安南（ベトナム）三国探検実記』を著し、明治から大正時代、アジア各地で一目置かれる〝憂国の壮士〟だった。山根はこの岩本に従って一九〇八年、中国・雲南省の軍事教習所に入り、軍閥、竜雲将軍の軍事顧問を務めた経歴もある。山根たちは、中国大陸に〝満州浪人〟と呼ばれた人たちがいたように、いわば東南アジアを中心に破天荒な人生を歩いた〝南洋浪人〟の一人だったといえるだろう。

山根は大正初期の第一次世界大戦前、ベンガル湾沿岸航路や、イスラム教徒のアラビア巡礼船の輸送事業に携わる。大戦が終わると英国に渡り、ロンドン海運集会所のメンバーとなり、国際連盟労働会議の日本代表団嘱託として活躍した。帰国した山根は一九三二年、「南洋協会」理事として、南方アジア諸国に関する調査、研究に従事していた。澤山商会は「澤山汽船」も経営しており、澤山精八郎とは、山根が中近東で輸送事業をやっていた頃からの付き合いだったのだろう。

澤山精八郎に頼まれたのか、山根が売り込んだのか、その経緯は定かでないが、彼がハノイの日本総領事館の隣に二階建ての家を借り、「澤山商会ハノイ事務所」を開設したのは一九三七（昭和十二）年七月末。日中戦争が本格化し、日本は少しでも多くの鉄鉱石資源を必要としていた。澤山商会ハノイ事務所は当初、山根を所長にフランス人の鉱山技師とタイピスト女性、それにベトナム人の経理係の三人に、一癖も二癖もある日本人四人の計八人のメンバーでスタートした。山根が集めた四人の日本人を見れば、会社の〝狙い〟も容易に想像がつく。

その一人がフランス人のコーヒー農園から引き抜いた静岡県出身の増井準一である。開発現場であるタイゲン鉱業所の現場監督に就任する増井は、大正の初め、浜松農学校を卒業すると、父から財産分けとして一千円をもらって上海に渡る。そこから彼はインドまで歩き、さらに三か月かかって雲南省昆明に辿り着く。冬を迎えていた昆明は寒くてたまらず、今度は南に向かう。そしてハノイに住みついて、フランス人の農園で働き、ベトナム人女性と結婚した。増井は山根の下で、松下光廣らのベトナム独立運動に協力、「安南の虎」と呼ばれるようになる。

大南公司の松下光廣から送り込まれたのが、天草・大江出身の日渡《ひわたし》敬治。第三章で述べたように、松下が一九二三（大正十二）年、初めて天草に帰省した時、小学校を卒業し、村役場に勤め始めたばかりの少年を、仏印に連れてきた。成人した日渡は、大南公司ハノイ支店長を長く務め、松下の情報収集役となっていた。彼は新しく発足する印度支那産業の「用度係」として事務全般を取り仕切りながら、山根道一と松下光廣との連絡役を果たすことになる。

この事務所に一月遅れの同年八月、上海の東亜同文書院を卒業したばかりの若い内川大海が赴任してくる。卒業後、南回りで中近東から西へシルクロードを歩き通す夢を抱いていた内川は、澤山商会が鉱山開発のため仏印へ進出する計画を進めていることを知る。学校から推薦された外務省の北京大学留学生を断って、澤山商会に就職、ハノイにやってきた。だが、激動する時代の波は彼の夢を実現させてはくれなかった。

内川がハノイ入りする時、台北から同行し、一緒に澤山商会に入社したのが、台湾軍司令部から派遣された氏原進である。彼は「仏印を通過する援蔣物資の調査」という〝密命〟を帯びていた。内川は事務所の日常業務をこなしながら、氏原の仕事の手伝いも命じられる。以後、中国人陳思明、ベトナム人グエン・バン・ミイ、日本人内川大海の三つの名前を使い分けながら増井や氏原とともに、山根の下で、援蔣ルートの情報収集やベトナム独立運動家たちの支援など、波瀾万丈の世界に引き込まれていったのである。

最年少だった内川大海は一九九三（平成五）年、記憶を辿って『シルクロードの夢――ある青春の記録』を纏めている。それによると、彼が着任したころ、澤山商会はハノイ周辺で三か所の鉄鉱山の開発に着手していた。ハノイ北方七十五キロのタイゲン省のクバン、リナムの二鉱山とハノイ南方、百二十キロにあるタンホア省のヌイバン鉱山である。「鉱山開発を始めるといっても、三鉱山に対して、フランス人技術員が一名だけで、他の者はみなズブのシロウトであった」。しかし、三鉱山とも鉄鉱石が大きく露出しており、さしあたり露天掘りで採鉱を進め、日本から技術者を呼んで調査を行うことになっていた、という。

内川は、タイゲン鉱山についてこう記している。

「タイグエンは、今ではベトナム最大の重工業地帯として重要な役割を果しているが、開発に着手した時は、笹の一杯生えた荒山つづきで、これを切って焼き払い、急造の人夫小屋では夜には虎がフーッと大きな息をはいて周辺をうろつくという有様であった。しかし、採掘した鉄鉱石は鉄含有量が七三%という高品位のもので、割ったところは青ずんでいて打ち合わすとチン・チンと金属製の音がする、すばらしいものであった。

この鉱石を山元から軽便鉄道で、二粁（キロメートル）余り運んで川岸へ出し、そこから一〇〇トンの帆船で、川や運河を一〇〇粁下り、ハイフォン港の貯鉱場へ陸上げし、日本へ輸出するというのである*[34]」

印度支那産業会社の設立

中堂観恵がハノイから海軍省に送ったベトナムの鉱山資源開発事情に関する情報は、外務省を経由して、発足したばかりの台湾拓殖会社（台拓）に届く。同社はすぐに在ハノイ総領事館に問い合わせる。送られてきたのは、山根道一が仏印全域で調査した「鉱山資源報告」であった。中堂の情報と、山根の報告が一つにかみ合ったのである。台湾拓殖会社は直ちに事業課長の大西文一を中心に台湾総督府鉱山局の技師を含めた「調査団」をハノイに送る。調査団は澤山商会の鉱山だけでなく、北部ベトナム地域のクローム、銅、マンガンなどの調査に当たった。台湾拓殖側はこの調査で、澤山商会の鉱山事業を譲り受け、国家的事業として進めることを決め、筆頭理事の大西一三がハノイに渡り、澤山商会の代理人、山根道一と買い取り交渉に入った。一九三七（昭和十二）年十二月四日、両者は事業買収契約に調印する。買い取り価格は澤山商会がそれまでに投下した九十三万ピアストルのみ。澤山側はこの種の取引につきものの権利金など一切要求しなかった。台湾拓殖は仏印当局の承認を受け、新たな経営主体として資本金十万ピアストルの仏印法人「印度支那産業株式会社」を発足させた。台湾拓殖の一〇〇％出資会社である。

印度支那産業の社長には台湾拓殖事業課長だった大西文一が就任、社員を送り込む。山根道一は台湾拓殖の嘱託の顧問となり、仏印総督府との〝窓口役〟を任される。澤山商会の社員は全員、この印度支那産業に転籍して、鉱山開発の仕事を続けるが、それは「表向き」だった。後述するが、山根の〝本来の仕事〟は、松下と連絡をとりながら、ベトナムの独立運動家たちと接触し、日本軍の仏印進駐時に一斉蜂起する準備にあった。澤山商会のオフィスも兼ねていた自宅は、印度支那産業の発足とともに、彼が新たに主宰する「印度支那経済研究所」の事務所となる。ここが〝ハノイの梁山泊〟と呼ばれ、ベトナムの多数の有識者や革命家たちと、日本人支援者たちを繋ぐ交流の拠点となっていくのである。

山根は澤山商会の代理人としてハノイに渡る前から、インドシナの鉱物資源開発を日本が独占する構想を持っていた。彼は一九三七年二月、台湾総督府に立ち寄り、官房外事課長の坂本龍起に会い、「親日的フランス人」と組んで「印度支那鉱業会社」をつくり（一）東南アジアの鉱物資源を台湾で電解製錬する（二）原料鉱石の確保と一貫作業のために鉱山採掘、輸出をする会社を完全に日本側で支配する、などといった案を示し、総督府の協

1937年12月4日、澤山商会と台湾拓殖との仏印事業買収契約締結記念（ハノイ市）。前列左端・大西文一、一人おいて山根道一、4人目・大西一三（台湾拓殖理事）、後列左より5人目・内川大海、6人目・氏原進、7人目・日渡敬治（内川大海『シルクロードの夢』より）。

力を求めている。この案は坂本から外務省欧亜局長、東郷茂徳に「山根道一渡来に関する件」（同年四月十四日）として、報告されている。

この中で坂本は山根について

「先般（二月下旬）、山根道一なる者、安南の鉱物調査に赴く趣を以て当方に立寄り種々懇談し去候、同人は、小官初対面には有之候得共、見掛けたる処穏健且国際常識に富み又述ぶる所条理あり、好印象を得たるに付、小官も努めて安南人を避け仏人と提携するを可とすべく万事領事館と連絡を執る様、又、小官として尽力し得るものは之を辞せざるべき旨申述置候」

と述べている。台湾総督府官房外事課長の坂本は、一回の面談ですっかり山根に惚れ込んだのである。山根は〝人たらし〟でもあったのだろう。

山根はハノイから一時帰国する途中の同年四月、再び台湾総督府に立ち寄り、坂本に「仏印の法律では一会社に独占的な権利は許容されないが、日本側が連合体を組んで、仏印側に有力な相手を設定すれば、事実上、仏印の鉱物資源を日本側に提供させることは可能だ」と報告する。「面白い案だ」と乗り気になった坂本は、東郷局長に山根の提出した「調査手記」と、身元照会用として、山根の「履歴書」を送っている。

印度支那産業の創設には、早い段階から山根の各方面への細心な根回しがあったわけである。澤山商会のハノイ事務所開設が同年七月。そして十二月には台湾拓殖会社を全面的に巻き込んだ「印度支那産業会社」が発足する。わずか一年足らずの間の〝仕掛け人〟山根の〝早業〟であった。山根道一にとっては、これがベトナム独立運動を推し進めるための、確固たる足場を築く前哨戦だったといえるだろう。

第七章　北部仏印進駐とベトナム復国同盟会

日独伊三国同盟の締結

印度支那産業の前身、澤山商会ハノイ事務所が発足した一九三七（昭和十二）年七月に勃発した盧溝橋事件は、一か月後には第二次上海事件に発展する。日本陸軍は上海派遣軍を送り込み、南京に向かって敗走を始めた中国軍を追撃、同年十二月には南京を占領した。首都、南京が陥落しても戦争は終わらなかった。中国軍は広大な中国大陸の奥深く退却してゲリラ戦を展開。蔣介石は一九三八（昭和十三）年一月には首都を重慶に定め、徹底抗戦を続けた。

中国駐在のドイツ大使、トラウトマンの仲介で和平交渉が進んでいた最中の同年一月、近衛文麿首相は突如、「今後は国民政府を対手にせず」との声明を出し、自ら和平の機会を断ち切ってしまった。近衛は、日本の戦争の目的は「東亜新秩序の建設である」と声明し、国民政府の有力指導者の一人、汪兆銘を重慶から脱出させ、一九四〇（昭和十五）年には、南京に新政府をつくらせる。国民党の蔣介石は共産党と協力し、アメリカ、イギリス、オランダやソ連などの援助で、粘り強く抗戦し、戦争はいつ果てるともしれない泥沼の長期戦に踏み込んでいった。

世界情勢も混沌としていた。欧州ではナチス・ドイツの勢力が拡大、一九三八(昭和十三)年にはオーストリアを併合する。翌三九年八月にはソ連と不可侵条約を結び、世界を驚かせた。日本はこの頃、ソ連に対抗するためにドイツ、イタリアと結んだ「日独伊三国防共協定」によって、ソ連国境の張鼓峰事件や満州・外蒙古国境でのノモンハン事件など、ソ連との軍事衝突を起こしていた。ドイツは東ヨーロッパの分割を決めたソ連との〝秘密協定〟に基づき、一九三九(昭和十四)年九月一日、ポーランド侵攻を開始する。ポーランドと同盟関係にあったイギリス、フランスはドイツに宣戦を布告。ソ連はまたたく間にポーランドの東半分、バルト三国を占領し、欧州を戦場にした第二次世界大戦が始まった。

一九四〇(昭和十五)年の五、六月にかけ、ヨーロッパでドイツが大勝利を収めると、日本国内では陸軍を中心に、ドイツとの提携強化の声が一気に高まる。同時に、東南アジアにあるイギリス、フランス、オランダの植民地を日本の勢力圏に取り込み、石油、ゴムなどの資源を確保しようという「南進論」も強まっていった。近衛内閣の松岡洋右外相は、ドイツ、イタリアと交渉を進め、同年九月、「日独伊三国同盟」を締結する。三国同盟は東アジアにおける日本、欧州におけるドイツ、イタリアの指導的地位をお互いに認めあい、日独伊三国の結束は一段と強化された。

援蔣ルート

中国戦線が泥沼化してくると、重慶の蔣介石政府に送り込まれている英国、米国、オランダなどの支援物資が、長期抗戦を呼号する中国軍を物心両面から支えている、と日本軍は認識していた。香港、マカオ、杭州湾などの中国沿海部から物資を陸揚げし内陸に輸送するルートは、日中戦争が華中、華南へと拡大するのに合わせて日本が実施した中国沿岸封鎖によって次第に遮断される。しかし、南シナ海方面から北部仏印を経由して雲南山脈を越えて持ち込まれる物資を遮断するには、まず仏印沿岸からわずか二百キロ余、目と鼻の先にある海南島に日本軍の足場を築く必要がある。しかし、それには難しい問題があった。

フランスは仏印の安全を確保するために一八九七（明治三十）年、中国と海南島の不割譲条約を結んでいる。海南島に日本軍が進出し、占領すれば、仏印全域が日本軍の直接的脅威に晒され、フランスにとって深刻な脅威となる。日本にとっては、日中間の紛争である日中戦争にフランスを巻き込む恐れがある。英国にとっても、自国の植民地であるシンガポールと香港を結ぶ戦略的な連絡ルートが断ち切られ、香港は孤立する。米国も、支配下におくフィリピンの戦略的価値が半減する。各国の反発は目に見えていたし、日本も迂闊には動けない。

日本とフランスとの間での援蔣物資輸送に関する交渉は一九三七（昭和十二）年から始まった。日本側の、仏印経由での中国向け武器輸出の禁止の申し入れに対し、フランス側の回答は、「宣戦布告がなされていない状態では、日中双方にたいする武器輸出は自由であり、仏印経由での武器輸送を禁止する義務はない」だった。以後も、フランス側のこの基本方針は変わらず、交渉は平行線をたどり、蔣介石軍への支援物資を送り続けた。一九三八（昭和十三）年になると日本は「海南島に対して行動を起こし、雲南鉄道を爆撃することも辞さない」と繰り返し表明、ゆさぶりをかけた。

日中戦争は一九三九（昭和十四）年に入っても解決のメドは一向に立たない。日本海軍が「対中国経済封鎖を強化して援蔣ルートを断つ」という〝軍事目的〟から、海南島攻撃作戦に踏み切ったのは、同年二月十日である。海南島を占領した日本海軍はさらに翌三月末、仏印近海のパラセル諸島（西沙群島）やスプラトリー諸島（南沙群島）も占領し、この地域を台湾・高雄市の行政区域に組み込んだ。仏印からの援蔣ルート遮断は航空攻撃によらざるを得ない、そのためには仏印の目と鼻の先の海南島に航空基地を建設する必要がある、というのが海軍の狙いであった。フランスや英米が恐れていたことが現実になったのである。各国は一致して対日強硬策をとり、日本を経済的に封じ込めると同時に、蔣介石への支援を増強しようと躍起となった。

仏印から国境の山間を越えて中国国民政府の首都がおかれた重慶までは一千キロ余り。当時、北部仏印から重慶へ物資を運ぶルートは二本あった。一本が、ハイフォン港などで陸揚げされた物資を、ハノイを経由し雲南鉄道で紅河（ソンコイ河）沿いに北上、ラオカイから中国・雲南省の昆明を経て重慶に至るルートである。もう一本は、ハノイ付近のジャラムで分岐したランソン鉄道で中国国境近くのランソンまで運び、そこでトラックに物資を積み替え、国境の鎮南関（現・友誼関）を通り、中国の南寧に向かうコースである。ランソンから国境を越えて南寧までの鉄道は建設途上にあった。

当時のフランス領インドシナ連邦

一九三九（昭和十四）年十二月末、援蔣物資輸送停止に関するフランスとの外交交渉の行き詰まりに、業を煮やした日本海軍は、中国領内の雲南鉄道爆撃に踏み切った。爆撃は六回にわたって行われ、鉄道は運行不能になる。フランスは日本に繰り返し抗議した。それでも日本は翌年二月にも第二次雲南鉄道爆撃を行う。この時、海軍機が誤って運行中の列車を爆撃、フランス人や中国人など四十人が死亡、八十四人が負傷する。雲南鉄道は中国側の懸命な復旧作業によって三月には復旧し、援蔣物資の輸送は再開された。こうなると、輸送ルートを断つための「日本陸軍の仏印進駐」は、必至の情勢になってきたのである。

ベトナム復国同盟会の結成

「日本軍の仏印進駐の時こそ祖国ベトナムの独立が成就する時である」――こう考えていたクオン・デは一九三七（昭和十二）年頃から、積極的な動きを始めている。松井石根たちだけでなく、フランス総督府に追われ東京に留まっていた松下光廣や、大川周明たちの強い後押しもあったのだろう。松下にとっても、サイゴン復帰の望みは日本軍の仏印進駐の時しかない。クオン・デは新たな組織として「ベトナム復国同盟会」の結成に乗り出した。

クオン・デは、「自伝」の類を一切、書き遺していない。特に彼が自ら総裁となって創設した「ベトナム復国同盟会」については、語学上の問題もあって、日本の研究者にとっては全くの未知の分野だった、とベトナム研究者の白石昌也（早大教授）は言う。彼は三十年ほど前、クオン・デの長男、チャン・リエットが一九五七年にサイゴンで出版した『クオン・デの革命の生涯』を入手、一九八二（昭和五十七）年、「アジア経済」に「ベトナム復国同盟会と1940年復国軍蜂起について」と題する論文を発表している。

白石論文によると、「クオン・デの革命の生涯」は、タン・ラム（松林）という記者が一九四三（昭和十八）年十二月十二日から一週間かけてクオン・デに毎回数時間ずつインタビューしたものだ。印刷する前に、クオン・デが目を通しており、本文ではクオン・デを指すのに第一人称が用いられ、自伝の体裁をとったインタビューだという。チャン・リエットは昭和三十一年、弟のチャン・クーと一緒にクオン・デの遺骨を引き取りに来日し、内縁の妻であった安藤ちゑの自宅を訪れたことは前述した（序章）。この時、遺骨と一緒にゆかりの資料を持ち帰ったが、このインタビュー録もその中のひとつだったのかも知れない。白石は「記述内容はクオン・デ自身にしかわからない事実も多く、（略）信頼がおけると思われる。これをクオン・デの口述回想録とみなして差支えないと思われる」[*35]と記している。

もう一つ、参考になるのが、前述した大川塾一期生で、大南公司の常務を務めた西川寛生（本名・捨三郎）が戦後、「流れ社」の会報「流れ」に書いた「ヴェトナム〝復国〟秘史」と、大川周明顕彰会会報の「大川先生とクォン・デ殿下」だろう。西川は日本軍の北部仏印進駐時に、軍属の通訳としてハノイに渡り、復国同盟軍の蜂起と挫折を、現場近くで目撃している。以下はそれらを参考に記述する。

クオン・デは、日中戦争が本格化してくるのをみて、「『必ずや東亜の時局に大きな変動が生じ、東亜の被圧迫民族はみな独立獲得の機会を得るであろう』と予想し、まずそのためには組織を整頓して時機の到来に備えねばならない」[*35]と考えた。

一九三七（昭和十二）年十一月上旬、彼は中国南部にいるベトナム人同志を糾合しようと香港に渡っている。彼はここで広州のブ・ハイ・トウ、チャン・チュン・ラップ、ホアン・ナム・フンらに手紙を書いた。内容は、十一月末に、香港にベトナムの革命同志を招集して、その後の行動計画を示し、「日本人が現在行なっている東南アジア戦争の環境に適合せしめたい」というものだった。

しかし、日中戦争の拡大で手紙は届いたのかどうか、返事はない。香港で連絡を待って待機するクオン・デは、英国官憲に日本のスパイと疑われている気配を察知し、置手紙を残して同月末、日本に戻った。その後、しばらくしてベトナム人広州グループの中心的活動家であるホアン・ナム・フンからの手紙が日本に届く。フンは十二月三日にクオン・デの手紙を受け取り香港に急行、クオン・デが宿泊していた九竜の新新酒店を訪ねたが、彼は、すでに日本に戻った後だった。

置手紙には「イギリス当局に（日本のスパイとして）疑われ始めているので東京に戻るが、後日連絡を取るから香港に残留して待て」とあり、封筒内には二千ポンドの香港銀行の小切手が入っていた。

ホアン・ナム・フンは指示に従って香港に残留し、広州の同志たちに香港に集合するように伝えた。一か月後にはチャン・チュン・ラップ、チャン・ボイ・ロン、ファン・チョン・ドアン、チャン・ミン・ドクら十人近い顔ぶれが集まってきた。彼らは九竜に家を借り、そこで生活をしながら、クオン・デの指示を待つことになった。待機中の生活費は一部をクオン・デが残していった金でまかない、一部は彼らが手分けして学校の講師をしたり、新聞に記事を書くことなどで補った。

また、この頃から「日本からやってきたばかりのホア・チなる人物」の援助を受け始めたという。白石昌也によると「ホア・チ」は日本語の「和知」であり、当時、台湾や中国で特務工作にあたっていた和知鷹二《わちたかじ》（当時大佐、後中将）のことである。和知は一九三一（昭和六）年の橋本欣五郎や長勇らがつくった「桜会」の中心メンバーであり、未遂に終わった三月事件、十月事件の首謀者の一人である。彼は古くから大川周明や仏印派遣軍参謀長となる長勇たちと昵懇の間柄であり、関東軍参謀や支那派遣軍参謀として、長く諜報活動に携わった。

大川周明が東亜経済調査局の顧問として、「大川塾」設立に奔走していた頃は「毎日のように（大川のいる）顧問室に入り浸っていた」（山岸敬明）[*30]という。和知は大川塾設立を背後で支援していたと見てもよい。その和知が一九三八（昭和十三）年三月には台湾軍司令部付きとして特務工作に従事することになったのである。この時期、台湾では仏印の経済開発を目的に、台湾拓殖とハノイの澤山商会代表、山根道一との間で「印度支那産業」設立工作が進んでいた。クオン・デの支援者である松井石根や大川周明、長勇らと同志的な繋がりを持つ和知鷹二が、彼らから依頼されると同時に、自らの職務として、香港でクオン・デの同志たちと接触、資金援助をしたとしてもなんの不思議もない。

和知鷹二は香港に集結したクオン・デの同志たちとしばしば会って、

「（東京の）クオン・デは最近、海外とベトナム国内の革命勢力を復興し、反仏活動を謀るために革命運動を改組することを主張している。将来戦争の局面はインドシナにおけるフランス人の威勢を打ち崩すことになるであろうから、情勢は今やベトナム人にとって有利である」と伝えた。

クオン・デも長い書信をしばしば彼らに送った。

「近い中に日本人は東シナ海方面に行軍し続けるであろうが、ベトナムは彼らにとって重要な地点である」「自分たちの革命勢力の強化のために、全員が臨時に手を取り合って日本人と結び、機会を利用すべきである。その後の段階になって、国土解放の諸活動に適合するような歴史的な性格に立脚すればよい」

当時、ホアン・ナム・フンら香港に集まったベトナム独立運動家たちの間には、日中戦争での中国の立場に同情的な意見が強かった。日本軍の南進の機会を利用して、ベトナムの独立を勝ち取る、というクオン・デの戦略には異論もあったのだろう。クオン・デは「まずフランスからの独立が先決であり、新しい国造りはその後の問題である」という〝二段階論〟に立って、彼らを説得したことが、読み取れる。

親中国派の立場からすれば、中国を侵略している日本軍に頼る、という大きな方針転換である。日本軍を信用できるのか、集まった同志たちは慎重な議論を行った。その結果、「この際（クオン・デの意見に従って）時局を利用すべきである」との結論に達する。同志たちのなかに、「東遊運動」での日本留学組が多かったのも、この結論に達した一因だろう。同時にクオン・デを中心としたグループだけでなく、ベトナム革命党など中国各地の他のグループとも連絡をとり、協力していくことも決めた。

クオン・デは一九三九（昭和十四）年二月末、再び東京を発って上海に行き、各地から集まったベトナム人たちと会合を開く。この席上で、クオン・デが行動綱領の草案を示し、会議でいくつかの修正を行った上で、「時局を利用して国内外の諸組織を糾合するために、ベトナム復国同盟会を設立する」ことが正式に決まった。この時の行動綱領は残っていないが、白石は、パリの旧植民地省に残る文書では「明らかに立憲君主制を標榜するものであった」と書いている。

この結成会議で、「ベトナム復国同盟会」の中央執行部が選出された。中央執行部委員長はもちろん総裁であるクオン・デである。以下、組織部長はブ・ハイ・トウ（グエン・ハイ・タン）、財政部長はチャン・フー・コン（グエン・トック・カイン）、外交部長はチャン・フイ・タイン（チャン・バン・アン）、訓練部長はホ・ホク（ゴク）・ラム、内務兼調査部長がホアン・ナム・フンなどとなっている。会議終了後、クオン・デは日本に戻り、復国同盟会の本部は東京に置かれた。仏印復帰を東京で待ち続ける松下光廣は総裁代行に指名され、大南公司の支店網を通じて、ベトナム国内の同志たちとの連絡役を担当する。

組織部長のブ・ハイ・トウは、東遊運動期に日本を訪れたことがあり、中国亡命後はファン・ボイ・チャウたちとベトナム光復会で活動し、後にホー・チ・ミン政権の副主席となる。財政部長のチャン・フー・コンは東遊運動で来日した最初の青年の一人であり、東京振武学校、成城中学、東京師範学校で学び、杭州を拠点としていた。ドイツで医学博士号もとった文化人であり、中国政府の中にも振武学校時代の知己が多かった。

外交部長のチャン・フイ・タインは南部ベトナムの出身。十歳の時、東遊運動で日本にやってきて、同運動が解散した後も日本に留まり、早稲田大学を卒業後、中国に渡って北京などで日本語を教えていた。クオン・デの側近の一人である。訓練部長のホ・ホク（ゴク）・ラムも東遊運動で来日し、東京同文書院で学んだ。後に共産党のシンパとなり、ベトナム革命同志会にも関与する。クオン・デが日本を追放された際には、彼を護衛して上海に渡った一人であり、クオン・デの人生にとっても極めて重要な人物であった。

ベトナム復国同盟会の中心人物の多くが、「日本に学ぼう」という東遊運動で日本にやってきて、フランス政府の要請で運動が解体され、日本を追われた経験を持つ人たちだったのである。

復国同盟会は当面の活動目標を、国内外の同志との連絡、糾合においた。南部ベトナムではチャン・カン・ビンのカオダイ教との接近も図られた。後に南ベトナム大統領に就任するゴ・ディン・ジェムら全国各地の独立運動家に連絡がとられ、彼らは仏印当局から「親クオン・デ派」「親日派」の抗仏分子として、〝監視対象〟になっていく。

もう一つの活動が、チャン・チュン・ラップ（陳中立）を中心とする武装活動組織の立ち上げである。クオン・デは和知鷹二に依頼して、広州駐屯の日本軍当局に紹介してもらい、ラップには広州駐屯日本軍の「大尉」の資格が与えられたという。後述するが、ラップは広州を活動拠点にして「ベトナム復国同盟軍」を組織し、日本軍の仏印進駐時には、総司令として約三千人のベトナム兵の先頭に立って蜂起する。

台湾からの祖国向けベトナム語放送

日本が「南進」政策に本格的に踏み切ったのは、一九四〇（昭和十五）年七月、第二次近衛内閣が成立した直後からである。新内閣成立後に決められた「世界情勢の推移に伴う時局処理要綱」（大本営政府連絡会議決定）が決定的な転換点となる。

それまでの南進論は、米国海軍の拡充が目立つようになった一九三五（昭和十）年頃から、海軍を中心に対米軍備拡張の理論として唱えられていた。一九三九年の海南島占領、西沙、南沙群島領有宣言などを契機に「南進構想」は熟してくる。「時局処理要綱」は、前文で「支那事変の処理未だ終らざる場合に於いて、対南方施策を重点とする態勢転換に関しては内外諸般の情勢を考慮して之を定む」とし、一、二条で「南方施策は情勢の変転を利用して推進に努め、仏印に対しても状況により武力を行使することあり」と明記されたのである。海軍だけでなく、陸軍も「南進」に向けて走り始めた。

南方進出の拠点として、台湾総督府や国策会社である台湾拓殖会社の持つ意味は、極めて大きくなってくる。仏印総督府は、当然、フランスの立場に立って反独、反日の世論工作を強めた。日本の台湾総督府はこれに対抗して、「適切な情報をベトナム人に提供する」必要に迫られる。そのために台北から仏印に向けたベトナム語のラジオ放送を計画した。台湾総督府のこの計画を、東京の参謀本部も了解した。すでに各方面からの根回しは済んでいたのだろう。台湾総督府は東京のクオン・デにベトナム語放送の組織づくりを要請したのである。

一九三九年十月、クオン・デは直ちに台北に向かい、広州の復国同盟会の同志たちに連絡する。広州や香港から相次いで同志たちが台北にやってきた。台北に集まった復国同盟会のメンバーは二十一人。クオン・デも台北に常駐するようになり、復国同盟会の本部を台北に移す。

台北からのベトナム語放送班は総督府情報課によって組織された。同盟会側からはホアン・ナム・フンら四名が責任者として委嘱され、これに長年ベトナムに在住した日本人女性が加わった（白石によれば「カラユキさんの残党」であろうという）。放送は連日夜十時から行われた。長年、海外で逃亡生活を送って来たクオン・デらベトナム人たちにとって、本国に直接、呼び掛ける機会がようやく到来したわけである。

この計画を了承した日本の参謀本部は当初、「宣撫的なもの」であり、仏印政府をひっくり返しベトナムの独立を目指すものではない、との方針だった。しかし、復国同盟会にしてみれば、本国向けに組織の存在を宣伝する絶好のチャンスである。このラジオ放送を通じて「グエン王朝の王子様、クオン・デ侯が帰ってきてベトナムは独立する」という宣伝がベトナム各地で広く知られるようになっていった。

台北では日本側の要請で、日本軍士官に対するベトナム語の教室も開かれた。クオン・デたちは、これを近い将来の日本軍の仏印進駐に備えてのものだと理解し、ベトナム語だけでなく、ベトナムの風俗、習慣や独立解放に対する思いを、日本軍士官たちに語ったという。ベトナム向け宣伝放送の場が、次第にベトナム進軍のために待機する拠点的要素を強めていった、と言えるだろう。

クオン・デは復国同盟会本部を台北に移す時、内縁の妻である安藤ちゑのを同行した。前述したちゑのの養子、安藤成行は二人が台湾に渡った日のことをよく覚えている。当時、成行は両親と神戸に住んでいた。ある日突然、クオン・デとちゑのが訪ねてきた。成行一家と二人は久しぶりに会食した。翌日、二人は台北に向けて神戸港から旅立つ。両親とどんな話があった

台北での記念写真。前列中央・クォン・デ、右端・安藤ちゑの

のかはわからないが、成行の父、仁はその後、台湾拓殖会社に就職し、一家は海南島の海口支店で終戦を迎えることになる。多分、クオン・デはベトナム復帰の日に備え、仁の家族も海南島に待機させたのだろう。

ちゑのは、台北でクオン・デの友人家族と一緒に会食した日の写真を、戦後も大事にとってあった。二組の若い夫婦と二人の子供を含めた八人の集合写真である。幼い子供たちも含め、楽しい晩餐だったのだろう。クオン・デはフエに残した家族を思いだしたに違いない。後述するが、この同じ写真が、終戦間際にハノイやフエの有識者の間に「クオン・デの日本の家族の写真」として、密かに配られ、クオン・デのベトナム復帰の大きな障害となったのである。

日本軍の南寧攻略

台北からのベトナム語放送が開始された頃、一九三九(昭和十四)年十一月十五日、台湾軍(司令官、古荘幹郎大将)の指揮下にあった日本軍第二十一軍の第五師団(師団長、中村明人中将)が南寧攻略作戦を実施する。欧州での戦線が拡大してくるとフランスは、中国支援強化のためハイフォンに陸揚げしたままになっていた援蔣物資を急ぎ重慶に送るため、中国に対するトラック輸送に関する規制を緩和した。この結果、仏印から中国方面に向かうトラックの台数は通常の倍以上に膨れ上がっていた。これが日本軍に南寧攻略を決意させた。

この「南寧作戦」が、陸軍が武力的南進に関心を示した最初の作戦だった。陸軍参謀本部は同年五—九月のノモンハン事件での敗北の結果、首脳陣が大幅に更迭され、富永恭次少将が作戦担当の第一部長に就任していた。彼は陸軍部内の南進論の中心的人物であり、第一部長就任時から、南寧作戦を強力に主張していた。雲南爆撃を繰り返し、南進政策を早くから主張していた海軍に異論のあるはずはない。この作戦、表向きは援蔣ルートの切断だったが、富永以下の参謀本部はその後の南進政策の布石と考えていたのである。

南寧の南約百キロ、トンキン湾を挟んで海南島の対岸にある欣州湾に上陸した第五師団は、同二十四日には南寧を占領する。第五師団は余勢を駆ってさらに歩を進め、十二月二十一日には仏印国境付近の要衝、龍州を落とした。そして翌日には国境の鎮南関（友誼関）を占領する。鎮南関を一歩越えれば仏印である。いつでも中越国境から仏印に侵攻する準備が整ったのである。南寧作戦が成功すると、実行部隊だった第二十一軍はすぐに廃止される。代わって広州に南支那方面軍が新設され、また新たに占領した南寧には第二十二軍が置かれた。いずれも参謀本部直属の部隊である。南支那方面軍と第二十二軍は以後、仏印への武力侵攻を強く主張し始める。しかし、軍部の主流は仏印への平和的進駐であり、対立は次第に強まっていった。

第二十一軍参謀長として南寧攻略作戦に従事していた土橋勇逸（少将）に、参謀本部から「軍が南寧を占領するや否や、貴官はハノイに赴き、仏印総督と交渉せよ」との電報が届く。土橋の回想録『軍服生活四十年の想出』によると、「作戦最中の軍参謀長に左様な任務を与えることは適当ではなかろう」[*36]と相手にしなかった。ところが参謀本部は土橋の参謀長の職を解き、参謀本部第二部長を発令し、交渉を命じたのである。香港経由でハノイに着いた土橋は同十二月十八日、仏印総督、ジョルジュ・カトルーと会見した。

土橋はこの会見で（一）援蔣物資の通過を完全に止めること（二）国境の二、三の地点の視察を認めること（三）南寧の日本軍への補給をハイフォンから行うことを認めること——などを要求した。カトルーの返答は「中国向けの輸送物資に武器類はまったく含まれていない。フランス領内で他国の将校が調査を実施することは許可できない。仏印から中国領内の日本軍へ補給を行うことは差し支えない」[*37]というもので、「肝心の援蔣（物資）問題に関しては完全にはぐらかされてしまった」。土橋はのち中将に昇格、仏印駐屯の第三十八軍司令官として仏印に舞い戻り、昭和二十年三月九日の対仏クーデター「明号作戦」の指揮を執ることになる。

松岡・アンリー協定と仏印国境監視委員

仏印からの援蔣ルートを巡って日本と仏印総督府の交渉が暗礁に乗り上げていた頃、ヨーロッパの戦線は急展開する。一九四〇（昭和十五）年四月、ドイツはデンマーク、ノルウェーを急襲、五月にはオランダ、ベルギーを強行突破してフランスに攻め込んだ。英仏合同軍はフランス最北端のダンケルクに追いつめられる。英国軍はフランス側になんの通告もせずに、本国への撤退を開始した。フランス軍もあわてて撤退するが、多くの兵士が取り残され、犠牲となった。

休戦か戦争継続かの選択を迫られたフランス政府内では、フィリップ・ペタン元帥らの休戦派が多数を制し、六月十七日、ペタン内閣が成立、ドイツに事実上、降伏した。戦争継続派のド・ゴールらはロンドンに逃げ、亡命政権である「自由フランス」を樹立する。第一次世界大戦の英雄であるペタン元帥は、休戦することによって、無傷のまま残されたフランス艦隊と世界各地の植民地を温存することが得策と考えたのである。

本国が敗戦の憂き目にあっている時、アジアの一角の仏印でも、フランス当局は苦境にあった。日本軍は北の中国国境まで進出、東は海南島を占領している。当時、仏印のフランス軍の兵力は九万—十万人だったと言われるが、その大半は現地のベトナム人や山岳地帯の少数民族である。また、約三万人のヨーロッパ人兵士のうち三割は、戦場に駆り出されるのを避けて仏印に渡って来たドイツ人だった。海軍も戦艦は所有せず極めて脆弱だった。本国のペタン政府は、パリからボルドー、ヴィシーへと転々としており、十分な連絡もとれない。カトルー総督は当初、仏印を維持するためにインドやシンガポールを植民地としているイギリスに支援を求めた。しかし、イギリスも自国がドイツの総攻撃に晒されており、他国のために力を割く余力はなかった。日本軍との戦闘は絶望的だ、と判断したカトルーは結局、日本に譲歩するしかなかったのである。

日本政府が援蔣物資輸送禁絶に関する「対仏強硬申入案」を準備している矢先、フランス駐日大使のアンリーは同年六月十八日、「仏印総督は自らの権限で武器、弾薬だけでなくトラック、ガソリンの仏印経由の輸送禁止を決定した。外観上、目立たない日本側監視団の受け入れにも同意する」と外務省に伝えてきた。これを受けて日本側は西原一策少将を長とする「仏印国境監視委員」（西原機関）を結成。陸軍二十三名、海軍七名のほか外務省員十名、通訳数名で構成された。西原はパリ駐在経験をもつフランス通である。前述したように中堂観恵も海軍委員長としてこの監視委員に加わった。

国境監視委員一行は六月二十九日、ハノイに到着。フランス側は「独断で日本の進駐を受け入れた」としてカトルーを更迭する。新総督はフランス極東海軍司令官のジャン・ドクーに決まった。しかし、ドクーの着任が遅れたため、カトルーはその後も半月以上にわたって、実質的な総督として交渉に当たった。西原、カトルー会談で日本側は、「仏印に関して領土的野心を有していないこと、仏印との間で経済交流を推進したいと思っていることなど」を説明する。カトルーも西原に賛意を示し、「日本が仏印の領土保全を認めるのであれば、経済協力など日本との友好関係を確立したい」と表明した。

国境監視についてフランス側は、日本が提示した案をそのまま受け入れた。監視所は陸軍がランソン、カオバン、ハジャン、ラオカイに、海軍はハイフォン、チェンエンに設置することになる。早速、監視委員の活動が始まった。仏印経由の援蔣物資は完全に停止され、雲南鉄道は中国との国境ラオカイでレールの一部が取り外され、ランソンに通じる自動車道も国境付近で破壊された。さらにカトルーは仏印に駐在する中国領事の活動を制限し、重慶政府関係者三名を国外に追放する。

仏印現地でこうした交渉が続く中、東京では八月一日から松岡洋右外相とアンリー駐日大使との本国間交渉が始まった。フランス側があくまでも拘ったのは「仏印領土の保全とフランスの宗主権の承認」である。アンリーは日本側が文書往復によって正式に承認することを「交渉妥結の第一条件」とした。同三十日、「アンリーの申し入れを松岡が受諾した」という交換公文によって交渉は妥結した。

合意内容は、第一に、フランスは極東の経済的、政治的分野で日本の優越的な利益を認め、それと引き換えに日本は極東におけるフランスの権利と利益、特に仏印の領土保全とフランスの主権を尊重すること、第二に経済面では仏印において日本、日本人が可能な限り最も有利で、いかなる場合も第三国に比べ優越する地位を保障すること、が明記された。しかし、日本がフランスに要求する中国との紛争解決に必要な「軍事上の特殊な便宜供与」については、仏印現地での日仏両軍司令官による協議に処理を任せる、と記載されただけで、具体的な内容に関する記述はなかった。

「松岡・アンリー協定」は、言い換えれば日本は仏印を「占領」もしなければ「解放」もしない、フランスの行政機構は、すべてこれまでの状態を温存して一切干渉しない、ということを意味していた。これはフランスの植民地としてのベトナムを、そのまま許容するということであり、「大東亜共栄圏構想」の根幹である「アジアの解放」とは、相容れないものだった。

日本軍の仏印進駐に呼応して民衆が決起し、日本軍の力を借りてフランスの勢力を排除し、ベトナム独立を達成しようとしていたチャン・チュン・ラップ（陳中立）を総司令とする復国同盟軍は、このころ中越国境近くに結集しつつあった。クオン・デら復国同盟会のメンバーたちも台湾で待機しながら祖国復帰の日を待ち望んでいた。しかし、日本の方針は、ベトナムにおける独立運動を支援せず、結果としてそれを見放すという「仏印静謐保持」だったのである。

ベトナム復国同盟軍の旗揚げ

しかし、日仏が「手を結ぶ」交渉を進めていることなど、クオン・デたちは知る由もない。「日本軍が仏印に進出する日こそベトナム独立の日である」。こう信じて運動を展開してきたベトナム復国同盟会総裁のクオン・デは、チャン・チュン・ラップに対して決起準備の指令を出した。またベトナム南部で当時、二百万の信徒がいたといわれる新興宗教「カオダイ（高台）教団」にも伝えられた。カオダイ教では「東の国から白馬に乗った王子が帰ってきて祖国を救う」との予言が信じられており、教徒たちはクオン・デをその救世主として待望していたのである。「松岡・アンリー協定」の趣旨とは裏腹に中越国境地帯では、武力侵攻の準備が着々と進んでいた。

ラップら復国同盟軍の幹部八人が、南寧に駐屯する陸軍第二十二軍に合流したのは、西原一策少将の「仏印国境監視委員」がハノイ入りした直後の、同年七月末から八月上旬だといわれる。復国同盟軍の顧問となる氏原進と増井準一の二人は七月二十日、山根道一の指示によって、南寧の第五師団の軍属として軍用機で南寧に飛び、ラップらの到着を待っていた。

前述したように氏原と増井は、山根道一の澤山商会ハノイ事務所から台湾拓殖の子会社である「印度支那産業」に移っていた。山根は、第二十二軍参謀であり、仏印国境監視委員の一員でもあった中井増太郎大佐の要請で、仏印の現地事情に詳しい氏原と増井を軍嘱託として第五師団に送り込んだのである。二人の公式の任務は「北部仏印進駐の誘導と越南復国同盟会の指導ならびに仏印の軍民動向調査」であった。

山根はこの中井大佐を通じて、第二十二軍参謀の権藤正威中佐にもラップらの復国同盟軍の支援を要請していた。また、台湾でクオン・デを支援していた和知鷹二も当時、広東駐屯軍付きとなっており、広東特務機関にラップらの支援を依頼した。復国同盟軍は日本の本国政府や大本営が正式に容認したものではない。陸軍出先機関の〝ベトナム独立支援派〟や〝武断派〟によって、独断で支援体制が組まれ、組織化されたともいえるだろう。これが後に誤解や混乱を生むことになる。

ラップと共に南寧入りしたベトナム人幹部は、ゴ・フォン・チャン（呉方正）ら八人。「ベトナム復国同盟軍」の正式な旗揚げであり、ラップが総司令官に、チャンが副司令官に就任する。現地日本軍の支援もあって、復国同盟軍には中国各地にいたベトナム人や、国境を越えて中国入りしたベトナム人たちが集まり、組織は急速に膨れあがり、日本軍の仏印進駐を待っていたのである。

ラップはクオン・デを担いで「東遊運動」を始めたファン・ボイ・チャウと同郷の中部ゲアン省の出身。若い頃、チャウの門下生として独立運動に参加、一九一二年、チャウが広東で結成した「ベトナム光復会」の党員になった。以来、反植民地闘争の積極的な活動家として活躍し、一九一四年の

仏印進攻前のベトナム復国同盟軍幹部（1940年9月23日）。左より、氏原進、チャン・チュン・ラップ、増井準一、ゴ・フォン・チャン（内川大海『シルクロードの夢』より）。

ハノイでのフランス兵舎襲撃事件に加わって逮捕され、タイゲンの監獄に収監された。獄中の同志たちと謀って脱獄し、囚人暴動を企てるが、フランス軍によって鎮圧され、単身中国に亡命した。その後は中国国民党軍に参加し、蔣介石軍の北伐に従って中国各地を転戦する。上海攻撃の際は志願してフランスの守備隊と交戦した。

彼を知る西川寛生によると「その風貌は長年の戦場と獄中で鍛えられた筋骨の逞しさと眼光の鋭さ、見るからに闘志溢れて迫力を覚える、一種の異相で、当時のヴェトナムにあって、確かに剛直かつ純粋な革命家であった」[*38]。

彼は、やがて密かに祖国ベトナムに潜入、ハノイに隠れ住んで反フランスの地下活動に奔走していた時、山根道一の知遇を得て、以後、極秘裏に山根の援助を受けていた。ラップはハノイから東京のクオン・デに連絡をとって「復国同盟会」のメンバーとなり、復国同盟軍の司令官に指名される。彼はハノイを発つ時、復国同盟軍がハノイに入城し、クオン・デを元首に戴く独立新政府が樹立された時、組閣する閣僚名簿案を山根に託したという。

一転、平和進駐の合意

「松岡・アンリー協定」が調印された一九四〇（昭和十五）年八月三十日、陸軍の南進論の急先鋒である参謀本部第一部長、富永恭次少将が、仏印国境監視委員長、西原一策の補佐役としてハノイに送り込まれた。西原は新しく仏印総督に就任したジャン・ドクーに日本軍の進駐に関する具体的事項の協議開始を求めた。しかし、ドクーは本国から訓令が届かないことを理由に、西原の申し出を無視、現地協定に応じない。「富永少将は参謀総長の命なりとの意味か何かで、然らば兵を進めるぞと、九月二日夕刻〔を〕期限〔付〕の最後通牒的態度に出る。そう迄せんでもと思われるが、多分威嚇は成功するだろう」（大井篤『統帥乱れて』[*39]）

威嚇が効いたのだろう、二日夜になってドクーは「ペタン元帥から訓令が届いた」として交渉に応じることになった。三日、ようやく西原とマルタン仏印軍最高司令官との間で交渉が始まった。「昨夜より仏国側折れ来り、本日は空気緩和、大抵日本側の要望を容れ協定すべき模様なり」[*39]のとおり、四日、「南支派遣日本陸海軍最高指揮官代表と印度支那軍最高指揮官との間の軍事協定成立の為の基礎事項」（ハノイ協定）が結ばれた。あくまでも北部仏印進駐のための「基礎事項」であり、最終協定ではない。

この「基礎事項」には「日本軍の行動区域をソンコイ河（紅河）以北に限定し、フランス軍最高指揮官の許可なくハノイに入らないこと、フランスの軍事、行政機関はそのまま存続し、権限も不変であること」などが盛り込まれ、軍事に関しても「トンキン州に同時にいる日本軍地上部隊の兵力は、仏印側が同地域に動員可能な兵力の三分の二を越えてはならない」となっており、進駐した日本軍の行動は大きな制約を受けることになる。

最終協定に向けた交渉が始まろうとした矢先、また紛糾が起きた。同六日、中越国境の鎮南関を警備していた森本宅二中佐指揮の二個中隊が国境を越え、約二キロ仏印領内に入ってしまったのである。この侵入事件が意図的だったのか、国境に気づかず、うかつに越境したのかは定かでない。越境に気づいた仏印側の守備隊長の注意で森本大隊は引き返し両軍の衝突には至らなかった。しかし、フランス側はこれを「威嚇的行為」とみなし、決まったばかりの「基礎事項」違反であるとして、交渉中止を日本側に申し入れた。本協定を結ぶ交渉は、第一歩から躓いたのである。

この頃から日本本国でも話し合いによる平和進駐ではなく、武力侵攻すべし、との声が高まった。大井篤は前掲『統帥乱れて』の中で、一九八二（昭和五十七）年に出版された『参謀次長沢田茂回想録』が「この時期の全貌をつかむ上で、いちばん参考になる」として、以下を引用している。


「私（沢田）は今まで（森本大隊長の越境事件生起まで）、はやる連中を抑えて、とにもかくにも平和進駐を実行しようと極力努力してきたが、事態がこう悪化してくると、もう猶予することができない。前線部隊がまた、どんな間違いを引き起こすかもしれない。今や断固として武力進駐を決行するほかない。

そこで九月九日、私は近藤軍令部次長をたずねて事情を述べ、協定破棄のまま進駐を決行する。もし仏印が抵抗すれば、戦闘となるもやむをえないと述べ、海軍側の同意を得た。次いで近衛首相を官邸に訪ねて叙上の事情を述べ、総理の同意を求めて内諾を得たので夕刻、東条陸相を官邸に訪ねて『総理および海軍の同意を取りつけてきたから、とり急ぎ進駐の手続きをとりたい』と相談したところ、大臣もさっそく同意された。そこから電話で松岡外相の同意を求めたところ、外相も同意の即答があったので、私は参謀本部に帰って第一部（作戦部）に命令の起案を命じた」

近衛首相も東條陸相も、さらに松岡外相も仏印武力進駐を了承して、海軍参謀本部は命令書の起案までしていたのである。

現地ハノイでは、九月十七日から、フランス本国政府の指示もあって、交渉が再開された。だが、交渉はまた難航した。フランス側が提示していた駐屯兵力の総数五、六千人を、日本側は二万五千人に増やせ、などと要求をエスカレートさせたためである。日本側は、フランス側に圧力をかけるため、同二十日、在留日本人全員の総引き揚げを命じた。いつでも攻撃に踏み切るとの意思表示でもある。それだけではない。西原一策を始めとする交渉団の引き揚げも通告。実際に西原は翌日、ハノイを離れハイフォン港外に停泊中の軍艦「子ノ日《ねのひ》」に乗り込んだ。交渉は決裂寸前だった。

「最初のつもりでは日本人総引き揚げのジェスチャーをすれば交渉はまとまり、本当に引き揚げなくても済むだろうくらいに軽く考えていた。そのため引き揚げを人目につくように派手にしようというわけで、わざわざハイフォン港まで臨時列車を出させる交渉をしたり、ハノイの駅を出るときには鈴木総領事が見送りに来て国歌〝君が代〟を合唱し、バンザイを三唱した」と内川大海は『シルクロードの夢』[*34]に書いている。

内川によると、引き揚げを命じられた日本人婦女子を乗せた船は、一足先に台湾に直行する。内川ら男たちはハイフォン港で大阪商船のスラバヤ丸に乗り、沖に出て出港を待った。二十一日には鈴木総領事も引き揚げて来て、同日夕、海南島に向けて出港する。「交渉決裂し武力進駐だ！　今度来た時は……」と乗船した日本人は手を叩いて喜んだという。

こうした騒ぎの中、東京で松岡洋右外相とアンリー駐日大使との間で急転直下、「仏印の平和進駐を認める」ことが決まる。西原代表は乗船していた「子ノ日」を着岸させ、ハイフォンで交渉が再開され、二十二日午後五時、ホテル・コメルスで調印式が行われた。交渉がまとまると、スラバヤ丸もハイフォン港に引き返した。調印された協定には、上陸に関する事項が付け加えられ、駐屯兵力は「いかなる場合も六千人を越えない」という上限が設定され、また北（中国）に向かって攻撃作戦を行う場合などの通過兵力は、駐屯兵力と合わせて二万五千人を越えないことが確認された。また「日本先頭部隊の入国」の項目で、九月二十二日午後十時に部隊搭載の第一船がハイフォン港に入港することを認めている。

統帥乱れて

「平和進駐」の日仏合意は出来たが、それからが大変だった。当時、海南島海口《ハイコウ》（現・中国海南省海口市）に司令部を移していた南支那方面軍の指揮下にある第二十二軍第五師団（中村明人司令官）は、すでに中越国境の鎮南関近くに進出、二十三日午前零時に仏印侵攻の態勢を整えていた。仏印側もこれに対抗して国境付近に兵を集結させ、にらみ合いの状態になっていた。「平和進駐」が決まれば、第五師団を撤退させなければならない。時間的な余裕は七時間しかない。命令が届き、攻撃を中止させることが出来るかどうか、微妙な時間だった。

「南支那方面軍に攻撃中止命令を出させなければならない」。海軍の第二遣支艦隊司令部参謀だった大井篤は、ハイフォンに派遣されていた海軍委員長、中堂観恵から「平和進駐」の緊急電を受け、海南島海口の南支軍司令部に飛んだ。平和進駐の段取りを打ち合わせるためである。南支軍司令部に着いた大井は二人の高級参謀に会った。大井が平和的進駐に決まったことを伝えると、「二人の表情は一変した」。大井は『統帥乱れて』に、そのやり取りを次のように書いている。


「そんなことがあるはずがない。何かの間違いだ」

「いや確かにハイフォンから協定成立の電報があったためやってきたのです」

「協定が成立しようとすまいと、武力行使をするというのが大命だ」

「大命はハッキリと〝仏印軍抵抗せば〟の条件付だ。しかも〝武力を行使することを得〟であって、〝せよ〟ではない。ましてや協定が成立したのだから協定通りやるべきだ。それに対して（仏印軍が）抵抗してくるはずがない。（略）」

「田舎侍（たしかにこういった）はそのように大命を解釈するかもしれないが、統帥命令で〝武力を行使することを得〟という場合は〝武力を行使せよ〟という意味なんだ。（略）」


現場指揮官の中村明人に攻撃中止命令は届いたのかどうか。中村兵団の攻撃を中止させるため、有賀甚五郎憲兵少佐が飛行機や自動車を乗り継ぎ、南寧の師団本部に着いたのが午後十一時。すでに全軍が戦闘配置についていた。第五師団は予定通り二十三日午前零時、鎮南関の国境を越えて仏印領内に侵攻したのである。日本軍の仏印進駐は決して「平和的進駐」ではなかった。

中村が戦後書いた手記『仏印進駐の真相』によると、彼は確かに同二十二日午後十一時、師団司令部から転送されてきた西原少将の通報を受け取っていた。有賀少佐が届けたものである。

それには「仏印との現地協定成立調印せり、貴兵団仏印進駐は協定指定の時まで見合せられたし、右通報す」とあった。彼はこの通報を無視したのである。その理由をこう記している。

「西原少将の通報に兵団は関係すべからずとの厳命を受け、誓書まで提出せしめられあることは既定の事実にして、今更如何とも致し難し。況んや百里の戦場に全軍は展開し、鯉口は離れ余す一時間なるに於てをや。然れども本通報は重大なる意義を有するを以て之を黙殺する意志なく、速かに急使を以て軍司令官に報告せんとす。恰も良し若松軍参謀長同座しありしを以て一応参謀長の意見を聞きたる所、別になしと。参謀長は此の通報を衣嚢に収め、寧明軍司令部に帰り、予は鎮南関に向う*40」

中村は、西原少将からの協定が成立したという通報の意味の重大性は判っていた。しかし、西原の通報は無視せよ、との厳命を事前に受け誓書まで提出していた上に、通報を受けて改めて参謀長にも相談したが、彼も戦闘突入を止めなかったというのである。彼の〝言い訳〟があるとしても、日本軍は「平和進駐」と「武力侵攻」の二派に完全に分裂していたことを示している。

最前線ではフランスからの独立を目指すベトナム復国同盟軍を先頭に、進撃する態勢を完了していた。「すでに刀の鯉口は切られている。もう止めることは出来ない」。二十三日午前零時、国境を越えた日本軍はドンダン要塞のフランス軍への攻撃を開始した。フランス軍守備隊も必死に防戦し、激しい戦闘となった。

この時、中村軍団の先導役を務めたのが、日本軍の進駐に備えて国境の山岳地帯に展開していたチャン・チュン・ラップが指揮するベトナム復国同盟軍だった。約三千人が日本軍に合流、一斉に決起する。彼らの多くがあらかじめフランス軍守備隊に密かに潜入し、フランス兵営内のベトナム人兵士や山岳民族の兵士たちに対して帰順工作を行っていた。彼らは、日本軍内で武力侵攻派と平和進駐派がせめぎ合っていることなど、知る由もない。日本軍は「ベトナムの解放のために進出して来た」と信じていた。ベトナム独立の戦いのチャンスが、やっと訪れたのである。

フランス軍兵営内のベトナム人兵士たちは、フランス人指揮官の手前、一応、戦う姿勢をみせて激しく乱発射して抵抗するふりはするが、日本兵は撃たないことを復国同盟軍に約束していた。勝敗の行方は最初から目に見えていた。フランス側は守備隊長クールベ中佐、副隊長ジロー少佐をはじめ多くの戦死者を出し、正午前に全員降伏した。この時、兵営内の千人を超すベトナム人兵士たちが、武器弾薬を抱えてフランス軍を離脱し、復国同盟軍の指揮下に入った。

余勢を駆った日本軍は、九月二十五日にはランソンを占領し、フランス軍警備司令官、メヌラ少将以下二千二百人の全将兵を捕虜として、武装解除した。各地から志願してきたベトナム人青年たちで、復国軍はさらに膨れ、日本軍が押収した武器弾薬で武装し、士気は一段とあがった。

復国同盟軍の兵士たちは「復国同盟軍」と書いた腕章を腕に巻き、日本軍の占領地帯の混乱防止と秩序の維持に当たり、戦場となって荒廃した都市の復旧に努めた。復国軍への民衆の信頼はたかまり、「地方の農民や各地の青年が馳せ参じ、復国軍の兵力はたちまち約六〇〇〇の大部隊にふくれ上って、士気ますます旺盛となった」[*41]と西川寛生は「ヴェトナム〝復国〟秘史」に書いている。

大川塾一期生の西川はこの年、一九四〇年四月の卒業後、台北の台湾拓殖会社に入社、六月十五日、台北に赴き、南洋課勤務となった。彼が大川塾OBの会誌である「みんなみ」に寄せたメモによると、七月三十日、松下光廣が台北の西川のもとを訪れている。当時、サイゴンを追われ東京にいた松下が、西川に何を伝えに来たかは明らかにしていない。しかし、その後の西川の動向を見ると、おおよその見当がつく。西川は九月七日には南支那派遣軍にフランス語通訳として採用され、直後の九月十四日には、新たに編制された仏印派遣軍所属となっている。

仏印派遣軍の参謀長は大川周明の古くからの同志である長勇《ちょういさむ》大佐（当時）である。大川や松下は、長の下に西川を送り込む手を着々と打ったのだろう。大川の意を受けて、その後の西川の任務を伝えるために台北を訪れたと見て間違いない。西川は九月二十六日、長勇らと共にドーソンに上陸、ハイフォンに入城する。そして十月に入るとすぐに、中越国境地帯を占領した第五師団の撤退を手伝うとの名目で、ランソンに派遣されている。

西川はここでチャン・チュン・ラップをトップとする復国同盟軍の幹部たちと接触、山根が復国同盟軍に送り込んだ氏原進や増井準一と合流したという。台北で西川に会いに来た松下は、クオン・デからラップへの伝言も伝えたのだろう。

復国同盟軍と寝食をともにしてきた氏原と増井は、仏印侵攻でのチャン・チュン・ラップらの功績を日本軍首脳に説き、彼らの意見を採用するよう進言する。その結果、日本軍は軍令として全兵士に「現地住民の家宅に侵入せず、婦女子を犯さず、暴力を振わざること」を徹底させた。このことをビラと掲示で住民に知らせた。日本占領下のランソンでは日本軍への評価も高まり、夕方になっても娘たちが、嬉々として夕涼みに散歩する姿があちこちでみられ、戦火にさらされた街にありがちな強奪や凌辱などは全く聞かれなかったという。

この時、日本軍のフランス語通訳としてランソンに入った姫田嘉男という人物がいた。彼は九月中旬、軍属としてハノイに赴任したというから、西川寛生とは〝同期〟の通訳仲間である。彼は帰国後の一九四二（昭和十七）年、フランス人、ジャン・ドウレルが書いた前掲『貿易風の仏印』[*11]を翻訳して出版した。この本の後半に、自分の滞在中の見聞記である「仏印雑記」を付け加えた。このなかで、彼は当時のランソンの様子を次のように書いている。

諒山《ランソン》に残っている安南人たちは、日本軍の庇護の下にあって、自由を謳歌していた。安南人は、日本軍の後楯で独立独歩で進むのだ――誰もがそう信じていた。自警団のようなものが出来て、腕章を巻いた連中が、安南人の自治に当っていた。それが、やがて、越南独立党に化したのである。憂国の士はどしどし、諒山に這入って来ていた。

私は、そんな安南人から、しばしば

「彊柢《コンデ》を知っていますか」

「彊柢が印度支那へ帰ってくるのでしょう」

「彊柢は日本の貴族と結婚していられるそうですね」

「彊柢の息子は日本軍の将校として、河内《ハノイ》に来ているんですってね」

そんな言葉を耳にしたが、私は彊柢氏を一向に知らなかったのでその都度面喰っていた。後に分ったが、それは日本へ亡命している、嘗ての安南正統の王裔である。彼らは、仏人の傀儡となっている現在の保大帝《バオダイ》に対して、あまり好感を抱いてはいないようだ。いつかは、亡命している彊柢が安南に戻って来て、自分たちを救う——それを、夢みている者が多いという。


ランソンは一種の〝解放区〟になっていたのである。姫田嘉男の体験談は前述の西川の「ヴェトナム〝復国〟秘史」の記述とも一致する。

姫田はこんな場面にも遭遇したと書いている。ある朝、彼は街かどの壁に漢字で書かれた「越南復国党」の宣言が貼りだされているのを見つけた。ベトナム人たちがその前に密集していた。彼は若い青年に「どんなことが書いてあるのか」と尋ねた。青年は「共産主義者《コンミユニスト》たちの仕業ですよ」と答えて、そそくさと人ごみに消えた。フランス人はベトナム独立運動家をすべてコミュニストと呼んで弾圧していた時代である。

しばらくして姫田は街中でこの青年に出くわした。彼は姫田を食事に誘った。店が並んだ間の小道を通り抜け、裏庭に面した小部屋に入ると、二、三人の青年がにこやかに彼を迎えた。姫田は彼らはコミュニストだと思っていた。彼を誘った青年はその時、復国党の副総統だと名乗った。そして彼は姫田にこう訴えたというのである。

「私たちは、到底独力では事を挙げることは出来ません。たとえ又、それが出来たにせよ、安南人には、一国を経営していく力が全然ありません。早い話が、安南には技術者がいません。日本の技術者に指導を仰ぎ、日本の方々に、援けられなければ、われわれだけではどうにもならないのです。私たちは、今こうして事を起そうとしていますが、日本人の助力がなければ、単なる一揆として、忽ちのうちに、敗北しなければならないでしょう」

これを聞いた姫田は「私たち日本人が君たちを援助出来なければどうするつもりだね？」と問いかけた。

「いや、たとえ援助がなくとも、私たちは最後まで戦うつもりでいます。戦わざるを得ないのです。日本軍が引上げたあとの諒山《ランソン》を考えると、私たちは、みすみす殺されるのを待ってはいられないからです」

これが復国同盟軍の青年副統領の答えだったという。姫田の「仏印雑記」は自分の見聞を淡々と書いており、誇張はない。青年副統領が言ったように、日本軍が引き揚げると、チャン・チュン・ラップたちは、負け戦を承知でハノイに向けて進軍、ラップ以下多くの犠牲者を出すことになる。

「平和進駐」をフランス側と約束した西原一策ら日本側現地交渉団にとって、この中村師団の武力侵攻は許せるものではなかった。西原は九月二十六日、大本営に向けて電報を打つ。

「統帥乱れて信を中外に失う、今後の収拾に関し小官等必らず一応東京に帰り報告の必要ありと確信す」

西原電は同日午後十時、大本営陸軍部戦争指導班の当直が受けた。電報は〝天皇の大権〟である「統帥権批判」でもある。当直士官は「西原少将は己の大命違反なることを知らず」「陸軍武官にして何事も知らず。此の如き広言を行う嗚呼末世か」などと二十七日の「機密戦争日誌」に記している。大本営の〝本音〟は「武力侵攻」にあったのである。大本営と現地が意思疎通を決定的に欠き、まさに「統帥の紊乱」が起きていたことを示している。日本軍の進駐が一段落した同二十九日、西原は更迭され、武力侵攻した中村明人は大本営出仕という閑職にまわされる。最高責任者である南支那方面軍の安藤利吉司令官は退役を命じられた。関係部隊長も全員が更迭された。

当時の新聞はこの混乱した事態をどう報道していたか。朝日新聞は九月二十四日の朝刊一面トップで「日仏間に諒解成立　皇軍、仏印に平和進駐」と報じている。しかし、わき三段見出しで「抵抗の仏軍降伏す　ドンダン南方に進出す」として、交戦が一部であったことにも触れている。しかし、掲載された大本営陸軍報道部長の談話は「紛争の責任は仏印軍の命令不徹底にあった」。「日本軍の命令不徹底」は、「フランス側の命令不徹底」にすり替えられていた。

ラップ軍の蜂起

「日仏協定」に基づいて第五師団は占領したドンダン、ランソンから日々に撤退し、上海に転進していく。十月中旬には捕虜にしていたフランス軍のメヌラ少将以下全員を釈放し捕獲兵器もすべて返還する。日本兵は軍用特別列車でランソンから去って行った。同十二月三日、最後の一隊が出発し、ランソンからも日本兵は消えた。その直後から復帰してきたフランス軍による反乱鎮圧が始まった。フランス軍の中でも勇猛で知られた第五連隊を主力に、空軍も動員して復国同盟軍に対する激しい討伐作戦が展開された。復国軍もランソン周辺の山岳地帯を拠点に必死の抗戦を続けた。

もともと復国同盟軍の蜂起計画は、日本軍の武器援助、仏印占領を前提にしたものだった。情勢の変化にクオン・デは外交担当のチャン・フイ・タンをハノイに派遣する。彼は印度支那派遣軍の作戦参謀に転じていた中井増太郎大佐を同行して十月末、ランソンに赴き、ラップら復国同盟軍の幹部たちに中国方面に撤退するよう説得した。一部は説得を受け入れ広西方面に撤退した。

しかし、チャン・チュン・ラップ総司令官は、全軍をもって一挙に首都ハノイへの進撃を決意した。第一号国道を百三十キロ、途中で各地の義勇兵を集めながら南下し、勢力を拡大しながらハノイを攻略するという作戦である。しかし、もはや日本軍の援護も補給もなく、それはまさに無謀な自殺行為である。

顧問役の氏原進や増井準一らも無謀な計画を中止するように忠告し、山岳地帯を拠点としたゲリラ戦を勧めた。二人が基地建設場所としてラップに提案したのは、タイゲン鉱山である。ここはかつて澤山商会が所有し、台湾拓殖に譲った鉱山であり、氏原らには十分な土地勘もあった。しかし一徹に事の成就を目指すラップはこの案を容れなかった。氏原らは第五師団が去って、軍属として所属する部隊もなく、ラップらと別行動をとり、ハノイの山根道一の下に帰参する。

十二月下旬、ラップ総司令官に率いられた復国同盟軍は、第一号国道へ出撃、途中、義勇民兵を集めて勢力を拡大しながら南下した。その動きを察知したフランス軍は、ランソン郊外の山間の隘路で待ち伏せる。機関銃弾の嵐の中で、復国同盟軍は応戦の術もなく多数の死者を出し、四散逃走した。ラップ総司令官はじめ主だった幹部たちは逃走中、フランス軍にとらえられ捕虜となった。日本軍の引き渡し要求を恐れたフランス軍は、「ラップは戦死した」と連絡し、十二月二十六日、ロクビン郊外で直ちに全員を銃殺した。

ラップ軍は「独立への情熱は烈しくとも、しょせん訓練も装備も乏しい速成部隊に過ぎず、烏合の衆となって潰《つい》え去ったのである」。ラップは処刑の直前、その敗因に若い部下たちの規律が欠けていた点をあげ、「もし私に昔の同志がいたら決して捕えられることはなかったろう」*41と述べたといわれる。

ランソン事件の悲劇はこうして幕を閉じたが、生き残った復国同盟軍の兵士たちは中国領内に逃れ、その多くは、その後、ホー・チ・ミンの「ベトナム独立同盟」(ベトミン)のゲリラ戦士として祖国に潜入、フランス軍と戦い続けた。日本側は「友好平和進駐」「仏印静謐保持」という建前で、「アジア解放」「大東亜共栄圏」というスローガンに期待を抱いたベトナム人の独立運動を〝見殺し〟にする結果となったのである。

「ベトナム復国同盟会」のクオン・デたち幹部も日本軍の北部仏印進駐に合わせて、ベトナム入りをしようとしたが、日本軍に拒否された。復国同盟軍の崩壊に落胆したクオン・デは一九四一(昭和十六)年五月、台北の本部を撤収し、再び本部を東京に移し、松下光廣らと共に、日本からベトナム情勢の推移を見守ることになる。

第八章　開戦と松下光廣のサイゴン復帰

期待裏切る「静謐保持」

「一九四〇（昭和十五）年九月二十二日午後五時、ハイフォンのホテル・コメルスでドクー仏印総督と日本の西原少将の間で日本軍進駐の協定が結ばれた」

日本軍の進駐が決まったという情報は、すぐにラジオでベトナム国内に流された。このニュースを知った現地のベトナム人はどう反応したのだろうか。翌年四月から四か月間にわたって、改造特派員としてベトナム各地を取材した小松清はこう述べている。

「俄然、越南《ヴエトナム》民族の祖国独立の希望は蘇ってきた。いよいよ、今度こそ、何か大きな変化がおこるだろう、と誰しもが思った。大東亜共栄圏を云い、アジア民族の解放を唱える日本は、公約者の面子からしても、インドシナを《仏印》として残しておくようなことは、よもあるまい。万一、日本が欲にからんで、公約に背くことがあっても、越南民族は手を拱いて、この千載一遇のチャンスを逸することはあるまい、というのが彼らの胸中の想いだった」[*1]

ベトナム人たちの中に、伝説のなかに埋もれていたクオン・デという人物が、息を吹き返す。小松によると、当時、ベトナム国内を旅行する日本人を「路頭の苦力や農村の水呑み百姓までが、（中略）血肉を分けた同胞《はらから》のように迎えてくれた」という。そして子供たちはこんな民謡を歌っていた。

遠い東の国から、一人の王子さまが還ってくる。王子さまは白い馬にうち跨《また》がり、若く美しい妃《きさき》をつれている……

人々は、日本軍の進駐と時を同じくして三十幾年振りに故郷の土を踏むクオン・デを、待ち焦がれるようになった、と小松は言うのである。彼の初めての仏印取材旅行は、日本軍の南部仏印進駐前後のことである。帰国後、小松は雑誌「新潮」に「安南と結ぶもの」と題する報告記を書く。その中で彼は「アンナン人が心ひそかに抱いてきた日本にたいする憧れと希望」として、こんなエピソードを紹介している。

ハノイ滞在中の或る一日。私はアンナンの友人某と太湖《グラン・ラック》を横切る散歩路を逍遙した。ちょうど太湖の真中どころにあたるところに、ささやかな築島があり、古びた寺院がある。その寺院のまわりの水辺に、無数のうす紫色の花が咲いていていた。花種は、たしかに浜葵であろう。ひと茎手にとって、あたかもアンナンの女性を象徴しているかの如くみえるその淑やかな美しさにみとれていると、アンナンの友は、微笑みながら、この花の名を知っているかと私に訊ねた。同じ問いを私も心にしていたので、君は知っているだろう、と問い返した。

——アジアの花というのだ」と彼は答えた。どうして、と訊くと、

——日露戦争で日本がすばらしい勝利をかち得たとき、誰の仕業か知らないが、この辺りにこの花を植えた、そして誰いうとなくこれを《アジアの花》と呼ぶようになったのだ。」と云って、彼はもう一度意味ありげな微笑みをうかべるのだった。*42

そして彼はこう続けている。「このアジアの花を心にもっているアンナン民族と彼らの将来を、日本人はどう考えているか。この質問にたいして答えうる日本人は幾許《いくばく》あろうか」

小松が心配したように、こうしたベトナム人の期待は、裏切られる。進駐してきた日本軍はフランス軍と手を結び、それまでの仏印の統治体制のすべてを温存したのである。クオン・デが還ってくるどころではない。仏印当局の独立闘争への弾圧も、それまでとなんら変わらず、日本軍はそれを黙って見過ごした。

チャン・チュン・ラップの復国同盟軍がフランス軍に壊滅的打撃を被っていた同年十二月末、ベトナム南部のタイニンを本拠地とするカオダイ教の信者たちも、これに呼応するように武装蜂起した。ドクー総督の弾圧は熾烈を極めた。飛行機から大砲まで動員し、カオダイ教徒の殲滅を計り、約六千人の信者が殺された。翌年には法主のファン・コン・タックら幹部の多くが、

モザンビーク海峡のコモロ島に追放される。カオダイ教の信者たちも日本軍の支援に大きな期待を抱いていたが、彼らも見殺しにされたのである。後述するが、サイゴン復帰を果たした松下光廣は、カオダイ教の再建を支援し、信徒たちの強い信頼を得る。

仏印派遣軍参謀長としてハノイ入りしたばかりの長勇も、カオダイ教徒に対するフランス軍の弾圧を日本軍が傍観したことで、現地の対日世論に悪影響をおよぼすのではないか、と懸念していた。武装蜂起が起きた同年十二月二十八日、陸軍次官、阿南惟幾《あなみこれちか》宛に送った電報で彼はこう述べている。

「高台教を中心とする暴動は『仏人打倒』、安南民族の自主独立を呼号し、各地民衆の絶大なる支援を得、各地に於て仏人を殺害或は仏軍隊、官公署を襲撃する等、一時活発果敢なる行動をなしたるが、仏印当局の是等暴動、村落の爆撃、叛徒の虐殺、老若男女の別なき部落民の殺害、婦女子の凌辱、家屋の焼払等に依る残虐なる弾圧に依り逐次鎮圧せられつつある状況なり。

尚、是等叛徒並に住民は日本軍の支持介入を期待しありたるものの如きも、之が実現に至らず（中略）仏人に対する怨嗟の声は各地に瀰漫《びまん》しあるも、又対日輿論是正の必要に迫られあるものの如く、親日熱は漸次低下の趨勢にあるを窺知《きち》せらるる現況に在り」*43

日本軍の進駐によって、フランス軍は仏印から撤退し、新しい「ベトナム国」が生まれる――ベトナム人の多くがそう期待したとしても無理はない。近衛首相は「大東亜共栄圏」の建設を国是として世界に標榜していた。だが、北部仏印に進駐してきた日本軍は、フランスとの協力を最優先し、独立運動には関与しないという「仏印静謐保持」を金科玉条とした。一九四五（昭和二十）年、「明号作戦」と呼ばれる対仏クーデターが実施されるまで、四年余にわたってベトナム全土で、日本とフランスの〝奇妙なバランス〟が保たれることになるのである。それがベトナム人の失望を買い、その後の独立運動に大きな影響を与える。日本軍の「仏印静謐保持」とは何だったのか。

北部仏印進駐の際に、「統帥の乱れ」（西原一策）によって中越国境で起きた武力衝突の衝撃は大きく、大本営が関係者全員を処分したことは前述した。西原の後任として仏印国境監視委員長に新たに任命されたのが澄田睞四郎《すみたらいしろう》（少将）である。九月三十日、大本営の陸軍「参謀総長」、海軍「軍令部総長」は連名で「陸軍少将澄田睞四郎に与うる訓令」を発している。対仏関係への悪影響を懸念して、爾後の「対仏印交渉は専ら平和友好裡に」進めよという訓令だった。ちなみに澄田は、戦後の日本の高度経済成長期に大蔵次官から日銀総裁となった澄田智《さとし》の父親である。

澄田も同じように、仏印の静穏は「必要な物資を取得するうえで絶対に必要だ」と考えていた。澄田が陸軍省に送った電報（十月五日発）の中に、「安南民族の独立」に関する次のような件《くだり》がある。

「民族自決もさることながら、之将来のことになり。而して現指導機関は勿論、仏国人の最も危惧しあるは安南人の離反にして而も無力なる安南人に対し、今直ちに宣伝謀略等を行うも効果少きのみならず、之を仏国側に察知せらるるは火を見るより明かにして、斯ては折角帝国と提携して平和裡に我が支那事変処理に協力せんとしつつある仏印現指導機関さえも、帝国と離反せしむることとなるべきを以て、安南人に対する宣伝謀略は当分の間、之を実施せざるを可とする意見なり*44」

これによって「仏印静謐保持」は、仏印におけるフランスとの関係と独立運動への対応に関する日本軍の「確固たる原則」になった。翌一九四一（昭和十六）年の南部仏印進駐後の七月二十八日にも大本営は「大陸第九百二十四号」を発し、その中で「特に軍紀風紀を至厳にし、仏印側との無用の摩擦を避」け、「安南独立の謀略は之を行わざるものとす」と仏印静謐保持を改めて、現地全部隊に命じている。これは、仏印における独立運動も支援しないという〝宣言〟でもあった。この限りでは日本は「松岡・アンリー協定」でのフランスとの約束を忠実に守ろうとした、と言えるだろう。言い換えれば、日本軍はクオン・デや松下光廣たちの独立運動の動きを、いかに恐れていたかを示している。

南部仏印への進駐

日本軍の北部仏印進駐の狙いは、中越国境を越えて中国に流れ込む蔣介石支援物資の輸送を止めることにあった。確かに、仏印側からの援蔣物資はこの進駐でストップした。しかし、援蔣物資が流れ込むルートはもう一つあった。英領ビルマのラングーンで陸揚げし主にトラックで昆明に運ぶビルマルートである。このルートを使った本格的な輸送は、一九三八（昭和十三）年末頃から始まっており、英国は仏印ルートが絶たれると、直ちにビルマルートを使った本格的な援蔣物資輸送に踏み切り、ビルマルートへの依存度が一段と高まっていった。

それだけではない。日本軍の北部仏印進駐は、日本を取り巻く国際情勢に大きな影響を与えた。米国はその直後、屑鉄及び鉄鉱の日本への禁輸を発表、米、英、オランダ三国は南方諸地域への戦備の強化を始める。米、英、蘭と蔣介石政権の対日包囲網は次第に軍事的協力の色彩を強めてきた。石油、ゴム、錫などの獲得を目的とした蘭印（インドネシア）に対する交渉も一九四一（昭和十六）年六月には暗礁に乗り上げ、交渉は中止された。

同じ頃、ドイツ軍が百五十個師団もの大部隊を動員してソ連になだれ込み、一気にモスクワに迫った。第二次世界大戦はドイツとソ連が手を取り合ってポーランドに侵攻したことから始まった。その独ソ両国が今度は正面から衝突したのである。満州国境のソ連軍がドイツとの戦線に廻され、ソ満国境からの脅威が減ると、日本国内では「南進政策」に火がついた。同七月二日には「南方進出の歩を進め、また情勢の推移に応じて北方問題を解決す」を骨子とする「情勢の推移に伴う帝国国策要綱」を御前会議で決定した。

この「南方に歩を進める」ために実施されたのが、日本軍のサイゴンを中心にした南部仏印への進駐である。同月十四日から始まった日仏交渉で、日本は北部仏印進駐時に結んだ「松岡・アンリー協定」が謳うフランスの主権と仏印の領土保全を前提としながらも、「南部仏印に確固たる地歩」を築くために、フランス側に軍事面でも「完全なる提携及び協力」を求めた。ヴィシー政権は武力衝突を回避するために「日本側の要請に服する他なし」とこれを了承する。日本の進駐可能地域は南部仏印を含めた仏印全土となり、移動中の部隊を除いた駐屯兵力もそれまで六千人が上限であったのが、日本が必要と考えれば上限なく兵力を駐屯させることが可能となった。また南部仏印で日本軍が使用できる飛行場はツーラン（現・ダナン）、ニャチャン、ビエンホア、サイゴン、プノンペンなど八か所に広がり、サイゴン、カムラン湾二か所の港湾の軍事的使用も仏印側は認めた。要するに日本軍はフランスの主権を侵害しない範囲であれば、仏印全土を自由に使用できることになったわけである。

七月二十八日、第二十五軍（軍司令官、飯田祥二郎中将）四万人の大軍団が南部仏印のサイゴンに進駐した。シンガポール、フィリピン、インドネシアなど東南アジア一帯への航空攻撃が可能になったのである。「南方に歩を進める」という日本の外交文書の解読に成功していた米国政府は、日本軍のサイゴン進駐三日前の七月二十五日、在米日本資産の凍結を行い、日本を牽制した。日本はこれを無視してサイゴン進出を決行したのである。

南部仏印への進出は「昭和という歴史の舞台」に限ってみれば、日本崩壊への直接の〝引き金〟になったと言ってもよい。これをきっかけに一気に米英蘭との戦争に突き進むことになるのである。山根道一は、日本軍の南部仏印進出はそれまでの北部進出とまったく違った次元の「平和産業進出の拠点」であるべきだ、と位置づけていた。彼は大阪毎日新聞（一九四〇＝昭和十五＝年十月二十五日付）が掲載したハノイ発の「仏印の経済的将来性」と題する座談会でこう述べている。

「地理的、経済的、軍事的にみて北部仏印と南部仏印とは別個の見方をした方が適当ではないか。北部仏印は支那事変処理の舞台として支那に対する方策と常に関連せしめていく必要があると思っています。南部仏印は支那との関連が希薄で、むしろ我が国からみれば南方政策の基点とみるのが適当ではないかと思うのです。北部仏印は支那事変処理のための軍事拠点、南部仏印は我が平和産業の南方進出の拠点として重大な意義をもたせねばなりません」

しかし、米英蘭は、日本軍のサイゴン進出は山根が期待した「平和産業進出」ではなく、「開戦準備のための資源確保」にあると見た。

米国は対日戦争の決意を固め、八月一日、日本への石油輸出の全面禁止に踏み切る。英国、オランダも自国内の日本資産凍結で足並みを揃え、石油資源をもつインドネシアを植民地とするオランダも対日石油禁輸で米国と同一歩調をとった。アメリカ（A）、ブリテン（英国、B）、中国（C）、ダッチ（オランダ、D）のＡＢＣＤ四か国が一致して日本に対抗する姿勢を鮮明にし、経済封鎖を強めた。

飛行場建設の突貫工事

日本軍の南部仏印進駐が完了した時、仏印国境監視委員の海軍側代表だった中堂観恵は、すぐに国外追放になっている大南公司の松下光廣のサイゴン復帰に動き出す。

「南部仏印進駐が実現したとき、わたし（中堂）は我軍隊が仏印全土に進駐したからには、もはや仏印にはスパイなどということはない筈だ、先にスパイ罪で国外追放となった松下光広氏の罪名は帳消しとなり、氏の仏印復帰は許さるべきだと考えた」[*33]

中堂は二代目の監視委員長である澄田睞四郎に依頼して、仏印総督ドクーに松下復帰を申し入れた。松下がどんな人物であるかを知る仏印総督府はこれに抵抗した。話は東京駐在のアンリー大使まで持ち込まれ、やっと「松下復帰」が決まったのである。

だが、仏印当局は、松下を忌避する態度を捨ててはいなかった。同時に日本政府も陸軍当局も松下のサイゴン復帰を好ましく思っていなかった。日本当局はフランス政府に配慮したのかもしれない。軍の命令だと称して、ビザがなかなか発給されない。日本政府や大本営中枢の考えは、あくまでも「仏印の静謐保持」である。クオン・デの独立運動を大川周明らと支援する松下が仏印に戻れば、どんな騒ぎを起こすかわからない。松下は、「現地で政治問題に一切関与しない」ことを誓約させられ、それを海軍が保証することで、やっと渡航が認められたのである。

松下光廣のサイゴン復帰が実現したのは一九四一（昭和十六）年七月のことである。スパイ容疑で国外追放になって四年余の歳月が流れていた。東京でクオン・デと一体だった〝代行〟のサイゴン復帰である。大南公司の本社には、待ち構えていたように独立運動の同志たちが訪ねて来るようになる。ショロンやサイゴン駅近くの秘密の連絡場所やアジトも健在だった。松下の動きを摑んだ仏印当局は、日本軍の憲兵隊に松下に対する「処分」を要請した。憲兵隊も松下の復帰を快く思っていたわけではなかったが、フランス側の要請で現地日本人を「処分」することは威信が許さなかった。

日本の「仏印静謐保持」とは、日本が仏印全土に進駐しても「軍政」は敷かず、仏印の政治、軍、経済の組織はそのまま温存し、その上に日本軍がいてにらみを利かせ、間接統治するということである。日本軍の南部仏印進駐と同時に、ハノイには仏印当局との交渉、連絡などすべてにわたって日本を代表する「日本大使府」が初めて設置されることになった。それまで仏印当局と日本側の交渉は、本国レベルで行われ、駐日フランス大使と日本外務省を通した交渉だった。現地での具体的交渉は、仏印国境監視委員の代表である監視団委員長の西原一策（初代）、澄田賚四郎（二代）が、外務省を代行して行ってきた。

ハノイの「日本大使府」の初代駐在大使に任命されたのが、老練な外交官、芳澤謙吉である。彼の赴任によって、仏印との外交ルートはやっと正常化する。芳澤は一九三〇（昭和五）年には、フランス駐在大使を経験、五・一五事件で暗殺された犬養毅内閣では、外務大臣も務めた大物である。妻の操は犬養毅の長女。芳澤謙吉は犬養の娘婿になる。芳澤は仏印大使在任中、しばしばサイゴンの大南公司に松下を訪ね、クオン・デを担いだ「安南独立」運動を密かに支援している。妻、操を通じて、犬養家が世話をし続けたクオン・デとも、旧知の間柄だったのだろう。しかし芳澤はフランス側との交渉の場ではそのことを「おくびにも出さなかった」し、公式には日本の外交方針を逸脱する行動もとらなかった。

松下光廣が仏印に帰って来るとさっそく「氏の手腕を発揮してもらわねばならぬ事態がひき起った」。大本営は「西貢《サイゴン》附近に海軍用として三ヵ所、陸軍用として三ヵ所飛行場を整備し、三ヵ月以内に完成せよ」[*33]と中堂観恵に命じたのである。日本軍の南部仏印進駐の直後、米国は日本への石油の全面禁輸に踏み切り、オランダもこれに同調した。石油を止められることは、日本にとっては致命的である。国民の生活に大きな影響を与えるだけでなく、日本海軍の軍艦はスクラップ同然となる。「石油を止められたら戦争あるのみだ」。日本は一気に日米開戦に向けて動き出していた。

九月六日の御前会議は「帝国は自存自衛を全うするために対米（英蘭）戦争を辞せざる決意のもとに、おおむね十月下旬を目途とし、戦争準備を完整す」と決めた。さらに「外交交渉によって十月上旬頃に至るも、わが要求を貫徹しえる目途なき場合は、直ちに対米（英蘭）開戦を決意す」と、開戦に向けた動きが始まる。米英蘭を相手に開戦することになると、ベトナムの持つ戦略、戦術的な地政学上の役割は極めて大きくなる。シンガポール、マレー、ビルマは英領であり、インドネシアはオランダの植民地である。フィリピンは米国の支配下にある。サイゴン周辺の航空基地を確保すれば、米英蘭の東南アジアの植民地はすべて航空機で爆撃できる範囲に入ってくる。サイゴン付近に有力な前進航空基地は欠かせなかった。

命令を受けた中堂は、サイゴン北部のツドモー飛行場などをすぐに視察した。しかし、既存の空港の滑走路は五、六百メートルぐらいしかない。重装備の長距離爆撃機を発着させるには最低千五百メートルの滑走路が必要なのだ。そんな空港を六か所も短期間に造るにはジャングルを切り開き、丘を削り、川や田んぼを埋めて整地する大変な難工事となる。当時の仏印にはブルドーザーも、パワーシャベルもない。ベトナム人のスコップ、牛車、手押し車を利用し、現地人を大量動員した人海戦術に頼るしかない。それもわずか三か月という期限付きの突貫工事である。

中堂は「この難工事を成し遂げ得るのは安南民衆を掌握している松下光広氏以外にはない」

と考えた。

「まったくこの仕事にはうってつけの人、追放から解除されて帰ったばかり、天から授かったかのような人、この人なくしては後に見られるような大戦果はとうていあげられなかった」[*33]

中堂は松下にこの難工事をすべて依頼し終えると、新任地である東京の海軍軍令部に赴任した。

九月中旬、帰国した中堂の後を追うように松下が海軍軍令部を訪ねてきた。賃金をその日払いにしなくては、何千人もの現地人労働者を動員できない。ベトナム人労働者のほとんどがその日暮らしなのだ。毎日賃金を払うには、事前に多額の現金を準備することが先決だ。海軍経理部からの定期的な支給を待っていたのでは、人集めはできない……何とかならないか、と松下は訴えた。

中堂は、本来は海軍省の経理局長に頭を下げて頼むのが筋だ、と思った。しかし、海軍省とてお役所であることは、彼自身が一番よく知っていた。中堂はその場でいきなり懇意にしていた横浜正金銀行の頭取に電話し、「松下の希望をかなえてやってくれ」と依頼した。中堂の紹介状を持って訪れた松下の話を聞いた頭取は、即断即決で融資を決めた。これによって、大南公司は大量の労働者動員が可能になり、松下以下全員が、総力を挙げてサイゴン周辺の飛行場建設に取り組む。作業は一気に加速した。

松下が国外追放になった際、新たな拠点として新設した大南公司バンコク支店の支店長を務めていた天草出身の村上勝彦もサイゴンに帰任し、飛行場建設の先頭に立った。人集めだけでなく、スコップだけでも何千挺、モッコ何千袋など一度に大量の建設資材を集めることも一苦労だった。モッコなどは現地人を使い、ヤシの繊維で編んでもらったもので間に合わせたという。数千人もの作業員の給食も大変な作業だった。しかし、毎日きちんと払われる賃金や振る舞われる給食に、現地作業員は喜んで働いた。

山根機関と許斐機関

話は変わる。前述したように、山根道一が代表を務めていた澤山商会ハノイ事務所が台湾拓殖会社に吸収合併される形で「印度支那産業」が発足したのが一九三七（昭和十二）年末。新卒で入社したばかりだった内川大海はしばらくして社命で海南島、広東などを転々とする。教育の意味もあったのだろう。彼が二年ぶりにハノイに帰任したのは一九三九年七月。ハイフォン港まで山根道一が迎えに出てくれた。宿舎はハノイ市内の閑静な住宅街にある山根の自宅に用意されていた。中国国民党の汪兆銘が蔣介石と袂を分かち、ハノイに脱出して来た時、彼を迎えに日本からやってきた犬養健や影佐禎昭もこの山根の自宅に泊まったという。

台湾拓殖ハノイ支店の顧問となった山根道一は、〝台拓別働隊〟として日本軍に協力しながら、ベトナム独立の機を窺っていた。山根の下には日本軍の北部仏印進駐時にベトナム復国同盟軍の先導役を果たした氏原進や増井準一がいた。内川にとっては二人の先輩とも久々の再会だった。印度支那産業内での彼の仕事は全くのフリー。地下活動を行っているベトナム独立運動グループとの連絡、情報交換が彼に与えられた任務だった。彼らとの連絡はすでに山根らが道筋をつけており、困難はなかった。しかし、反日気分の強い仏印当局の目を盗んでの接触には神経を使った。家のなかのボーイもコックにも仏印官憲の手が伸びていた。

彼らのオフィスは、印度支那産業で「用度係」を務める日渡《ひわたし》敬治が、彼の名義で家を一軒借り、「日渡商会」という看板をだして特務工作をカモフラージュしていた。日渡のベトナム人夫人は、ハノイの花街カムテンの最高級妓楼でナンバーワンといわれるほどの美人だった、と内川はいう。当時は「山根機関」と名乗っていたわけではない。山根を中心とした同志的な〝結合〟であり、必要に応じて台湾拓殖ハノイ支店の協力を求め、活動していた。

印度支那産業は、台湾拓殖の子会社として表向きには商社機能をもっていたが、実質的には進駐してきた日本軍の「特務工作部隊」でもあった。それを背後から支援したのが台湾拓殖であり、大南公司だったのである。仕事の割り振りは、山根をトップにして氏原進が統括、内川大海が計画をたて、増井準一が実行班の指揮をとり、日渡は事務全般を担当した。「中越国境地帯やフランス軍の情報収集」「軍需資源の確保」「ベトナム独立運動家たちとの連絡」などが彼等の任務である。

言い換えれば、開戦を決意した日本軍の軍需物資を確保し、仏印のフランス軍の動向を監視し、それにあわせて、ベトナム国内の独立運動グループが決起する道筋をつけることにあった、と言ってもよい。平時には駐在の大使館や領事館がやる仕事であるが、戦時には外交が後退して軍の作戦が先行する。当時の仏印では、大使館業務の一部をこうした「特務機関」が代行していたのである。

一九四一（昭和十六）年十月、開戦準備に入った仏印派遣軍の参謀長、長勇《ちょういさむ》は少将に昇進、同十一月、寺内寿一大将を司令官とする「南方軍」が創設されると、南方軍参謀副長兼司令部付仏印機関長となり、同時に赴任してきた芳澤謙吉大使付きの陸軍随員として彼を補佐することになる。彼は司令部の置かれたサイゴンに常駐し、仏印全域での諜報、防諜、軍需物資獲得の総責任者となったのである。

山根道一を中心としたグループは長勇の直属機関に組み込まれ、昭和十六年十月九日、正式に「山根機関」として発足する。主要メンバーは南方軍の嘱託となり、山根はそれまでの実績もあって将官待遇、氏原は佐官待遇、内川は尉官待遇、増井は下士官待遇となった。ランソンで氏原らに合流した大川塾一期生の西川寛生も、下士官待遇の山根機関員として、開戦直後に設立された「ハイフォン支部」に赴任する。

義兄弟の契りを結び、長勇を「次郎長親分」と呼び、長もまた「大政」と呼んでいた許斐《このみ》氏利が上海からハノイに戻って来たのは、南部仏印進駐の準備が進んでいた昭和十六年六月である。彼は北部仏印進駐の際、仏印派遣軍参謀長の長勇に同行してハノイ入りしたが、その後、上海海軍陸戦隊の要請で、上海に「許斐機関」を設立、蔣介石の工作機関と地下で激しいテロ合戦を展開してきた。〝長一家〟のナンバーツーである許斐氏利も「山根機関」に合流、すべての特務工作は南方軍特務機関長である長勇の下に一本化された。

長勇直属の「山根機関」は組織だけでなくその役割も急速に拡大していく。当初の同志的結合の段階では、役付きも肩書きも必要なかったが、対外的な必要もあって、山根道一を機関長に、許斐氏利が総務部長として実務を取り仕切ることになる。ポストは機関長、総務部長、総務部次長の三つだけで、次長には菊地弘泰が就いた。菊地は玄洋社や黒龍会とも繋がりを持つ「アジア主義者」であり、東京方面との連絡を担当した。ちなみに菊地は戦後、日本ボクシング・

コミッション（ＪＢＣ）事務局長に就任、日本ボクシング界の発展に尽くした。

強化された山根機関の実力は、フランス当局にも「ミッション・ヤマネ」として恐れられる存在になっていく。仏印在留の日本人の間でも〝ハノイの梁山泊〟と呼ばれ、日本からやって来た新聞記者や商社などの代表は、必ずと言っていいほど表敬に訪れるようになっていった。*34

しかし、強烈な個性をもつ許斐氏利が総務部長として実質的に組織を運営するようになると、山根機関の性格は一変する。二人は性格的にも水と油だった。

一九三六（昭和十一）年、設立されたばかりの台湾拓殖に入社し、終戦による同社の閉鎖までを見届けた三日月《みかげ》直之は戦後、当時の想い出も含めて『台湾拓殖会社とその時代』を書いた。

三日月直之は、ハノイで山根道一を訪ねたことがある。

「頭がつるりとはげてピッカピッカに輝いている。外柔内剛の快傑で、人ざわりは円滑で、どこにそういう力を秘めているかわからない人だ。彼は私のような若輩にも優しく応援《（ママ）》される。南部仏印へ行くことを語ると、『カムラン湾をよく見ておきなさい。あの海岸の白砂は純硅砂でな、ガラスの原料。無尽蔵に海底に沈積しているぜ。』とも言う」*45

山根は後輩たちにとっても優しき兄貴分だったのである。しかし、許斐は若いころから〝博多の暴れん坊〟と呼ばれ、腕力と度胸に物を言わせて、内面はともかく生涯を強面で通した男である。この時、三日月は山根の紹介で許斐にも会っている。

三日月直之が「これからサイゴンも訪れる」と許斐に言うと、

「それでは、あんたも福岡出身だし、同じ福岡出身の、寺内南方総司令部の副参謀長の長勇少将と会っておきなっせ。僕はすぐにあんたの紹介状ば書いて長閣下に送っておく。（中略）総軍司令部には少佐以上が、何十人も居られるけん、名刺に簡単に福岡出身の知友と書いて今渡す」。

許斐にとっては、生涯、「長勇、命」であり、長勇あっての自分だと思っていた。ベトナム社会にすでに根を張り始めていた古くからの山根グループと、日米開戦後、日が経つにつれてミゾが深まったとしても、やむを得なかった。長勇のもとで「山根機関」は事実上、許斐によって運営されるようになり、山根機関はその看板を下ろし、「許斐機関」として活動するようになる。その背景には長の意向もあったのだろう。許斐機関の仕事は軍需物資の調達が中心になってくる。

長勇の〝影〟として長年にわたって中国戦線の修羅場を駆け巡り、上海では陸軍の資金作りに、「阿片王」と呼ばれた里見甫らとペルシャ阿片の密輸にかかわってきた許斐氏利である。仏印でも〝高貴薬〟として阿片の需要は高かった。一九三九（昭和十四）年四月に、阿片などを含む軍需物資調達のために設立された「昭和通商」も、ハノイやサイゴンに進出し、許斐機関との連携も強まった。前掲の内川大海に言わせれば、許斐機関になって「設立当初の純粋な精神は失われ」たのである。

「山根機関」が「許斐機関」に代わると、山根道一は、ハノイの自宅に新たに「印度支那経済研究所」の看板を掲げ、こちらの仕事に専念する。山根は日本やベトナムの中堅、若手の学者や熱心な研究者を集めて、仏印に関する政治、経済、社会、歴史などの調査研究をすると同時に、仏印の地下資源の研究などに取り組んだ。後述するが、ベトナム人の独立運動家、研究者だけでなく小牧近江《おうみ》や小松清ら日本からやってきた知識人たちもこの研究所に出入りし、かつての「山根機関」に代わって、〃ハノイの梁山泊〃と呼ばれるようになり、独立運動に大きな影響を及ぼす存在となっていく。

マレー沖海戦

日本陸軍が寺内寿一大将を司令官とする「南方軍」を創設したのは、一九四一（昭和十六）年十一月早々のことである。その任務は「東南アジア」の英、米、蘭の植民地を攻略、占領することにあった。東南アジアという呼び方は当時まだない。「南方」である。南方軍の総兵力は約四十万人。その下におかれた第十四軍（軍司令官、本間雅晴中将）は米国の植民地であるフィリピンを、第十五軍（同、飯田祥二郎中将）は英国の植民地、ビルマ（現・ミャンマー）を、第十六軍（同、今村均中将）はオランダの植民地である蘭印（オランダ領東印度、現・インドネシア）を、そして第二十五軍（同、山下奉文中将）は英国の植民地、マレー半島とシンガポールを占領する任務を担った。

前述したように、日本軍の南部仏印進駐直後に、米国は日本への石油輸出を全面的にストップした。海軍の石油備蓄量はこの時、二年分しかなかった。開戦となれば、一年半で使い果たす、と海軍は試算した。蘭印のスマトラやボルネオには大油田があり、大規模な製油所もすでに稼働していた。これを無傷で占領し、石油資源を確保する、というのが南方軍の最大の責務であった。

同年十一月二十六日、米国国務長官のコーデル・ハルは日本の駐米大使、野村吉三郎を呼び出し、十項目からなるノート（通告）を手渡した。内容は、それまで日米間で積み上げてきた日米間のすべての交渉をご破算にし、改めて「日独伊三国同盟を破棄し、中国およびインドシナから即刻、一切の兵力、警察力を撤収せよ」という新たな要求を一方的に書き連ねていた。それまでの日本の政策を全面的に否定し、日本側の拒否を見越した内容である。翌二十七日、宮中で開かれていた大本営政府連絡会議にハルノートが届くと、出席者から「これは宣戦布告だ」との声が一斉に上がったという。

十二月八日午前（日本時間）、日本海軍の空母から飛び立った百八十三機の艦載機がハワイ・オアフ島の真珠湾を攻撃、日米（英蘭）は戦争に突入した。しかし、南方軍の第二十五軍が英領マレーのコタバルに上陸したのは同日午前一時三十分。真珠湾攻撃より二時間近くも早かった。二十五軍はタイ領内のシンゴラ、パタニにも相次いで上陸した。南方軍の狙いはマレー半島を南下し、英国の最大のアジア軍事拠点であるシンガポールを背後から攻略することにあった。シンガポールを奪取すれば蘭印の石油をはじめとする資源を日本に運ぶことが可能になる。

開戦二日後の十二月十日、英国東洋艦隊の最新鋭戦艦「プリンス・オブ・ウエールズ」と巡洋戦艦「レパルス」が、日本軍のマレー進攻に対応してシンガポールを出港、北上を始めた。東洋艦隊の所在を探知した日本海軍の戦闘機、爆撃機、雷撃機がサイゴンとその周辺に完成した飛行場から相次いで飛び立った。松下光廣の大南公司が突貫工事を続けた飛行場建設は、マレー沖海戦に間に合ったのである。波状的に攻撃を繰り返す日本軍機に、二隻の英国戦艦も激しい砲撃を行った。午前十一時十五分、最初の爆弾が「レパルス」に命中、海空の死闘はその後、二時間にわたって繰り広げられた。「レパルス」が五本の魚雷を受けてまず沈没した。「プリンス・オブ・ウエールズ」も五本の魚雷と急降下爆撃による直撃弾を受けて傾き、トマス・フィリップス提督、ジョン・リーチ艦長とともに海底に沈んだ。

松下光廣は戦後、「わずか三か月でつくり上げた飛行場とマレー沖海戦」の想い出を長男、光興らによく語った。幼い子供たちへの〝自慢話〟の一つでもあっただろう。しかし、彼は「サイゴン周辺の飛行場は、延べ数万人もの現地ベトナム人が昼夜兼行で働いてつくり上げたものだ。マレー沖海戦での勝利を一番喜んでくれたのは彼らだった。彼らはこれでベトナムの独立の日も近い、と期待した。しかし日本はそれに十分に答えてやることは出来なかった」と残念そうに付け加えることも、忘れなかった。

開戦直後の日本軍の快進撃に、仏印における日本軍と仏印当局との〝力学〟も大きく変化する。十二月八日午前八時、南方軍総副参謀長であり、芳澤大使の陸軍随員でもある長勇は、徹夜で書き上げた「現地軍事協定案」を手に、仏印総督府に乗り込んだ。「ドクー総督はこれを呑めますかねえ」とベテラン外交官の芳澤も心配した強気の協定案だった。長はドクーに「即時受諾」を迫った。いつもは引き延ばし戦術にでるドクーもこの朝は違っていた。すでに日本軍の真珠湾攻撃やマレー半島上陸の情報が入っていたのだろう。「即時受諾」を迫る長に、ドクーは本国にも相談せず、独自の判断でこれを受け入れたのである。

その内容は第一に「仏印は全機関を挙げて日本軍に協力する」と謳い、以下、次のようなものだった。（一）仏印当局は全土の治安維持に努め、日本軍の後方を安全にし、必要なら日本軍と協力する（二）仏印当局は、日本軍の行動、生存、軍事施設などに関しあらゆる便宜を供与する（三）日本軍は主として南部仏印、仏印軍は北部仏印の防衛を担当する。さらにドクーは、日本軍が仏印のすべての飛行場を使用することを認め、防諜や謀略阻止のために日本軍に協力することを約束した。

しかし、これによって日本側の「仏印静謐保持」の方針が崩れたわけではない。ドクーはしたたかだった。仏印でのフランスの「主権維持」の立場は貫こうとした。ドクーは日本と米英蘭との戦争にたいしては、可能な限り中立的な立場で、日本軍への全面的な協力は避け、仏印の行政に対する日本の干渉を排除しようとした。また、外交に関しても、米、英に配慮し、中国の蒋介石政権との均衡を保った。ドクーは最終的には日本が負け、仏印から撤退する日が来る、と踏んでいたと言われる。

日本側にとっても、仏印は東南アジア一帯で「南方作戦」を展開するための後方の兵站《へいたん》基地、物資輸送基地、資源供給基地としての役割は大きい。ここが戦場になれば、安定確保のため大量の兵力増強は避けられない。同時に仏印の内政まで手をつけるとなれば、人の手当ても大変になる。フランス側の抵抗がないかぎり、占領に踏み切り、軍政を敷く必要はない。仏印は、戦争の相手国である米、英、蘭の支配する周辺各国とは全く違った状況にあったのである。

「面従腹背」の仏印当局が心配したのは、日本軍の支援を受けたベトナム人の反乱だった。日本軍が現地ベトナム人と〝連帯〟するのを恐れていた。仏印当局はベトナム人官吏に対し、給料の前払い制度をつくったり、休日を増やすなど急に懐柔政策をとり始める。長勇は「安南人に対する態度俄かに軟化し薄気味悪きほどなり」と述べ、その一方で「日安会話読本」を発禁処分にし、「ベトナム人に対する日本語の個人教授に圧力かけ中止させている」[*43]と陸軍省に報告（一九四一年一月四日付）している。

小松清と小牧近江のベトナム独立運動

戦後の一九五一（昭和二十六）年、クオン・デが東京で寂しく息を引き取った時、その葬儀を取り仕切ったのが松下光廣と小松清であり、荼毘にふす棺の前で「ベトナム独立万歳」と叫んだのが小牧近江だった、と序章で書いた。小松と小牧は一九三〇年代、東京で共に「行動主義」運動に参加した時からの旧知の仲であった。二人とも日本軍の仏印進駐前後に日本から「逃げ出すように」ベトナムに渡って来た。

小牧近江（本名、近江谷《おうみや》駒《こまき》）は、一八九四（明治二十七）年、秋田県土崎港に生まれ、小学校卒業と同時に上京、暁星中学に入学。四年で中退し、十六

1919年、パリ講和会議の随員たち。前列中央・松岡洋右、後列左端・小牧近江（『ある現代史』より）

歳の時、当時衆議院議員だった父、栄次に連れられシベリア経由で渡仏した。一九一四（大正三）年、日本大使館に勤務しながらパリ法科大学に入学、この頃からロマン・ロランに心酔する。ロシア革命後はコミンテルンの共産主義運動に関係するようになっていく。一九一九（大正八）年、十年ぶりに帰国した後、雑誌「種蒔く人」を友人たちと創刊、執筆活動に入り、同誌を中心に評論、随筆などを相次いで発表、プロレタリア作家として注目された。社会主義労働法の専門家でもあった。

しかし、この時代、彼のような思想の持ち主が、食べていくのは容易ではない。東京の「国民新聞」の記者や在日トルコ大使館の通訳などをして生活費を稼いでいた。ちょうど〝失業〟していた一九三八（昭和十三）年春、外務省アジア局長を経て満鉄理事などをしていた旧知の木村鋭市に会う。木村は当時、台湾拓殖会社の顧問をしていた。

「お前、いまどうしてる」「なにもしていません」といった話になり、東京にある台湾拓殖支店に木村を訪ねた。木村は彼にこう言った、と小牧はその著『ある現代史』に書いている。

「どうだ、近江谷。もう、アカハタはいいではないか。ぼくの会社では、今、あちら向けの人手に困っている。仏印へ行かないか。ちょうど、適当な人間を探しているところだ。若手では困るし、あちらは気候がよくないので、健康な人でなくても困る。外務省でも弱っているところだ」[*46]

生活に困っていた小牧は、〝渡りに舟〟と仏印行を決意した。足かけ八年の仏印生活に入るきっかけだった。援蔣物資がハイフォン経由で中国にどんどん送り込まれていた時代である。一般の商社はハノイから締め出され、残っていたのは台湾拓殖の子会社「印度支那産業」くらいだった。小牧は直ぐに旅券を申請するが、ビザはなかなか発給されない。特高警察の監視下でかつてモスクワ行の旅券を申請し、拒否された経験を持つ小牧は、今度も特高の邪魔が入ったと判断した。

しかし、モスクワ行と違って、今度はれっきとした国策会社の社員としての申請である。彼は父親の友人である内務大臣、田辺治通に直接電話した。田辺はすぐに警視総監に電話してくれた。「家に帰ってみると、もう警察署から連絡が来ていました」。旅券はアッという間に発行されたのである。昭和十四年八月、小牧はハノイに出発した。

ハノイ市ジャロン街にあった印度支那産業は「後に民族解放運動の参謀本部とにらまれたものです」と小牧近江は同書に書く。会社は小牧のために社宅も用意していた。会社での仕事はほとんどなく、ぶらぶらしていたが、第二次世界大戦が始まると小牧の出番がやってきた。仏印当局は〝検閲〟の必要から、和文電報を禁止し、電報はすべてフランス語で送らなければならなくなったのである。本社などとの業務連絡も、すべて小牧の仏文翻訳に頼ることになった。フランス語の力が大いに発揮されることになる。そうなると、会社の業務全体もわかり、経営問題にも首を突っ込むことになって、役員にも登用された。

しかし、仕事が忙しくなるまでの間は、会社では「無用の長物」だった。この期間、彼はベトナムの歴史や民族の歴史を勉強した。ハノイの「エコール・フランセーズ極東学院」や「ジャン・フィノ博物館」は東洋学のメッカだった。極東学院でベトナムの作家、評論家や詩人のグループなどと知り合いになる。山根道一が創った印度支那経済研究所にも、ベトナム人独立運動グループや若手研究者が多数出入りしていた。ベトナム愛国党の委員長、グエン・スアン・チュー、副委員長のレ・トアン、後に南ベトナム大統領となるゴ・ディン・ジェム、経済学者のブ・バン・アン、歴史学者のチャン・チョン・キムといった大物も常連だった。

小牧は彼らを通じて、だんだんとベトナムの独立運動と関係するようになっていく。彼らは、「(日本は)アジアの共栄圏などという言葉に酔うよりも、現実として、日本が自分たちをフランス植民地政策の桎梏から解放してくれることに期待をかけて」いた。民族独立を志す若い世代に接触できたのは、「印度支那産業」の理解があったからだ、と小牧近江はいう。同社の雰囲気やそこに集まった人材について、彼は次のように述べている。

「若い社員たちの多くは、越南民族の独立には、ひと肌ぬぐつもりでいましたし、事実、奮闘した人もいましたが、やはり、会社自体が、そういう社員の動きを阻止しない態度をとってくれたので、私など、動きやすかったでしたろう。(中略)〝ほどほどにやれ〟ということであったろうと思いますが、民族運動に深入りすることに対して一度も口に出しませんでした。

社員のなかにも(略)山根道一さんなどという手腕家の先輩がいました。山根さんは、民族運動に同情をもち、物質的援助も行なっていました。のちに、山根研究所(印度支那経済研究所)をつくり、前に述べた原田俊明君(後述)のほか、菅原伝(筆者注・明治末、米国の大学で自由民権思想を学び、日本を経てハワイに亡命中の孫文と知り合い、それぞれの国で社会改革を目指そうと誓い合った政治家)の息子の菅原(真)君とか、大木君、西川寛生君などという人たちを所員にしていました。これらの青年たちは、皆、大川周明門下生ですが、民族愛の強い人たちで、おそれられたファッショ的性格はなくなっていました。

　私の上司として大西文一さんがおられたことが、私にとって幸いでした。大西さんの関係の氏原（進）君とか内川大海君などは、実に活発な活動家でした」

　印度支那産業は、軍が表面に出られない軍需物資の調達などにも、国策会社として協力した。ハイフォンのセメント工場の入手に成功した時、小牧は仏印派遣軍の参謀長、長勇に呼び出された。長は「近江谷さん、（さんといったのは初めてでした）ごくろうさんでした。身体に気をつけて下さい。あまり酒を飲みなさんなよ」と言ったという。長は小牧の〝前歴〟や、ハノイでの独立運動への関与を十分に知っていたのだろう。

　序章で述べたように、雑誌「改造」の特派員として仏印旅行の途中で息子の死に遭遇、帰国した小松清は自ら組織した「水曜会」を通じて、ハノイの小牧近江らと連絡を取り合い、東京在住のクオン・デにも接触を深めていた。小松が彼と知り合ったのは「一九四一（昭和十六）年の初秋、太平洋戦争がはじまる二、三か月前」だった。クオン・デは東京都世田谷区松原町に住んでいた。日本軍の「仏印静謐保持」政策が明らかになり、政治状況はクオン・デ復帰に逆風が吹いていたが、「復国の灯火だけは、いささかも衰えさせることなく暮らしていた」。

　この頃のクオン・デを取り巻く日本の政治状況について小松はこう記している。

「現実外交の名のもとに、日仏妥協が霞ヶ関の対仏印外交の基調になった。越南の独立に触れたり、彊柢侯の名を口にすることは霞ヶ関では御法度となった。大アジア主義の立場をとっていた松井石根や大川周明のような右翼の巨頭たちを除くと、ごく少数の参謀本部の将校たちのあいだに、越南の独立や彊柢の支持者があっただけである。外務省のなかにも越南問題に関心をもち、彊柢侯に同情する者があったが、指折りかぞえるくらい少数だった。（中略）もちろん、現地においても、微々たる勢力でしかなかった。国内の民間においては尚さらであったことは云うまでもない。

日本の指導層は、軍人であれ、政治家であれ、外交官であれ、実業家であれ、日本の利益という建前から《仏印》を利用するだけ利用しようとした。彼らの謂ゆる日本の利益に彼らの立身出世や利益が結びついていた[*1]」

こうした状況の中で、小松が心から信頼したのが、「彊柢侯《クオン・デ》の仏印探題とも云うべき位置にあった、一種の政商とも云える風格をもった実業家」の松下光廣だった。「彼は、利益追求のみに走る人間とは違い、クオン・デの独立運動を同志として支援し、終生、彼の傍らにあり続けた[*47]」。『小松清――ヒューマニストの肖像』によると、松下と小松の関係を示す最も古い資料は、クオン・デの側近が小松に宛てた一九四二（昭和十七）年六月二十八日付の手紙だという。

その手紙には「皇太子（クオン・デ）によれば、松下氏の〔仏印への〕出発に際し、三〇日に開かれる晩餐会に、是非とも貴方の御出席を賜りたいとのことです。山水楼（日比谷、宝塚劇場前）に、必ず六時までにお越しくださいますよう」とあった。松下がサイゴンに復帰したのは、前述したように日本軍が南部仏印に進駐した一九四一（昭和十六）年のことである。一時帰国した松下は一九四二年六月十三日、矢田部千代と結婚、東京で二人だけのささやかな結婚式を挙げている。

松下が千代と再婚したのは先妻のキサが病死してから二年後のこと。茨城県・大子町生まれの千代は二十三歳。二十歳以上も歳の離れた千代は当時、婦人雑誌に写真が掲載されるほどの美人だった。東京・赤坂の料亭で働いていた千代に惚れ込んだ松下が、強引に口説いたと言われている。照れもあったのだろう、彼はこの結婚をクオン・デには報告したが、ほかの友人たちには知らせなかった。

松下千代

クオン・デは、この手紙にある「サイゴンへの出発に際して送別晩餐会」を開き、少数の友人たちだけで松下の結婚を祝おうとしたのだろう。「松下氏を送る晩餐会」というだけで小松には通じているところを見ても、小松は松下の結婚祝いを兼ねた送別会であることを知っていたと思われる。松下と小松の接触は、これよりかなり早く、小松が初めてクオン・デに会った一九四一年の初秋、松下がサイゴンに復帰する直前だったと見てもよい。

小松清は一九四一年（昭和十六）十二月初め、改造社記者として再び仏印に渡る予定になっていた。しかし、申請した旅券は発行されない。イライラしながら待つうちに八日の開戦を迎えた。特高によって寝込みを襲われ、留置所に連行されたのは、開戦翌日の九日朝。「逮捕理由は三つあった。『自由主義者』であったこと。一九三六年から一九三七年にかけてスペイン共和国のためにプロパガンダを行ったこと、アンドレ・マルローの翻訳者であり、かつ友人であったこと」[*48]。この年の初め、治安維持法が改正され、思想犯の検挙や予防検束もできるようになっていた。獄中で小松は壁に爪で「いつか南瞑にいかん」と刻みこむ。四か月近くの牢獄生活を過ごし、翌四二年三月に釈放された。

出所した彼は、仏印に脱出しようと再び旅券を申請した。いくら待ってもビザが下りる気配はない。一縷の望みが出てきたのは一年が経過した一九四三（昭和十八）年三月のこと。長年の友人である外務省の田代重徳が、サイゴンの日本大使館に公使として赴任することを知った。田代は小松が組織化した仏印研究グループ「水曜会」のメンバーでもあった。私設秘書に採用してくれないか、と彼は田代に頼み込む。田代も外務省に頼んでくれた。採用試験代わりに「仏印問題に対する私見」という論文を外務省に提出、なんとか田代の私設秘書として採用され、やっと旅券が下りた。同年四月、福岡から出代とともに飛行機でサイゴンに向かった。

日本大使館の「私設秘書」は、仏印に渡る方便でしかなかった。彼はすぐに独立運動の主要メンバーとの接触を始めた。その中の一人が、後に南ベトナム大統領になるゴ・ディン・ジェムである。後述するが、熱烈なクリスチャンである彼は、カトリック勢力を掌握し、クオン・デの復国運動の志士でもあった。当時、フランス官憲に追われるジェムを大南公司の若い社員らが救出し、サイゴン市内に匿っていた。後にホー・チ・ミン政権の閣僚となり、小松とホー・チ・ミンの再会の労をとるファン・ニョック・タックともこの時期に接触する。彼は独立を目指す「サイゴンのインテリ・グループ」をまとめていた。

ベトナム人だけでなく「彼は若い友人たちを、仏印で長く営業していた貿易商の研修生的な社員のなかに見出した」と、同じ時期に日本大使館で嘱託として働いていた作家、那須国男は雑誌「思想の科学」に書いている。

「彼らは大川周明の塾の出身者とかいうことであったが、純朴な日本の農村の出身者が多く、ひたむきに現地の生活に融け込もうとしており、安南語の習得にも熱心だった。小松清は彼らの先生格として安南問題を説き、彼らの行動力に期待していたようだ。

彼らはもちろん、大東亜共栄圏という宣伝的な理念を植えつけられていただろうが、海を渡ってはじめて触れたインドシナという土地への好奇心のほうが強く、共栄圏という軍国主義のコマーシャルは忘れたようだった」[*49]

大南公司の名前はないが、〝貿易商〟というのは松下光廣のことであり、「研修生的社員」とは、松下の下に集まった西川寛生ら大川塾出身者たちのことである。彼らは「大東亜共栄圏」という〝コマーシャル〟を忘れていたわけではない。口に出して言う必要のないほど、それを純粋に思っていたのである。彼らは心の底からそれを信じ、アジアの解放のために戦おうとしていた。彼らの行動とその後の人生は、それを証明している。忘れていたのは、それを大声で唱えた日本国政府であり、進駐してきた日本軍の上層部だった。

小松清や松下光廣たちのクオン・デを担いだ独立運動の動きを、日本の大本営や政府は許さなかった。「仏印静謐保持」という方針を崩して、ベトナムに独立と主権を与えようとはしなかった。ベトナム即時独立を主張する小松清は、大使館や日本軍を中心とした在留邦人の中でも異質な存在と見られるようになっていく。公使で友人の田代重徳は、小松の意見に基本的には賛成していたが、立場上、小松を弁護することも出来ない。一九四四（昭和十九）年一月、孤立した小松はサイゴンの日本大使館を辞め、友人の小牧近江を頼ってハノイに移った。


台湾拓殖の子会社「印度支那産業」に勤めていた小牧近江は、大東亜省の管轄下にあった「日本文化館」の事務局長に就任していた。日本文化館は当時、ハノイとサイゴンに置かれ、日本語学校の運営や日本文化の普及に努める一方で、現地住民の情報を収集し、なるべく穏健に治安を維持する目的でつくられたものである。館長の仏印駐在公使、横山幸元は小牧が籍を置いた東京・暁星中学の先輩であり、彼もまたベトナム独立運動の理解者だった。横山が事務局長として小牧を引き抜いたのだろう。

「私はそういう仕事に不適任だったかもしれませんが、インドシナには知人が多く、民衆とのつながりもあったので、昔の危険人物を承知の上で使ったようです。私もまた、この地に戦乱の禍いをもたらさないためには、何でもしてみたい気になっていました」[*46]。小牧はベトナム人の教育や福祉に関する活動に熱心に取り組み、現地の人たちに「ペア・オーミヤ（近江谷おじさん）」と呼ばれ、慕われた。

小松清は同じパリ留学組の友人、小牧近江の「私設顧問」のような形で、一緒に働くことになった。小松清の表向きの仕事は、美術展などの文化事業である。しかし、彼の日課は、軍関係の資料を読み、ベトナム側の協力者との情報交換だった。だが、ハノイに移ったこの時期も日仏の協調政策は続き、ベトナム人の蜂起のチャンスは訪れない。「そのことは彼にとって日仏が共同でヴェトナム人を踏みにじっている構図にしか見えなかったから、彼の焦燥は募るばかりであった[*47]」

後述するが、二人の本当の出番は日本敗戦後にやってくる。新しい国造りに乗り出したホー・チ・ミン軍と、再び勢いを取り戻したフランス軍を仲介し、和平に持ち込もうと懸命な努力をするのである。

「サイゴンの任侠」松下光廣

サイゴンに四年振りに戻って来た松下光廣が、信頼する海軍の中堂観恵の要請で、大南公司のすべてをあげて取り組んだ飛行場建設は、マレー沖海戦の大勝利につながった。開戦と同時にサイゴンには日本の大企業が続々と進出してきた。日本軍の南方進出の狙いは東南アジア一帯の資源確保にあった。進出してきた企業の多くが、「満州」と同じように日本軍をバックに、この地で〝荒稼ぎ〟をと考えていたとしても不思議ではない。しかし、仏印は八十年ものフランスの支配下で、欧米の企業もしっかりと根を下ろしていたし、突然に進出してきた日本企業が強権的に商売をしようとしても反発を買うだけだった。

日本軍も進出企業も、大南公司の松下光廣に頼らなければ何一つ進まない。開戦とともに大南公司はその営業網を拡大、前述したように昭南（シンガポール）、ペナン、ラングーン、プノンペン、海口（海南島）など東南アジア各地に支店網を広げ、支店、出張所四十六を抱え、社員数も急拡大した。

しかし、彼の経営哲学は大南公司を創設した若い時代と少しも変わらなかった。「商売は儲けるためにやるものではない。誠心誠意、人のためにと思ってやれば、利益はそれについてくる。そのために損をするようなことがあっても、人の心は残る」

長男の光興は大学卒業後、松下電器貿易（現・パナソニック）に就職、長い間、外国貿易に従事した。松下が口を酸っぱくして、彼に言い続けた言葉である。「父は商売人ではなかった。金を稼ぐことは下手な人でした」と光興はいう。フランスの経済人と全く違う松下の東洋的な経営哲学が、現地ベトナム人たちの絶大な信用につながった。

対米（英蘭）の開戦後、日本軍はサイゴン在住の米、英、オランダ人をサイゴン中心街の香港上海銀行の三階を収容所として監禁した。在仏印の海軍当局は、収容者たちとの渉外係を松下に依頼した。収容されたほとんどの人が顔見知りだった。松下は飲食物の差し入れを欠かさず、外部との連絡や、軍が禁止した留守家族との手紙の往復も取り次いでやった。夜中には、密かに帰宅の自由さえ与えたのである。国と国、双方の軍隊同士が戦争をしているのであって、サイゴンで一緒に暮らす人々に罪はない。松下の信条だった。収容された人たちから、海軍当局宛に感謝の手紙が相次ぐようになる。

在仏印の陸軍憲兵隊は、松下の人道主義やクオン・デとの深い関係に警戒を強めていく。一九四二（昭和十七）年早々、東京のクオン・デへの現地情勢の報告や矢田部千代との婚約のために帰国し、すぐにサイゴンに戻る予定だったが、再渡航の許可が出ない。飛行場建設の際、懇意になった海軍経理部が「保証」して、三か月後にやっと再入国したのである。

「国際人」松下は戦時下でも国際的な平衡感覚を失うことはなかった。大南公司の本社にはフランス人五人のほかに、スイス人、オランダ人、イタリア人、ポルトガル人など二十人を超す白人を社員として雇用した。収容されていた香港上海銀行のイギリス人支配人の紹介で、中国人三人も社員に採用した。

フランス系のデスクール・カポー社が、援蔣物資取扱い業者として摘発され、日本軍命令で閉鎖、解体される危機にあった時、松下は「大南公司と密接な取引関係があるから」と救済に乗り出し、同社の事業継続が認められた。同社の社員三人がこの時、日本憲兵隊に拘束され、一人が死亡する事件もあった。松下はこの時も憲兵隊と掛け合い、他の二人を釈放させている。抗日分子として憲兵に追われていたシンガポールのゴム財閥の御曹司、タン・コンチョン（陳共存、K・C・TAN）も、大南公司の各地の支店で匿い続けた。後述（第十一章）するがタン・コンチョンはこの恩義を忘れず、戦後、大南公司の復活を全面的に支援する。

中国人とも提携した。華僑の街、ショロンに大南公司は各種商品の販売店や土産物店、レストランなど四店を開いていた。これらの店が、ベトナム独立運動の連絡場所や秘密アジトとなっていたことは前述した。このショロンに潜入していた蔣介石政府の地下工作員が日本憲兵隊に逮捕され、日本に協力していた汪兆銘派への転向を誓約して釈放されたことがあった。松下はこれらの工作員を引き取り、その後の生活の面倒をみた。

日本軍の進駐以来、多くの邦人商社が押しかけて来た。彼らは軍の力を背景にフランス系企業や零細なベトナム人企業の事業や施設を取り上げた。松下はそうしたやり方を社員に一切禁じた。社員の一人がたまりかねて「放っておいてよいのですか。みすみすチャンスを逃しますよ」と進言した。「そんなあくどいことをしたら、わし一代の汗と脂の努力が泣くわい」[*6]と取り合わなかった。

進出してきた財閥系商社の横暴ぶりもひどかった。大南公司の運輸部は七百トン級の船十隻をチャーターして、メコン川でカンボジアからの食料品の輸送を行っていた。フランス当局に正規の手続きでサイゴン—プノンペン間の航行権を得ていた。進出してきた財閥系商船会社が「日本政府および日本陸海軍の命令による」として船のチャーター先に強引な買収工作を始めた。商船会社が手をまわしたのだろう。ある陸軍大佐がやってきて脅迫まがいのことも言い始めた。

「よろしい、船は全部、提供しましょう」

「なにか、条件はありませんか」

「日本の兵隊は、天皇陛下の召集令状に、条件をつけたりしますか」

松下は開き直った。この商船会社は、傍系の台湾運輸会社にこの路線を経営させることにしていたが、さすがに気が引けたのか運営はそのまま大南公司にまかせた。

松下が一番腹を立てたのは、四六時中、彼の行動を監視する憲兵の横柄さに対してだった。彼らは大南公司の社長室まで押しかけてきた。社長室に出入りするベトナム独立運動グループをチェックするためである。それがわかると社長室のドアに「御用件は簡単明瞭に」と憲兵向けに書きなぐった貼り紙をした。

カオダイ教徒の協力

一九四三（昭和十八）年春、カオダイ（高台）教の有力指導者、チャン・カン・ビン（陳光栄）が、クオン・デが総裁を務める復国同盟会のチャン・バン・オン（陳文恩）同伴で、大南公司に松下を訪ねてきた。信徒数二百万人といわれたカオダイ教は、日本軍の北部仏印進駐時に復国同盟軍のチャン・チュン・ラップらの蜂起に呼応して決起するが、フランス軍の徹底した大弾圧を受け、壊滅状態となった。サイゴン南西約百キロのタイニンにあったカオダイ教本部は、この時の弾圧でタイニンを離れ、プノンペンへ難を逃れていた。

カオダイ教は教祖、レ・バン・チュン（黎文忠）が一九二六（昭和元）年に創設した時から、「東の国から白馬に跨った王子さまが帰って来てこの国を救う」という予言が信じられており、教徒たちはグエン朝の末裔、クオン・デをその救世主として待望していた。チャン・カン・ビンは松下に懸命に訴えた。

「カオダイ教徒は、すべて、独立の志に燃えている。盟主クォン・デ公に、橋渡しをお願いしたい」[*6]

この年の二月、松下光廣や日本軍の一部支援者たちの援助で本部のタイニン復帰をはたし、サイゴンとショロンにカオダイ教青年部の拠点が設置されていた。すでに約四千人の信者を、祖国独立を目指して軍隊組織化したという。その一つがサイゴンを流れるビンドン川に面した造船所である。「日南商船造船所」という看板を掲げた造船所で、カオダイ教徒の青年たちは、昼間は日本軍から受注した木造船を建造した。資材は三井物産が供給し、出来上がった船は日本軍が買い取っていた。その金が彼らの生活、活動資金になっていた。多分、松下らがこの仕組みを仕掛けたのだろう。

チャン・カン・ビンを隊長としたカオダイ教義勇軍も結成し、夜になると竹やりを手に、軍事教練にも励んでいた。女性信者たちは、行商をしながら各地の仏印軍の動向の情報収集に当たっていた。彼らは、クオン・デ復帰の日に備えて、着々と準備を進めていたのである。後述するが、一九四五（昭和二十）年三月九日の「明号作戦」発令による対仏クーデター時には、西川寛生に率いられた青年部が行動を起こし、松下光廣は四千人のカオダイ教信者を率いた「カオダイ教奉仕隊」の司令官に就任する。副司令がチャン・カン・ビンだった。

カオダイ教とはどんな宗教か、と問われると、答えるのは難しい。一口で言えば、仏教、道教、儒教、ヒンズー教、キリスト教、イスラム教とありとあらゆる宗教をごちゃまぜにした宗教としか言いようがない。カオダイ（高台）は宇宙の至上神（一番上の神様）で、「天眼」と呼ばれる巨大な目玉の姿で現世に現れたのだという。カオダイの目的は地球上の宗教を統一して人類を救うことであり、これまで三度、人類を救うために現れた。一度目は西洋ではモーゼ、東洋ではブッダとして、二度目はキリストと老子である。しかしその後、交通網が発達し、それぞれの領分が接近し混乱が起きた。そこで三度目に現れたのがカオダイで、人類を混乱から救済する、というのである。

一九一九年頃、ゴ・ミン・チェン（呉明釗）という人物が天の啓示を受けて唱え始め、六年後の一九二六年、元郵便局長のレ・バン・チュンが指導者となって、教団を設立した。教団設立後、信者数は急速に拡大、特にサイゴン北西のタイニン省では人口の三分の二が信者となり、兵力二万五千人の独自の軍隊まで持ち、それぞれの時代に即応した政治活動を行った。一九七五年のサイゴン陥落時でも二百万人の信者がいたが、革命政権は教団の土地と財産をすべて没収、指導者は処刑された。本山と教会が教団に返還されたのが一九八五年。今でも二百万―三百万人の信者がいるといわれ、教会では毎日零時、六時、十二時、十八時の四回にわたって、本堂に大勢の信者が整然と並び、中央の「天眼」に向かって祈りを捧げている。

一九七三年にこの本山を訪れた司馬遼太郎は、その雰囲気をこう書いている。

祈るカオダイ教徒たち

「カオダイ教も内乱の最盛期には自衛軍をもっていて、教団そのものが大きな戦力であった点では、解放戦線とかわらなかった。いまでもサイゴン政権に対して治外法権を持つに似た自立性を維持し、その広大な構内は、ひとびとの歩き方までゆるやかで、せかせかしたサイゴンの街とは別天地のような観がある。一般社会とはあきらかに別の秩序原理がつよく支配しているという点で、日本の本願寺や知恩院とはひどく印象がちがっている」[*50]

どうしてベトナムにこうした自衛軍まで持つ「戦う新興宗教」が生まれたのか。「中国の反清秘密結社である天地会の信仰」の流れを汲んでいる、と『東南アジア現代史Ⅲ』[*51]の著者は指摘する。

サイゴンの発展によって大量の華僑がベトナム南部に流入し、中国人社会のみであった天地会信仰が、ベトナム人社会にも浸透する。そして反清の運動がフランス侵略者に抵抗し、ベトナム独立を志向する民族主義団体に変わっていった。南部農民の窮乏とともに、その信仰は一層、下層のベトナム人社会に広がり、カオダイ教成立の基礎をつくった。「土着信仰を通ずることによって、底辺の農民・都市貧民の問題をくみあげ、かれらを組織化することに成功した」。それがカオダイ教だ、というのである。カオダイ教はもともと反体制的な、戦う新興宗教だったといえよう。

第九章　明号作戦とベトナム独立

「アジア解放」を叫んだ大東亜会議

日米開戦から年が明けた一九四二（昭和十七）年。新年早々の一月二日、日本軍はマニラを占領、さらに二月十五日にはシンガポールを落として名前も「昭南市」と改め、軍政を敷いた。南方作戦は当初の想定を大幅に上回る勢いで達成されていった。米軍の反撃が始まったのは、同年六月のミッドウェー海戦からである。日本海軍は真珠湾攻撃で撃ち漏らした米機動部隊の撃滅を目標に出撃したが、戦闘が始まってみれば、「赤城」など空母四隻と艦載機二百八十五機すべてを失う大敗北となり、中部太平洋の制海、制空権は完全に米軍側に握られた。

米豪遮断を目的に日本海軍は南太平洋のガダルカナル島に飛行場建設を進めていたが、同年八月七日、米軍はここに一万人余の大部隊を送り込み、占領する。大本営はガダルカナル奪回に三万人もの将兵を投入、約半年にわたる攻防が繰り返された。しかし同年暮れ、日本軍は同島奪回を断念、撤退した。ガダルカナル島の攻防前後から、南太平洋のソロモン、ニューギニア方面でも米軍の攻勢は強まり、日本軍の戦況は日に日に悪化していった。

欧州でも同年九月二十八日、ソ連がフランスのド・ゴール亡命政権を承認し、米国もこれに続いた。仏印の本国であるフランスのヴィシー政権は十一月七日、米国との国交断絶を宣言する。ヴィシー政権は重大な岐路に立っていた。太平洋方面における米軍の反攻の上に、存立さえ怪しくなってきたヴィシー政権と、それに伴って仏印総督府の動向が予断を許さない状況となり、日本軍も対仏印施策の転換が大きな課題となってきた。

しかし、当時、事態の深刻さに気付いている国民は少なかった。一九四二年十一月、仏印では、北部仏印進駐時に発足した「印度支那派遣軍」が廃止され、南方軍の下に「印度支那駐屯軍」が編制される。新たな司令官には町尻量基《かずもと》（中将）、参謀長に河村参郎《さぶろう》（少将）が就任する。二人ともフランス勤務経験をもつフランス通だった。劣勢となりつつある戦局に対応するのが目的だったが、「司令部は本来の目的上、渉外司令部的性格が濃く、軍隊指揮のため十分な幕僚もなく（参謀二名中一名は大使府陸軍随員）、また通信手段を持たず、南方軍命令により第二十一師団等、在仏印諸隊を指揮しただけである」*52。

翌一九四三（昭和十八）年四月二十日、東條内閣は、国内の暗いムードを吹き飛ばし、「翼賛体制」を強化しようと内閣改造に踏み切った。新しく外相に就任したのが重光葵《しげみつまもる》である。重光は、大東亜政策全体の再検討に着手し、単なるスローガンに留まっていた「アジアの解放、建設、発展」という戦争目的を現実化しようと動き出す。五月三十一日の御前会議でマレー、蘭印（インドネシア）の日本領有と、ビルマ、フィリピンの独立承認などを含む「大東亜政略指導要綱」を決定した。八月一日、ビルマでバー・モウ政府が英国からの独立を宣言、十月十四日にはフィリピン共和国も独立を宣言する。同二十一日、スバス・チャンドラ・ボースがシンガポールで自由インド仮政府を樹立。日本政府は直ぐに承認し、協力、支援を約束した。

重光が大々的に仕組んだのが十一月五、六日の二日間、東京・国会議事堂で開かれた「大東亜会議」である。趣旨は「参加各国が善隣友好、互助協力の下に大東亜戦争を完遂し、米英の桎梏からアジアを解放し、その自存自衛を全うする」ことだった。重光の狙いは、一九四一（昭和十六）年八月、チャーチルとルーズベルトが戦艦「プリンス・オブ・ウェールズ」の甲板で署名した民族自決を謳う「大西洋憲章」に対抗して、「アジアの解放」を目指した「大東亜憲章」をまとめることにあった。

日本から東條英機首相、中国の汪兆銘国民政府行政院院長、タイからは首相代理としてワンワイ・タヤコン殿下、満州国から張景恵首相、フィリピンからホセ・ペ・ラウレル大統領、ビルマのバー・モウ首相、インド仮政府首班のチャンドラ・ボースも陪席者として出席した。会議は「大東亜各国は協同して大東亜の安定を確保し、道義に基づく共存共栄の秩序を建設す」などの共同宣言を採択する。

会議が始まる数日前から、新聞各紙は一面トップだけでなく、二面や社会面まで潰して、参加各首脳の動向を写真入りで細かに伝えた。「不滅の大東亜」の文字が連日、紙面を飾る。会議終了後の七日には、日比谷公園で十万人を動員した「大東亜結集国民大会」が開かれた。大会の模様は「ラジオを通じて津々浦々まで、一億すべて大東亜結集の叫びに和した真に挙国的な盛典であった」と朝日新聞は八日付朝刊の一面トップで報道している。同紙は七日朝刊一面に、「世界史に新時代――大東亜会議の感激」との見出しで「主筆　緒方竹虎」の署名入り解説記事も掲載した。

東條内閣は「大東亜共栄圏」「アジアの解放」という戦争目的を強調することによって、戦況の立て直しに使おうとしたのだろう。劣勢に立ちつつあった戦況と内外の情勢変化が、仏印での「静謐保持」とベトナム独立運動に大きな影響を与える。

静謐保持か安南独立か

政府部内でも仏印を巡る意見が出始めた。同年五月三十日の御前会議における「大東亜政略指導要綱」の説明で、東條首相は「仏印を本国より離脱せしむる如き極端なる政策は、大東亜戦争の現段階ではこれを避くるを要するのであります」と述べている。東條は、仏印静謐保持を継続しようと考えており、「仏印当局に対する武力処理」には反対だった。「指導要綱」での仏印に対する方策は、「既定方針を強化する」とされた。

しかし、重光ら外務省当局は「安南独立」を志向していた。重光は大本営政府連絡会議で杉山参謀総長に対し「インドシナが動揺して武力処理をおこなわなければならぬ場合が起こるかも知れない」と述べ、杉山参謀長が参謀本部戦争指導班にその研究を命じた。戦局が日本にとってますます不利になってくると、印度支那駐屯軍の増強や、予想される英米の謀略への対応策が検討されるようになっていく。

年末から翌一九四四（昭和十九）年初めにかけ、参謀本部第二十班（戦争指導班）が中心になって、フランス、仏印に対する措置が改めて検討された。現地の南方軍や印度支那駐屯軍は「仏印の動向を決するのは東アジアの戦局であり、仏印はいずれ動揺をきたす」との判断から武力処理に前向きであり、「その際は、現地住民に独立の希望を与えて積極的に協力させるべきである」と考えていた。同年一月二十四日の大本営政府連絡会議は、大枠では「静謐保持の既定方針を堅持し、原住民の民族運動を誘発するが如きはこれを避けるものとす」ということに落ち着いたが、ヴィシー政府が崩壊するようなことになれば、「仏印をフランス本国から離脱させ、やむを得ざる時は武力を行使することを予期して諸般の準備を整える」ことが、初めて付け加えられた。

世界情勢も刻々と変化した。大本営連絡会議から半年も経たない六月に、欧州では連合軍がノルマンディ上陸を果たし、ドイツ軍は退却を余儀なくされた。フランス本国では八月、ド・ゴールもパリに入り、九月には新内閣を組織し、臨時共和国政府が樹立される。ペタン元帥らヴィシー政府の要人は南ドイツに難をのがれ、ヴィシー政府は名実ともに滅んだのである。

ド・ゴールの臨時政府は「インドシナにおける対日協定破棄」を宣言。仏印でもド・ゴール派の影響が強まり、仏印当局の日本や独立運動に対する態度は一変してきた。しかし、日本では、東條内閣退陣後に参謀総長になった梅津美治郎大将も静謐保持に拘り続け、重光外相の「安南独立」は入れられなかった。日本軍は「フィリピン決戦」を控えて、その後背地である仏印の静謐に波風を立てたくなかったのである。

動き始めた〝松下軍団〟

日本国政府や大本営の「煮え切らない態度」をよそに、一九四三年に入ると、現地仏印では松下光廣の大南公司グループを中心にベトナム独立の動きが活発になっていく。「この戦争目的（アジア解放、大東亜共栄圏）と日仏協力、静謐保持と云う方針は、全く矛盾するもの」だった、と大南公司に入社した大川塾一期生の梶谷俊雄は強調する。[*30]

一九四二年十一月、北部仏印への進駐時に編制された日本軍の仏印派遣軍が「仏印駐屯軍」に改編されたことは、先に触れた。この改編は見方によれば、仏印派遣軍から、大川周明と一体になった参謀長、長勇《ちょういさむ》や許斐《このみ》機関の機関長、許斐氏利、さらに印度支那経済研究所を拠点に、現地独立運動家たちと深い関わりを持つ山根道一たちを外すためだったのではないか、とも思えてくる。大本営中枢にとってみれば、ベトナム独立を支援する彼らは、最もうるさい存在だったのである。

長勇は新駐屯軍の町尻司令官、河村参謀長との引き継ぎを終えた直後の十一月二十日には、満州・黒竜江省の東部、松花江下流の佳木斯（チャムス）に駐屯する第十四師団歩兵団長に任じられハノイを去った。誰がみても左遷であり、彼がハノイから重慶の蒋介石政権と行った和平交渉が東條首相の逆鱗に触れた、と許斐氏利は後に証言している。[*53] 長がいなくなれば、長一家の〝大政〟とだれもが認める許斐もハノイに用はない。彼も残務整理が済むと、長より一か月遅れで、「許斐機関」を閉鎖し、機関員の一人、西川寛生に後事を託して東京に戻っている。

仏印に残留した許斐機関員たちは、その後、西川を中心に密かに活動を続ける。許斐は西川を大南公司の松下光廣のもとに送り込み、大川周明や許斐との連絡役とした。西川は年が明けた一九四三年一月、ハノイでの生活に区切りをつけ、サイゴン入りする。松下光廣に挨拶を済ませると、プノンペン経由でバンコクに向かっている。バンコクには大川塾の寮長を務める菅《かん》勤《すすむ》が待っていた。西川は菅と一緒にタイに亡命中の「ベトナムの独立運動家三名」と会っている。西川はこの三名の独立運動家の名前は明らかにしていない。菅が大川の指示で、東京のクオン・デの動向や、その後の運動方針などを西川らに伝えに来たのだろう。サイゴンに戻った西川は三月十五日、大南公司に正式に入社。その後、サイゴン陥落の一九七五年まで、松下光廣と一心同体となって大南公司で働くことになる。

山根道一も長が去った後、ほぼ許斐と同時期に帰国し、印度支那経済研究所の本部を東京に移した。ハノイは支所とし、その運営は、大川塾で西川と同期生である原田俊明にすべて任せた。若い原田は研究所内に起居し、山根の志を懸命に継承しようとした。重厚な山根時代には、大物の学者たちのたまり場でもあった同研究所には、ハノイ大学の気鋭の学者や学生たちなど若いグループも集まるようになる。

「一途にベトナムの独立を思う」原田の熱情は、若者たちに大きな刺激となった。ホー・チ・ミンのベトナム独立同盟（ベトミン）の地下活動に参加している若者も出入りするようになる。フランスの治安当局は、研究所がベトナム独立運動の非合法活動に利用されていると再三、原田に警告するが、彼はひるまなかった。この当時、ベトミンと接点のあった仏印在住の日本人はおそらく彼一人だっただろう。後述するが、原田は明号作戦発動後、ベトミンとの交渉に向かい、命を落とすことになる。

山根道一は帰国直後の一九四三年九月十四日、「日本外交協会」に呼ばれ、「仏印の現状」についてレクチャーしている。彼は「仏印静謐保持」という日本の基本政策が、ベトナム国民と仏印軍にどんな反応をもたらしているかを具体的、率直に述べ、日本の政策転換をうながした。日本外交協会はこの内容を「山根道一氏述　仏印を語る」として「極秘」扱いの資料に纏めた。資料は「はしがき」で、「(山根が)目に見、耳に聴いた事象の中から我が政戦両略に裨益する何物かを摑み得るならば、其の忠言は決して徒爾ではない」*54と強調している。以下はその要旨である。

日支事変以来、この戦争の目的は東亜の植民地を解放する、という大方針が声明されてきた。ということは仏印のような西洋国家の持っている東洋の植民地は存在を許さないということである。仏印政府は、日本は表面的には日仏親善といっているが、日本の都合の良いときに、フランス追い出し策にでるだろう、と頭の中に染み込んでいる。今、日本の要求を最小限に抑え込んでおけば、そのうちに英米が勝って、日本軍は駆逐される。それまであらゆる問題を先延ばししよう、そんな態度がはっきりと看取される。

仏印で一番大きな問題は安南民族の独立問題である。漢の時代から今日まで、どうしても自分たちは独立しなければならぬ、自分の国を持たねばならぬ、という根強い思想が彼らの血潮の中を流れている。フランスの統治下八十年。無学文盲の下層階級にいたるまで、フランスを排して独立したいと思っている。これに対してフランスは多くの人間に残酷な処罰をし、実にひどい弾圧を繰り返してきた。その結果、すべての抵抗運動は地下に潜り、表面上は静穏な政情が続いてきた。

日本軍が進駐すれば必ず安南は独立し、新しい国家がつくられるということを民衆は信じていた。ところが事実は日本軍が進駐しても仏印の政治には全然触れない。軍事的にここを防衛するという方針が堅持され、出先の軍も民間も一切、安南の独立運動を援助できない状態にある。安南人は期待が大きかっただけに、失望も大きい。これを見たフランス側は、お前らは日本に依存して独立するといっているが、フランスは日本を恐れない、日本の力でそんなことは出来ない、と宣伝している。

道のわからぬ日本軍の兵士を案内したり、将校を招いてお茶をご馳走したといった些細なことで、日本人と接触したとして多数の安南人が検挙され、拘引され、処罰されている。日本側が抗議しても握り潰して、そんな事実はないと相手にしない。仏印政府の官報には、国防及び治安に対する犯罪という名称でほとんど毎日掲載されている。今、現地では日本に頼って独立の目的が達成できるのか、日本人はフランス人と協同して植民地搾取をするのではないか、という疑惑を持つようになっている。

ベトナムの独立運動を支援し続けた山根道一の、日本政府と日本軍中央に対する批判だった。内心の焦りさえ感じられる。

日本国内での「仏印処理」論議や、ベトナム現地の独立運動に転機をもたらしたのは、この直前の一九四三年七月五日、サイゴンで松井石根が行った演説である。前述したように松井は陸軍を退役した後、「大亜細亜協会」の会長に就任、「如月会」という組織をつくってクオン・デを中心とするベトナム独立運動を物心両面から支援していた。松井がサイゴン入りしたのは六月二十九日。すぐにクオン・デの〝現地代行〟である松下光廣と、綿密な打ち合わせをした。現地人新聞記者を集めて記者会見をしたのが七月五日。

「自分はクオン・デ侯の友人であり、日本の目的はベトナムをフランスから解放することにある。フランスが平和裡にインドシナから去ればよし。さもなければ日本にも考えがある……」

——その〝過激〟な演説に、フランス当局は激怒した。退役して民間人の立場だとはいえ、日本陸軍の大将である。仏印当局を挑発し、「仏印静謐保持」に拘り続ける日本政府や大本営への揺さぶりもあったのだろう。これが報じられると、ドクー総督ら仏印当局は激怒し、「松井逮捕」の動きさえあったが、駐仏印大使、芳澤謙吉のとりなしで事なきを得た。

チャン・チョン・キムの独立運動計画案

それまで、あまり表面化しなかった日仏間の緊張した空気が一気に強まった。フランスの治安当局は、在留日本人に接近しないようベトナム人に圧力をかけ始めた。在留日本人には尾行がつき、日本企業などに勤めるベトナム人に退職を強要する。独立運動に関与していると思われるベトナム人に対する逮捕も相次ぎ、一九四三年年十月にはハノイの日本大使府に勤務している数名のベトナム人も逮捕され、市民の動揺が広がった。

「明号作戦」発動後、独立したベトナム国の首相に就任する歴史学者、チャン・チョン・キム

（陳仲金）もフランス官憲に追われ、「旧知の日本人宅」に逃げ込む。その家の日本人は「フランス当局に発見されればかばいきれない。日本の憲兵隊に匿ってもらうのが安全だ」と数日後、憲兵隊に連絡し、日本軍のホテルに匿われた。現地憲兵隊も密かにフランス抵抗勢力の保護に回っていたのである。キムが逃げ込んだ「旧知の日本人宅」はハノイの大南公司社宅だった、と梶谷俊雄はのちに明かしている。[*30] そこには梶谷俊雄と大川塾二期生の山口知己が住んでいた。もともとは松下光廣が山岳少数民族の酋長の息子二人の面倒を見るために買い取った建物だという。

　キムが梶谷らに付き添われて匿われた「日本軍のホテル」には、東遊運動を起こしたファン・ボイ・チャウ（潘佩珠）の下で革命運動に参加していた文学者のズエン・バ・チャック（楊伯摺）も保護されていた。二人は「越南事典」を編纂した仲間でもあった。「町ではやたらに人が逮捕されているそうです。どういう人たちがつかまったのかはっきりしないけれど」。チャックはキムの顔をみると心配そうに言った。この後の二人の会話をキムの回想録「風塵のさなかに――見聞録」から引用しておきたい。

　二人は現況についてしばらく話をしたのち、楊氏はいった。「お互いにこんな破目になったことは全く困ったことです。たとえあとで自宅にかえれた所で、フランス人は我々を見逃さないでしょう。むしろこの際憲兵隊に頼んで国外に出してもらい、彊柢（コン　デ）侯に会って、国家将来の大計について相談しようではありませんか」

「彊柢侯はあなたが知っているだけですし、またきく所によると、侯は既に呉延琰（ゴ　デ

ィン　ジェム）、黄叔抗（フィン　トウク　カン）両氏に諸般の政治工作を委任しているとのことで、私が彊柢侯をたよっていった所で何の益もないのではありませんか」と私は答えたが、楊氏は、

「彊柢侯は、日本政府がバック、アップしている人物です。我々両人がまず彼と協力し、ついで日本側に両氏も国外に出してもらうよう頼み、海外で活動機構を設立して、既に国外で活躍している革命家たちを一ヶ所に結集することが出来るならば、我々の行動は有意義なものになりましょう。少くとも国内に蟄居してフランス側にたえずつけねらわれるよりましでしょう[*55]」

チャン・チョン・キムはチャックの話に一理あると思い、日本側（憲兵隊）に手紙を書いた。日本側は二人がシンガポールに行くのが一番安全だと判断し、汽車でサイゴンまで護送する。シンガポール行きの船を待つ間、二人は「十九日間を大南公司の社宅に宿泊した」。西川寛生のメモ[*30]によると、キムたちがサイゴンに到着したのが十二月三日。大南公司ハノイ支店の宮城島実が、憲兵准尉とともに護衛のため同行している。キムらがシンガポールに出発したのが翌年一月二日。サイゴン滞在の大半を大南公司の社宅で過ごした。

この間、松下光廣は何度かキムらに会い、「独立運動の闘士たちの結集方法と独立への道筋」について突っ込んだ議論をした。それに西川も同席している。キムらはこの時、松下に「シンガポールにクオン・デ侯を迎えて、独立運動本部を設置する」という案を示した。西川が彼らの意向を受けた「計画書」を作成。松下はこの計画書を携行して一月十八日、東京へ向かい、

その案をクオン・デに報告するとともに関係方面への打診を始めた。

ゴ・ディン・ジェムとソン・ゴク・タンの救出

同じ頃、戦後、ベトナム共和国（南ベトナム）の初代大統領となるゴ・ディン・ジェムもフランス当局に追われていた。父親がフエ王朝の大臣という名家に生まれたジェムは、三十一歳でバオダイ帝の官房長官に相当する職に就くが、フランス当局の独立運動への弾圧に反対するとともに、バオダイの親仏政策を批判し、国民の参政などを要求する改革案を突き付け罷免される。敬虔なクリスチャンであるジェムは、一方で、強烈な民族主義者として一般ベトナム人の人望を集め、将来のベトナム解放のリーダーと目されていた。フランス官憲は、独立運動の〝黒幕〟として、彼の逮捕を狙っていた。

大南公司は一九四三年二月、ツーラン（現・ダナン）に出張所を開設、その初代所長となったのが、大川塾一期生の三浦琢二である。出張所にある日、二人のベトナム人が「松下光廣社長から連絡です」との伝言をもって訪れた。松下の指示は、「ジェム氏の逮捕が間近に迫っている。彼を救出し、サイゴンまで護送してほしい」というものだった。松下にジェム救出の依頼が独立運動関係者から入ったのである。ジェムは当時、ツーランの南二十キロのカンナムに住んでいた。

三浦と共にこの指令を受けたのが、大川塾二期生の片野（現姓・加藤）健四郎である。片野は大川周明の故郷である山形県酒田市の出身。以下は三浦、片野による「ジェム救出記」の概要である。[*30]

三浦と片野はジェム救出計画を、二人のベトナム人も含めて話し合った。ジェムをベトナム人労働者に変装させ、鉄道の四等車でサイゴンまで逃れさせるのが最も安全、という結論になった。しかし、調べてみると、フランス当局の鉄道の警戒体制は、下車するサイゴン駅と、アンナンとコーチシナの境界を越える付近にあるフランス軍の監視所が最も厳しいことがわかった。安全確保のためには境界の監視所を迂回するしかない。ジェムには境界線手前のファンラン駅で下車してもらい、片野たちは自動車でファンラン駅に先回りしてジェムを迎え、そこから自動車でサイゴンに入る計画を立てた。

一九四三年十月十二日、三浦、片野の二人は自動車で早朝、ツーランを出発。ジェムとの待ち合わせは翌十三日夕、ファンラン駅プラットホームと決めた。二人はサイゴンに着くと、松下社長に顚末を報告、松下の乗用車（フォード）と社長付きベトナム人運転手を借用して再び北上、ファンランに近いファンチェットで一泊する。翌日ファンラン駅に向かい、片野が、プラットホームでジェムの乗った列車の到着を待った。しかし、列車は着いたのにジェムの姿はない。一瞬「作戦失敗、万事休す」と観念し、三浦が待っている自動車の方に向かい始めると、粗末なベトナム服を着た労働者に肩をたたかれた。ジェムだった。

三人が乗り込むと、車は全速力でサイゴンに向かった。途中、フランス当局の追跡を警戒し、拳銃をいつでも発射できるよう用意した。サイゴンに無事着いたジェムを、松下は大南公司アラス宿舎に匿った。身辺の警護には大南公司の社員が当たり、秘密厳守で食事にまで気を使ったという。

翌十四日、松下光廣とジェムは長時間にわたって会談、この席には小松清と西川寛生も同席している。さらに十八日には松下邸で仏印駐屯軍の参謀長河村参郎、小松、西川の四人で会食、ベトナム独立運動について意見を交わした。ジェムは事態が落ち着いた同二十二日、列車でツーランに戻るが、この時、ジェムに同行したのが小松清だった。小松によると、万一に備え、ジェムには日本のパスポートを持たせたという。

ベトナムだけでなくカンボジアでも、「自由クメール」を結成して独立闘争を続け、後に首相となるソン・ゴク・タンを、片野健四郎が救出し匿っている。一九四二年七月二十日、フランス当局に逮捕された高僧ハエム・チュー師の釈放を求めて、約二千人の僧侶と数千人の民衆がプノンペン市内をデモ行進した。その先頭に立ったソン・ゴク・タンは逮捕され、プロコンドール島の獄舎に送られる。タンは護送される途中で脱走し、バッタンバンに逃れていた。

大川塾二期生の片野は前年の九月、大南公司に入社すると、松下社長に願い出て「日本人の一人もいない所の出張所」を希望し、バッタンバンに赴任していた。大川塾で学んだ「白人支配からのアジア解放」という信念に燃える片野は「越南独立のために働き、二度と日本の土は踏まない」という覚悟で仏印にやってきた。大川周明のいう「本当に信頼できる友人をつくり、現地の人となる」ために、「日本人が一人も居ない場所」にこだわったのである。

バッタンバンの生活にも慣れると、カンボジアの反仏独立運動家たちとも密かに往来するようになった。一九四二年八月、そんな友人の一人から連絡があった。彼の自宅を訪ねると、そこには「背はあまり高くない、小肥りで、色は黒い方のガッシリとした、如何にも骨太のカンボジア人がおって紹介された[*30]」。ソン・ゴク・タンだった。

友人は自分の自宅では匿いきれないので、大南公司で匿ってくれるよう片野に頼んだ。片野はショートパンツにヘルメット、サングラスの散歩姿のタンを大南公司の宿舎に移す。しばらくの間、二人で生活を共にしたが、長い間、外出もできないタンは顔色も悪くなり、体力も衰えてきた。「逃れるところはバンコクしかなかった」

こう判断した片野は、同年九月、タンを日本軍の軍属に変装させ、二人でバッタンバンの駅から汽車に乗り込み、汽車やバスを乗り継いで、アラニャで降りた。アラニャから再び汽車でと思ったが、この年のカンボジアは大洪水。村という村は水浸しで汽車はすべて運休。小舟に乗り継いでバンコクに向かい、やっとの思いで大南公司のバンコク支店に辿り着く。同支店にいた加藤鐵三（大川塾一期生）に相談して、バンコクの日本大使館に頼み込み、タンを日本に亡命させる。後に日本軍の「明号作戦」の成功によって、カンボジアが独立すると、ソン・ゴク・タンは帰国して外相となり、日本の敗戦後はシアヌーク殿下の下で首相に就任した。

この話には後日談がある。一九四五（昭和二十）年八月の敗戦をフエで迎えた片野は、ラオスに潜入しようとするが、ベトミン軍に捕らえられる。取調べに当たった幹部のなかに知人がいて「片野はベトナム独立のために闘ってきた男だ」と証言、釈放される。片野は松下光廣や西川寛生を頼ってサイゴンに直行するが、二人はすでに脱出した後だった。彼は大南公司の友人に金を借りるとプノンペンに向かい、首相の座にあったソン・ゴク・タンに面会を求めた。衛兵に銃剣を突き付けられ、押し問答になっているところに、偶然、タンが通りかかり、再会を喜び合った。彼は閣僚を集めて片野を紹介し、日本に亡命中の思い出話をした。「日本で大川周明先生に会い、あなたの（卒業した）学校（東亜経済調査局附属研究所）をみました。あの学校を是非つくりたい。それをあなたに頼みたい」。激変する状況は、それを許さなかった。
ソン・ゴク・タンも片野も、その後カンボジアに再び進駐してきた英仏連合軍に逮捕され、片野はサイゴンの英軍収容所送りとなる。一九四六（昭和二十一）年六月に釈放されて帰国。戦後、長く酒田市役所職員を務め、九十歳を迎えた今も「大川周明顕彰会」常務理事として、〝大川思想〟の研究を続けている。

クオン・デは「南」、ジェムは「西」

当時の仏印駐在大使、芳澤謙吉は、日本に亡命したクオン・デを密かに匿い、その生活の面倒をみた犬養毅の娘婿であることは、先に述べた。彼はフランスとの交渉の場ではおくびにも出さなかったが、ベトナムの独立運動を背後から支援していた。小松清によると、一九五一（昭和二十六）年、東京・護国寺で行われたクオン・デの葬儀にも参列しており[*1]、彼と直接の接点もあったとみてよい。『大本営陸軍部戦争指導班　機密戦争日誌』によると、芳澤は一九四四（昭和十九）年一月二十九日、陸軍省を訪れ幹部と懇談し、次のように述べている。

「仏印に対する帝国の態度は仏本国『ヴィシー』政府の存在の有無に依り決するを可とし、『ヴィシー』無くなりたる場合、依然、現仏印の統治組織の活用を企図するも無駄なり。この際は明瞭に安南人に対し、独立の希望を与え将来に望みを懐《いだ》かしむることが得策なり[*56]」

通常、ハノイに駐在していた芳澤は、しばしばサイゴンの大南公司本社の松下光廣を訪ねている。サイゴンには総領事館が置かれていた。芳澤が大南本社を訪問する時は蓑田不二夫総領事や田代重徳公使も同席することが多かった。立川京一（防衛研究所主任研究官）は、大南公司で松下の秘書役でもあった竹崎宇吉に聞き取り調査をしている。[*14]

竹崎によると、芳澤や蓑田は、松下を囲んで、彼の下に集まった情報や、ハノイの小松清から寄せられた情報を総合分析したり、独立後の政治体制などについて意見交換をした。松下の元にはクオン・デからの書簡がたびたび届いており、松下はその内容も紹介していた。「ベトナムが独立を果たした暁には、クォン・デを迎えて国王とし、首相にはゴ・ディン・ジェムに就いてもらう」。これが彼らの合意事項だった。竹崎によると、彼らが情報交換する時は、情報漏れを防ぐため、クオン・デを「南」、ゴ・ディン・ジェムを「西」、松下光廣を「東」、さらに小松清を「北」という隠語で呼んでいた。この四人がベトナム独立運動のキーマンであったことを示している。

芳澤はハノイ―サイゴン間を往復する時、必ずフエの日本領事館を訪ね一泊した。フエの領事館に駐在する外務省書記官、石田昌男は、領事館近くに住んでいたゴ・ディン・ジェムと知り合い、お互いに情報を交換し合う仲になっていた。ジェムの元には仏印全土の独立運動の情報が寄せられていた。芳澤は、石田がジェムから得た情報に熱心に耳を傾けた。サイゴン総領事の蓑田も、石田情報を聞くためにフエをしばしば訪れた。

そんな石田の自宅にジェムが逃げ込んできたのは一九四四年七月十日の夜。ジェムは前年もフランス官憲に追われ、サイゴンの松下に救出を依頼したが、今度はいきなり襲われ、とっさに近くの石田宅に避難してきたのだった。匿いきれないと判断した石田は、最も近いツーランにあった「陸軍憲兵隊分遣隊」に連絡した。情報はすぐに仏印駐屯軍司令官、町尻量基まで上がった。町尻はジェム救出を参謀部憲兵班長兼サイゴン渉外部の林秀澄（中佐）に命じたのである。林は、半年ほど前の一月、「安南の独立運動や仏印武力処理の研究」を密かに命じられ、サイゴンに赴任してきた。

「日本の戦況が悪くなると、（仏印総督府は）ちっとも日本側の主張を容れない。協力程度がどんどん悪くなるので現地軍は、フランス軍、フランス総督府を排除したい、いわゆる武力処理、武装解除をして、仏印を占領地域にしたいという熱意に燃えており、そのために私を仏印に出す。占領したあと、あの地域に軍政を敷く、その計画をしてもらいたいという口ぶりでした」*57

着任した林は河村参謀長から、十二月半ばを目途に「マ号作戦」の計画概要を詰めてほしい、と正式に要請される。後に「明号作戦」と呼ばれる武力処理計画は、当時は町尻司令官の頭文字の〝マ〟をとって、「マ号作戦」と呼ばれていたのである。

その準備に忙しかった林は、ジェム救出を命じられると、「こんな者をかかえきれますか。かかえた日にはますます仏印総督府と日本の関係が悪くなって、迷惑するのはこちらだけですよ」と河村参謀長に愚痴をこぼした。これを耳にした町尻は改めて林を呼び、ゴ・ディン・ジエムという男は「安南独立運動のとっておきのエース」で、利用価値もあることを説明し、「窮鳥懐に入れば猟師も撃たずと言うじゃないか。なんとかゴ・ディン・ジェムを保護してくれ」。納得した林はすぐにツーランに飛ぶ。

憲兵分遣隊はジェムに憲兵の軍服を着せ、六人の憲兵隊員が物資輸送を装ってトラックに乗り込み、フエからツーランに連れ出した。ツーランの分遣隊から飛行場までは、乗用車の後部座席のジェムを毛布でくるみ、軍用機に運び込んだ。サイゴンまで飛ぶと軍用機ごと格納庫に入れ、日が暮れてから、ジェムをショロンにある日本陸軍病院に送り込んだ。七月十五日のことである。

病院では、ジェムを安南貴族の重症患者ということにして、将官待遇で看護婦を特別につけ、憲兵が護衛にあたった。林秀澄は、それから半年近くにわたって、毎日のようにサイゴン陸軍病院でゴ・ディン・ジェムと接触するようになる。

「彼を通じて安南の政治組織、これをなるべくこと細かく聞くということ、そして将来安南が独立したときにはどういう改善の方法をとったらいいかということを聞く。そういうことを中心にして、七月の中ごろから十二月の末まで毎日のように、私が気がついたことを細かに聞きました。たとえば内閣から行政命令が出ますと、一般市民に何時間で到達するかという命令の伝達速度までくわしく聞きました[*57]」

最初は一般論から聞き始めたが、日が経つにつれて「ベトナム独立時の図上演習」となる。こんなときには日本の軍司令官はどんな布告をすればよいのか、一般のベトナム人にもわかる布告の案文、官吏、警察官などへの布告案文などを、ジェムにフランス語で書いてもらい、それを検討して、改めてジェムにベトナム語に訳させた。「明号作戦」を起案する林にとって、ジェムは結果的にみれば貴重な「個人教授」となったのである。

ジェム救出騒ぎが起きたころ、印度支那駐屯軍参謀長、河村参郎に大本営陸軍部第四班長の永井八津次（大佐）から私信が届いた。河村はこれを林にも見せたという。それには「安南の独立運動者、独立意識に燃えた者二、三十名を東京に送ってくれ、人物を選抜し、連れてくるために、ブーデンジーという男をサイゴンに派遣する」とあった。町尻司令官にも同じ内容の電報が大本営参謀次長名で届いたという。林は当初、「とんでもないことを東京は考えている」、そんなことをすれば仏印総督府を刺激し、「日仏関係はますます悪化する」と思った。

ブー・ディン・ジーは日本軍が北部仏印に進駐した一九四〇（昭和十五）年、ハノイの医師、グエン・スアン・チューを委員長に結成された独立運動組織「ベトナム愛国党」の情報宣伝部長を務めていた。愛国党は歴史は浅いが有産階級や青年層に多数の党員を持っていた。ジーは一九四三（昭和十八）年二月、東京に行き、クオン・デの「ベトナム復国同盟会」のメンバーになり、一旦帰国後、日本のベトナム独立に対する方針を確認することや、クオン・デらとの連絡を取るため、同年暮れ再び日本を訪れていた。

その時、介添えとして同行したのが、前掲の印度支那産業に台湾拓殖から出向し、山根機関などにいた内川大海である。ジーは「滋井武」という名の日系二世として熱海のホテルに滞在、そこを拠点に内川とともに毎日のように上京、外務省、大東亜省、陸軍参謀本部などを精力的に回ったが、どこも日本軍の敗退に手一杯。「ベトナム独立運動に手を廻すなどの余地はなく、〝どうでも勝手にせよ、それどころではない〟と突き放され、全く取りつく島もない有様であった」[*34]

町尻司令官や河村参謀長に「独立運動家二、三十名の東京派遣」を要請してきた永井は、「大亜細亜協会」会長の松井石根と姻戚関係にあった。松井が主宰するクオン・デの東京での支援組織「如月会」に依頼され、謀略を担当している永井大佐が「舅の片棒をかついでインドシナ駐屯軍に圧力を加えられた」のだと思う、と林秀澄は言う。ジーは同七月初旬、東京へ派遣する〝人選び〟の密命を帯びて、サイゴンに潜入していた。林は河村参謀長に頼まれサイゴンのホテルでジーに会った。

ジーは永井の手紙にあった「二、三十人の東京派遣」を林に依頼した。

「用件だけはわかった。（略）そういうことはできないとは言わないけれども、この仕事は、今の軍としてはきわめて至難で、あるいは最悪のときは全然、ご期待に応ぜられないかもしれない。それではあなたの任務は果たせないだろうから、なんとか希望に沿うように努力はできるだけする」[*57]。林はとりあえずそう答えて、お茶を濁した。

同じ時期にジェムとジーの相手をしていた林は、二人を引き合わせることを思いつく。ある夜、司令部将校の宿舎に録音機を仕掛けた上で二人を招き、二人だけでベトナムの独立について話し合わせた。しかし二人は警戒し合って全く打ち解けない。次の会談からは双方を知る小松清に立ち会わせ、雰囲気を和ませるためにケーキも差し入れた。八月の末からはハノイからやって来た愛国党委員長のグエン・スアン・チューもこれに加わり、三者会談となった。

この会談でジェムとジー両者から持ち出されたのが、クオン・デの息子チャン・ニエットとチャン・クーの二人を日本軍が救出し、保護してほしいという要求だった。林は憲兵隊を使って、仏印軍に拘束されていた二人を救出、サイゴンに連れて来る。クオン・デの息子は、「長くサイゴンに置けんと思い、隣のタイ駐屯軍に頼み、バンコクにかくまって」もらった。

三人は、ベトナムから日本への独立運動家の派遣について、東京の要望する二、三十人は無理だが、ジェムとチューの両派から一人ずつ代表を選んで日本へ送ることを決めた。チュー派からは愛国党副委員長のレ・トアンが、ジェム派からブー・バン・アンが日本に派遣されることになった。二人は十月、帰国する河村参謀長とともに日本に発つ。出発の前日、ジェムら五人はそろって林に面会を求めてきた。林はその時のことをこう語っている。

「なにかなと思って会いますと、将来安南が独立することがあったら、われわれ五人は協力して日本軍に協力することをお誓いするという声明書を私に提出するという一幕でありました。（略）独立運動の首脳部、いわゆる親日的独立運動者と目せられる人物が一応、十月十日ごろ、ほんとうに一体となった感じがしました*57」

こうした中から林秀澄の「マ号作戦」（後の「明号作戦」）の骨子が生まれる。彼が命じられた仏印独立の研究結果を、参謀長以下の政務関係参謀、幕僚に発表したのは一九四四年十二月十日。彼の案の概要は次のようなものだった。

日本軍の武力行使が成功したら、即三国（ベトナム、カンボジア、ラオス）を独立させる。日本に与えられた独立、という印象を与えることは独立国の名誉にかかわる。マ号作戦直後に各国に使節を送り「日本はいまフランスの政権その他の権力を仏印から全部排除した。この機会に貴国が従来フランスと締結しておられる保護条約を廃棄せられることは日本側としてはなんら支障はない」と通告させる。日本が恩を着せるような独立はさせない。通告を受けた三国が自ら進んで独立宣言をするように仕向ける。

独立宣言をした三国を承認するとかしないとかの手続きはとらない。三国は昔から独立国であり、三国がフランスの保護条約の束縛を離れたら、立派な元の独立国に返るだけであり、独立承認の必要はない、という考えである。ただ、これまで三国共通で総督府が統括していた対外関係や、銀行、通関などの業務はすぐに三分割できないので、一時、総督府の機構と直轄領は日本が預かる。あくまでも一時預かりという意味で、総督府総務長官事務管掌、ハノイ市長事務管掌などという肩書にする、などである。

日本軍の占領地帯では「軍政」を敷くことが当たり前のようになっていた当時、極めて斬新な考え方である。林も当初から「三国即時独立」を考えていたわけではない。約百日間、陸軍病院に匿われているゴ・ディン・ジェムと付き合い、彼の話を聞いているうちに「フランスの行政のやり方がわかり、安南人の行政能力がわかりまして、日本が手を引いたってちっとも安南人の行政が停滞することはない」と思うようになっていた。フランス領だと言っても、政治も行政もすべてベトナム人がやっており、フランス人はただ監督をやかましくやっているだけだ。「日本人が手をつけないことが最良だ」

この発表を聞いた関係者は「みんな反対だった」。軍政を敷くのが当然と思っていた。

しかし、戦況はそんな悠長な議論をしている暇はないほど切迫していた。この年の七月七日には、海軍航空隊の基地であり絶対国防圏構築の最重要拠点であるサイパン島の守備隊が玉砕。七月十八日、東條内閣総辞職。八月十日にはグアム島の守備隊も全滅した。同二十五日にはパリに連合軍が無血入城し、同盟国ドイツは降伏する。九月には米機動隊がマニラに上陸を始め、十月二十四日のレイテ沖海戦でも日本海軍は大打撃を受けた。十一月には米軍のB－29爆撃機による東京空襲が始まった。

「マ号作戦」から「明号作戦」へ

一九四四（昭和十九）年十二月二十日、「印度支那駐屯軍」は、野戦軍の性格を持つ「第三十八軍」に改編される。マニラに移っていた寺内元帥の「南方軍総司令部」もサイゴンに〝後退〟していた。三十八軍の司令官に就任したのが土橋勇逸（中将）である。土橋は前述したが、南寧作戦に従軍中、参謀本部に呼び戻され、ハノイで仏印当局と交渉、中越国境監視の目的で日本軍の北部仏印進駐のきっかけをつくった人物。パリ駐在武官を三度も務めたフランス通である。同じ頃、辞意を表明していた仏印駐在大使の芳澤謙吉に代わって、外務次官を務めていた新進気鋭の松本俊一が駐在大使に就任した。

土橋がサイゴンに着任した直後の一九四五年一月十一日、米海軍機動部隊が南シナ海を日本に向けて北上していた日本最後の大輸送船団「ヒ八六」を襲った。油槽船四隻、貨物船六隻が沈没するなど、南方から日本への物資輸送はほぼ完全に断ち切られたのである。土橋勇逸はこれを深刻に受け止め、米軍の仏印上陸も近いと判断した。米軍が上陸すれば、仏印のフランス軍は米、英に寝返り、日本軍の敵になることは目に見えている。ここに至って、日本政府も大本営もようやく「仏印武力処理」を決断するのである。

土橋は「マ号作戦」の実施計画案を起草した林秀澄を呼び、「親日政権に編成し直すとか、政府を代えるとか一切小細工をするな。この案をなるべく簡単にやり直せ」と命令する。彼が指示した点は（一）在来の行政機構と在来の官吏はそのまま職務を継続し、行政のやり方は従来通りとする（二）アンナン、カンボジア、ルアンプラバン（ラオス）の三国は自発的に独立するよう指導する（三）現アンナン皇帝バオダイはそのまま存続し、帝位の廃立は行わない、などというものだった。

林は土橋の線に沿って一部を書き直し、「会議なども開かず」に「仏印統治計画案」が決まった。「現バオダイ帝はそのままにする」という土橋のこの〝鶴の一声〟によって、クオン・デ擁立構想は否定され、クオン・デの祖国復帰を最後まで妨げる結果となったのである。土橋のバオダイ存続の理由は後述する。

土橋は「マ号作戦」という秘匿名がかなり漏れ始めていることも気にしていた。彼は「防諜上の必要」として「マ号作戦」という名前を変えるよう命じた。一月二十日、作戦名は「明号作戦」に変更される。前任の町尻司令官の頭文字をとった「マ号」という名を土橋が嫌ったからだ、とも言われている。

「情勢の変化に応ずる仏印処理に関する件」（「仏印処理要綱」）は、同年二月一日の大本営最高戦争指導会議で決定された。

その内容は「方針」として、「（一）帝国は戦局の推移並びに仏印の動向に鑑み、自存自衛の絶対の必要に基き、仏印に対し機宜自主的に武力処理を行う。武力処理発動時期は別に之を定む（二）武力処理発動の時期に至る迄は、厳に我企図の秘匿を図る」とし、さらに「要領」として、「（一）武力を発動するに先立ち、至短時間内に外交措置を完了する如く、先ず大使をして仏印総督に対し、左記趣旨を期限付にて要求せしむ[*52]」と記している。

「仏印軍と武装警察隊は日本軍の統一指揮下に入り、兵器、資材などの配置や移動もすべて日本軍の指揮に従うこと」、「仏印総督府の全機能が日本の要請に全面的かつ忠実に協力するよう指令すること」などの要求を仏印総督に期限付きで突き付け、要求に応じなければ「日本軍は武力を行使する」。要求を受諾する場合も「仏印軍と武装警察隊は再編成する」としており、仏印当局のイエス、ノーに関わらず、「仏印軍の完全武装解除」を意味していた。

作戦決行の時期については、土橋は「東京（大本営）は一日でも早いことを希望していた」が、二月中の決行は準備が整わず、到底難しいので「（三月）上旬の出来るだけ早い日と注文した」。「当然抵抗を受けるであろう相手を丸裸にする方法は、敵の不意を衝く以外にはない。虚を衝くには、相手の寝込みを襲うのが一番宜しい」[*36]。相手に準備する時間を与えれば奇襲はできない。寝込みを襲うには真夜中がよいが、ドクー仏印総督に要求を伝えるのは、真夜中というわけにもいかない。いずれにしても軍が行動を起こすのは日没後である、と土橋は考えた。当時、仏印のフランス軍の推定兵力は現地人も含めて九万人。日本軍は四万人足らずで半数にも満たなかった。これで日本より面積の広い仏印全域で仏印軍の武装解除を行おうというのである。

それも仏印総督が確実にサイゴンにいる日でなければならない。調べると、ドクー総督は三月九日にはサイゴンにいることがわかった。問題は時間である。たまたま仏印と日本の経済協力である米の供給に関する一九四五年分の調印が終わっていなかった。この調印式を同日午後七時（現地時間午後六時）から始めると仏印側に申し込み、調印が終わった直後に日本側の要求を伝え、三時間後の午後十時（同九時）を回答期限とする。仏印総督の返答が「イエス」の場合は「3・3・3」、「ノー」の場合は『7・7・7』の暗号通信を送り、それを合図に一斉に行動に出る——そんな段取りを決定した。仏印各地に駐留する日本軍は、決行三日前の同六日にはすべての配置を終えていた。

クオン・デか、バオダイか

「明号作戦」が成功するかどうかは、どこまで計画が秘匿されるかにかかっていた。最高戦争指導会議の決定要綱にも「厳に企図の秘匿」がわざわざ盛り込まれた。「独立後のアンナン皇帝はバオダイをそのままにし、帝位の廃立は行わない」との一項が盛り込まれていることなど、独立運動に関係した民間人は知る由もない。

松下光廣を始め日本の独立運動支援者たちも、独立後のベトナムの元首にはバオダイ帝を廃位し、クオン・デを日本から呼び戻す、という点では一致していた。長い間、フランス当局の「傀儡」だったバオダイをそのままにするということでは、独立を勝ち取ったことにはならない。前述したように前駐仏印大使の芳澤謙吉も、サイゴン総領事の蓑田不二夫も仏文学者の小松清もクオン・デ擁立に動いてきた。当時のベトナムでは、独立を達成すればクオン・デが帰国して即位するということが、民衆の間でも「常識」になっていた。

グエン王朝を開いたジアロン帝の二男であるミンマン帝の末裔、バオダイは九歳で立太子式を済ませると、すぐにフランスに留学。パリ留学中は乗馬、狩猟、テニスに明け暮れた。一九三二年、十九歳の時、フエに帰り、帝位に就くが、歴代仏印総督に可愛がられ、〝プレイボーイ〟、〝ナイトクラブの帝王〟などと呼ばれていた。フランス総督府の意のままになる「傀儡王」の異名さえあり、国民の反発は強かったのである。

松下光廣が一九四四年一月十八日、チャン・チョン・キムらの「シンガポールにクオン・デを迎え、独立運動本部を設置する」という計画書を携えて帰国したことは前述した。松下がサイゴンに戻ってきたのは九月三十日である。この間、彼は日本で何をしていたのか。彼が不在の九か月間にサイゴンでは、独立運動にとって、大きな動きがいくつもあった。「独立運動家二、三十人を日本に送ってほしい」という大本営陸軍部の永井大佐からの要請が現地駐屯軍司令部にあったのも、松下が東京滞在中の時期である。

この要請は大本営の公式のものではなく、大亜細亜協会会長の松井石根の娘婿、永井がクオン・デの支援組織である如月会に頼まれた個人的なものであったことは疑いない。その人選のために派遣されてきたベトナム愛国党のブー・ディン・ジーは、クオン・デの側近の一人であり、日本でも彼の秘書役的な立場にあった。「二、三十人の独立意識に燃えた人たち」を、日本側では誰が、どんな目的で受け入れようとしたのか。林秀澄は、この点については全く触れていない。しかし、一九四三年暮れから四四年秋までの西川寛生の「メモ[*30]」を突き合わせると、その全貌がみえてくる。

以下、記録に残っている事実を時系列的にまとめてみよう。

一九四三年十月、ゴ・ディン・ジェムがフエの大南宿舎に援けを求め、片野健四郎、三浦琢二がジェムをサイゴンに護送、大南宿舎に匿う。松下とジェムは西川同席で何度か会談した。

バオダイ帝

十二月、フランス官憲に追われるチャン・チョン・キムはサイゴンの大南宿舎に十九日間潜伏、その間、西川同席で松下、キム会談が頻繁にもたれた。

同じ頃、陸軍中佐林秀澄が仏印駐屯軍司令部に赴任。「独立運動や仏印武力処理の研究」が任務だった。

一九四四年一月十八日、松下は西川が起案した「キムの提唱する〝シンガポール独立運動本部〟案」を持って東京へ向かう。

二月十二日、西川はハノイでベトナム愛国党副委員長レ・トアンと会談。

二月十三日、西川はフエからハノイにやって来たジェムと会談。

三月七日、フエの小松清がサイゴンを訪れ、ジェムに預かった書簡（松下経由クオン・デ宛と思われる）を西川に手渡す。

七月十日、フランス官憲に追われたジェムが、フエの日本領事館の書記官石田昌男宅に救助を求めてきた。（石田はすぐに芳澤大使に報告したはずである）。林秀澄がジェム救出を命じられる。

七月十日、十八年末から日本に滞在していたベトナム愛国党の情宣部長、ブー・ディン・ジーがサイゴン入り。

同じ頃、大本営陸軍部の永井大佐から駐屯軍河村参謀長へ「独立運動家二、三十人の東京派遣」を要請する私信が届く。

七月十五日、林秀澄に救助されたジェムがサイゴンの日本陸軍病院に入る。林が河村参謀長の要請でジーに会ったのはこの直後と思われる。

七月二十三日、西川がハノイで愛国党の委員長グエン・スアン・チューと副委員長レ・トアンに面会。

七月末、林が仲介してジェムとジーが会談。八月にかけてこれに愛国党委員長チューが加わる。

その後、ジェム、チュー、ジー三者会談が繰り返され、九月末頃までに愛国党からレ・トアン、ジェム派からブー・バン・ナムの二人の日本派遣が決まった。松下は東京でその連絡を受けたのだろう、その直後の九月三十日にサイゴンに戻っている。二人が訪日する直前、ジェム、チュー、ジー三人を含めた関係者五人は林に面会を求め「ベトナムが独立すれば日本軍への協力を誓う」という誓約書まで提出した。以上の動きから容易に想像されるのは、次のようなことである。

クオン・デ

日本に帰国した松下光廣は「シンガポール独立運動本部」設置案を大亜細亜協会会長松井石根やクオン・デ周辺に説明して回った。日本軍は遠からず仏印武力処理に出る、との動きが強まっていた時期である。彼らは、「独立運動本部」をシンガポールでなく、東京に設置してクオン・デの祖国復帰準備に入るべき段階にきている、と判断したのだろう。そのためには日本軍の北部仏印進駐前に設立した「ベトナム復国同盟会」に代わって、独立後の新体制発足までを視野にいれた「ベトナム独立本部」を東京で旗揚げすることにした、とみてもよい。

「二、三十人のベトナム独立に情熱を持つ運動家の派遣」はその中核メンバーを確保しようとしたものだろう。西川は松下の意を受けてハノイに飛び、松下の〝代理〟として、ジェムやチューに根回しをして回った。この間の一連の動きは、それを裏書きしている。彼らはベトナム独立を達成した暁には、「クオン・デを国家元首に、首相にはゴ・ディン・ジェムが就任、グエン・スアン・チューの愛国党がこれに全面的に協力する」という合意に達したとみてもよい。レ・トアンとブー・バン・ナムを東京に送り出す時、面会に来た五人に林が「独立運動の首脳部、親日的独立運動と目せられる人物が本当に一体となった感じがした」というのも、この辺りの事情を証明している。おそらく林が受け取った「日本軍に協力する」との〝誓約書〟は、松下らが振りつけたものだろう。

しかし、「クオン・デ擁立」で動いてきた日本側と、ベトナム現地の「クオン・デ待望」は、新しく編制された南方軍三十八軍の司令官、土橋勇逸の「バオダイ帝はそのまま残す」という〝鶴の一声〟ですでにひっくり返っていた。「明号作戦」が成功するまで、日本やベトナムの独立運動家たちはこれを知らない。あくまでも作戦成功の暁には、クオン・デが戻って「帝位」に就くと信じて、運動を進めていた。司令官の土橋勇逸がそうした事情を知らなかったはずはない。「ベトナム独立後の元首問題」が大きな懸案であることは充分に認識していた。だからこそ、あえて反対の決定をしたのである。

土橋勇逸は「バオダイ続投」を決めた理由を次のように説明している。

「日本では犬養毅氏ほか多数の先輩が陰に陽にコンデーを支援し、その志を遂げしむべく骨折っていたが、思うに任せず徒らに歳月を閲するのみで、この頃になると松井石根大将くらいが唯一の支援者のように見えた。

この松井大将は私が着任する前、九月（昭和十九年）かにサイゴンにも来て、コンデーのために画策されたそうである。

何の工作か。それは他でもない。仏印処理後にはバオ・ダイを廃してコンデーを皇位につかしめようというのである。

私はコンデーに何の恩や怨もない。しかし私には一つの主義があった。それは、他国の内政に濫りに干渉しないということである。（略）

日本は安南はじめ三国を独立させるという。させた以上は立派な独立国に育て上げねばならない。（略）

然るにバオ・ダイとコンデーとを取り替えようとする。その国の主権者というのは内政上でも最も重大な事柄である。そんな干渉は絶対に避くべしというのが私の主義であるから、私は真向から反対した[*36]」

土橋は、「東京はもちろん、現地の総司令部や軍の若い参謀たちは、大した理由もなくコンデー案を吹き込まれている」ことが不思議だとして、その理由を周辺に〝取材〟する。その結果は「何れも他愛のないものばかり」だったといくつかの例をあげ、バオダイを擁護している。クオン・デ擁立論の理由の一つが、「バオダイは民の福祉など眼中にない」という意見だった。

これに対し土橋はこう主張した。

「安南はフランスの保護国で統治はフランスがやっており、（バオダイが）民の幸福を考えても出来る余地がないのだ。（略）やりたくても出来ないと見るのが至当ではなかろうか。また、もし何かやってフランスに睨まれたが最後、彼は帝位に止まれぬのではなかろうか」

「バオダイは馬鹿である」との指摘もあった。彼の周辺の親しい人の証言ならともかく、一般の現地人は何も知らない。「彼はテニスやブリッジの名手で狩猟は玄人に近く獅子狩りや虎狩りまでやり、また飛行機なども操縦するという噂ではないか。そうだとすれば馬鹿では出来ぬ芸当である」

「バオダイは〝北朝〟であり、クオン・デは〝南朝〟である」と、日本の南北朝時代に例えて説明した者もいた。「日本のように皇統連綿たる国でこそ初めて論ぜられるもので、（略）アンナンなどには適用出来ない」。よしんばそれを認めても、皇位の争奪からなったのではなく、クオン・デの先祖が病気で亡くなったために、自然の順序としてそうなっただけだ。「その他くだらぬことを幾つか挙げるのだが何れも理由とはならぬ」とことごとく「撃退」した。

土橋によると、「明号作戦」発動の直前の一九四五年三月初め、東京から「ある参謀」がサイゴンを訪れ「クオン・デをサイゴンに送る」と言ってきた。参謀長の河村に意見を求められた土橋はこう断言したのである。

「送るなら送っても宜しい。しかし、コンデーが飛行機から降りたら直ぐに引括ってプロコンドールの監獄にぶちこむから、と返事してくれ」

松下光廣ら民間人が中心になって長い間、積み上げてきた「クオン・デの祖国復帰」は、就任してきたばかりの現地三十八軍司令官、土橋勇逸の頑なとも思える反発によって、完全に消え去った。土橋は、犬養毅らから始まるクオン・デ支援者の存在については、認識していたものの、軍中枢では既に少数派であると踏んでいたのだろう。クオン・デに比べ、「傀儡王」と呼ばれるバオダイの方が、現地日本軍にとって扱い易いとの思惑があったのかもしれない。しかし、ベトナム国内の独立運動家や一般民衆の「クオン・デ待望論」も知っており、これを否定するためには、クオン・デの〝イメージ・ダウン〟の世論工作も必要になってくる。これについては、後で述べる。

「明号作戦」発動

「明号作戦」決行の三月九日、土橋司令官は、動きを察知されないように、昼食にも夕食にも官邸に客を招き、夕方から各室の灯りを煌々とつけた。午後七時十五分、密かに官邸を出て司令部に向かい、松本俊一大使からの連絡を待った。松本大使は事前の計画通り、午後七時の調印式終了後、ドクーに日本側の要求を通告、午後十時を期限として返事するよう求めた。ここまでは計画通り順調に進んだ。

午後九時五十五分、ドクー総督の回答を携えたロバン大佐が日本軍司令部の場所がわからず、近くの渉外部に飛び込み、案内を求めているとの連絡が入る。すぐそばなのに、十五分たってもロバンは姿を見せない。午後十時十八分、ハノイでは既に戦闘が始まった、との連絡がはいった。

「しびれを切らせた部隊、あるいは手違いのため命令が伝わらないのでないかと心配した部隊などが、遅れては面目にかかわると独断行動を開始しないでもない。開始しても仏印側の拒絶の場合であれば問題はないが、万一、仏印側が受諾した場合であると開始の責任が部下にきせられる虞れがある。（略）仏印側の使者をこれ以上待つべきではない[*52]」と判断した土橋は、河村参謀長を呼び、「作戦命令を下達する」と言った。河村は「使者はそこまで来ているようですから」と止めたが、土橋はそれを無視。同午後十時二十一分、「総督は遺憾ながらわが要求を拒絶せり。諸隊は直ちに作戦行動を開始すべし」との「7・7・7」が連続発信された。

命令を待たずに戦闘が始まったのは、ハノイの仏印軍司令部のある「シタデル兵営」である。サイゴンで仏印側への通告が始まった午後八時ごろ、ハノイ駐屯の日本軍司令部に、仏印軍司令部から「日本軍が攻撃してきた。何かの間違いだと思う。すぐに止めさせてほしい」と連絡があった。調べると攻撃を開始した歩兵部隊は「7・7・7」の攻撃命令を受信したという。通信班が事実を確認したが、この符号は受信していなかった。日本軍は一旦攻撃を中止した。仏印軍はこの攻撃で、日本側の意図を察知し、防御態勢を整える。このため、「シタデル兵営」

の抵抗は激しく、同兵営が降伏したのは翌十日午後四時過ぎだった。日本軍にも百十五人の犠牲者が出た。

　このほか仏印軍の抵抗が大きかったのは、北部国境に近いランソン、カオバン地区だった。仏印軍は強固な要塞に立てこもり、激しい銃撃戦が続き、双方に死傷者が続出した。ランソン陥落は翌十日午後三時半。ランソン北西のドンダンでも九日夜の攻撃に失敗、多数の死傷者が出た。この地区の日本軍の戦死者は総兵力の三分の一にあたる百二十人に達した。中部仏印、南部仏印ではそれほど大きな抵抗はなく、作戦は計画通りほぼ順調に進み、十日午前中には、仏印全土で「武力処理」は完了した。

　仏印総督のドクーは、日本軍の「最後通牒」に対する回答相談のため、サイゴンの総督官邸に仏印軍幹部や極東艦隊長官らを招集していた。全員がそのまま総督官邸に残っている時間に作戦は発動され、官邸は日本軍が包囲し、そのまま軟禁状態となっていた。土橋司令官はフランス軍の武装解除が終わった後、河村参謀長を総督官邸に派遣し「安全を保障するから、官邸での生活を続けるよう」通告させた。

特殊工作隊「安隊」

「明号作戦」の実施計画に基づいて、特殊工作隊「安隊《やす》」が組織された。「安」とも「安機関」とも呼ばれる工作隊は、極秘裏に編制されたもので、正式隊員は約五十名の少数精鋭。「安」はベトナム民族の独立を支援する意味を込めており、作戦発動とともに、日の丸の中に「安」の字を書いた腕章を巻いた。この腕章には「日本と安南が生死を共にする」との願いが込められていた。安隊は、フランス軍内部のベトナム人兵士たちに対して、秘かに投降・帰順の勧誘など事前の切り崩しを行った。この結果、各地の仏印軍がほとんど無抵抗で武装解除に応じたといわれる。

「安隊」は北部（ハノイ）、中部（フエ）、南部（サイゴン）の三か所に置かれ、主な任務は「〈七割の兵士がベトナム人である〉フランス軍の武装解除、重要施設の接収、ベトナム独立運動党員の糾合」だった。隊長の将校の下に陸軍中野学校出身の下士官、兵は在留邦人の中から語学堪能なものが現地徴集兵として選ばれた。大南公司からは西川寛生がサイゴン隊に、片野健四郎が中部フエ隊所属となった。このほか大川塾出身者は、原田俊明（一期）、山口知己（二期）、幸野谷清和（二期）伏見三郎（四期）、斎藤正（五期）、田中寛（五期）。合わせると八名もが、この「安隊」隊員となっている。

ソン・ゴク・タンの救出や、ゴ・ディン・ジェムの救出に関係した片野健四郎は昭和二十年一月下旬、「安隊員」として現地召集され、「ツーラン（ダナン）の大南公司に戻れ」との命令を受けた。待っていたのは背広姿の「安隊中部隊長」の金子昇（大尉）だった。金子は陸軍中野学校出身。二人は車でフエに向かう。大南公司フエ出張所の看板は「東亜物産フエ（当時の通称はユエ）出張所」に掛け替えられていた。金子昇の職業は表向き「医学博士の大学教授」。彼は中心街の借家を借り、出身地である天草の友人、園田直《すなお》（戦後、外相になった）の名前を借用、「園田病院」の看板を掲げた。片野は「東亜物産フエ出張所」の屋根裏部屋を秘密の部屋にして、彼が最も信頼していたベトナム人三人と寝泊りし、昼は商人姿でフエの街を歩き回

左・山口知己、右・片野健四郎、1943年、大南公司ツーラン出張所にて

前列左より、箱守久圓（大南公司）、宮城島実（大南公司）、三浦琢二（大川塾1期生）、西川寛生（同1期生）、後列左より、島村熊喜（同2期生）、片野健四郎（同2期生）、伏見三郎（同4期生）、幸野谷清和（同2期生）、今村与志美（同4期生）。1944年10月9日、サイゴン、大南公司宿舎にて

ることになる。三人は大南公司ツーラン出張所時代に親交を結んだ心許せる「同志」であり、ベトナム復国同盟会のメンバーでもあった。

彼らはそれぞれが何人ものベトナム人諜者（情報員）をフエ王宮の内外に配置する。夜になると諜者から届けられた情報を片野ら四人で一つ一つ分析した。彼らの任務は明号作戦発動時にフエ王宮内にいるバオダイ帝の身柄を確保することにあった。以下は片野による「安南国王（バオダイ）救出」の概略である。*58

片野たちは、この地帯のフランス軍の軍事施設の見取り図の作成やフランス軍の情報収集に加えて、バオダイ帝の消息の掌握、王府要人の動静把握に取り組んだ。片野らには明号作戦実施後、「現安南皇帝バオダイの帝位廃止は行わない」という方針が密かに伝えられる。そのためには、バオダイの身柄を日本軍の手で確実に保護しなければならない。彼の毎日の消息をもれなく掌握しておく必要があった。

決行日の三月九日昼ごろになって、王宮内に送り込んだ〝諜者〟から、「皇帝と皇后が王宮内にいない」という連絡がはいった。作戦が漏れたという形跡はない。皇帝専用の飛行機もそのままである。諜者を総動員してバオダイの行方を捜すが見つからない。バオダイの所在は不明のまま、決行時間の午後九時（現地時間）を迎える。王宮を護るフランス軍と攻撃を始めた日本軍との激しい撃ち会いが始まった。

金子大尉と片野はベトナム服で変装し、左腕に「安」の腕章を巻き、王宮に近づく。切崩班のマイクがベトナム人兵士に投降を呼びかけると、城壁から次々とベトナム人兵士が飛び降りた。その背後からフランス軍の銃撃が追いかけた。戦闘を避けながら王宮の傍まで辿り着いたとき、二人は「安南人の要人らしい夫婦者を捕らえたので調べてくれ」と告げられた。行って見ると大型の高級車に青年紳士と品のよい婦人が乗っていた。「一目でバオダイ皇帝と皇后であることが分かった」。この日、行方のわからなかった二人はお供も連れず、フエ北方の森に狩猟に出かけ、その帰りに日本軍に捕らえられたのだという。

金子大尉が片野の通訳で「日本軍の行動は、安南の独立と自由のための戦いである。長い期間のフランス植民地はこれをもっていっさい終り、明日よりは安南人の安南国として輝かしい栄誉が獲得されましょう。どうか安心されたい」と述べると、「帝は涙を流し、非常な感動に身をふるわせながら『貴君の言葉は永遠に忘れない。戦争終了後は友邦日本とともに苦難を越えて共同してゆきたい。今日は私にとってよき記念日です』といって固い握手を交わした[*52]」

ハノイを拠点とする北部安隊の隊員となったのが、所長の山根道一が帰国した後、「印度支那経済研究所」に起居して、その運営を行ってきた松江市出身の原田俊明である。原田は前述したように、西川と同期の大川塾一期生。若い原田の情熱を慕ってハノイ大学などの学生たちも、同研究所に集まり、彼と談論する者が増えていった。安隊員となった頃は、ハノイ周辺に幅広い人脈を持つようになっており、中にはホー・チ・ミンの「越盟」（ベトミン）の関係者もいた。原田は彼らとの議論を通じて、これまでの民族運動だけでは、民衆の心をつかむことは出来ず、新しい意識革命が必要なことを感じ取っていた。彼は真剣にベトミンへの対応を考え、積極的に彼らに接近する。「恐らくその当時のハノイで、『ヴェトミン』側と日本側を繋ぐのは、この一本の路線が、細いながらも、唯一のルートであったと思われる」(「追悼・原田俊明一期生」[*30]西川寛生)。

小牧近江も「(原田君は)実に立派な青年で、私は親しくしていました。民族運動については、恩師(大川周明)たちの考えている大アジア主義に疑問をもちはじめ、新しい意味での真の民族解放運動者になりかけていました」[*46]と述べている。

一九四四(昭和十九)年十二月、ボー・グエン・ザップ(後、北ベトナム国防相、副首相)の指導で創設された「ベトナム解放宣伝隊」は巧妙かつ強烈に民衆の心を捉え、日本軍が明号作戦を決行した翌年春にかけて、ベトミン軍はベトナム北部山岳地帯を中心に次第に勢力を拡大していた。明号作戦によってバオダイの「ベトナム国」が生まれると、ベトミン軍はバオダイ政権と日本軍に対する武力対決の姿勢を鮮明にする。北部六省の山岳地帯には解放区が拡がり、あちこちでベトミンの戦闘部隊が出没するようになっていた。

北部安隊の丸山義雄(少佐)と原田俊明が命じられたのは、ベトミン説得工作だった。日本がベトナムに領土的野心を持っていないことを説明し、バオダイ政権と一体となって独立の強化に協力させる、というのが任務だった。原田は明号作戦発動時から、ベトミンはフランスと同時に日本軍も「主要な敵」と見なしており、与えられた工作は時機を失しており、無用なものと考えていた。しかし彼には「日本人とヴェトナム人が戦ってはならない、否、戦わされてはならない」[*59]との信念があった。その信念に従って、ベトミン説得に出かけたのである。

原田は、印度支那経済研究所で何度も議論し、同じ考えを持つようになったベトナム人青年グエン・チェン・ジェムを伴って五月初旬、丸山少佐とともに北部のタイゲンの山岳地帯まで入り込み、ベトミン側と交渉を始めた。一旦は報告のためハノイに戻ったが再度、交渉するため、三人でタイゲンに向かった。その朝、彼は何を感じたのか「今度だけは行きたくないよ」と親友に言い残し、愛用の拳銃も軍刀も部屋に残して、丸腰になって現地へ出かけた。

ジェム青年はこの途中の五月六日、恩師であり〝おやじ〟と慕っていた日本文化会館の小牧近江にフランス語で手紙を書いている。小牧は「これが最後の手紙になるとは思わなかった」とこの手紙の一節を紹介している。

「近江谷（小牧の本名）おやじ、私たちはここ大原（タイゲン）にいますが、事件はますます急迫するばかり。朝から晩まで、農村と山岳と森林地帯に苦労しています。（略）不安な農民たちは混沌とした世界にいるようです。果して目的を達するかどうか、心もとない次第で、でも一縷の望みをかけております。というのは、越盟（ヴェト・ミン）の副部隊長と会うことができ、どうやら彼らの仲間と話し合いをする段階に達したからです。彼らの回答を待ちながら、はやる心を抑え、〝つねに落着け〟とかねがね教えて下さったおやじさんに一筆啓上することをたいへんにうれしく思います」[*46]

同五月九日、原田ら三人が消息を絶った、という情報がハノイの安隊本部に入った。駐屯部隊一個小隊が現地捜索に向かい、タイゲン・ダイトー町郊外、キーフ村の古い廟堂の前の大木の下で、三人の遺体が放置されているのを発見、収容した。原田は二十五歳だった。「郡長の話によれば、煽動に狂った農民の竹槍が、彼等を味方と信じた無抵抗の３人を、野獣を追う如く、無残にも刺殺したという」。大川塾で同期の西川寛生は「彼は〝敵〟と戦ったのではなく、彼が〝友〟と信じ、また愛したヴェトナムの民によって、〝処刑〟されたのである」[*59]と嘆いている。

西川は同年二月二十一日、サイゴンの南部安隊に軍属として配属になる。彼の任務はタイニンのカオダイ教徒の青年隊に協力を求め、サイゴン最大の火力発電所を奇襲し、接収することだった。日本軍もカオダイ教徒を動かせるのは、松下光廣の大南公司だけであることを織り込み済みだった。三月五日、西川はカオダイ教徒代表と綿密な打ち合わせを行う。カオダイ教側は青年部を総動員することになる。同九日夜、一隊は火力発電所へ、西川は二十人の青年部員を率いて南部デルタ地帯の要衝、タイニンに向かい、タイニン市庁舎のフランス兵を排除、市政全般を臨時代行し、南部デルタ地帯のフランス兵掃討作戦に従事した。カオダイ教徒の協力は作戦終了後の司令官表彰で「第一位」となった。

「明号作戦」の発動前後、カオダイ教の勢力は祖国独立を目指して軍隊組織化を進めようとしていた。日本軍も後方勤務要員として、彼らの部隊編成を考えていた。松下光廣はサイゴン駐屯軍の要請を受けて、三十六個中隊、約四千人の大部隊「高台（カオダイ）教奉仕隊」の司令官に就任し、総指揮をとることになる。副司令官はカオダイ教の指導者、チャン・カン・ビンだった。

この奉仕隊は非武装組織だったが、朝夕は簡単な軍事教練を行った。明号作戦が成功すると、総本部をフランス軍総司令部跡において、市中の治安維持を担当する。言葉も通じない日本軍では、市内の治安維持は無理だったのだろう。松下は日本軍当局と交渉して、カオダイ奉仕隊の隊員に一人二十ピアストルの月給と被服、米の現物支給と副食物に対する現金支給を認めさせた。河村参謀長が松下に宛てた「高台教奉仕隊編成に関する指令書」によると、奉仕隊の駐屯地はサイゴン六隊、ショロン四隊、ディアジン五隊、タイニン八隊、ビンホア二隊、タンビン一隊で、一隊約百人で構成することになっていた。

中堂観恵は海軍少将に昇進、明号作戦発動の二週間前、寺内元帥が司令官を務める南方軍の海軍代表総副参謀長としてサイゴンに赴任する。明号作戦がベトナム市民の社会的混乱もほとんどなく収束したことについて、彼はこう述べている。

「（この作戦で）フランスの政治組織、軍の組織、経済組織ことごとく壊滅したのである。（中略）こう手っ取り早い切り換えが成功し、あまり大きな社会的混乱がおきなかったということは、大都会はともかく、地方においては、全国にばらまかれていた大南公司の支店網が民衆の信頼をうけていて、彼らはいかなる事態になっても、日本に頼っておれば間違いないという気もちがあったからだと考える。

これは松下氏の明治四十五年渡航以来の三十年間にわたる安南民族に対する愛情が実を結んだもので、松下氏が日本を代表してこの大事業をここまでもってきたものといえるであろう」*33

ベトナム、カンボジア、ラオス、つかの間の独立

明号作戦発動と同時に、アンナン皇帝バオダイ、カンボジア国王シアヌーク・ノドム、ルアンプラバン（ラオス）国王シー・サバン・ウオンの下に、日本大使府の外交官が通告に訪れた。前夜、身柄を日本軍に確保されていたバオダイは、三月十日午後、フエの王城の一角で続いていた戦闘が終わると独立を決意し、翌十一日、フランスとの保護条約を破棄して独立することを宣言した。

カンボジアでの仏印軍の武装解除は十日午前には終わったが、シアヌークの所在がわからず、十一日になって、王宮内の僧院に僧侶姿でいるところが発見された。シアヌークはプノンペンの仏印軍兵営がほとんど抵抗もなく降伏したことを知って、直ちに独立を決意する。しかし日本軍との連絡がとれず、正式の独立宣言は十三日となった。

ラオスの王宮があるルアンプラバンは交通の便の悪い山地であり、同地に向かった大使府領事が王宮に辿り着いたのが三月二十日ごろになった。日本領事が国王に会い、武力処理が終わり、仏印総督府は解体されたことを伝えたが、ウオン国王は信用しない。四月七日、第四師団の日本軍部隊がルアンプラバンに進駐して初めて国王は事態を理解し、同八日に独立を宣言した。しかし、それでもまだ疑心暗鬼だったのだろう。カンボジアやアンナンの状況を確かめるため、皇太子をサイゴンに派遣したのである。

仏領インドシナ三国の独立は、日本軍の〝クーデター〟によって、フランスの統治権が一時停止した機に乗じて、一方的に保護条約を破棄したもので、完全な独立とはいえないかも知れ

ない。しかし、いずれにしても八十年に及ぶフランス支配は、一旦終わりを告げたのである。カンボジアとルアンプラバン両国は，それまでと同じ内閣で内政を継続するが、アンナンでチャン・チョン・キムを首相とする内閣が発足するのは四月十七日となる。この間に、アンナンの歴史や皇室の伝統に詳しいバオダイ帝は国号を「ベトナム」と改めた。フランス領インドシナ時代は北部のトンキン、中部のアンナン、南部のコーチシナの三つの地方に分かれていたこの国が統一され、独立した「ベトナム国」になったのである。

チャン・チョン・キム内閣の発足

新体制下のベトナム国首相に就任するチャン・チョン・キムは一九四三（昭和十八）年暮れ、フランス官憲に追われ、サイゴンの大南公司宿舎に二十九日間潜伏、シンガポール（昭南）に逃れていたことは前に述べた。彼は一九四五年一月中旬、サイゴンに戻るため、列車でバンコクに向かう。バンコク滞在中の三月十日朝、仏印全土で日本軍がフランス軍を攻撃した、との情報が入った。日本当局にサイゴン入りを要請するが、しばらくは音沙汰がない。三月二十九日朝、突然、迎えの飛行機が到着したとの連絡が入った。キムはサイゴン帰還から新首相に就任するまでのいきさつを、「風塵のさなかに」で概略次のように述べている。*55

同二十九日午後、サイゴンのタンソニュット空港に着いたチャン・チョン・キムは、日本軍司令部を挨拶に訪れる。河村参謀長に会うと、「バオダイ帝はこれらの人々をフエに招いて意見を聞きたいと言っている」と約二十人の名簿をキムに見せた。閣僚候補名簿である。「私の名前は載っていたが、ゴ・ディン・ジェム氏の名前はなかった」。歴史学者である自分の名前があるのを不思議に思ったキムは、「私は従来何の活動もせず、いかなる党派にも属していない。私をフエに呼び寄せても役には立たない。ハノイの自宅で療養させてほしい」と懇願した。河村参謀長は「これはバオダイ帝の御意であり、新政府の樹立について先生の意見を徴したいとのことだ」と強くフエ入りを勧めた。彼は結局、フエに行くことを了承した。

フエ出発までの数日間の滞在先の希望を聞かれたキムは、「大南公司の松下社長の家で厄介になりたい」と案内を頼んだ。彼は松下に会うと、真っ先にゴ・ディン・ジェムの所在先を確かめた。キムは松下やジェムなら、フエのバオダイの下で進んでいる組閣情報に詳しいと思っていた。松下と話をしている最中に、ジェムが突然松下邸に姿を現し、キムの顔を見るなり、「何か情報はありませんか」と聞いた。

「私は帰ってきたばかりで、まだ何も知りません。何か消息があるとすれば、あなたの方が私よりくわしいでしょう。しかし、日本側はおかしいですね。何も我々にもらそうとはしません」

「そうですか、どうして日本側は私に知らせないのでしょう」

ジェムは釈然としない面持だった。

キムはこの後、フエに向かい四月七日、バオダイに謁見する。組閣要請を受けたキムは「政府の樹立は、例えばゴ・ディン・ジェム氏のような人を任用され、その配下の既成組織を利用すべきだ」と進言した。バオダイは「ジェムにも電報を打って呼び寄せているが、どういう訳か未だに見えない」という。キムはサイゴンでジェムに会った話をし、「ジェムさんをもう一度、電報で呼び寄せてほしい」と陳情した。電報は届いたのかどうか、結局、ジェムはフエにはやってこなかった。

組閣が長引くことを焦慮したバオダイはキムを呼び、「この時期に新政府が発足できなければ、日本側は我々を無力と思い、軍政を敷くかもしれない。国民の義務を果たすためにも新政権を組織してほしい」と言ったという。

ここまで言われれば、組閣しないわけにはいかない。キムは閣僚の人選を進め、同四月十七日、彼を総理とする閣僚名簿をバオダイに提出、新政府はやっと船出した。日本の敗戦までの短いベトナム国の独立だった。

チャン・チョン・キムは、ゴ・ディン・ジェムの〝排除〟について「今日に至るまで、私はまだ諒解し得ない」として、こう述べている。

「呉延琰（ゴ・ディン・ジェム）氏一派は彊柢（クォンデ）侯筋の人物であり、インドシナで政変の起きた際、政府の樹立を侯から委嘱されており、且つ一部の日本人の支持もあるのに、日本政府がなぜこれをオミットしたかという事である。そういう日本側の態度に対する唯一の解釈は、当時の日本当局はフランス軍の武装解除を果したのち、一方では彊柢侯を帰国させると何か都合の悪いことがあることをおそれ、一方では保大（バオダイ）帝を政治面に立てることが有利であると判断したからであろう。既に彊柢侯という駒を使わない以上、必然的に呉延琰氏一派にも局外に出てもらうことになる。まあ、私はこういう風に了解しているが、その他の理由については、私の知る所ではない」[*55]

ゴ・ディン・ジェムには、バオダイの組閣要請が伝わったのかどうか。翻訳家、神谷美保子（父がハノイの日本大使府付陸軍武官だった）が、前掲の林秀澄に聞き取り調査したところによると、彼は司令官土橋勇逸を通じてバオダイがジェムに組閣を要請していることを聞き、ジェムにそれを伝えた。ジェムは「非常に不愉快な顔をして」林にこう言ったという。「自分の気持ちは林大佐が一番よく知っているではないか。自分がどうしてバオダイのところへ行くはずがあるのか」。食って掛かるジェムに組閣拒否の理由を書いてくれるよう頼んだ。

林によると（一）ジェムを通せば日本軍はバオダイの言うことを何でも聞くと期待し、日本側も逆の期待を持つ（二）今の日本軍はベトナムの期待に応える状態にないし、ベトナムも日本軍の期待することを実行できない（三）自分が今、政治に関与することはベトナムの利益にならない――というのがその理由だった。[*60] ジェムは当時のバオダイ政権と日本軍の置かれた政治情勢を極めてクールに見ていたのである。

バオダイのもとで新政府が発足すると、頑なにクオン・デの帰国を拒んだ第三十八軍司令官、土橋勇逸も少しクオン・デへの同情心が起きた。「四十年来日本に亡命しているコンデーは、私が頑張ったために祖国にも帰れず東京に残っていることは気の毒である。他方、われわれの先輩たちがコンデーのために尽くした所を考えると申し訳ないような気もする」[*36]と、バオダイにクオン・デの帰国について相談した。バオダイの結論は「安南皇室では皇族は三人という制限があるから、コンデーを皇族に列する訳には行かぬ。大公の称号を与え、帰国後の職として枢密院議長にしよう」というものだった。

しかし、これが日本に正確に伝わったのかどうかはわからない。東京では同年七月三十日、鈴木貫太郎内閣の主催でクオン・デの壮行会が開かれた。それを報じた同日の「朝日新聞」は、「亡命四十年　新生の故国へ」との見出しで、「安南王朝の一族である畿外侯彊柢氏が新生の歩みを踏み出した越南国の保大帝に迎えられて近く帰国する」と報じた。彼の顔写真と、彼を支援し続けた大亜細亜協会会長、松井石根の談話入りである。しかし、帰国後の処遇についてては、一行も触れていない。

「その当時のサイゴンでは、今度こそ日本からクォン・デ殿下が帰って来て、バオダイ帝に代って即位するものとして、市民達が街路に緑地赤玉の『越南復国同盟会』の旗をかたどった大歓迎アーチを作って、その日を待望していたほどでクォン・デ殿下の復位が民衆の希望であり、常識的世論であった*61」

クオン・デはそれから毎日、羽田空港で迎えに来る飛行機を待ち続けた。しかし、迎えの飛行機はいくら待ってもやってこなかった。その理由は明らかではない。すでにポツダム宣言の受け入れを決め、敗戦必至の状態にあった日本政府や日本軍には、クオン・デのことまで気を回す余裕はどこにもなかったのだろう。クオン・デは東京に残ったまま、八月十五日の敗戦を迎えた。

第十章　日本敗戦とホー・チ・ミンのベトナム

ホー・チ・ミンとは何者か

仏印で日本軍が「明号作戦」と呼ばれる対仏クーデターに踏み切った同じ日の一九四五（昭和二十）年三月九日午後遅く、二千トンの焼夷弾を積んだ米軍B－29爆撃機三百機が、サイパン島を飛び立ち、東京上空に侵入、下町を中心に爆撃した。この空爆で東京の下町は灰燼に帰し、死者は八万人を超えた。以後、米軍は日本各地の都市を空襲する。五月九日にはドイツ軍が降伏。五月二十八日には沖縄・首里の日本軍も上陸してきた米軍に追われ、同六月二十三日には事実上、沖縄防衛軍は壊滅した。そして八月六日に広島、同九日には長崎に原子爆弾が投下され、日本は八月十五日の敗戦の日を迎えた。明号作戦発動によってインドシナ三国が曲がりなりにも独立したわずか五か月後のことである。

広島に原爆が投下された事実を知ったホー・チ・ミンは八月十日、ベトナム北部のタイゲンの解放区に六十人の代表を招集して「臨時人民代表大会」を開き、同十三日、「ベトナム解放民族委員会」を結成することを提案する。この大会にはベトミン（ベトナム独立同盟）に未加盟だったグループの代表や山岳民族代表など、右も左もごったにした独立運動家が集まっていた。ホー・チ・ミンは「連合国軍が復帰してくる前に日本のファシスト勢力から権力を奪取しよう」と呼びかけ、「独立目標を達成するため、階級や各党派を越えて全人民を救国運動に参加させ、人民の武装を急いで行い、各武装勢力を統一してベトナム解放軍とする」ことを決定した。独立達成のためにはあらゆる階層や党派を越えた統一戦線を組織し、インドシナ共産党は極力表に出ることを避ける、というのがホー・チ・ミンの戦略だった。

「十五日になり、日本の天皇が軍隊の降伏を命じたとの確報を得て党全国会議が開催され、全国蜂起委員会を樹立して総蜂起を指導させ、ベトナム解放軍司令部を設置することを決定した」[*62]。その日、直ちに軍令第一号が発令された。「ファシスト日本は、連合軍に降伏した。日本軍は全戦線で崩壊した。ベトナム解放軍の諸君！　蜂起委員会の指導のもとに、各都市に突入せよ。敵の退路を断ち、兵器を奪おう」。解放軍はハノイに向けて進撃を始めた。同十七日には市立劇場前の広場は数万の群集で埋められ、劇場の屋根には金星紅旗が翻った。ホー・チ・ミンがハノイに入ったのは八月二十一日。市立劇場前広場の演台に立って独立宣言を読み上げたのが九月二日のことである。

こうしたホー・チ・ミン側の急ピッチの動きに対して、バオダイのベトナム国政府側の対応はいかにも緩慢だった。チャン・チョン・キム内閣の官房長官を務めていたファム・カク・ホは、日本が連合国に無条件降伏をしたとのニュースを聞いた八月十五日午後、報告のためにバオダイのもとに走った。以下、ファム・カク・ホエが書いた『ベトナムのラスト・エンペラー』からバオダイやキム内閣の動きを見ておこう。

「日本の無条件降伏」の報告を受けたバオダイは、「まさか、まさか」と驚いた口調で叫んだ後、チャン・チョン・キムの所に急行して新情勢に対する首相の意見を聞いてくるように命じた。首相府に行ってみると、キムは病気で臥せっており、仕事場には降りてこないという。ファム・カク・ホエは二階（寝室）に上がってキムに会ったが、「彼は意気消沈しており、日本降伏のニュースを懐疑する以外に、これといった意見も持っていなかった。彼はそのような懐疑を弁護するために、かなりナイーブな理由をあれこれ持ち出した。私はただ沈黙し、心の中で苦笑するのみであった[*63]」。

八月十七日朝、バオダイが主宰する閣議が開かれ、ある閣僚が「外国に分割統治の口実を与えないために、皇帝以下内閣は直ちに退陣してベトミンに政権を移譲すべきだ」と提案し、激論となった。最終的には、秩序維持の名分でのフランス軍の復帰を避けるために、「実質面では政権をベトミンに委ね、形式的には君主政体を維持する」ということに落ち着き、これを国民に発表することになった。発表草案でチャン・チョン・キムが拘ったのはバオダイ帝の威信をどう保つかであった。草案はバオダイの国民向け心境を次のようにまとめた。

「国の独立を強化し、民族の権利を防衛するために、朕はあらゆる方面において、進んで犠牲を払う用意がある。朕はベトナム人民の幸福のために、王位に上った。朕は奴隷国の王となるよりも、独立国の民となることを選ぶ。国民全体が朕と同様に心を一つにして犠牲を払うことを、確信している」

閣議終了後の同日午後四時、カク・ホエはこの草案を持ってバオダイの署名をもらうため、彼の部屋に入った。彼はいつものようにすぐに署名しなかった。「朕は奴隷国の王となるより、独立国の民となることを選ぶ」という箇所を何度も口ごもりながら繰り返した。「私は不安になってきた……。しかし、彼は結局、軽く肩をすぼめてから、詔に署名して私に返した」。バオダイはこの時点で退位するつもりはなく、ベトミンの指導者がフエにやってきて、チャン・チョン・キム内閣に代わって組閣するものと信じ込んでいた。しかし、ベトミンの指導者が誰であるのかが全く分からない。彼はそれを知りたがっていた。

八月十九日、バオダイはカク・ホエを呼び、ベトミンの指導者が判明したかと尋ねた。様々な情報が飛びかっていたため、カク・ホエが翌朝、街に出て様子を窺うと、総蜂起を呼びかけるグエン・アイ・コックの文書が貼りだされているのを見つけた。「あの有名な革命家がベトミンの指導者であることは確実です」。彼はバオダイに報告した。八月二十四日朝、カク・ホエがバオダイのもとに参上すると、彼は憂鬱そうに一通の電報を彼に見せた。前夜、ハノイから打電してきたもので、「臨時革命政府が樹立された。主席はホー・チ・ミン。国家の独立強化と統一のために、直ちに退位せんことを国王に要求す」とあった。

電報には臨時革命政府主席はホー・チ・ミンとなっている。「ホー・チ・ミンとは一体何者なのか?」。フエでは名前すら聞いたことのない人物だった。「ホー・チ・ミンとグエン・アイ・コックは同一人物かもしれない」。部屋を飛び出したカク・ホエは閣僚たちと資料や文献をひっくり返した。グエン・アイ・コックが革命活動の過程で多くの偽名を使っていることはわかっていたが、どこにもホー・チ・ミンの名前はなかった。ハノイから戻って来たばかりの人物を探し出し、やっと「ホー・チ・ミンとグエン・アイ・コックが同一人物である」との確証を得る。グエン・アイ・コックは、「フランス植民地支配打倒」を指導した革命的英雄としてベトナム国民の人気は高く、すでに死亡したとの噂も幾度も流されていた。〝幻の英雄〟が、名前を替え、臨時革命政府の主席となって戻って来たのである。

首相のチャン・チョン・キムは参内してバオダイに奏上した。

「事態は緊迫しております。陛下は（略）速やかに退位されるのが上策と心得ます。人民は越盟（ベトミン）の宣伝を真にうけて、革命に熱中しており、その勢は激流にも比すべく、それに逆らえば破滅を招くことになります。我方に実力がないのに反して、越盟側には民衆の支持がありますから、彼らに国家独立防衛の責任を任せるべきであります[*55]」

バオダイは、退位の決意をした。王室の私兵である王城守備隊もバオダイを顧みず、官僚たちもどこかに隠れてしまった。

八月三十日午後四時、臨時革命政府の代表団がフエの王宮に到着、バオダイの退位式が行われた。代表団が「九月二日に首都ハノイで独立式典を行い、ホー・チ・ミンが独立宣言を読み上げる」という届いたばかりの電報を紹介した後、バオダイが退位の詔を読み上げた。国旗掲揚台の国王の黄色旗が降ろされ、代わって金星紅旗が掲げられた。グエン王朝の幕引きであり、「ベトナム民主共和国」の事実上のスタートだった。帝位から下りたバオダイは「平民ビン・

トイ」と改名、「独立国の民」となり、その後、香港に亡命する。

　わずか五か月間、バオダイの下で政権を担ったチャン・チョン・キムはいう。「かくして私にとって南柯の夢は終った。波瀾に満ちた数ケ月を顧るとおかしくもあった。バンコクから帰国した当初、私は依然何の活動もするつもりはなかったのに、結局あれよあれよという間に国事に引きずりこまれ、あげくのはてはもとの徒手空拳に戻ったのである」

　しかし、ベトナムの苦難の道はこれで終わりになったわけではない。その後も長い期間にわたって、歴史はベトナム国民を翻弄し続けるのである。

松下光廣のサイゴン脱出

日本の敗戦。ベトナム全土が騒然としていた。ベトミン軍の攻勢が強まる中、

フエの王宮

中越国境を越えて雲南省長、盧漢の率いる中国国民党軍の南下が始まる。ポツダム会議では米国大統領、トルーマンらはインドシナの分割占領を決めていた。北緯十六度線以南は英国連邦軍に、北緯十六度以北とラオスの一部占領および日本軍の武装解除は中国軍、というのがその約束だった。ポツダム会議でインドシナから排除された形のド・ゴールのフランスもインドシナ再支配を狙って、フランス艦隊をインドシナ海域に派遣し、銀行家のジャン・サントニーを軍事使節として送り込む。自由フランス軍装甲師団を率いるフィリップ・ルクレールもインドシナに向かっていた。フランスは旧植民地、仏印の復活を目指していた。

フランス当局にスパイ容疑で国外追放になっていた松下光廣のサイゴン復帰に尽力した中堂観恵が、明号作戦の直前、南方軍総参謀副長（海軍少将）としてサイゴンの総司令部に赴任してきたことは前述した。敗戦を迎えて、中堂が一番心配していたのが「戦犯問題」である。彼が、インドシナで誰よりも危険だと痛切に思っていたのが、長年、同志としてベトナム独立のために働いてきた松下光廣だった。終戦直後にサイゴンに進駐してきたのは英国軍だったが、いずれはフランス軍が戻ってくるに違いない。その時は反仏闘争の〝影の主役〟だった松下を逮捕し、極刑に処すだろう。中堂の下には、そうした情報が多数寄せられていた。

「このままサイゴンに留まれば松下の命は危ない」。こう判断した中堂は南方軍の幹部や担当者に、引揚げ用の輸送機に松下を搭乗させるよう頼んで回った。当時、サイゴンには重爆撃機を改造した二十人乗りの輸送機が、二機だけ残されていた。うち一機には、英国軍に追われてビルマ戦線からサイゴンに逃亡してきたインド独立運動の闘士で自由インド仮政府首班のスバス・チャンドラ・ボースの一行を乗せ、他の一機に松下光廣とその付き添いとして大南公司社員であり大川塾一期生の三浦琢二の搭乗が認められた。この二機のどちらに乗ったかが、その後の運命を大きく左右する。

「どこに飛べば松下は安全か」。中堂は考えた。日本に帰国すれば連合国進駐軍はフランス政府の意を受けて、日本警察に彼の逮捕、引き渡しを要求してくるのは目に見えている。日本国内のどこに隠れ住もうと日本警察は捜し出すだろう。日本警察も各国官憲も手の及ばぬ所はどこか。「台湾の高砂族の社会が最も安全だ」。彼は、台湾南西部の屏東《へいとう》飛行場の周辺に高砂族の集落が散在していることを知っていた。とりあえず屏東まで送り、状況によってはさらにその奥地に身を潜めれば、フランス官憲の目も届かず、松下の安全は確保できる。中堂は、松下が南方軍軍令部の嘱託だったことを利用し、「軍属」の扱いとした。輸送機に同乗する他の軍人たちの目に対する配慮だった。

インド国民軍のチャンドラ・ボース一行が乗った輸送機は、松下の乗る輸送機より四日早い八月十八日午前五時、台湾・屏東空港に向けて離陸した。午前十一時過ぎ、屏東が見えてきた時、無線がソ連軍の旅順進駐を伝えてきた。ボースは英国軍の手を逃れて、大連からソ連に亡命する話がついていた。このため、屏東には降りずに直接、台北に向かい、少しでも早く大連に向かうことになった。正午すぎ台北についた輸送機はエンジンテストなどを行った後、午後二時すぎに台北を離陸する。その直後、左エンジンが吹っ飛び、失速した機体は右翼から地面にたたきつけられ炎上した。ボースは病院に運ばれたが「サイゴンの同志諸君によろしく伝えてくれ」と言い残して息を引き取った。

八月二十一日夜、松下は中堂の宿舎を訪れ、別れの盃を交わした。チャンドラ・ボースの台北での事故死の報せは、二人には当然、届いていただろう。中堂は愛用の軍刀を松下に渡した。最後の輸送機への民間人の搭乗をやっかみ半分の軍人に問われれば、この軍刀を示し、「中堂少将の使いだ」と名乗ればよい。彼は自分のこと以上に松下の安全を思っていた。見送りをすると目立つのでこれも避けた。「それでもわたし（中堂）の宿舎の前にいたベトナム人がこれを見ていて、（後にフランス官憲に）密告していた」[*33]

松下光廣の搭乗した輸送機は翌二十二日早朝、台湾に向け飛び立った。大南公司の処理は同じ天草出身の村上竹松にすべて任せた。所持品は中堂観恵の軍刀に現金一万円と腕時計、リュックのなかに少々の衣類。付き添うはずだった三浦琢二は軍当局の連絡の手違いで搭乗できなかった。後述するが、三浦がその後与えられた任務から見れば、軍当局は「手違い」を口実にあえて彼を残留させたのだろう。

屏東飛行場についた松下はひとりで高砂族の間を転々としながら、人目を避けて原っぱやジャングルを歩き続け、台北に向かう。台北に辿り着くと日本人木炭屋の一室を借りて六か月間、隠れ住んだ。台湾からの日本人の引き揚げも始まっていた。彼は偽名を使って一般邦人に紛れ込み、基隆（キールン）港から引揚げ船「氷川丸」に乗船、広島県・大竹港に上陸したのは一九四六（昭和二十一）年三月八日のことである。

ベトナムでの全財産（四千六百万ピアストル）を失い、裸一貫の帰国である。東京の留守家族は前年三月の東京大空襲で行方もわからない。ようやく妻、千代と長男光興の居場所を捜し当て、所沢市小平の農家に隠れ住む。やることもなく座禅と読書の毎日。「戦犯容疑の身。わが物顔に走り廻る占領軍のジープの音におびやかされ」続けた。極東国際軍事裁判（東京裁判）も始まり、尊敬する同志、大川周明もA級戦犯容疑で巣鴨の獄中にいた。そんなある日、彼は決意する。

「わしが、戦争犯罪人であるはずはない。捕虜虐待、スパイ行為、そんなことなど関係したこともない。日本人として、またベトナム民衆の友として、当然の義務を遂行するため戦争に協力しただけではないか」[*6]

松下は外務省に出頭、「口述書を持参して、わたしは、連合国軍総司令部に自首したい」と申し出た。外務省の担当者たちは、突然、霞が関に姿を現した松下光廣に驚き、顔を見合わせ、声をひそめた。外務省は、フランス当局から松下に関する情報提供を求められていた。「あなたは、疲れていらっしゃるようだ。一カ月ほど休養しなさい。あなたに関する資料は、外務省にも山ほどあるわけだし」。元仏印駐在大使の芳澤謙吉を始め、仏印大使府に勤務した外交官たちは誰もが、「サイゴンの松下」を知っていた。彼らもフランス当局の手から松下を護ろうとしたのだろう。

そんな矢先、大川周明の古くからの同志である清水行之助から連絡が入った。大川周辺の人物が松下帰国の情報を清水に知らせたのだろう。北一輝門下の清水行之助は一九一九（大正八）年、北と共に上海から帰国、右翼団体「大化会」を結成、後に大化会は親友の岩田富美夫に譲り、新たに若者を集めて「大行社」をつくる。一九三一（昭和六）年の「三月事件」や「十月事件」では大川周明と共に民間の中心人物の一人だった。終戦直後は「進駐してきたアメリカ軍をなだめるためのレストラン」を東京・上野に開いていた。清水は元陸軍少将、田中隆吉を松下に紹介した。

田中隆吉は関東軍参謀時代、中国大陸で様々な謀略活動に従事し、東條内閣時代には陸軍兵務局長を務めた人物である。東京裁判では彼自身が関与した日本軍の〝旧悪〟を次々に暴露し、〝裏切り者〟呼ばわりをされる。その過程で、米国検察陣の首席検事キーナンと深い繋がりを持つようになっていた。松下は田中と仲介者の清水を交えて、一夜、赤坂の料亭で食事を共にした。田中はすでに米検察陣を通して、フランス側の意向を打診していた。「なあに、二、三日したら、あなたも、大手を振って歩けるようになるさ」。田中は松下に耳打ちしてくれた。おそらく米検察当局を通じて、フランス側に〝圧力〟をかけたのだろう。田中の言う通りになった。

中堂観恵は、松下が東京裁判で不問に付された理由について次のように推測している。

「おそらくフランスの官憲は、その当時南方からの引揚者を丹念にしらべていたであろうが、台湾からの引揚者の中に交っていようとは考えていなかったものであろう。そして東京における米軍の地位と、フランスの地位は格段の差があり、フランスの（松下逮捕の）申し出なども取り合わなかったものと判断せられる。（略）西貢（サイゴン）にいるときはこんなことは想像も出来なかった。（略）松下氏はまことに運の強い人といわねばならぬ」*33

大南社員、それぞれの終戦

日本の敗色が濃厚になってきた一九四五（昭和二十）年七月、南方軍は連合軍のインドシナ半島上陸を想定、その場合はサイゴンを放棄して、総司令部をラオスに移動し、アンナン山脈を盾にしてゲリラ戦を行う方針を決め、「密林遊撃戦」の準備のため山岳民族の結集を企図していた。日本軍もベトミン軍や後の南ベトナム解放民族戦線のゲリラ戦と同じ戦法を考えていたのである。明号作戦のための南部安隊が解散になった後、西川寛生は七月十五日、山岳民族工作を命じられ、中部高原の都市バンメトートに赴く。すぐに山岳民族の十数名の若者が象五頭を連れて協力を申し出た。同月下旬にはバンメトート郊外のジャングル地帯の空き家を拠点に、山岳民族部隊の結成と訓練に乗り出した。

そんな最中の七月二十五日深夜、近くのジャングルにフランス軍将校二人と下士官の計三人がパラシュートで降下したところを拘束した。西川が尋問すると、三人はフランス本国から派遣されたド・ゴール派の特殊工作員であることがわかった。中国・昆明から飛来、無線機、自動小銃、食糧なども投下していた。下士官は無線技士だった。バンメトートからダラットに潜行し、米軍上陸のための情報網をつくり上げ米軍を誘導し、ダラットにフランス国旗を掲げることが三人の目的だった。

八月一日、捕捉した無線機を使って、逮捕したフランス軍下士官に連合軍のカルカッタ基地と連絡を取らせた。この〝ニセ無線連絡〟によって、西川たちはポツダム会議での連合国の日本への要求内容を知ったのである。「日本の無条件降伏は近い」。西川はそう判断すると、降伏決定後の行動についても腹を決めた。「日本降伏」の連絡がバンメトートの西川らに届いたのは、八月十七日のことである。

サイゴンに戻ってきたのが同八月二十一日。すぐに司令部に部隊離脱を告げると「許斐機関」の関係者を中心に脱出計画を練った。海路脱出しか方法はない。漁船の船長と機関長の確保ができると、脱出の同志を募り、万一に備えての武器弾薬、食糧や重油などの入手に飛び回った。同行者は陸軍中野学校二俣一期生の寺山文治少尉ら船長、機関長を含めて総員十六人。西川は同夜、軍の輸送機で脱出することが決まっていた松下光廣の自宅を訪ね、別盃を酌み交わし、「生きて帰れば東京で」と誓い合った。さらにこの日、大川塾同期の三浦琢二を「生別即死別」の思いで訪ねた。

三浦によると、この夜遅く突然訪ねてきた西川は、「表の乗用車に許斐機関の同志数名がいる。われわれは中国籍の八〇トンの汽船でサイゴン港から日本へ向け出港する。君は船舶工兵で船の操縦もできるので一緒に来てくれれば心強い[*30]」と熱心に誘った。三浦は松下の脱出機に同乗する手筈になっていた。それを知った西川は三浦の手を握り締め、「貴兄の無事を祈る。日本で再会しよう」と言って別れた。

西川らが乗り込んだ漁船がサイゴン港を離れたのは八月二十五日深夜。サイゴン市内は無政府状態でベトミンの大規模なデモが武装部隊と共に行進、その声が夜おそくまで聞こえていた。翌朝、サンジャック岬を通過し外海に出た漁船はベトナム領海を離脱、南シナ海を一路、北上し、連合国の艦隊に遭うこともなく台湾海峡にかかる。九月に入ると台風の影響を受け、船は大揺れし、食事もままならない日が数日続いた。五島列島沖をすぎ九日午前十時半、佐賀県呼子港に無事入港。そこから徒歩やトラック、汽車などを乗り継ぎ、故郷の滋賀県近江八幡に辿りついたのは十月二日だった。

三浦琢二によると「（西川らが出港した）その翌日早朝が大騒ぎだった」。南方軍・軍政部長の林信光（憲兵大佐）が、押っ取り刀で大南公司の宿舎に駆けつけ、かんかんになって怒鳴った。「貴様の仲間の西川達が軍の弾薬庫を破り、機関銃などを持出し船で逃走した。貴様は、何処へ行ったか知っているだろう」

三浦は努めて冷静に「西川君らと接触がないので、彼らの計画は一切知らない」と答えると、林大佐は「何れにしても西川たちを捕らえて軍法会議にかけ、重刑に処してやる」と言って帰って行った。

翌年十二月、連合軍捜査官の米兵二人が、三浦たちが収容されていたサイゴンの戦犯容疑者収容所にやってきて「名前は西川寛生、年齢四十歳前後、身長・体重しかじか、重大戦犯容疑者として捜索しているが、誰か知らないか」と訊問した。三浦は「知らぬ存ぜぬで通した」。西川は名前を偽名で通しており、本名は在留邦人の大半は知らない。詰問された日本人のだれもが知らないと答えていた。西川は一年以上も前に日本国内に脱出していたのである。

松下光廣に同行して軍用輸送機で台湾に向かうことになっていた三浦琢二の宿舎に、軍司令部の伝令が駆けつけてきたのは、出発予定の八月二十二日朝。「天候回復につき飛行機は出港しました。命令があるので伝達します」「しまった、乗り遅れた」。伝令はメモ書き文書を手渡して帰っていった。それには簡単に「例の件処分せよ」と書かれてあった。がっかりしている暇はない。「例の件とは一体なんであるのか」

命令は第三十八軍参謀長、河村参郎からのものだった。現地召集だった三浦は、終戦の日の八月十五日で除隊になっていた。あえて、松下の乗る輸送機の時間変更を知らせず、民間人に戻った三浦に、この命令を実行させようとしたとしか考えられない。三浦は「例の件」について思い巡らした末、最後に達した答えは「アヘン」だった。

フランス総督府は、収入増大のためにアヘンの専売制を敷いてベトナム各地でのアヘン吸引を助長し、戦時中のサイゴンでは、アヘンの吸引はまるで喫茶店のように公然と営業され、サイゴン駅周辺からサイゴン港にかけて到るところに阿片窟があったことは第二章で触れた。満州や中国大陸でもそうであったが、戦地でのアヘンは「高貴薬」であり、通貨代わりに使われていた。仏印駐屯日本軍も内モンゴルなどからのアヘン供給が途絶えたため、軍資金調達の手段としてベトナム人の稲作地帯の一部をケシ畑に変えさせ、それを買い上げていた。ベトナム、ラオス、中国・雲南省に囲まれた一帯は「ゴールデン・トライアングル（黄金の三角地帯）」とも呼ばれるアヘン生産地帯でもあり、この地帯からもアヘン調達を行ったのだろう。日本軍が大量のアヘンを所有していたとしても不思議ではない。

三浦はサイゴンに駐屯した日本軍の兵舎または宿舎のどこかにアヘンは秘匿されている、と見当をつけた。しかし、それを運びだして換金し、その金を処分するには、多くの難問を抱えている。彼は信頼していた参謀部の旧知の大尉に河村参謀長の極秘命令を話し、協力を依頼した。彼はアヘンの処理だと知ると、「連合軍に発見されれば即銃殺だ」と渋ったが、連合軍が進駐してくる前に密かに処分する必要があることは承知しており、三浦に協力してくれることになった。

三浦たちは二トントラックでサイゴンに在った日本軍の兵舎、宿舎を走り回った。シンガポールから来たばかりの日本軍将校に割り当てられたサイゴン郊外の軍宿舎の風呂場が、釘付けにされ使えないという。三浦はアヘンがそこに隠されていると直感した。「河村参謀長の命令を実行する」と宿舎の将校たちに告げ、バールで風呂場のドアをこじ開けると、単一の乾電池の大きさの鉛管に詰められた純度九九％のアヘンが、約二千キロも麻袋に入れられていた。これを宿舎の将校たちにも手伝わせ、トラックに積み込むと、サイゴン市内の松下社長宅の庭に運び込んだ。

松下社長宅には大南公司の留守居役をまかされた村上竹松が住んでいた。彼に手短に事情を説明し、換金作戦にとりかかる。三浦はサイゴン地区の蔣介石政府の裏の代理人は、ショロンの華字紙の社長であると目星をつけていた。電話帳でその華字紙を探し出し、電話口に社長を呼び出した。

「私は三浦という日本軍代表である。日本軍最後の宝物を蔣総統閣下に差上げたい。無料で差上げるのが筋であるが、当方も若干金が要る。宝物の値段の一万分の一位にしかあたらない四百万ピアストルと引替えにしたい。こちらには、二人しかいないので、貴方も二人でこられたい。金と引替えにトラックごと品物を持ってゆかれたい。絶対約束を守り、信義にもとる行為はしない」[*30]。交渉は成立した。約一時間半後、社長は運転手と二人で乗用車でやってきた。トラックの運転席で四百万ピアストルを確認すると、トラックの鍵を渡した。彼はトラックを運転し、どこかに消えた。三浦は、大南公司を預かる村上竹松にその金の処理方法を相談した。松下光廣は、独立達成時のベトナム国軍の幹部を養成するため、優秀な若者たちを集めて「訓練部隊」を創設していた。ここに集まっていた訓練生たちの解散資金にこの金を使うことに決めた。村上はその日のうちに訓練生全員に、この金を均等に配分した。

戦後、ゴ・ディン・ジェム大統領の下で「ベトナム共和国（南ベトナム）」が成立した時、当時養成した若者たちの多くがベトナム国軍の幹部となっており、訪日した国軍少佐から、三浦らに対する感謝のメッセージが届けられたという。

三浦は帰国してからも、このアヘン処分について一切誰にも話さなかった。誰にも迷惑をかけるわけにはいかない、と常に自戒してきたからである。彼がこの話を南方会機関誌「みんなみ」に書いたのは、戦後四十年以上も経った平成の時代になってからのことである。

「フランス軍が帰って来た」

一九四五年九月二日、ホー・チ・ミンはハノイの市立劇場前のバーディン広場で、熱狂的な数万の市民に迎えられ「独立宣言」を読み上げた。「ベトナム民主主義共和国」の誕生である。しかし、発足した新しい国の前途は「内憂外患」、いばらの道が待ち構えていた。市民たちも独立の喜びにいつまでも浮かれているわけにはいかなかった。

この年の春の雨期は異常気象が続いた。たび重なる豪雨で、ベトナム北部の紅河流域は大洪水に見舞われ、流域九省は水害のため広範囲にわたって稲田が水没、稲作は壊滅的な被害を受けた。紅河の水門を管理するフランス人技師が「明号作戦」で追われ、引き継いだベトナム人が水門操作を誤ったことが被害を増大させた、ともいわれる。南部ベトナムからの米の輸送ルートも、豪雨や米軍の爆撃で寸断され、南部からの米も届かない。「独立宣言」前後の北部ベトナム全域で、路上にも餓死者が転々と転がる悲惨な状態が続いていた。後にホー・チ・ミン政府は「餓死者の総数は二百万人に上り、その責任は日本軍にある」と発表、日越賠償交渉でも議論になった。

そんな中の九月十一日、盧漢の率いる中国国民党軍（十八万人）が、ハノイに入って来た。盧漢は先にハノイ入りしたフランス軍事使節団長、サントニーを旧総督府から追い出し、そこを司令部とし、中越国境地帯のフランス軍の旧要塞を破壊するなど、傍若無人の占領政策を進めた。日本軍の海軍嘱託でホー・チ・ミン軍に入った中川武保は『ホー・チ・ミンと死線をこえて』で、雲南の盧漢軍についてこう述べている。

「（略）雲南軍というのが、これがまたひどい軍団であった。兵士は雨傘や麻袋を背負ってはいるが、兵器らしいものは持っていず難民のような姿である。行軍中も、休憩となると、街の中であろうが店先であろうが、道路の上にすわりこんでシラミをとり、あるいは寝ころんで阿片を喫い、ある者はバクチをはじめる。便器にしている陶器に御飯を入れて食べ、あるいは石鹸を菓子だと思って食べて口中泡をふいている。

『情けない』『ヒドいやつらだ』

とベトナム人はあきれ、武装解除される日本軍将兵はみじめな気持をいやがうえにも味わった。あげくの果てに雲南軍は、日本軍の兵器をどうにか自分たちの所有にしたいと画策しはじめた[*64]」

立川京一によると、「盧漢は反仏的であったが、かといって親ヴェトミンというわけでもなかった。彼はトンキン、特にハイフォン港を経済的に支配することをもくろんでいた。盧漢のそうした行動は、華僑の間でも評判が芳しくなかった」[*65]。

フランスのド・ゴールがティエリー・ダルジャンリューをインドシナ高等弁務官に任命したのが終戦翌日の八月十六日。フィリップ・ルクレール将軍に機甲師団を率いて即刻、インドシナに向け出発するように命令した。フランス軍事使節団長のジャン・サントニーが後の駐日大使フランソワ・ミソフと共に、昆明から米軍機でハノイに到着したのは八月二十二日のことである。九月十二日にはポツダム会談の決定を受けて、英印軍第一陣がフランス極東派遣軍先遣隊を伴って空路、サイゴン入りした。

サイゴンでは、九月二日の「独立式典」前後からフランス人に対する殺傷事件が相次ぎ、サイゴン在住の約二万人のフランス人の不安が高まっていた。サイゴンの英仏連合軍は同二十二日、日本軍によって武装解除されたうえ収容所に入れられていた仏印軍を解放して再武装させると、翌日、ベトナム民族主義勢力への総攻撃を開始した。英仏連合軍は十月十日にはカンボジアのプノンペンに兵を進め、国民投票によって首相に就任したばかりの自由クメール総裁、ソン・ゴク・タンを逮捕した。国王シアヌークは翌一九四六年三月十三日、日本軍の明号作戦による独立宣言を取り消した。まず、カンボジアでフランスの主権が復活したのである。

民族独立運動の統一戦線組織であるホー・チ・ミン政府も、内部に様々の問題を抱えていた。

中国国民党の影響下にあるベトナム国民党はかなりの勢力を持っていたし、大越党などいくつかの民族主義政党もあった。さらに左の過激派勢力も多く、ルクレール仏軍の上陸阻止で徹底抗戦を叫び、ホー・チ・ミンを突き上げていた。海外亡命生活が長かったホー・チ・ミンの支持基盤はまだ弱く、彼の「独立宣言」にハノイの大群衆が熱狂したのは「ホーの実力ではなく、何度も獄死したと伝えられてきたグエン・アイ・コクという幻の人物の虚像であったことは否定できなかった[*66]」。

「独立宣言」はしたものの、四面楚歌の状態にあったホー・チ・ミンに、すべての外国勢力を追い出す力はない。まずフランスの力を借りてでも中国・雲南軍を追い出す方が先決であるとの考えに傾いていく。「中国人の糞を一生食らうよりは、フランス人の糞を、しばらく嗅いだほうがましだ」と発言するようにまでなっていた。同志の多くが「ベトナムの完全独立、即時独立」という交渉条件にしがみつこうとしている時、フランスと紳士協定を結んで時を稼ぎ、いずれ完全独立を達成するという戦略である。

フランス軍事使節団長としてハノイ入りしたサントニーは、フランスの主権を復活するには、どの現地勢力の代表と交渉し、手を結べばよいのかを見定めようとしていた。彼はサロー元仏印総督の娘婿で、若いころ、インドシナ銀行に勤めたこともあり、フランス人の中ではベトナム人の民族意識が理解できるベトナム通の一人といわれていた。ド・ゴールの命令は「インドシナのベトナム人グループと接触せよ」ということであり、様々な情報を分析した結果、ホー・チ・ミンのベトミン以外に交渉相手はいない、と彼は判断した。サントニーはホー・チ・ミンと接触しようと動き出す。その仲介を持ちかけられたのが、フランス留学経験者の小松清や小牧近江だったのである。特に小松清はホー・チ・ミンと親しい人物と見られていた。

ド・ゴールの「フランス連合構想」は同年三月に発表されている。その内容は「インドシナ連邦を、アフリカの旧植民地とフランス本国が形成するフランス連合に組み入れ、フランスが外国に対する利益代表となる。インドシナ原住民とフランス居留民が選ぶ総督がインドシナ政権を主宰する」となっている。「植民地」が「連合」に代わり、総督の選挙制の導入が謳われたが、「フランス連合」という枠組みのなかである程度の自治を与えるというものだ。しかし、実態は植民地時代とそう変わらず、フランスの仏印復帰を目指すものと見られていた。

ホー・チ・ミンと小松清

ハノイにホー・チ・ミン政権が生まれて十日ほどすると、サイゴン市庁に南部地域を統括する「ベトミン政府」が誕生した。その南部政府の主席に就任したのが、小松清の友人であるチャン・ヴァン・ジャオであり、彼を補佐する副主席にはファン・ニャック・タックが就いた。タックは小松清がサイゴンにやってきて以来、「オレ、オマエ」と呼び合う〝刎頸の友〟である。終戦直前にタックの紹介でジャオと知り合い、その「柔軟で幅の広い人柄」に魅かれていた。小松がサイゴン市庁舎に友人二人を訪ねたのは、新政権発足間もない九月中旬のことである。

小松清は一九四三（昭和十八）年、サイゴンにやってきた直後にタックと知り合い、すぐに気の合う仲間になった。タックはフランスのパリ大学医学部を卒業、医学博士の学位をもち、サイゴンで呼吸器専門の病院を経営するインテリである。若いころからスポーツに関心を持ち、「運動で鍛えた肉体は敏捷さと精悍さを備えていた」。彼はサイゴンでは病院経営の傍ら、若者たちを集めた「スポーツ連盟」を運営し、サイゴン市内各所にスポーツクラブを開いていた。小松はタックについてこう述べている。

「(タックの)独立運動への関心はフランス留学中から燃えはじめ、インドシナに帰ってからも、一途にたかまっていくばかりだった。しかし、組織的な実際運動に参加したことは一度もなかった。独立運動の実際家を決して軽蔑しなかったが、彼は自分たちの分担は、越南独立運動の技術的な面であると、日ごろから自負していた。コムニスト系であれ、ナショナリスト系であれ、そのいずれにも共感を持っていた。(略)しかし、いざという秋がきたら、なにより必要になるのは、武器をとる青年たちだ。その組織、いわば軍の幹部である、と心密かに考えていたタックは、それを合法的に準備していた。それがサイゴンのスポーツ連盟であった。彼は会長や名誉役員にフランス人の有力者を担いだ。賢明な遣り方だった。しかし、実際上の実権者たちは彼であり、彼が苦心して徐々に集めてきたサイゴンのインテリ・グループだった[*1]」

スポーツ連盟は一種の文化活動団体であり、多くのベトナム人青年が集まり体を鍛えながら、情報を交換する場ともなっていた。日本軍が明号作戦でフランス軍の武装解除をした時、最も喜んだのがこのスポーツクラブのメンバーたちだった。スポーツクラブはすぐに「ベトナム解放義勇軍」に変身した。さらにホー・チ・ミン政権が誕生すると、ベトミンの正規軍に早変わりしたのである。小松清に言わせれば、「タックの立場は進歩的な社会民主主義であった[*67]」。

小松清、仏印にて（『仏印への途』より）

タックに紹介されたジャオは、若くして独立運動に参加し仏印当局に逮捕され、プロコンドール島送りになるが、脱獄してフランスからモスクワに行き、終戦間際になってベトナムに現れた生粋のコミュニストだった。しかし彼は「およそ小児病的な臭みやセクト主義を感じさせない、幅の広い柔軟性にとんだ政治家」であり、後にハノイでジャオと小松の関係も、「肝胆相照らす仲」に発展する。

サイゴン中心街の市庁舎で久しぶりに会った三人は、新政権談義に花を咲かせたが、タックもジャオもホー・チ・ミンという人物にまだ会ったことがないという。ハノイからやってきたばかりの小松に二人は「ホー・チ・ミンに会わなかったか」と強い関心を示した。小松にとって、ホー・チ・ミンという革命家の名前を聞くのは初めてだった。タックはこの時、「ホー主席とは他ならぬグエン・アイ・コック（阮愛国）だ」という。その瞬間の驚きを、小松は以下のように記している。[*67]

その名は私には晴天《ママ》のへき靂のようにひびいた。あまりに思いがけぬ人の名であったからである。「――ホー・チミンが阮愛国だって、そりゃほんとか？」と私はおうむ返しにきいた。

—間違いなくそうだと、みんなが言うね。

—阮愛国を知っている人間でなきゃ、はっきりしたことは言えない筈だ。君らの仲間で本物の阮愛国と会ったことのある人間はいるかね？

—いや、それがいないのだ。阮愛国が国外に亡命してから、おっつけ三十年経っているからね。その間に、こちらに潜入してきたことはあるという風評はきいているが、あっ、そう言えば、君はよく知っているんだったね。阮愛国を！

ホー・チ・ミン

小松清はそれまで、グエン・アイ・コックは一九三〇年代の初めに、香港の療養所で肺結核のため死んだ、と聞かされていた。一九四一（昭和十六）年に初めて訪れたハノイで、独立運動家たちに彼の生死を確かめている。その時も、「若き日の同志の死を改めて教えられ懐旧と痛恨に心疼く想い」を味わっていた。それだけに、ホー・チ・ミンとグエン・アイ・コックが同一人物だといわれても、にわかに信じることは出来なかったのである。

一九二一（大正十）年十月、小松清がパリに留学して一か月ほど経ったころ、彼はフランス共産党系の政治集会に参加した。その集会で「君はシナ人ですか」と小松に囁いた東洋人青年がいた。その青年はベトナム人、阮愛国と名乗った。小松より五、六歳年長の二十五、六歳だった。これをきっかけに二人はその後、しばしば会うようになる。彼はモンマルトルの小さな写真屋の屋根裏部屋に住み、写真の修整の仕事をしながら共産党機関紙「ユマニテ」に記事を書いていた。小松は彼の紹介で党員でもないのに、党本部で週一回開かれる「植民地問題研究会」に出席するようになる。

二人ともひどい貧乏暮しで、一日一食のことも多かった。阮愛国はよくモンパルナスの小松の屋根裏部屋を訪ねてきた。ここで仏印について何の知識もない小松にベトナムの独立運動について語った。

「このパリの豪華にせよ、高い文化にせよ、それが維持されるために、フランスの植民地の人間たちはどのような犠牲を強いられていることか！（略）君だって同じ東洋人だ。一度インドシナに足を踏み入れて、君の眼でもって、ぼくの同胞がどのような条件の下に生きているか、それをみてもらいたい」*13

この言葉によって小松は生涯、ベトナムと関わることになる。阮愛国との交友はその後、一年ばかり続いた。小松は南仏の農村に定住して働くことになり、阮愛国もモスクワに去った。阮愛国がコミンテルンで安南代表の執行委員になった、ということを小松が知ったのはそれからかなり後のことである。

サイゴンでファン・ニャック・タックらに会った後、ハノイに戻って二か月が過ぎた同年十一月初め、タックとジャオの二人がハノイにやってきた。ホー主席に初めて会った二人が、小松清のことを伝えると、彼も記憶していたのだろう、「ぜひ会って懇談したい」と、日取りまで決めていた。数日後、小松は一人で官邸のホー主席を訪ねる。官邸は物々しい警戒ぶり。サングラスにジャンパー姿の小松が入口に着くと、待ち構えていたタックが、腕を抱えるように、二階奥の一室に案内した。広い窓を背にして小柄な男が立っていた。軍服のようなカーキ色の粗末な服にスリッパ姿。小松は「若き日の友、阮愛国の面影を一つ一つよび戻そうと努力した」とこう書いている。

「何とよく似た人間がいることだろう。部分的な特徴といい全体的な感じといい、じつに阮愛国をほうふつとさせるものがある。しかし、胸の中で、はっきりと、これは別人だと判定をくだす声がつよくあがっていた。何となく違っている、というのでなく、どうしても、そうでないという鋭い直観からでた声であった。実によく似ているけれども、パーソナリチとか性格とかいった内部的なものの外に表れた表情の面では、非常に異ったものがあった。阮は苛烈にまで厳しいもの、鋭いものがあったが、いま眼の前にするホー・チミンは秋日のように静かな穏かさをもっている。彼の意思は他人を説得し、征服する力でなくて、むしろその正反対に自分に打克ちながら、他人を抱擁してゆく人格的な大きさとしてうけとれた。阮の気質にはつよく西欧風なものがあったが、ホー主席の場合はアジア的というよりも古典的な東洋的なもの、支那的なものが感じられた[*67]」

小松清にとって、阮愛国とホー・チ・ミンの違いは、一人の人間の才気あふれる若き時代と、苦難を乗り越えて成熟した人間の差、ということだったのだろう。この懇談は三時間近くに及んだ。ホーはフランス語と英語を自由に話した。彼は聞き上手で、「相手をして、打ち寛いだ気持で思ったことをどんどん喋舌《しゃべ》らせる」。小松の方が三倍ぐらい多くしゃべったという。政府の政策などについて忌憚ない批判をすると、小さな手帳に書き留め、まさに同感だとうなずく。「彼には相手に信頼感と友情をもたせ、それがために相手が落着いて何でも肚にある考えをはなさせる、という天稟の才能があった」。二十数年ぶりの再会は、かつての相互信頼感を瞬時に呼び戻した。

仏越交渉の仲介役

ハノイの小松清の自宅に、フランス代表部の軍事使節団長、ジャン・サントニー配下の若き情報将校、フランソワ・ミソフが訪ねてきたのは一九四六（昭和二十一）年一月中旬。彼は「代表部の使者」と名乗って率直に切り出した。

「ホー・チ・ミン政府と最後の交渉に入りたいと思っている、その橋渡し役をお願いできないか。あなたはホー主席と昵懇の間柄で、私設顧問だという話も聞いている」

「とんでもない。私がホー主席と会ったのは一度きりですよ」

「しかし、あなたはホー・チ・ミンの側近の人たちといつも会っておられるようだ」

フランス代表部はホー・チ・ミン政権と小松の関係を十分に調べ上げていた。事実、ホー主席の側近の一人となったファン・ニャック・タックとはほとんど毎日のように彼の官邸で会っていた。タックの方からこっそりと小松の自宅を訪ねてくることもあった。彼のポストは厚生部長（厚生大臣）だが、事実上、ホー主席の外交顧問と官房長官を兼ねた要職にあった。二人の話題は政治や軍事問題がほとんどで、タックは政権内の課題について、小松に意見を求めることも多かった。

ミソフはこれまでの仏越交渉の実情を小松に説明した。

フランス側はホー・チ・ミンのベトミンと休戦協定の交渉を続けてきたが、ホー主席側は交渉に入る前提条件として、「ベトナム臨時民主共和国政府」の承認を求めていた。フランス側は、独立を主張する一政党としてのベトミンとその軍隊と交渉しているのであって、合法的な独立国家としてホー政権を認めているわけではなかった。ド・ゴールの構想もフランス連合という枠内で、一定に自治を与える、ということまでである。

わかりやすくいえば多くのフランス人は、それまでホー・チ・ミンを「反徒の首領」としか位置づけていなかった。交渉を何度繰り返しても、当然、入口で暗礁に乗り上げる。ミソフはそんな難交渉に何とか決着を付けたいというのである。すでに南部ベトナムに上陸したルクレール将軍の率いる機甲師団の掃討作戦は始まっており、いずれ北上して北部ベトナムへの上陸作戦も近い、と言われていた時期である。

サイゴンを中心とした南部での反仏勢力の掃討にあたったルクレールは、焦土作戦も辞さない限りのベトナム人の抵抗に、ベトミン軍相手に戦えば「戦闘には勝っても、戦争に勝つことは困難である」と考えていた。彼は出来る限りの譲歩をしても、仏越両国のために和平を成立させようという構想を持つようになっていた。現地の状況を子細に点検して、同じような思いを持っていたのが、軍事代表団長として送り込まれたサントニーやその部下のミソフたちだったのである。

一方、ホー・チ・ミン政権もフランスのルクレール軍団を相手に北部ベトナムで抗戦したとしても勝算はなかった。徹底抗戦の悲壮な決意はあったが、玉砕の覚悟も必要だった。士気は高くても、それだけでは勝てないことをリアリストのホー・チ・ミンは十分にわかっていた。フランスから遠征してきたルクレール軍に比べれば、装備の点からも訓練のうえからも劣勢であることは目に見えている。ベトミン軍はゲリラ戦の経験はあっても、近代戦の軍隊の域にはまだ達していなかった。曲がりなりにも独立を宣言したとはいえ、国際的には孤立状態であった。頼りにしたいモスクワはあまりにも遠く、中国の毛沢東も蔣介石軍との戦いで手一杯である。

フランス代表部のサントニーたちも、ホー・チ・ミン側の弱点を見抜いていた。交渉をまとめるには、双方の妥協が必要になる。そのためにはこれまでの行きがかりを捨て、新しい段階に立った交渉が必要になってくる。それだけではない。フランスにとってのベトナム復帰の大きな障害は、中国・雲南軍の存在だった。雲南軍を何とか引き揚げさせなくてはならない。中国側との交渉も急を要しており、同時並行的に交渉を進める必要に迫られていた。

フランス代表部とホー政権との橋渡し役といっても、「和平交渉の条件次第だ」と小松は考えた。彼は率直にフランス側の提案内容を聞いた。ミソフはあくまでも非公式だ、として次のような条件を示した。

（一）インドシナにおけるフランス代表部は、ホー・チ・ミン主席を首班とするベトナム臨時民主共和国政府を交渉の相手とみなす（二）フランス代表部はホー政府の自治権を承認する用意がある（三）フランス代表部は国土防衛の立場からベトナム臨時民主共和国の軍隊を承認する（四）ベトナムはラオス、カンボジアの二国とともにインドシナ連邦を構成し、かつフランス連合に参加する――などだった。

「ベトナム臨時民主共和国政府を交渉の相手とみなす」という一項は、フランス側の大幅な譲歩であると小松は理解した。「四面楚歌の状況にあるホー・チ・ミンは、この条件に乗ってくるかもしれない」。しかし、内部には徹底抗戦派もいるし、中国の蔣介石に近いベトナム国民党や大越党などの勢力も抱えている。課題はまだ残されていることは承知の上で、小松は仲介役を引き受け、動き始めた。

フランソワ・ミソフは小松清に接触する前に、日本文化会館の事務局長だった小牧近江にも仲介役を依頼している。終戦直後から中国軍管理の収容所に入れられていた小牧は日本商社の財産接収が始まると、彼がかつて所属した印度支那産業の接収に立ち会わされることになり、収容所を出てハノイに戻っていた。ある日、友人を介して「会いたがっているフランス人がいるので来てほしい」との手紙が届き、ハノイ市内の指定された建物に行くと、一人の青年が待っていた。フランソワ・ミソフだった。「われわれの力になってほしい」と彼は切り出した。

「なんとかして打開策を講じないと、重慶からやって来た中国軍（蔣介石軍）ことに雲南の盧漢軍がなかなか引揚げそうになく、ずるずるとこのまま居座りそうだ。安南の人たちも、雲南軍には早く引揚げてもらいたいと希望している。日本軍の武装解除をした中国軍を一日も早く撤退させること、それには進駐している意義をなくす必要がある。もし、フランスが、インドシナと和平協定を結ぶことに成功すれば、そうならざるを得なくなる。（略）この和平協定のために、安南人に知己の多いあなたにひと働きしてもらいたいのだ」

小牧は、「フランスは、越南民族をどうするつもりか」と尋ねた。彼は率直に答えた。

「近き将来、インドシナが独立するのは当然である。しかしこれだけはあなたも念頭に入れておいていただきたいが、完全独立は、フランスとして絶対に認めることができない。インドシナはフランス共和国の一単位として自立することになるだろう。将来のことは別として、さしあたり現実の解決が必要である。いま、実は、われわれも越南側と交渉している。だが、困ったことには越南側は一本立てでない。ホー・チミンの越盟（ベトミン）党があり、国民党系あり、ほかに大越党がある。越盟党と話しが進んだとしても、ほかがうまくまとまっていない。自分は（中略）何ヶ月かにわたって、現状を分析し、八方わたりをつけてみたがおいそれとうまくゆかぬ情勢にある。協力してくれまいか」[*46]

引き受ける自信がなかった小牧近江はこの時、小松清はどうするのかとミソフに聞いた。ミソフは「小松はフランスを愛する働き手であり、一緒に協力してほしい」という。小牧はホッとしてこの仕事を引き受けた。この後、小牧と小松はハノイで会い、二人は「負けたついでに、いさぎよく〝江戸城明け渡し〟に協力する」ことを申し合わせた。「ひょっとしたはずみでハノイを火の海と化したくない」。それが二人の思いだった。二人は以後、協力して、仏越和平協定をまとめるために奔走する。

小牧近江によると、小松清は連日、ホー・チ・ミンの側に行くと思えば、松井石根の「大亜細亜協会」に近い民族主義者が中心となっていた「大越党」の説得にいく、といった活躍ぶり。小牧は一九三〇年代、エンバイで蜂起し、中国へ逃亡した残党が組織する「ベトナム国民党」のメンバーたちの説得に動き回った。当時のホー・チ・ミン政府は、こうした民族主義者も巻き込んだ統一戦線組織であり、彼らの合意なくしては一歩も前進できなかったのである。

小松は国民党系や大越党系に圧力をかけるためストライキまで組織したという。主として電気産業の労働者に働きかけ、一斉に交通機関を止め、電気を消させた。ハノイはこれまで経験したことのない闇の世界になった。これが国民党系や大越党への圧力になった。しかし、二人は右翼テロリストに付け狙われるようになり、人相書きまで回され、一時は身辺の危険も感じるようになる。事実、小牧はピストルを持った男と、両刃の刃物を持った男の二人に襲われ、腕を刺されている。

対仏戦争の幕開き

フランス側は前述したように、中国・雲南軍のベトナムからの撤退を急いでおり、重慶の蔣介石政府との交渉も同時に進めていた。フランス・ルクレール軍の北部ベトナム上陸には雲南軍の撤退が欠かせなかった。そのためにフランスは中国側に大幅に譲歩し、仏越交渉より一足早く、一九四六年二月二十八日に中仏協定が調印された。

この協定によって、「ポツダム協定によってインドシナの北緯十六度線以北に進駐してきた中国軍は一か月以内に撤退する」ことになり、評判の悪かった雲南軍は三月中に引き揚げを完了した。フランス側がこれに支払った代償は、（一）ハイフォンと昆明をつなぐ滇越《てんえつ》鉄道の中国領内分を中国側に譲渡する（二）中国に対してハイフォン港に無関税地域を設定し、最恵国待遇とする（三）インドシナにおける華僑に対し、一切の差別待遇を撤廃し、フランス人並みの待遇を承認する（四）上海などの租借地権を放棄する——などだった。フランスはベトナムから中国軍を追い出すために、中国側の要求をほぼ丸飲みにしたのである。

大詰めを迎えていたホー・チ・ミンとサントニーの仏越交渉で最後に残った問題は、協定文中のベトナム語「ドクラップ（Doc-Lap）」（独立）という言葉をフランス語にどう訳すかということだった。フランスは「独立」という言葉を認めるわけにはいかなかった。代わりに「自由な」（libre）という語を採用することで妥協が成立した。[*65] ホー・チ・ミンは「インドシナ連邦」に参加するということでも妥協した。「仏越予備協定」は一九四六年三月六日に調印された。「ベトナムはインドシナ連邦とフランス連合の一部を形成する独自の政府、議会、軍隊、財政を有する自由な国」としての地位が与えられたのである。

しかし、結果的にみればこの「仏越予備協定」は、フランス側が再びインドシナの支配権を確立するための時間稼ぎでしかなかった。予備協定が調印された十日後には、フランスのルクレール軍団が早くもハイフォンに到着、同月十八日にはハノイに〝無血入城〟した。ルクレールはその軍団を引き続きラオスに送り、四月二十八日にはビエンチャンも占領する。フランスが再びインドシナの支配者となったのである。三月二十六日には、サイゴンにフランスの傀儡政権である「コーチシナ共和国臨時政府」を創設、「仏越予備交渉」の精神を無視して、着実にフランス連合構想を推し進めていく。同年八月には、ホー・チ・ミンが「仏越本協定」の協議のため、フォンテンブロー会議に出席している留守を狙って、ベトナム分割を既成事実化していった。

この年の十一月下旬、ハイフォン港でベトミンの民兵がフランスのパトロール船を銃撃したのをきっかけにハイフォン市内で騒ぎが拡がり、フランス兵二十三人が殺される事件が起きた。フランス側はこれをきっかけにベトミン民兵の武装解除を要求する。その最後通牒の期限切れである十二月十九日の夜、ハノイ市内は一斉に停電、暗闇の中で銃撃戦が始まり、ホー・チ・ミンはフランスへの抗戦を宣言した。「第一次インドシナ戦争」と呼ばれる対仏戦争の幕開きだった。

小松清と小牧近江は「仏越予備協定」が調印されると、ベトナムでの役割は終わったと思った。ベトナムは自らの力で「独立の夢をはぐくむこと」が出来るようになったのである。二人は協定調印の翌月の一九四六年四月中旬、ハイフォンからの引揚船「リバティ号」に乗船する。その前夜、ハイフォンの酒場を借り切って夜を徹して送別会が開かれた。フランスのミソフはもちろん大勢のベトナム人同志が別れを惜しんだ。リバティ号が錨をあげると、見送りの人たちは新しいベトナムの国歌を大声で歌った。リバティ号が浦賀に入港したのは六月の中旬だった。

フランス軍事代表団のサントニーやミソフに頼まれ、小松や小牧が、命がけで走り回ってまとめた「仏越予備協定」とは何だったのか。その後の経過をみると、フランスに踊らされ、中国軍の撤退までの時間稼ぎに使われただけだったのではないか、という内心忸怩たる思いが、小松清にもあったのではないか。彼は自らが関与した仏越交渉の過程を小説として書いた『ヴェトナムの血』の「あとがき」を、こう締めくくっている。

「史上稀にみる不幸なこの戦争の責任は、一国だけが負うべきものでなく、仏越両国によって分担されねばならぬであろう。また、この二国の背後で動いた若干の国々の責任も同じく問わるべきだと私は思う。しかしながら、公平にみて、その責任の重みの大半がフランスにかかってくることは否めないだろう。今日、多少とも良識と良心あるフランス人ならば、この事実を認めるのにやぶさかでない筈である」[*13]

第十一章　「ベトナム現代史」の激流の渦中で

復活に向けて

米国検察陣との司法取引に応じたと言われる元陸軍少将、田中隆吉の尽力で、フランス当局の戦犯追及の手を逃れた松下光廣は大南公司の復活に向けて動き出す。久々に戻った東京は空襲によって焼野原となり、日本人のすべてが食糧不足に喘いでいた。GHQ（連合国軍最高司令部）の命令によって、戦前の価値観も大きく変わり、「大東亜戦争」という言葉さえ消え、「アジア解放」の思想や行動も、日本の侵略主義として全面的に否定される時代となっていた。

しかし、松下光廣の戦いは終わったわけではなかった。家族の生活だけでなく、ベトナムから引き揚げてくる大南公司関係者の生活をどう守っていくか、という目前の課題があった。ベトナムへの復帰がついにかなわず、失意のどん底にあったクオン・デの将来についても、松下は大きな責任を感じていた。そんな松下に救いの手を差し伸べたのが田中清玄である。田中は戦前の非合法時代の日本共産党の中央執行委員長だったが、獄中で転向、右翼活動家となり、終戦直後は横浜で「神中組」を興し、神中造船所、沼津酸素工業、丸和産業、三幸建設などの社長として経済活動に乗り出していた。

田中清玄との交友関係が始まった経緯について松下は明らかにしていない。大川周明もまだ獄中にあった時代であり、「この共産主義転向者の宗教的協同組合精神に共鳴した」[*6]と言葉少なに語っている。松下の経営理念も、全社員による「協同組合主義」だった。当時の状況から見て、松下に田中隆吉を紹介した清水行之助あたりが、陰で動いて二人を会わせたのだろう。松下は取りあえず、田中清玄の神中造船所に籍をおき、大南公司の再建に取り掛かる。

共産党中央執行委員長から右翼活動家に転向した田中だが、「六〇年安保」の激動期には全学連に資金を提供、委員長の唐牛《かろうじ》健太郎らを、自分の経営する企業に就職させるなど、幅の広い人物だった。十五歳でハノイに渡り、ベトナム独立の地下活動にその半生をかけてきた松下光廣と、お互いに共鳴し合うものがあったのだろう。

松下は年が明けた一九四八（昭和二十三）年春、東京・丸の内の田中清玄が社長を務める三幸建設の事務所の一室を借りて「内外産業株式会社」の看板を掲げた。フランス当局がまだ松下を追っているとの情報もあり、あえて「大南」を名乗ることを避けた。当初は数人の社員で、バンコクの大南公司にいた中国人や台湾人を相手に日本の陶器や雑貨品の輸出から始めた。

同年秋、内外産業に入社した大川塾五期生の山田勲は、入社時の内外産業について「三幸建設なる会社のバラック建ての一室の片隅に机が二つあるだけであった。いささか、びっくりし、がっかりした。会社というものは、ビルの中で何十人、何百人ものホワイトカラーが働いているものと思っていたし、家族や友人も東京の貿易会社というので、期待し羨望していたので、情けなくなった。南方では知らぬ人はないほど隆盛を極めた大南公司である。松下社長が気の毒になった」[*68]と語る。多くの大川塾出身者が東南アジア各地の大南公司に関係していた中で、山田が松下光廣に会ったのはこの時が初めてだった。

終戦間際の一九四四（昭和十九）年に大川塾を卒業した山田勲は、日本軍の敗色が濃くなったビルマ（現・ミャンマー）のラングーンに渡り、二十年春、日本軍の撤退が始まる頃、インド臨時独立政府のチャンドラ・ボースの通訳兼護衛を命じられる。終戦とともに戦犯容疑でシンガポールのチャンギー刑務所、さらにインドネシア・ジャカルタのチビナン刑務所で取り調べを受け、一九四七（昭和二十二）年三月末、やっと釈放されて帰国。故郷の岐阜県関市で実家の農作業を手伝っていたが、平和な時代にアジアとの関わりを持ち続けるためには、貿易業に従事することだと思い、貿易に関する大学の講義録などを取り寄せ勉強を始めていた。山田に大川塾一期生の大塚寿男から「すぐ上京せよ」との電報が届いたのは四八年十月。上京した山田を大塚が連れていったのが、前述の内外産業の事務所だったのである。

当時、占領下の貿易手続きはすべてGHQの管理下にあり、輸出物資のほとんどが配給だった。輸出に当たっては商品製造に必要な資材、輸出の梱包の紙から釘に至るまですべての数量を計上して輸出許可書に添付しなければならない。その上、書類はすべて持ち回り。どこに行っても並んで待たねばならず、時間がかかった。山田の内外産業での仕事は当初、そんな日々の連続だった。その年の暮れ、釈放された大川周明に報告にいくと、「松下さんの会社なら大丈夫」と言われ、「我が子をそだてるような気持ちで一生懸命頑張った」。

松下光廣の「大南公司」が戦後、発展するきっかけをつくったのは、シンガポール財界の重鎮、タン・コンチョン（陳共存、K・C・TAN）である。彼はシンガポールのゴム財閥の御曹司。戦時中の抗日運動家で知られるタン・カーキ（陳嘉康）の甥でもあり、後にシンガポールの〝経団連〟ともいわれる中華総商会の会長にも就任する。一九四八（昭和二十三）年六月、訪日したタン・コンチョンは、知人を頼って松下光廣や西川寛生たちを捜していた。その連絡を受けて同年九月六日、東京のホテルで松下、西川らとタンの再会が実現する。

タン・コンチョンは戦時中、シンガポールを占領した日本軍の憲兵隊に抗日運動家の一人として追われ、憲兵隊に拘束された。シンガポール支店からその連絡を受けた松下光廣は、南方軍総司令部と掛け合い、彼を釈放させた。その後は、憲兵隊の追及からタンの身を護るため、サイゴン、バンコク、ペナン、シンガポールなどの大南公司の各支店の宿舎などに、タンを匿い続けた。彼にとって松下と大南公司は、命の恩人でもあった。終戦とともにシンガポールに戻ったタンは貿易業を再開。東京にやってくると、松下らの安否と所在を懸命に尋ね回っていたのである。

松下たちの東京での苦闘を知ったタン・コンチョンは、間もなく東京に「サウシース・コーポレーション」という名の貿易会社を設立、西川がこの会社を当面、手伝うことになった。タンの会社ではあったが、事実上は松下の内外産業と一体運用の会社だったといってもよい。この会社を通す形で時計、魔法瓶、ジッパーなど諸雑貨の海外との貿易が始まり、これが戦後の大南公司発展の基礎を築くことになる。タンはその後、滞日中は毎日のように松下と会い、一段と親交を深めていった。翌年春、内外産業は増資して「大南貿易株式会社」と改称、本社も日比谷の陶々亭に移した。

一九四八年十二月末、松下や西川にとっては、さらに嬉しい出来事が待っていた。大川周明の完全釈放である。A級戦犯として東京裁判の法廷に立っていた大川は、裁判の途中、「精神錯乱状態」に陥り、東大病院で検診を受けたあと、東京・世田谷の松沢病院で療養を命じられていた。審理除外になった大川は、同年十二月二十五日、すべての束縛を解かれ、神奈川県愛甲郡中津村の自宅に帰ることになった。昼食用の折詰をもって大川の迎えにいったのが大川塾一期生の西川寛生と大塚康男である。ところが退院はなぜか直前になって暮れの三十日まで延期となる。三十日に大川を迎えに行った車二台は「外国貿易代表団」用のもので、それを手配したのは、滞日中のタン・コンチョンだった。

クオン・デの戦後

何日間もベトナムからの迎えの飛行機を羽田空港で待ち続けたクオン・デは、絶望のうちに終戦を迎えた。住んでいた東京都世田谷区松原町の自宅も空襲で焼失し、帰る所もなかった。そんなクオン・デを励まし、支え続けたのは、長い間付き添ってきた安藤ちゑのである。二人は同年九月初め、知人の紹介で杉並区荻窪の慶大名誉教授、橋本増吉邸の二階の二間に引っ越し、隠れ住むことになる。クオン・デは中国人「林順徳」、ちゑのはその妻「林日南」と名乗っていた。連合軍の日本進駐で、フランス軍によるクオン・デ逮捕の心配もあり、外出することもほとんどなくなった。橋本邸の庭には淀んだ池があり、その水面に時おり跳ねる緋鯉を眺めることが、クオン・デの楽しみになる。

一九四六（昭和二十一）年になると、ちゑのの弟、仁夫妻とその子、成行が海南島・海口から引き揚げてきた。生活に困っていた仁夫妻は、息子の成行を再びちゑのに預けた。クオン・デとちゑのの、それに成行が加わった三人の生活が始まった。戦前、戦中とクオン・デを支援し続けた人たちも、敗戦でそれぞれが苦境にあった。松井石根や大川周明は戦犯として獄中にあり、松下光廣や小松清が帰国できたのかどうかもわからない。三人で食べていくのも大変だった。ちゑのは毎日、生活費稼ぎのため毛糸などの行商に出かけた。成行少年も毎朝、新聞配達をした。クオン・デは毎日のように毛筆で手紙を書いていた。紙がなくなると、新聞紙を便箋代わりに使う。成行を「シゲ」と呼び、シゲはクオン・デに頼まれて、時々、傍らで墨をすった。彼は短波ラジオのベトナム語放送に耳を傾けることも多かった。

帰国した松下光廣や小松清が時折、クオン・デを訪ねて来るようになったのは、一九四八年に入ってからである。小松によると、クオン・デはまだ帰国をあきらめてはいなかった。ベトナムの旧知の友人たちに書簡を送り、その可能性を探っていたのである。ホー・チ・ミン政権では、かつての同志であるグエン・ハイ・タン（阮海臣）が副主席の地位にあった。タンは「東遊運動」で日本に留学、クオン・デやファン・ボイ・チャウが中国で結成したベトナム光復会の幹部であり、ベトナム復国同盟会の組織部長も務めた。日本軍が北部仏印に進駐した際、決起したチャン・チュン・ラップの復国同盟軍の残党の一人であり、その時、国境を越え中国に亡命した約七百人を率いてベトナム革命同盟会を組織し、ベトミン軍に参加していたのである。

タンだけではない。統一戦線組織であるベトミン軍には、クオン・デのかつての同志が何人も含まれていた。彼らにクオン・デはせっせと手紙を書き続けた。

しかし、返事は少なく、返信はあっても「侯の帰還の日を祈っている」といった、あたりさわりのないものがほとんどだった。香港に亡命していたバオダイからの信書も届いた。最も暖かくクオン・デを励まし続けたのが、サイゴンのカオダイ教の指導者、ファン・コン・タックだった。「クオン・デ侯の帰還の日は必ずやってくる。私たちはその準備を進めている。その日まで耐えて待っていてほしい」。タックはいつもそう書いてきた。それがクオン・デにとって唯一の人生の希望でもあった。

祖国ベトナムでは、フランス軍とベトミン軍の激しい戦争が続いていた。フランス軍は一九四九年、ホー・チ・ミンの「ベトナム民主共和国」に対抗して、サイゴンに「ベトナム国」を樹立、香港に亡命中だったグエン王朝最後の皇帝バオダイを再び担ぎ出し、新政府を組織させた。誰が見てもフランスの「傀儡政府」だった。この時期、米国はまだ公然とフランス側に立っていなかった。フランスの傀儡であるバオダイ政府を支持するには、大義名分がなかった。

ところが一九五〇年一月十八日、建国間もない毛沢東の「中華人民共和国」が、国境南方の安全を求めてベトナム民主共和国を承認したのである。先を越されたスターリンのソ連も、追いかけるように同月三十一日、承認に踏み切る。東欧各国や北朝鮮もこれに続いた。中ソのホー・チ・ミン政権への肩入れが米国のインドシナ介入を始動させた。同二月七日、米国は英国と手を携えてベトナム、ラオス、カンボジアを承認したのである。西側諸国三十か国余がこれに続いた。五月には米国のアチソン国務長官は対インドシナ軍事援助開始を声明した。ベトナムは完全に東西冷戦の渦中に放り込まれたのである。

クオン・デ最後の決意

クオン・デにサイゴンのカオダイ教の指導者ファン・コン・タックから、「早期帰国」を促す手紙が届いたのは一九五〇（昭和二十五）年五月。全土に二百万人の信徒をもち、南部ベトナムのタイニンの本山に二万人の武装部隊を保持していたカオダイ教は、ホー・チ・ミン政権に反対する「反共主義集団」であり、同時に「反フランス」の旗幟を鮮明にし、ベトナムの第三勢力となっていた。タックは真の民族独立を勝ち取るには、カオダイ教団を中心にした民族派グループが、かつてクオン・デが結成した「復国同盟会」を再組織化して、彼を総裁に迎え、第三勢力を中心にしたベトナム統一を考えていた。タックの手紙は、クオン・デがタイ国経由で陸路ベトナム入りする準備を整えたことを密かに知らせてきたものだった。

クオン・デはベトナム帰還の最後のチャンスだと判断する。相談を受けた松下光廣たちは「カオダイ教中心の第三勢力の結集」の実現性には不安があった。しかし、クオン・デの帰国の決意を止めることはもう出来なかった。すでに彼の心はベトナムの上空にあった。松下や西川ら大南公司グループが中心になって、密かにクオン・デの帰国準備を行うことになった。

そのころ松下は、大川周明が戦犯として逮捕されるまで住んでいた目黒区上大崎の大川邸を借り受けて「大南寮」と名付け、各地から引き揚げてきた大南関係者を収容していた。西川寛生も当時この大南寮に住んでおり、ここを「本部」としてクオン・デの帰国計画が練られた。

出港は六月十一日。神戸港からバンコク行きの中国船「海明号」に、側近のグエン・バン・バ夫妻をともなって、中国名「阮福民」で乗り込む。バンコク上陸の電報が届いたのち、クオン・デの帰国声明書を日越二か国語で新聞に公表する、という手筈も整えた。

　東京出発前の五月三十日、大南寮の八畳の一室でクオン・デと最も親しい知友による送別の宴が開かれた。肝いり役は松下光廣であり、小松清のほか高瀬侍郎（のち拓殖大学学長）、元サイゴン総領事の蓑田不二夫、それに西川寛生ら大南社員三人を加えた七人の内輪の会だった。クオン・デの帰国が事前に漏れれば、フランス当局も米側も様々な圧力をかけてくることは十分に予想された。

　会が始まると、クオン・デはふところからおもむろに声明文を取り出し「これを見てください」と食卓の上においた。内容を熟知していた松下は、すぐに小松にそれを回した。声明書は「全越南民族に告ぐ」と題し、「一九五〇年五月三日」の日付が入っていた。謄写版刷り、日本語で書かれている。「恐らく彊柢侯《クオン・デ》がヴェトナム語で書いたものを、誰かが訳したものだろう。漢文口調の文体からして、原文は侯自身の筆になるものに違いないが、訳した日本人の手で、かなり修飾されているのではないか、と思われる」と小松は推測した。「声明書を一枚一枚繰りながら、私は眼を凝《こら》して読みつづけた。書き出しから、憂国の情と矢の如き帰心が、激しい悲憤慷慨調の修辞のあいだから、私の心に迫ってくるのだった」[*1]

　この声明書は、明治末年に日本に亡命し、ベトナムの独立に命を懸けてきたクオン・デの人生の総決算であった。同時に、同じころ天草からベトナムに渡り、ベトナムの地でクオン・デの〝代理人〟として、長い間、密かに独立運動を支えてきた松下光廣の〝想い〟の集約でもあった。西川寛生は声明書について「この和文原稿は筆者（西川）が起草し、後にヴェトナム語に翻訳されて、現地の同志に広く配布された」[*61]と述べている。帰国を前にしたクオン・デは、松下と共に大南寮の一室に籠り、西川が二人の話に耳を傾けながら草稿に纏め、それを三人で何度も検討し、練りに練ったものだろう。そうした意味で、この声明書はクオン・デ一人のものでなく、松下や西川の人生そのものの総決算だった、といってもよい。

後年、松下光廣は取材に訪れた「週刊みくに」の記者、北野典夫に大事に保存していたこの声明書を見せた。北野はこの「松下光廣翁所蔵文書」を、「クォン・デ公の熾烈悲痛な祈りをこめたこのメッセージは、将来、激流に押し流され、河底の土砂の中に埋もれてしまうかもしれぬ。天草人松下光広の感慨をもって、筆者は、ここに、その全内容を記録しておく」として、「みくに」に掲載した。以下、少し長くなるが、その全文を引用する。[*6]

〔全越南同胞に告ぐ〕

流離四十四年、余は今、故国に帰る。

越南よ、越南の人々よ、余が老軀を挺して献ずる祖国への行動を、余が満腔の情熱を捧げる独立への念願を、心あらば汲みたまえ、意あらば聞きたまえ。

余が若冠（ママ）国を脱してより、亡命の居を移して転々幾度《いくたび》か、春風に憶《おも》い秋雨に祈り、一日として忘れざりしは〝越南の復国〟である。もとより亡命の身、生命の危険は到る処に在り、異郷の客に人生の苦難は言語に絶するものがあった。余は、不屈の信念と不撓の意思を以て、祖国の独立の日まで、あらゆる試練に打ち克つべく闘いつづけた。一顧すれば茫々六十有余年の足跡、一篇の〝生ける歴史〟として鮮《あざや》かに余が脳裡に纏綿《てんめん》する。然るに、前途なお遙々《ようよう》として荊棘《けいきょく》の道が重畳し、余が不退転の勇気を鼓舞するが如く、祖国の命運はいよいよ多難である。

越南、嘗て南海に誇りし秀抜なる文化国、安らかなる楽土、伝統の道義。彼のヨーロッパ植民地軍の銃剣に汚された歴史を、今や自らの血潮もて浄めつつある越南の同志よ。諒山《ランソン》の野に、安沛《エンバイ》の夜に、はた刑場の土に、幾度、革命の紅血を屍山の裡《うち》に葬りたる彼の三色旗は、今や永遠にアジヤを去る日が到来した。

余は、最早《もはや》、遠隔の国に焦慮の炎を燃やすに耐え得ず、遂に一切の忠告も打算も常識も余自身の健康も生活も顧りみず、帰国を決意した。帰心は正に矢の如くして一筋に祖国の運命に突入した。余は知らず、余の老軀が激しき祖国の現実によく生を保ち得るかを。然し余は、四十年前、既に決死の覚悟を体得した。生命、家族よりも更に偉大なる祖国への至上の愛に於て、而《しか》して其れへの献身を。

余は今や、越南のために、余が生涯の総《すべ》てを捧げて悔いず。余は此処に、余が抱負を述べて、広く全国の同志に訴えんとす。

（一）完全独立を要求す

〝フランス連合の枠内における独立〟とは〝仮装したる植民地再征服政策〟にすぎない。越南国にとっては、外国資本の鉄鎖を絶ち、外国軍隊の撤退を実施せしめる事が最大にして必須の条件である。

バオ・ダイ現政権の〝傀儡《かいらい》的性格〟は国民の支持を得ざるは当然にして、同胞相争うの悲劇を現じ、越南の国際的信用を失わしめるものである。越南国政府は、フランスと対等の地位に於て、条約、協定を結び、一切の政治的経済的軍事的国家主権を恢復する事に努力すべきである。

諸外国、特にアメリカ当局が、完全独立に対する越南の全国民的要求を理解する事を期待する。

（二）国内戦を停止すべし

一国内に二つの政権が同居して、全く無用の犠牲をのみ多くし、真の目的たる祖国の独立を遅延せしめある罪は正に重大である。

直ちに同胞対立の愚を止めて、早急に統一政権を樹立せねばならぬ。嘗てのスペインの如く、外国軍隊の試験場的戦場となるべきではなく、ギリシャの如き同胞相殺の悲惨事は断じて避けねばならぬ。祖国の統一によって越南人は一丸となり、集中的な力を祖国の独立と進展のために用いねばならない。

越南人の真情は、総《すべ》て〝祖国の独立〟を唯一の念願としている。その達成の手段に於ける種々の問題及び政策——国民投票、国防軍の編成、農地改革、経済開発、教育制度、宗教問題等——は、統一政権の樹立によって民主的に決せらるべきである。

（三）独立精神を堅持せよ

越南の独立は、越南人自らの手で闘い取るべきである。越南民族の負うべきものは、越南の歴史的現実にして、決して他国の利害であってはならぬ。

資本主義的植民地政策の羈絆《きはん》を脱しようとして、共産主義的戦略戦術の奴隷になる事は、再び越南の未来を〝不幸の歴史〟たらしめるであろう。一切の外来の物資と思想を、確固たる越南の独立精神によって摂取し吸収し、国家的血肉たらしむべきである。

越南は、いついかなる時においても、自由な民主主義国家として生長せねばならない。

（四）アジヤの平和勢力たらむ

世界は、米ソ二大国の対立によって、欲すると否とに拘らず、二つの陣営に分裂して第三次世界大戦の不安に脅えている。越南は、アジヤの諸国と提携して、世界の左右衝突の中に〝平和の砦〟を築く使命を担うべきである。

先ず、ラオス、カンボジア両隣邦に、過去の感情的対立を排して善隣政策を以て臨むべきである。タイ国は、伝統的なアジヤの中立国家である。従って平和的外交協定を結ぶ可能性がある。中国とは、中共革命の成功による新しき民族的前進に、偏見なく接すべきである。インドネシヤは、オランダ植民地史に終止符を打った。越南の民族的同志と言えよう。

印度が、「越南の保―胡（保大帝＝バオ・ダイ帝、胡志明＝ホー・チ・ミン）、いずれの政権をも承認せず。」という態度を示しているのには、健全なる統一政権の出現を待つ深き配慮が看取されて、アジヤの第三勢力結集に当って最も信頼すべきものがある。

斯《かか》る一連のアジヤ民族運動は、越南の民族独立運動への絶大なる支柱となって、必ずや越南のために〝勝利の日〟を早からしめるであろう。

（五）青年の力に期待す

国家の興亡は、青年の力に懸る事、古今東西を通じて変らぬ真実である。

現在、祖国独立のために決死の闘争を鉄火の中に戦いつつある若人達、来たるべき独立の日に祖国の不動の地位を護るべく懸命の任務を負うている青年達、更に国際的潮流の中に独立越南の将来を輝かしき歴史の頁に書き綴るべき若き世代。越南は、諸君の知性、信念、勇気、友愛、そして諸君のその魂の中にのみ生きている。

以上、余は、基本的な項目を要約した。余は、越南の現実を余自らの眼に見、余自らの心に摑んで、更に具体的な行動方針を熟慮深考して、余の活動に資するつもりである。

最後に、余が魂を汲み、余と行動を共にせんとする同志諸君、来たりて余が手を握りたまえ、来たりて余がために援《たす》けられよ。而して越南の新しき歴史を創《つく》りたまえ。

彊柢《クオン・デ》謹記

熱い想いが溢れ出る声明書を読みながら、小松清は冷めていた。ベトナムの現実はすでに大きく変わっている。「北部のゲリラ戦士たちを相手に、（略）高台教《カオダイ》の青年たちをもってきて、新しい政治勢力をうちたてることが可能だと信じているとすれば、あまりに単純素朴の誹《そし》りを免れないであろう」。内戦の停止、国内の統一、あらゆる人材と政治力の結集。「このことを望まぬ越南人《ヴェトナム》は一人としていない筈だ。この民族の悲願が悲願として止まるところに、越南《ヴェトナム》の悲劇があるのだ。越南《ヴェトナム》民族自身だけの意志では、もはや何とも出来ない国際的な絡繰《からくり》のなかに越南人《ヴェトナム》がほおりこまれているのではないか」

当時の国際情勢を冷静に考えれば、小松清の感想は正しかった、というべきだろう。ベトナムに帰ったクオン・デになにができるのか。もはやクオン・デは昔日のクオン・デではない。

おそらく祖国の人たちのクオン・デへの期待や役割は無効になっているだろう。しかし、クオン・デの宿年の悲願がやっとかなうのである。フエに残した妻子にも会えるかもしれない。クオン・デの帰国は祝福すべきことだろう。「そうした想念が、しきりに私の胸裡を去来するのだった」[*1]と小松清は感想を記している。

　送別の宴は、松下光廣が盃を掲げ、「ベトナムの独立のために！」と全員が唱和し、締めくくった。クオン・デは「国に帰ったら、みなさん招待します。みなさん私の国の恩人です」と興奮を隠せず、傍らの毛筆をとると、色紙に「還家亜州人《いえにかえるあじあじん》」と書き、署名した。

　中国人「阮福民」としてクオン・デは、一九五〇（昭和二十五）年六月十一日、予定通り中国船「海明号」で神戸港を出港した。しかし彼はよくよく悲運の人であった。この時もまた念願を果たすことは出来なかった。バンコク港で上陸を拒否され、同じ海明号に乗ったまま、同七月中旬、横浜港に悄然と戻って来たのである。何が起こったのか。

　クオン・デの帰国は、彼のベトナム入りが確認されるまでは、極秘にすることになっていた。それを前提に、クオン・デと安藤ちゑのが住んでいた部屋の大家である慶大名誉教授、橋本増吉が、「海明号のバンコク到着数日後の解禁」という約束で、事前に知り合いの朝日新聞の記者を呼び、事情を説明し声明書を手渡したという。ところがクオン・デが乗船した海明号は途中、予定外の上海に寄港して、バンコク到着が予定より一週間遅れた。とっくにベトナム入りしているものと思い込んだ「A紙」が「亡命四十年、日本を去る　ヴェトナムの志士・風雲の母国へ」との大見出しで、「さる十一日、侯（クオン・デ）は大阪港出帆の海明号でバンコックへ向った」と報じ、前掲の「全越南同胞に告ぐ」の大要を掲載した。掲載日について小松清は「六月二十六日[*1]」とし、西川寛生は「同二十五日[*61]」としている。どちらかの記憶違いだろう。いずれにしてもこの記事は外電によって世界に配信され、タイ当局はクオン・デのバンコク上陸を拒否したのである。

小松も西川も未確認のまま報道した新聞の名は、新聞社への配慮もあったのか、明らかにしていない。一九五〇年六月二十五日は、北朝鮮が韓国に宣戦を布告、「朝鮮戦争」が始まった日。だが、その記事が紙面を埋めつくすのは翌二十六日の朝刊である。私（筆者）は念のため国会図書館で二十五、二十六両日の在京の新聞各紙をチェックした。しかし、その記事は発見できなかった。縮刷版やマイクロフィルムに残されているのは最終版のみであり、「クオン・デ帰国」はなんらかの事情で途中段階で落とされ、最終版まで残らなかったのだろう。二十六日なら朝鮮戦争の記事殺到によって、二十五日なら海明号のバンコク入港の予定時刻は過ぎたと判断して、早版から予定稿を掲載したが、現地から同船の未入港の連絡が入り、あわてて最終版段階で記事を外したのではないか、と推測される。

橋本増吉邸に、安藤ちゑのと一緒に住んでいた甥の成行は当時中学生。橋本の朝日新聞記者に対する説明も鮮明に覚えており、記事の切抜きも数年前まで保存していた、と私に語った。この未確認記事掲載から一年後、クオン・デは死去する。序章で引用した朝日新聞の死亡記事を思い出していただきたい。記事が「クオン・デの三十年来の友人」として松下光廣の談話を掲載、「クオン・デの遺書ともいうべき〝ベトナム国民に告ぐ〟が松下の元で発見された」と記した裏には、こうした事情があったのである。

ベトナムでは、フランスは現地でバオダイ政権をつくり上げ、北部のホー・チ・ミン勢力と必死の戦いをしている最中である。反フランスの中心人物であるクオン・デの帰国を認めることは出来ない。バオダイ政権にとっても、クオン・デの帰国は政権をゆるがすことになる。タイ官憲は「阮福民」のバンコク上陸を認めなかった。フランス当局が米英などにも働きかけ、タイ政府にも圧力をかけてクオン・デのバンコク上陸を拒否させた、と見て間違いないだろう。海明号の遅れという事情があったにしても、未確認のまま報道した新聞記事が、クオン・デの人生をまたも大きく狂わせたのである。

安藤成行は、クオン・デが東京・荻窪の借間に一人で悄然と帰って来た日のことをよく覚えている。ちゑのと二人で夕食中だった。何の連絡もなく、部屋に入ってきたクオン・デは二人の前によろよろと崩れおちながら、「新聞に出るのが早すぎた……」と吐き出すように言った。「これで万事終わりだ」。その声には少し怨みがこもっているように、成行には聞こえた。彼はバンコクに上陸出来なかったことを、誰にも知らせなかった。

小松清や松下光廣が、ちゑのからの連絡でクオン・デが帰って来たことを知ったのは数日後のことである。彼らもクオン・デはベトナム入りしているものと信じ込んでいた。再び、荻窪の橋本増吉邸で憔悴したクオン・デの寂しい生活が始まった。クオン・デには急速な衰えがみられ、「喜怒哀楽を忘れた如き、無感動かつ無気力な一老爺」[*61]となった、と見舞いに訪れた西川寛生は書いている。

日本人の訪問客も数えるほどしかいなくなった。「D（大南）公司のM（松下光廣）氏、その他若干の旧知であった。彼らは、彊柢侯への友情を最後の日まで持ちつづけようとする人たちであったが、また、侯と同じく遙なる越南への希望と愛情を抱いている人たちでもあった」[*1]
　一緒に住んでいた安藤成行によると、時折、クオン・デは散歩の途中に、近くに住む小松清の家に立ち寄った。お土産持参で成行を連れ、小松邸を訪ねることもあった。四歳になったばかりの小松の息子、越雄《こしお》と遊ぶのがクオン・デの唯一の楽しみとなっていた。小松に頼まれて名付け親となり、「越雄」と命名したのはクオン・デである。フエに残した二人の息子の面影を越雄の中に探していたのだろうか。越雄と遊んでいると、クオン・デは時々、楽しそうな笑い声をあげたという。

ゴ・ディン・ジェムの来日

　傷心のクオン・デの心に再び、火が灯ったのは一か月近くが過ぎた同年八月下旬のことである。フランスがホー・チ・ミンの「ベトナム民主共和国」に対抗してつくった「ベトナム国」のバオダイ帝に首相就任要請を受けたゴ・ディン・ジェムが、それを断って米国に〝亡命〟の途中、日本に立ち寄ったのである。ジェムは当時、反共産主義、反フランスの民族主義者としてベトナム政界の重鎮の一人となっていた。一九四五年、日本軍の「明号作戦」発動で独立したベトナム国発足時にも、ジェムはバオダイ帝の下での組閣を断っている。クオン・デの帰国が実現すれば組閣に乗りだす覚悟を決めていた。

　一九五〇年八月二十二日朝、横浜港にゴ・ディン・ジェムの乗った客船「マルセイエーズ号」が着いた。岸壁に出迎えたのは小松清と彼の妹、大南の松下光廣、西川寛生の四人だった。ジエムは、彼の兄でベトナムのカトリック教徒代表ゴ・ディン・トック司教に引率された米国経由ローマ訪問団に加わっていた。しかし、それは表向きの名目であり、ジェム、トック司教と付き添いの薬剤師カインの三人は日本到着後、ローマ訪問団とは別行動をとる。松下や小松との久しぶりの再会に、ジェムも感情の高ぶりを見せ、一人一人と固い握手を交わした。

宿舎の東京・紀尾井町の旅館「福田家」に一旦落ち着いたジェム一行は、出迎えた松下らと共に、すぐに自動車でクオン・デの住む荻窪の橋本邸に向かった。事前に小松から連絡をうけていたクオン・デは玄関口でジェムを迎え、二階の八畳の自室に案内する。クオン・デが床の間を背に上座の座布団に端座し、その前にジェムがひざまずいて座った。彼の家柄もグエン王朝の一族に繋がる名門である。ジェムは、クオン・

右より、小松清、ゴ・ジン・ジェム、ゴ・ディン・トック（司教）、田代重徳（元公使）、西川寛生、富永豊文（西日本新聞記者）、1950年8月、福田家にて

デに対しベトナム流の臣下の礼をとった。狭く古めかしい日本の借間が、フエ王宮の一室に変わった瞬間である。小松清はその様子を次のように書いている。

「(略) 呉延琰《ゴ・ディン・ジェム》は黙ったまま、合掌するようにして半身を折り曲げると、恭々しく頭を低く下げた。
彊柢《クオン・デ》侯も合掌した。呉のように低頭はしないが、面を硬ばらせ、顫《ふる》えながら頭を下げた。二人とも二、三度この恭々しい礼《ライ》を繰返した。礼《ライ》がおわると、はじめて呉延琰は威儀を正して初対面の挨拶を越南語でのべはじめた。秀麗な貴公子の顔立ちのうちに、毅然とした気品を湛えた呉は、挨拶の途中で、感動に堪えられなくなったのか、急にぐっと咽喉をつまらせた。感動を抑えようとして、かえって声が出なくなった。そのとき、それ迄黙ったままこらえてきた彊柢が、わっと声をあげて激しく嗚咽しはじめた。嗚咽する声といっしょに、涙がとめどもなく頬を伝って流れた」[*1]

翌二十三日には鎌倉から小牧近江も上京し、小松、松下らとクオン・デを囲んで懇談しながら昼食をとる。二十六日夕には日比谷の陶々亭で松下光廣主催の晩餐会が開かれた。参加者はジェムのほかクオン・デ、小松清、小牧近江、西川寛生らで中華料理の円卓を囲んだ。話題はもっぱらベトナムの政治、軍事状況だった。ベトナムの将来像まで意見が交わされ、ジェムはバオダイ政権の腐敗堕落ぶりに対する激しい批判を展開し、「何時の日か自身政権を担う気概と自負を感じさせ」た(西川寛生「呉延琰氏来日」[*30])。

同二十七日にはジェムは小松の案内で鎌倉の小牧近江邸を訪れている。「何よりも先に、自分の国に強い関心をもってくれた人たちにご挨拶するのが当然だ」。ジェムは日本の食糧事情に配慮してか、食糧品を大量に小牧邸に持参した。小牧はこの時、政治に関係のある話はわざと避けたという。しかし、「これだけは聞いておきたいと思って、ホー・チミンとの関係を質問」した。ジェムはこう答えた。

「（ホー・チ・ミンとは）タイゲンでずうっと一緒にいた。ひじょうに鄭重にもてなされ、私のために一戸建ての家を提供してくれたほどだ。その上、毎日といってよいほど、私をたずねてくれ、いろいろと話し合うことができた。彼は立派な人物です。民族愛に燃えた人間です。ただ私はカトリック信者であるので、必ずしもすすんで行く道には一致しないところがありました。結局、私のほうからタイゲンを脱出したのです[*46]」

八月三十一日夕にはジェムたちの宿舎、福田家でジェムら三人と、クオン・デ、松下光廣、小松清、小牧近江ら日本で最も親しい友人合わせて十人で送別会が開かれ、翌九月一日、ジェム一行は空路、米国に飛び立った。ジェムはその後、米国内の各地やパリ、ローマ、ブリュッセルなどヨーロッパ各地を歴訪、各地の亡命ベトナム人たちに「祖国独立」の希望を説いて回り、帰国の日に備えた。ジェムのその後の栄光と悲惨な生涯は後述する。

ゴ・ディン・ジェムがアメリカに去り、秋を迎えると、クオン・デの健康は目に見えて衰えていった。すでに癌に侵されていた。ジェムが臣下の礼をとり「殿下、殿下」と呼んでくれたわずか十日間の短い日々が、彼にとっては、人生最後の、最良の日々であったに違いない。祖国ベトナムではホー・チ・ミンのベトミン軍とフランス軍の激しい戦闘が続いていた。年末になると腹部の異常を訴え、医師は安藤ちゑのに肝臓癌の疑いがあることを伝えた。年が明けた一九五一（昭和二十六）年一月二日、当時、飯田橋にあった日本医科大学附属病院に入院した。序章で述べたように、ちゑのに看取られながら、その魂が祖国ベトナムのフエ王宮に戻ったのは同年六月六日のことである。松下光廣が聞き取ったクオン・デの最後の言葉は「兄弟同士の戦争はやめること」だった。享年六十九。祖国を離れ、日本に亡命してから四十四年の歳月が流れていた。

ジュネーブ協定と分断国家

クオン・デの願いも空しく、彼の死の直後からベトナムでの戦争は一段と激化する。一九四九年、中国の国共（国民党軍と共産党軍）内戦で勝利した毛沢東は、捕獲した大量の米国製重火器を、ベトミン軍に供与した。一九五二年春からフランス軍は守勢に回るようになり、ベトナム北部を中心にベトミン軍は確実に支配地域を拡げた。一九五三年に入るとベトミン支配地はフエ、ダナン、クイニョンなど南部にまで及んだ。五三年末までのフランス軍の戦死者九万人のうち、フランス人は二万人（他は現地ベトナム兵）程度だったが、軍の屋台骨である将校や下士官が中心でその打撃は大きく、フランス国内でも厭戦気分が蔓延していった。

守勢に立ったフランスはその建て直しを図るため一九五三年、インドシナ派遣軍総司令官にアンリー・ナバール将軍を任命した。ナバールは十八か月以内の勝利達成を宣言、情勢を一挙に転換しようと大作戦を立案する。これが、フランスの命取りになったディエンビエンフー確保作戦である。ベトミン軍はラオス経由で主として中国から武器などの物資供給を受けており、ハノイの西四五〇キロ、ラオスとの国境に近いディエンビエンフーはその補給路の真っ只中にある。ここに強力なフランス軍基地を構築すれば、ベトミン軍の補給路を遮断し、優位にある機動力を使ってベトミン軍を撃滅できる、と考えたのである。

フランス軍は一九五三年十一月、ディエンビエンフーへの進攻作戦を開始する。山に囲まれた盆地状の地形の各所に前哨基地をつくり、輸送機の離発着が可能な千二百メートルの滑走路も建設した。翌年一月にはフランス軍が送り込んだ兵力は一万六千人に増大した。これに対しベトミン軍は、ゲリラ戦でハノイとディエンビエンフーの地上ルートを遮断する。フランス軍の物資輸送は空輸のみに限定された。同時にベトミン軍はディエンビエンフーを取り囲む山岳地帯のジャングルを切り開き、馬、水牛、手押し車などを使い、人海戦術で大砲五百門など武器や食料を山上に運び上げた。また無数の塹壕を掘り、周辺に五万人の兵力を展開した。

米国はフランスの求めに応じ、仏軍救出のため原爆使用も含めた軍事介入を検討するが、議会の支持も、同盟国である英国の同意も得られなかった。一九五四年三月十三日、ベトミン軍は総攻撃を開始。フランス軍の前哨基地は十数か所あったが、一週間に一か所の割合で陥落していった。同五月七日、フランス軍は降伏、一万人を超す将兵が捕虜となった。フランス軍の戦死者は二千二百九十三人、負傷者九千百三十四人。ベトミン軍の戦死者は公表されなかったが戦死者八千人、負傷者一万五千人といわれる。フランスはベトナム支配をあきらめ、ベトナムから撤退していった。

ディエンビエンフー陥落の翌日、五月八日からスイスのジュネーブでインドシナ休戦に関する国際会議が始まる。参加国は米、英、仏、中国、ソ連とベトナム民主共和国（北）、ベトナム国（南）にラオス、カンボジアを加えた九か国。ジュネーブ会議が始まると、ベトナム国のバオダイ帝は、アメリカに亡命していたゴ・ディン・ジェムに対し、帰国して首相として政治の全権を掌握するよう要請した。六月二十七日、ジェムはこれを受け入れサイゴンに帰還し、同七月七日、組閣を完了する。ジュネーブ協議はその直後の同月二十一日に合意に達した。

ジュネーブ協定によってベトナムは北緯十七度線に沿って幅十キロの非武装地帯が設けられ、これを境に一つだったベトナムは南北に完全に分断されたのである。非武装地帯は国境線ではない、とされたが、事実上、北はホー・チ・ミンを首相（のち大統領）とする「ベトナム民主共和国」、南はゴ・ディン・ジェムを首相とする「ベトナム国」の二国家に分断されたのである。「ベトナム国」では翌年の一九五五年十月、ベトナム共和国憲法が公布され、「ベトナム共和国」が成立、バオダイ帝は退位して総選挙が実施され、ジェムが九八％の高率の支持を得て、初代大統領に就任した。

ジュネーブ協定によって、ベトミン軍とフランス軍の戦火は消え、ベトナムには〝ひとときの平和〟が訪れる。共産主義を嫌うカトリック教徒を中心に約九十万人の北部ベトナム住民が南に移住した。ジュネーブ協定には、外国からの武器搬入の禁止、軍事基地の新、増設の禁止、外国からの軍隊の導入禁止などの項目が盛り込まれてはいた。しかし、米ソの冷戦の代理戦争の様相を呈しつつあったベトナムで、それは実現不可能な項目だった。ソ連、中国は密かに軍需物資を北ベトナムに送り込み続けた。一方、朝鮮戦争が終わった直後とあって、米国内の反共意識は強く、フランスに代わった米国の南ベトナムへの軍事、経済援助は公然と、かつ急速に強化されていった。

そんな状況のなかで樹立された「ベトナム共和国」のゴ・ディィン・ジェム政権は、様々な混乱を抱えながら、一九六三年十一月まで約七年間存続することになる。日本に亡命したクオン・デを敬い、戦前から松下光廣のベトナム独立運動の同志であったジェムが、南ベトナムの大統領に就任したのである。歴史に「ＩＦ（もしも）」はない。それを承知でいえば、クオン・デがもし、元気で生きていたならば、ジェムは南ベトナムにどんな国をつくっただろうか。バオダイ帝に代わって、クオン・デを元首にした「ベトナム国」が建国されていれば、後にジェムが仏教徒弾圧といった極端な暴走に走ることは避けられたかもしれない。

サイゴン大南公司の復活

フランス軍がベトナムを撤退すれば、松下光廣のサイゴン復帰の障害は一切なくなる。その上、長い間、反フランス闘争の同志であったゴ・ディン・ジェムが新生、ベトナム共和国の大統領に就任したのである。一九五六（昭和三十一）年春、サイゴンの終戦前の本社ビルが返還され、再び「大南公司」が設立された。東京の「大南貿易株式会社」は、「株式会社大南公司」と改称された。ディエンビエンフー陥落前後から、大南貿易バンコク支店を拠点にサイゴンとの間を往復していた松下は、妻、千代と一緒にサイゴン市内に居を定めた。

サイゴンに戻った松下に現地の友人たちが歓迎として真っ赤な色の乗用車を贈ってくれた。彼はやや照れながら、友人たちの厚意のこもったこの車を運転した。新政府の中枢には昔なじ

み も多く、大統領官邸内もフリーパスだった。大統領のジェムにも必要ならいつでも会え、松下はジェムの私設顧問と見られるようになっていく。しかし、彼はジェムの権威を利用した〝政商〟といわれることを嫌った。大南公司はジェムによって拡大したのではない、という自負があった。

戦後の大南が着実に経営実績を伸ばした最大の商品は日本の陶磁器輸出だった。戦前から大南公司の看板商品は「大南監製」という裏印が入った陶磁器で、インドシナ各地の人気を集めていた。戦後、貿易が再開されるといち早く、瀬戸や多治見、常滑などの東海地方の産地に働きかけ「大南監製」印の陶磁器を生産してもらい、サイゴン、プノンペンを中心に輸出を始めていた。戦前からの人気もあって、戦後の品不足のなかで飛ぶように売れ、新規に参入してきた大手商社の輸出品より、一割以上も高値で取引されていたのである。

当時、日本からサイゴンに陶磁器を輸送する直行航路はあったが、プノンペンに運ぶには香港やシンガポールでローカル船に積み替えるか、バンコクからの陸路輸送しかなかった。積み替えや陸路輸送では、破損する製品も多い。メコン川を遡りプノンペンまでの直行便を大南公司一社でチャーターし、一船に二千トンもの陶磁器を積みプノンペンまで運んだ。これを知った大手海運会社が定期便の運航を始めたという。

こうした日本製の陶磁器の評判に、サイゴンの知人から松下に、合弁でベトナムで陶磁器生産が出来ないか、という話が持ち込まれる。ベトナム産の焼き物は徳川時代から交趾（コーチ）焼として茶人に珍重された歴史もある。ベトナムにも良質の陶土があることは松下も知っていた。問題は日本からのプラント輸出と、ベトナム人に技術移転をする技術者を派遣することでである。日本では「プラント輸出」という形の海外投資がようやく話題になりかけていた時代である。松下はすぐに東京の大南公司に研究を命じた。日本での担当を命じられたのが大川塾一期生の大塚壽男である。

現地ではいち早く工場建設予定地を、陶土や陶磁器生産に欠かせないカオリンが産出される中部高原のダラットに決め、動き出していた。当時、外国為替は大蔵省（当時）の厳しい管理下にあった。外貨獲得は国の至上命令でもあり、海外投資に当たっては、資金回収の見込み書の提出が必要だった。だが、松下光廣には、投下資本の回収は最初から念頭になかった。「工場運営による生産収益は寧ろ全部を現地に蓄積還元して工場の拡張を計り、地元ヴェトナムだけではなくカンボディア、ラオス、タイ等の近隣諸国はいうに及ばず、東南アジア各国への製品輸出を計り」、ベトナムの経済的興隆の一助とするということに情熱を傾けていたのである。日本政府と松下の考え方には「雲泥万里の隔たりがあった」[*30]。大蔵省の認可を得るまで大塚は何十回と書類の書き直しをさせられた。

申請書の最終段階で通産省（当時）から要求されたのが、ベトナム共和国の「外資導入法」の提示だった。当時、外資導入法を制定している国はまだ少なく、ベトナムにもそんな法律はなかった。サイゴンにこれを連絡すると、三か月後には、「ベトナム共和国外資導入法」の仏語原文と日本語訳が送られてきた。松下がジェム大統領の周辺に頼んだものだろう。法律制定には少なくとも一年以上はかかると思っていた大塚は、「単なる商売を越えて培われた（松下社長の）人望と名声の賜物であった」と述べている。

一九五九（昭和三十四）年、ダラットで日越共同出資の陶磁器メーカー「永詔陶器公司」が操業を開始した。日本から送り込まれたのは技術者四人と、工場責任者として平石皎《あきら》の五家族。出資はベトナム側五十一％、大南側が四十九％で社長はベトナム人。従業員はベトナム人四百人で、成土、絵付け、焼上げまでの一貫工程工場である。ベトナム人社員が習熟すると、日本人技術者は全員が引き揚げ、大南公司からの出向者は平石一人となった。平石によると、松下の指示は「利益と技術はすべてベトナム人に還元せよ」というものだった。平石は「ベトナム人にすべての技術とノウハウを伝えることが自分の任務だ」と思った。

平石皎は一九二一（大正十）年、天草・大江町生まれ。尋常小学校を卒業して、家の手伝いをしていた頃、母親が近所の松下家に頼んで大南公司への就職が決まる。十一人兄弟の三番目。一九三九（昭和十四）年、十九歳でハノイに渡り、大南公司ハノイ支店でベトナム語と貿易業務全般を懸命に勉強した。終戦直後の十か月間、ハイフォンの収容所で過ごし、引き揚げ後は、故郷大江町に戻っていた。一九五〇（昭和二十五）年、「大南貿易」が業務を再開すると、すぐに呼び戻され目黒の「大南寮」に入る。五三年に再びベトナムに渡り、大南公司復活の準備を進めてきた。サイゴン陥落直前までダラットの陶器工場で過ごし、九十歳をすぎた今も大江町に健在である。

「永詔陶器公司」が操業開始したころから、ダラット周辺でも次第に解放戦線のゲリラ活動が活発になる。一九六〇年代になると、昼は政府軍の支配地だったが、夜はゲリラの支配する解放区となった。訪ねて来るゲリラ戦士たちのために、平石は工場内に密かに食料や水、牛乳などを用意し、彼らに振る舞った。「彼らも、工場がベトナム人のためのものだ、とよく知っており妨害するものはいなかった」。政府軍に知られれば、逮捕だけでは済まない。陶器工場の存立にもかかわることである。しかし、松下はこのことを知っても、平石には何も言わず、黙認した。

復活した大南公司の事業は着々と拡張、一九六九（昭和四十四）年にはサイゴンのビジネス街に六階建ての新しいビルを構えた。ファンラン省で操業した五百ヘクタール、完全機械化の「カナ塩田」も、出資は永詔陶器と同じベトナム側五十一％。メコン・フィッシュ会社は資本金一億円、大南と大洋漁業がそれぞれ十五％で現地資本が七十％だった。このほかサンヨー電気の組立工場も操業した。サイゴンの中心街に「ホテル・オリガ」を経営、日本の旅行会社各社や日本航空の代理店となり、さらに貿易部門は「ボールペンからトラックまで」あらゆる商品を扱った。カンボジア、タイの支店網も次々と復活した。

日越賠償交渉の真実

長い間、ベトナム独立運動の地下活動に関わってきた松下光廣の名前が、突如、日本の国会の場で浮上したのは一九五八（昭和三十三）年七月四日の衆議院外務委員会である。社会党（当時）の岡田春夫が合意段階に達しようとしていたベトナム賠償交渉の経過について厳しく政府を問い詰めていた。岡田は、経団連会長の石坂泰三が社長を務める日本技術協力株式会社の技術者三十人がベトナムに入って何をやっているのか、と政府に質した。政府が「調べて後日、答えます」と述べると、「一緒に調べてほしい人物がいる」と松下光廣の名前をあげ、次のように述べたのである（第二十九回国会衆議院外務委員会会議録第六号）。

「大南公司社長松下という人が南ヴェトナムにしょっちゅう行っているはずです。これが賠償の大本なんです。利権の橋渡しの大本なんです。こっちの方ははっきりわかっている。こういう賠償は国民は納得しませんよ。（略）国民の税金でこういう大資本家を肥やすような、賠償の条約がきまる前にすでに賠償の取りきめが、金額もすべてきまっているような、こんな賠償なんかだれも納得しません」

さらに同年十一月十八日の参院予算委員会でも社会党の小林孝平が岸首相や藤山外相を追及する。「日本工営の〝工作〟つく　ベトナム賠償の核心」という見出しで読売新聞一面トップ（十一月十九日朝刊）に掲載されたそのやり取りの一部を引用する。

小林孝平氏（社）　植村甲午郎氏はどんな資格でベトナムへ行ったのか。

藤山外相　私の特使として行った。

小林氏　どうして植村氏を選んだのか。

岸首相　賠償交渉には日本の経済力を頭においてやる必要がある。その意味で財界の事情に通じ、しかもこれまでの交渉経過に詳しい植村氏が適任だと考えた。

小林氏　昭和二十九年の夏、南ベトナムからトラン・バン・チェット氏（注・南ベトナム経企庁長官）なる人物が来日している。来日の目的、滞在期間はどうだったか。

外相　そんな人はしらない。

小林氏　こんどの賠償でベトナムの電源開発工事を請負うことになっている日本工営の久保田豊氏が二十九年九月二十日、東京芝の某料亭でトラン・バン・チェット氏と会っている。

また久保田氏は三十二年二月下旬にもサイゴンでトラン・バン・チェット氏と会い、さらに大南公司の松下光広氏と同道でゴ・ジンジエム氏とも会談した事実がある（略）。

外相　久保田氏が日本工営の関係者であることは知っているが、いま小林氏の指摘されたような事実については全然関知しない。

このあと小林は「疑惑の中心に立つ植村甲午郎（経団連副会長）、久保田豊（日本工営社長）、松下光広（大南公司社長）の三氏を証人として喚問したい」と述べた後、（一）ビルマ賠償でバルチャン発電所建設計画の設計調査を行った帰途、サイゴンに立ち寄った久保田豊は、松下光廣に相談し、純賠償方式にすれば、ダニム発電所の工事は必ず獲得できる、との方針を固め、直ちにゴ・ディン・ジェム大統領と会って「賠償の枠のなかでダニムの工事をやれるよう努力したい」と申し入れた（二）久保田は帰国後、日本工営がダム工事を獲得できるよう工作を進め、久保田が作った総額三千七百万ドル（百三十三億円）のダニム工事計画がそのまま政府の賠償協定の主要部分となった――と指摘した。社会党は久保田をゴ・ディン・ジェムに引き合わせた松下光廣について「ベトナムで日本が何か仕事をしようとすると、必ずこの人を通さなければ、向こうの政府と関係が結べないくらい大きな力をもった男」（岡田春夫）と認識していたのである。

ベトナム共和国と日本の賠償問題は一九五一（昭和二十六）年のサンフランシスコ講和条約に端を発する。バオダイ帝のベトナム国が対日講和条約に調印したことから、同国が日本に対する賠償請求権を持つことになり、これがゴ・ディン・ジェムのベトナム共和国に継承された。当初の賠償交渉で五三年、ベトナム近海の沈船を引き揚げるために、日本は二百二十五万ドルを支払うという仮契約が調印された。しかしこれは、ベトナム側が批准せず、交渉は中断され、実施されなかった。一九五五年のジェム政権発足後から交渉は再開され、翌五六年一月、ベトナム側は二億五千万ドルを日本側に要求してきた。これに対し日本側は同年八月、小長谷《こながや》綽《ゆたか》駐サイゴン大使が二千五百万ドルを提示する。双方の差は大きく交渉は難航していた。

岸内閣発足後の一九五八（昭和三十三）年六月、岸内閣の特使としてサイゴンを訪れた植村甲午郎が、ゴ・ディン・ジェム大統領に「植村私案」を示して交渉は再開され、翌五九年五月、植村私案に沿った総額五千五百六十万ドルで妥結した。その内容はサイゴンの北東約二百五十キロの中部高原地帯を流れるダニム川に水力発電所をつくる建設費三千七百万ドルと、工業センターの設置費二百万ドルを合わせた三千九百万ドルの賠償と、別枠の経済協力として千六百六十万ドルの政府借款、合わせて五千五百六十万ドルを支払うというものだった。当時は一ドル三百六十円の時代。円換算で約二百億円である。

この賠償協定に当時の社会党は強く反発した。第一に一九五三年には沈船引き揚げの二百二十五万ドルで一旦、合意したものがなぜ一気に五千五百万ドルまで膨らんだのか、という点である。社会党は日本軍の進駐による南ベトナムに与えた損害は、「ニワトリ三羽」程度にしか相当しない、と主張した。第二点が「裏面工作」疑惑である。支払額増大の裏には、日本、ベトナム両国で一部の人物が暗躍して利権を得ようとしていると見ていた。そこに浮上したのが、賠償の原案をまとめた経団連副会長植村甲午郎、彼と関係の深い日本工営社長久保田豊、彼らとジェム政権の間を取り持った大南公司社長松下光廣の三人だった。社会党は彼らの〝黒い霧〟を暴こうとしていたのである。

真相はどうだったのか。松下光廣は社会党が憶測するように、日本の大資本や日本工営の久保田に頼まれ、自分の利権を得るために、旧知のゴ・ディン・ジェムとの仲介役を務めたのだろうか。多忙でサイゴンを離れられない松下に代わって、大南公司事業部長として賠償問題を担当した前述の大川塾五期生山田勲は、社会党のこうした見方をきっぱりと否定する。

「この話は、松下社長がゴ・ディン・ジェム大統領から発電所建設の相談を受けたことから始まったのです。松下社長は、ビルマがバルチャン発電所を日本の賠償で建設したように、やはり産業の基幹となる発電所をベトナムに建設する必要があると考え、同県人（熊本県）で、バルチャンの設計監督をされた久保田社長に相談された。そしてこれを日本政府に提案し、日本工営による現地調査の後、ダラットの近くにダニム発電所を建設することになったのです。あくまでもジェム大統領、松下社長二人の主導の下に計画は推進され、日本財界がそれを支援したのです」

松下は当時、政権のトップに立ったジェムの「私設顧問」の役割を果たしていた。二人はベトナム共和国の発展のためには、まず産業基盤整備が必要だと痛切に感じていた。その基盤になるのが電力であり、大規模な水力発電所の建設は最優先すべきものだと考えていた。それがベトナム人の民心安定にもつながる。ダニム川の発電所建設計画は日本が動き出す前から、フランス電力公社が建設に向けた調査に着手済みで、フランス側が先行していたのである。それを巻き返すには、日本の政界や経済界の強力なバックアップが必要となる。

序章で述べた松下の遺品の中にあったゴ・ディン・ジェムに対する激励の「奉加帳」は、鳩山首相時代から日本政財界にジェム政権支援を呼びかけて回ったものだったとみてもよい。ベトナム賠償問題は岸内閣になって急浮上したものではなく、鳩山内閣時代から松下光廣の根回しが進んでいたのである。それには、日本の政財界にベトナムの実情を理解してもらい、積極的なベトナム支援の体制をつくらねばならない。おそらく松下は、クオン・デらフランスとの独立戦争を戦ったベトナム人を支援し続けた日本人の例を挙げながら、政財界の要人に説き続けたのだろう。ダニム水力発電所の建設というベトナム賠償は、松下にとっては個人的な利害を超えた、ベトナムと日本の双方の利益に繋がる大プロジェクトだったのである。

日本の賠償によるダニム水力発電所建設は、社会党が主張したように日本の独占資本や日本工営の久保田がその利益を独占するために仕掛けたものではなかった。ゴ・ディン・ジェムとその私設顧問ともいうべき松下光廣の方がヘゲモニーを執って、南ベトナム経済の起爆剤としての水力発電所建設を、日本の政財界に働きかけ、二人の志に共鳴した植村甲午郎や久保田が計画作成と実現に協力した、というのがその構図だったのである。

「週刊新潮」は国会論戦の渦中にあった松下光廣と久保田豊にインタビューし、「『ニワトリ三羽』のうらおもて――ベトナム賠償問題」と題する記事を掲載、「松下氏と久保田氏の見解は完全に一致している」[*69]と書いている。二人の証言は、ダニム発電所建設を、日本の賠償に組み込むという構想は、南ベトナム側の積極的な要請であり、その中心人物が松下だったことを示している。松下は戦争によるベトナム人の被害の実情もベトナムの側に立って代弁しているのである。二人の発言を引用する。

松下光廣「岡田氏（春夫・社会党代議士）が北ベトナム人だけでなく、南ベトナム人のことを考えて現地にいって調査すれば、北部には被害があっても、南部には被害がないという意見など出ないはずだ。

北部は昭和十九年暮れからの（日本軍の）食糧徴発で百万人が餓死したとか、三十万人が餓死したとかいわれているが、現地にいた私のみた実情からいって、そんなことはないと思う。

反対に南ベトナムには被害がニワトリ三羽というような言い方をしているが、これも当時の実情を知らない者のいい方だ。戦前、戦時（注《原文注》＝日本軍の南仏印進駐は昭和十六年七月二十八日）を通じて、学校、交通機関その他の施設の強制接収はおびただしいし、アメリカの爆撃で死ぬのは大抵ベトナム人であった。

さらに戦争中、（日本軍が）インドシナ銀行に強制的に発行させたピアストル紙幣は、敗戦後使用禁止になったりして、物資不足からくる被害は膨大なものになる。だからむしろ、ニワトリ三羽の被害でなくて、逆に残っているのがニワトリ三羽だといいたい。しかもその賠償は、すでに払った比島やインドネシアなどのように、何に使われるのか判らないような支払い方でなく、何かをつくってさしあげるというやり方の方が、ずっとすばらしいと思う。久保田氏のダム建設の計画書と賠償交渉が一致したからといって、そこに汚職的なものがあるのではないか、というのはとんでもないことだ。

将来、参考人とか証人として喚問されるのはかまわないが、一たん呼ばれると多くの人はそのように思うから（注《原文注》＝呼ばれたからには何かあやしい点があるんだろうと思うから、の意）いい加減でなくやってほしい。私はいつでも対決する覚悟がある」

久保田豊「（戦後のGHQによる）パージが解かれると同時に、まず、インドに行って、具体的な開発計画をもってぶつかった（昭和二十八年二月）。これはうまくいかなかったが、二回目にはビルマに行って交渉した。これはすぐに取り上げられて、バルーチャンの発電工事として、昭和三十年に三百億の予算でとりかかり、今年完成した。これが後でビルマへの賠償のなかに、いれられることになった。

南ベトナムに最初に行ったのは、昭和三十年二月で、二回目が夏。松下氏が私を推薦してくれたのはその時だ。その時、ダニム発電の用地を実地に見て、これならいくらいくらの金額（注《原文注》＝明快にしてもらえなかった）と六カ月を要すれば、計画書ができるといって帰ったところ、その後間もなく、向うから頼むという依頼があったのだ。その秋に契約して翌年の三十一年にその計画書をつくりあげた。（略）ダニム発電所工事請負は決定していないし、その工事請負がどこになるか、いまのところ全く明らかではない。私のしたダニム発電計画を賠償の中にくみいれたのは南ベトナム側であり、私の関与しないところだ。

私自身、今後、好ましいと思う建設会社をゴ大統領に推薦することはあっても、それによっておかしなことはしない（以下略）」

ダニム発電所建設と大南公司

　山田勲が松下光廣に「ベトナム賠償が始まるので、事業部をつくり、ダニム発電所建設とそれに付随する工事、機器の入札、消費物資契約の対賠償ミッション事務を担当せよ」と命じられたのは一九五八（昭和三十三）年五月である。彼は以後、大南公司事業部長としてダニム発電所建設に関わる。ベトナム賠償借款協定は社会党の強い反対の中、一九五九年五月、強行採決で国会を通過、日越両国で調印された。ダニム水力発電所はサイゴン北東二百五十キロのドラン盆地を流れるダニム川に高さ八メートル、堤長千四百六十メートルのダムを築き、発電所を建設、変電所をつくり、高圧送電線を引いてサイゴンまで電力を送ろうという計画である。

左・山田勲、右・西川寛生、1958年頃、サイゴンにて

　山田によると、工事業者はすべて入札で決定した。発電所本体の建設工事は四つのジョイントベンチャー（ＪＶ・企業共同体）が応札、入札の結果、鹿島建設、間組ＪＶに決まった。発電所のペンストック（貯水池から発電所まで八百メートルの間、水を落とす直系二・八メートルの鉄管）は新三菱重工など六社が応札、酒井鉄工が落札。送電線は三菱商事など五社から三井物産が落札した。結果的には、日本工営、間組、鹿島、

三井物産、三菱電機、東芝、富士電機、日立製作所、酒井鉄工、大南公司の十社の参入が決まる。現地の労働者の確保、材木の供給、送電線のための伐採、機械資材の輸送、政府との対応など本体工事を支える〝雑務〟は、現地に強い大南公司がやることになった。

建設工事は一九六一（昭和三十六）年から始まり、六四年末には十六万キロワットの発電が可能な発電所が完成、いまもベトナム各地に電力を送り続けている。しかし、建設が始まると、着工前にはほとんどなかった解放勢力のゲリラ活動も激しくなる。ゲリラに飯場が襲撃されたり、送電線技師ら四人が一時拉致されたこともあった。建設現場では工事最盛期には約三百人の日本人が働き、中には終戦後も帰国せずベトナムに残留した元日本兵も多かった。彼らを現地に送り込んだのは大南公司だった。

ベトナム戦争を取材中だった作家、開高健も完成間際のこの建設現場を訪れ作業員たちに取材している。

「彼らは虎や豹や象などのうろうろする山のなかにもぐりこんでダムをつくったのである。川をせきとめ、山を切り崩し、巨大なパイプで水をおとした。発電所をつくり、変電所をつくり、えんえん三百数十キロにわたって送電線の鉄塔をたてた。野をこえ、山をこえ、谷におり、畑をよこぎり、ジャングルをつらぬいて電線をサイゴンに送ったのである」（『ベトナム戦記』）*70

ゲリラの襲撃だけでなく、工事自体が予想を上回る大変な難物だった。特に苦労したのが、ダニムからサイゴンまで長距離の送電線工事だった。何度もゲリラに電線を切られたり、鉄塔を倒されたりした。そんな時、工事現場の日本人はベトナム人を間に立ててこんな申し入れをした、と開高健は書いている。

「われわれは日本人である。賠償でダムをつくっている。ベトナム戦争には何の関係もない。むしろ安い電気をベトナム人民に提供することになるのだから、政府が使おうがあなたがたが使おうが、この国を益することに変りはない。もし破壊したければ建設が完成して政府に引渡したあとで破壊すればよいではないか。破壊するのは一瞬でできる。建設にはたいへんな努力がいる。われわれはあなたがたを邪魔しないから、あなたがたも邪魔しないで頂きたい」

ゲリラが攻撃してくると、元日本兵たちは彼らの前にたちはだかり、「この発電所建設はベトナムの民衆の生活向上のために電気をつくり、送るものだ」と体を張って説得したという。ゲリラは直ぐに諒解し妨害を停止した。ゲリラに拉致された日本人もみんな無事、解放された。発電所の工事現場で働いていた日本人たちの気持ちこそ、松下光廣がこの発電所建設にかけた思いでもあったのである。

ゴ・ディン・ジェム暗殺の裏側

一九六三（昭和三十八）年十一月一日、ジェム政権の軍事顧問だったズオン・バン・ミン（中将）を首謀者とするクーデターが発生、ゴ・ディン・ジェムは弟のディン・ニューとともに射殺されるという衝撃的な事件が起きた。亡命先の米国から帰還し、首相の座についてから九年。ベトナム共和国の大統領に就任してから七年目のことである。これをきっかけに米国軍の直接介入が始まり、南ベトナムではその後、十年以上にわたって激しい戦闘やクーデターが繰り返された。それに付けこむように、共産勢力は南ベトナム全域に支配地域を拡げていった。

ジェム政権は、ジュネーブ協定でベトナムが南北に分断された際、共産主義を嫌って南に移住してきた九十万近いカトリック信者と、米国の強力な経済援助に支えられていたといってもよい。敬虔なカトリック信者だったジェムは、大統領就任後、経済再建五か年計画や農地改革、文盲一掃に取り組み、国民を蝕んでいた博打、阿片、売春、酒の〝四悪〟追放に積極的な手を打った。物心両面から国の再建を推進してきたのである。だが、フエ王朝の名門の出で誇り高いジェムは、改革実行に当たっては他者の批判を許さず、米国の援助をバックにきわめて独裁的だったといわれている。

生涯独身を通し家庭を持たなかったジェムは、家族に対する愛情が極めて強く、兄弟を中心にしたジェム一族を、政権の重要ポストに配置して一族による支配体制を固めていった。兄のディン・トックは大司教としてカトリック教徒の組織を押さえ、弟のディン・ニューは大統領顧問として秘密警察組織を握った。ニュー夫人は婦人運動の中心になり、ジェムと共に公式の会合にも出席、南ベトナムの〝トップレディ〟として振る舞った。これが仏教徒の多いベトナム国民の反感を買うようになっていた。

米国の軍事介入やジェム一家の独裁政治に反対する「南ベトナム解放民族戦線」が秘密裡に結成されたのは、一九六〇年の十二月のことである。解放戦線は学生、労働者、知識人、民族主義者、共産主義者の混合体で、翌六一年初めから活発な動きを始めた。当初は政府軍の弱小拠点への攻撃や、農民への宣伝と教育などの活動が中心だったが、次第に中国、ソ連製の武器の供給を受け各地でゲリラ戦を展開、南ベトナム北部を中心に解放区を増やしていった。米国は一九六二年、「在ベトナム軍事援助司令部」をサイゴンに置き、軍事顧問団を送り込む。ゲリラ活動に対抗するため、各地の農村に「戦略村」をつくって農民を囲い込み、解放戦線の進出を阻むというのが当初の戦略だったが、ゲリラはこの戦略村に集中的な攻撃を繰り返し、「戦略村構想」はほとんどが失敗に終わっていた。

こうした状況下で一九六三年になると、ジエム政権と仏教徒の対立が激化してきた。仏教会組織が国民の不満をとりあげて政府を攻撃すると、カトリック中心のジエム政権は過敏に反応、仏教徒への弾圧を強めていった。同年春ごろから仏教徒弾圧は一段と厳しくなり、ほとんどの寺院が閉鎖される。同五月初めには統一仏教会に解散命令が出され、これに抗議する僧侶の焼身自殺が相次いだ。この模様は新聞、テレビで世界に報道され、ジエム政権の独裁ぶりを強く印象付けることになる。

「あれは単なる僧侶のバーベキューに過ぎない」と語ったといわれるニュー夫人の言葉が、ジエム政権の冷酷非情な独裁政治の象徴として、世界中で一人歩きを始めた。「戦略村構想」が失敗に終わり、共産勢力の拡大を恐れていた米国は、この〝バーベキュー発言〟でジエム政権に見切りをつけ、同年九月、ジエムに退陣を勧告する。ジエムはこれを拒否した。

十一月一日午後一時、ズオン・バン・ミンの指揮するクーデター部隊はサイゴン中心部の大統領官邸を包囲し、官邸を守る部隊と猛烈な戦火を交え、市内各所で市街戦も展開された。ジエムとニューは官邸地下に掘られたトンネルを使って、郊外のカトリック教会に逃げ込んだ。ジエムはここから信頼していた第四軍司令官に電話し、救出のヘリを依頼する。しかし、第四軍司令官はジエムを裏切り、ズオン・バン・ミンに密告した。二人は捕らえられて革命軍司令部のある参謀本部に連行された。

　クーデター直後には二人の自殺説が飛び交い、外電の多くがそう流した。その後の公式発表は「連行した大尉が、その途中、車中で射殺した」というもの。しかし、クーデター直後にサイゴン入りした毎日新聞の大森実によると、参謀本部に連行されたジェム兄弟に、ミンら数人の将官がマイクを持たせ、「国民に悪いことをした」という告白をテープレコーダーに録音し、ラジオで流そうとした。これに怒ったニューが「貴様ら、反逆者め！」と激高、その場にいた将官の一人が腰の拳銃を抜き、射殺した。参謀本部内で射殺したという事実を隠すため、二人の遺体を護送車に積み込み、護送中に格闘して射殺された形を装ったというのである。


　このクーデターの背景には何があったのか。朝日新聞はクーデター直後の十一月三日朝刊で「ケネディ大統領はさる九月二日の放送ではゴ政権が『政策』と『人』を変えない限り、共産ゲリラとの戦いには勝てないとの見通しを述べた。次いで同月九日の放送では、南ベトナムの共産化阻止のためにはゴ政権との協力もやむを得ないとして『忍耐』を説いた。この二通りの考え方は両極端ともみえるが、実はそのいずれもケネディ大統領の方針であったことは間違いない」とワシントン電で解説している。ケネディはジェム政権にどう対応していけばよいのか、迷っていたということである。

　大森実によると、米国のサイゴン駐在大使、ヘンリー・ロッジは十一月一日のクーデター計画を少なくとも二週間前には知っていたという。「クーデター計画をロッジがしたものか、それともベトナム軍人の間で、自然発生的にでき上がってきたこの計画に、ロッジ大使が承認を与えたものなのか」はわからないが、「両者のいずれが先で、いずれが後であったかの問題ではなく、両者が話し合っているうちに、それこそ自然に、クーデター計画が、作り上げられたものではなかったか」[*71]と述べている。

当時の新聞論調をみると、米国政府がこのクーデターを歓迎していたことは間違いない。以後、ゴ・ディン・ジェム兄弟は「最悪の独裁者」としての悪名が、米国やベトナムのメディアに喧伝される。米国にいて難を逃れたニュー夫人も「人間バーベキュー」発言で世界有数の〝悪の権化〟となる。「水に落ちた犬は叩け」だった。米国当局は「ジェム一族の数々の〝悪行〟によってクーデターが発生した」という構図を、なんとしてもつくりだしたかったのだろう。世界のメディアもジェム一家叩きに乗った。その後の南ベトナムの政権は、自立、自浄能力を失ったように浮遊し、米国はベトナムへの軍事介入を一段と強化し、国は自壊に向けて走り出したのである。

戦前からゴ・ディン・ジェムと同志であり、彼の米国亡命も手伝った松下光廣は、このジェムの悲報が届いたとき、「米国が仕組んだ謀略だ」と何度も吐き出すように呟いた。前掲の大南公司社員、山田勲はその声を今でも忘れない。しかし松下は表向きは一切コメントせず、こんな体験を語ることによって、婉曲に米国を批判している。

大統領官邸を訪れた松下がフリーパスでジェムに会っていた頃、官邸の廊下ですれちがった米国人が、松下に聞こえるように「ジャパニーズ・マツシタ、大統領に女でもお世話する気か」と言った。それを聞いた松下は「（ジェムは）熱烈なクリスチャンであり、生涯、独身を通している。『女を世話してもらう』ような低い次元の人ではなかった」。「デモクラシーを誇る米国人のベトナム観も、その程度のものか[*6]」と思った。

小牧近江はこのクーデターについて『ある現代史[*46]』に感想を記している。

「(ジェムは)高潔で一生独身で通した人であり、ホー・チミンとならぶ大人物でしたが、下情に通じなかったのではなかったでしょうか(略)。ゴ・ジン・ジェムが、ああいう残酷な死にかたをさせられたということについては、いまさら何もいう必要はないでしょう。心ある人は、みな、その真相を知っている筈です。自殺したとか伝えられていましたが、決してそんなことはなかった。(略)やはり、彼の中立思想が邪魔になって、それがアメリカ軍人のご機嫌をそこねてしまったので、ああいうことになったのではないでしょうか。大局からみて、実力者が一人の大統領を抹殺させるくらいなんでもない時世ではないでしょうか」

「(弟の)ゴ・ジン・ニューとは、ハノイで知り合いになりました。元来は古文書学者で、私たちが引き揚げるとき、日本文化会館の蔵書の全部を極東学院に贈ったのは、この人の示唆によるものでした」

また、クーデター発生時、サイゴンにいた西川寛生はこう書く。

「(ベトナムの)一般の報道では、ジェム大統領が、密かに北のホ・チ・ミン大統領と通じて、中立・和解の画策を行なっていたのが、米国側の怒りを買って排除されたとされているが、確かにジェム氏の強烈な『民族独立』の信念と、中部ヴェトナム生れの剛直硬骨の人柄から、おそらく米国側の圧力や要求に対して、しばしば拒否あるいは抵抗の態度をとったものと想像される。当時の緊迫した情勢下では、それが米国側にとっては、反米的な人物、またはハノイを利する言動と映ったかも知れない」[*30]

三者三様の表現ではあるが、米国の傀儡に徹することを潔しとしなかったジェムを、米国が排除したのではないか、という点では一致している。

松下光廣はゴ・ディン・ジェムと同志ではあったが、彼が暗殺されると失脚するような政権べったりの〝政商〟ではなかった。このクーデター後、新政権の首相に就任したグエン・ゴク・トは日越賠償交渉時の初代日本駐在大使であり、賠償交渉ではお互いに協力してきた旧知の仲である。野党の民族ブロック野党連合の幹部やベトナム国民党の領袖たちも、古くからの同志だった。彼らは米国の介入が深くなればなるほど、日本の役割に大きな期待を感じていた。彼らは松下にこう訴えた。

「この際、日本はアジア最大の先進国としてのイニシアチブをとるべきである。民族自決を説き、南北両ベトナムに経済援助を行うことで双方を納得させ、統一促進の道を開いて欲しい。いずれか一方がその約定にそむけば、経済制裁を行うという方法でもよい。両側に対してバランスのとれた政策で対処してもらいたいものだ。すなわち日本の経済協力が（一）ベトナム民族の幸福のために直ちに南北が停戦し（二）人的交流を行い（三）時間をかけて自然に統一国家として結合するという方向でなされるよう、あなたの力をかしていただきたい」

松下は日本に帰国して、政財界の有力者に会ったり、講演を頼まれたりすると、いつも現地の指導者の声を代弁した。

「ベトナムは日本の経済援助を望んでいる。日本人は血も流さずに、ベトナム特需で莫大な利益を上げているではないか。いわゆるエコノミックアニマル方式では、今後の日越関係に取り返しのつかぬ事態を生じる。日本が示している人道的な難民救済や医療支援の活動には感謝しているところだが、さらに現地が必要としている経済開発にも実質的な支援と協力が必要である」*6

ゴ・ディン・ジェム政権がクーデターで倒れると、米国軍の本格的な直接介入が始まり、戦争は激化の一途を辿り、流血と砲火は絶えなかった。米国はピーク時五十三万人という膨大な兵力と総額千五百億ドルに上る戦費を投入した。しかし、勝つことは出来なかった。一九七三（昭和四十八）年一月の「パリ和平協定」によって、同年八月、米軍はベトナムの地から撤退していった。それから二年後の一九七五（昭和五十）年三月十日。ベトナム民主共和国は「ホー・チ・ミン作戦」にゴーサインを出し、正規軍の機動部隊が一斉に十七度線を越えて南下し「ベトナム共和国」になだれ込む。米国が撤退した後の南ベトナムには戦う力は残っていなかった。五十日後の四月三十日、北の戦車部隊はサイゴンに入城、「ベトナム共和国」は完全に消滅した。

サイゴン陥落二日前の四月二十八日、崩壊直前のベトナム共和国最後の大統領に就任したのが、皮肉にもクーデターを起こし、ゴ・ディン・ジェムを殺害したズオン・バン・ミンだった。同夕、大統領官邸で行われた就任式で彼は、「民族和解の精神に基づく停戦交渉」を呼びかけたが、解放戦線側はこれを即時、拒否した。

終章　南十字星きらめく下で

革命政権下の松下光廣

一九七五（昭和五十）年四月三十日朝、サイゴン中心部の大統領官邸の鉄製の扉を押し破ってT－54ソ連製戦車が突入した。ベトナム共和国大統領、ズオン・バン・ミンはラジオを通じ停戦を命じ、解放軍に抵抗せず、権力を移譲するよう呼びかけた。全面的な無条件降伏だった。昼過ぎ、大統領官邸屋上に、赤と青地に金星を配した「南ベトナム臨時革命政府」の国旗が翻った。

サイゴン北東四十キロ、ビエンホアにある「アジア孤児福祉センター」で孤児たちと共にサイゴン陥落を迎えた松下光廣には、戦局の推移についての情報は十分に入っていた。家族は万一に備え、日本に送り出したが、サイゴンが陥落し、新しく「南ベトナム臨時革命政府」の時代がやってきても、大南公司は経済再編の一翼を担うことが出来るとの確信を持っていた。南ベトナム解放民族戦線は幅広い統一戦線組織であり、内部にはフランスとの独立闘争時代からの民族主義者グループの同志たちも多数参加しており、彼らからの情報も入っていた。松下はいずれ南北ベトナムが統一する時代がやってくるにしても、臨時革命政権が安定し、南北の経済格差の平準化がもっと進んでからだ、と判断していた。

陥落したサイゴンは三百万人の人口を抱える一大消費都市だった。終戦直後の日本と同じように、日に日に食糧不足が深刻になっていく。新政権は食糧の配給制度をとったが、外国人に対する配給は極めて少なくなり、外国人に対する行動の規制も多くなった。期待していた「臨時革命政府」はいつまでたっても表に登場してこない。松下を始め残留した日本人の生活は、「日を追って暗いものになっていった。これまで親しかったベトナム人も、何となく冷たいそぶりを見せるようになった」。

松下のサイゴンの自宅にもある日、突然、革命軍の兵士が侵入、銃剣を突き付け、立ち退きを迫った。彼は「外国人の生命、財産は保護される」という軍事革命委員会の通達をたてに抗議し、何とか接収は免れた。ビエンホアの孤児センターを守る責任もある。陥落数日後、彼が訪ねた時には、孤児センターの孤児たちはすでにどこかに移され、施設はすべて革命軍兵士が接収、宿舎として使用していた。

どん底に陥ったベトナム経済の再建に、何の対応もしようとしない無力な臨時革命政府にいらだった松下は、これまで関わり合った各種の開発計画や、貿易の仕事を通じて集めた資料全部をベトナム語に翻訳して、臨時革命政府あてに提出した。「ベトナム経済再生の建白書」でもあった。しかし、政府の反応はなかった。

「打倒買弁資本家」

七月頃に入ると、社会主義化政策が急ピッチで進み始めた。その皮切りが大がかりな「思想改造教育」と「反革命分子摘発運動」だった。旧政権下の政治家、高級官僚、将官クラスはもとより、一兵卒、末端の役人、民間の職場や地域でほとんどの市民が「再教育キャンプ」に呼び出され、ホーチミン思想の洗礼を受けた。再教育キャンプは、それぞれの旧役職などに応じて指定場所に呼び出され、そこに入ると外部との接触も一切絶たれる。収容所そのものだった。

九月に入ると経済復興策として、十四項目の「経済政策」が発表され、一挙に実施に移される。主な項目は（一）生産を強化するために全産業における国営企業の設立、強化に全力をあげる（二）政府は経済侵略をねらう帝国主義的な事業家や市場で投機をしたり経済機構を混乱させる者は容認しない。政府は投機、密輸集団の摘発、解体に全力をあげ、これらのものを厳罰に処す（三）市場における経済機構を破壊したり妨害したりする投機者は逮捕、投獄し、全財産を没収する（四）傀儡政権と関係があった抵抗主義的な事業家、傀儡政権の高級官僚の財産は政府の全面的な管理下に置く——などというものである。

この政策によって、南ベトナム全土で「悪徳資本家追放デモ」が拡がる。全国の都市、農村で「反動的ブルジョワジー打倒」を叫ぶ数万人規模のデモが組織され、企業経営者の逮捕が相次いだ。華字紙の見出しには連日「打倒買弁資本家」の活字が躍った。「買弁資本」とは「自国の利益を顧みず、外国資本に奉仕し私利を図る者」の意味だろう。この言葉はサイゴン経済の中核を担ってきた華僑には、「中国人排斥」ととられ、大量の中国系市民の国外脱出につながった。

追い打ちをかけたのが九月末の通貨の切り替えである。国立銀行は同月二十二日早朝、テレビやラジオで抜き打ち的に新通貨政策を発表した。それまでの南ベトナムのピアストル通貨に代えて、新しい通貨、ドンを発行、新一ドンを旧体制の通貨五百ピアストルと交換するというものである。サイゴン市民に衝撃を与えたのは、交換限度額が設けられ、それが予想以上に低く抑えられたことである。

一般市民は一家族あたり十万ピアストル（当時約四万円）、一世帯の人数など考慮されない。中小企業や商店で会社組織になっているところは、運営費として一社十万ピアストルまで。大企業も人件費や税金支払いに充てるという名目で五十万ピアストル（約二十万円）までしか交換が認められなかった。個人、企業も交換限度額を超える所持金は全額、国立銀行に正確に登録、預金することが義務付けられた。この政策の狙いは南ベトナムで流通している全紙幣を数日間で回収し、南の通貨の発行量を完全に革命政権が支配するとともに、資産階級を丸裸にし、南ベトナム全国民の経済的平等を一挙に確立することにあった。

交換した新通貨を使い果たし、収入の道を失い、家財道具を売り払って糊口をしのいだ生活困窮者を待っていたのは、「新経済区建設」という〝下放政策〟だった。地方の未開墾地に入植し、集団農場での農業生産に従事させようというものである。入植者を受け入れる住宅があるわけではなく、自分で木を伐り倒し、ヤシの葉などで屋根をふき雨風をしのぐ家を自分で造る。生産品はすべて自分のものにはならず、当局が管理する。「強制」ではなかったが、生きていく道は「新経済区」行きしかなかったのである。こうした政策に反発した多くの住民が、ボートピープルとなって小舟で海外に脱出した。

一連の社会主義化政策を強力に推し進めたのは、北からやってきた軍事力をバックにしたベトナム労働党の党員たちだった。南ベトナム臨時革命政府の各組織は形式的には存在したが、それぞれの組織に北からの労働党員が配置され、ハノイ中央の指示によって、各組織を牛耳った。翌一九七六（昭和五十一）年七月二日、南北は一気に統一され、「ベトナム共和国」を継承するはずだった「南ベトナム臨時革命政府」は事実上、表に出ることもなく消滅し、ハノイを首都とする「ベトナム社会主義共和国」が樹立された。

同年十二月には十六年ぶりに第四回ベトナム労働党大会がハノイで開かれ、「ベトナム革命は民族解放の段階から社会主義段階に移行した」ことを確認する。「ベトナム労働党」は「ベトナム共産党」と名前を変えた。かつてホー・チ・ミンはベトミン（ベトナム独立同盟）を結成する時、幅広い統一戦線を目指し、「インドシナ共産党」という名称を「ベトナム労働党」と変えたが、「社会主義段階」への移行によってその必要はなくなったとして、ベトナム社会主義共和国は「ベトナム共産党」の一党独裁国家となったのである。

日本政府への〝使者〟

こうした社会主義化の過程を見守っていた松下光廣は、「私は共産主義者ではない。だが、1883年フランスの植民地になって以来、1世紀の間ベトナム人が本当に望んでいた民族の独立と統一国家の実現は、やはり共産主義の思想という裏づけがなかったらできなかったと思う。単なる民族主義運動では限界があった[*72]」と述懐する。松下は「目前の混乱は過渡期の現象」

と考えていた。多少の混乱があるからと言って、ベトナム人を見放してはいけない。「ベトナム人というのはたいへんすぐれた民族ですよ。いずれそうした局部的な混乱も解決して新しい秩序が確立されるはずですよ」。松下のベトナム人に対する信頼と愛情は、共産党政権下でも揺らぐことはなかった。

社会主義化が急ピッチで進む一九七六（昭和五十一）年三月、松下にハノイの国家計画委員会副議長であり、南ベトナム臨時革命政府の国家計画委員会議長も兼務していたディン・ドック・ティエンから「話し合いたい」と呼び出しがあった。

ホーチミン市（旧サイゴン）で会ったティエンはこう切り出した。

「あなたからもらった各種のデータは、ベトナムの新しい国づくりに大いに役立てたい。そしてベトナムは日本の協力に大きな期待をかけている。そこで、日本がベトナムへの経済協力についてどんな考えを持っているか、日本国内の意向を打診してきてほしい」*72

一年ほど前に提出した資料に対しての初めての反応だった。ティエンはベトナムが経済復興のために計画している建設、開発事業を率直に松下に示した。製薬工場、第三ダニム水力発電所、アンモニア換算日産千トンの尿素工場、月産一万トンのパルプ及び製紙工場、月産一万トンのソーダ灰工場、板ガラス並びに化学用硝子器製造工場、漁業、林業、農業の開発などが目白押しだった。これらの計画に日本政府からどこまで援助が受けられるのか、ティエンは松下に、日本政府との間で途切れたままになっていた交渉の〝仲介役〟を依頼してきたのである。

彼は、松下がサイゴン陥落の日を孤児たちと迎えた「アジア孤児福祉センター」の福祉事業についても「深く感謝する」と述べ、今後もこの事業を続けてもらいたい、と頭を下げた。ティエンは松下の過去や、彼の行動について十分に調べ上げていた。日本政府の援助で建設し、日本人医師も派遣し続けてきたショロンのチョライ病院についても、「これを完全に近代的な病院に仕上げるとともに、医薬品も従来と同様、できる限り日本政府から供与を続けてもらうようお願いしたい。この病院を近代化してくれることによって、日本・ベトナム両民族の緊密な友好関係をいつまでも維持できることと信じる」と述べた。

孤児福祉センターの援助については、すぐに「アジア孤児福祉教育財団」理事長の松田竹千代に電報で要請した。松田はこれに素早く反応した。一億五千万円分の薬品と、千二百箱の粉乳の供与を決め、同年七月にはベトナム赤十字社宛に船積みされた。

松下は同年五月、「日本政府のベトナムへの経済援助の意向確認」のため、ベトナムへの再入国ビザをもらって日本に帰って来た。サイゴン陥落後、再入国ビザが認められたのは、松下が初めてだった。帰国した松下はベトナム新政権の各種の経済計画を説明し、チョライ病院についても、「せっかく日本がつくった病院で薬がなくて困っている。人道的な立場から、政治・経済問題と切り離して援助してやってほしい」と政界や外務省を駆けずり回った。

しかし日本政府の決定は、三千万円相当の医薬品は供与してもよいが、いずれも「ベトナム側から正式に日本に対して援助の申し入れをしてほしい」というものだった。松下光廣という一民間人の仲介では日本政府の面子がたたない、とでも考えたのだろう。困っているなら、ベトナム側が頭を直接下げてきたらどうだ、というのである。同八月、ハノイ経由でホーチミン市に戻る。松下が日本に一時帰国している間に、南北ベトナムは一気に統一され、「ベトナム社会主義共和国」となっていた。日本側の回答をベトナム側が呑めないことはわかっていた。革命が成功し独立を勝ち取ったばかりのベトナム側が、日本に頭を下げ、「無償の援助を依頼するということ自体、ベトナム人の〝誇り〟が許さないのだろう」。

ティエンは松下に仲介を頼む時、ベトナムの気持ちを松下にこう訴えた。「ベトナムは日本の協力に大きな期待をかけている。しかしそれはベトナムが一方的に日本に頼るのでなく、お互いの利益を尊重しあい、自主性を認め合ったうえでの経済交流でなければならない」。六十年以上にわたって、ベトナムの独立を支援し続けた松下は、その気持ちが痛いほどわかった。それは松下自身の〝心〟でもあった。「援助をしてやる」という態度が少しでも透けて見えた時、ベトナム側は受け入れることはできない。それが「独立国家としての誇り」である。新生ベトナムにはまだ外国資本を受け入れるルールや、外国と貿易するためのルールもなかった。「ベトナムが世界の仲間入りするには、まだまだ時間がかかる」。結局、三千万円分の薬の供与さえ宙に浮いたままになった。

さようなら、ベトナム

「ベトナム革命は民族解放の段階から社会主義段階に移行した」と判断された一九七六（昭和五十一）年十二月、ベトナムは共産党独裁国家として歩き始めた。松下光廣の「大南公司」がベトナムの地で生き残る余地は残されていなかった。サイゴンの本社ビルは接収され、現地資本と提携して操業を続けていたエビ漁業会社は国営となり、月産四万トンのカナ塩田、陶磁器の「永詔陶器公司」も、サンヨーと提携した弱電製品工場も関係する企業は次々と接収され、国営企業となった。南ベトナム臨時革命政府の中枢にいたかつての同志たちも相次いでそのポストを去って行った。ハノイからやって来た共産党官僚たちにとって、独立闘争を支援し続けた松下光廣も「日本帝国主義の先兵」でしかなかった。

同年十二月末、松下は「国外退去」を要請される。申請した再入国ビザは下りなかった。事実上の国外退去命令である。十五歳の少年時代に天草から渡って来てから六十四年。松下にとってベトナムは「第二のふるさと」というより「祖国」という思いに近かった。すでに八十歳を過ぎていた。「再びベトナムの土を踏むことはないだろう」。松下は「遠く引き裂かれる」思いでベトナムを後にした。「生涯をかけたベトナムにおける将来性をすべて失い、文字通り、丸裸で投げ出されてしまった」のである。

大南公司は形式的には本社を東京に置いていたが、事業のほとんどがベトナムだった。それがゼロになったのである。残ったのは多額の債務だった。長男、光興にすべての印鑑を預け、財産の処分を行った。東京・白鷺の自宅を売り払っても借金は残った。松下は一九七八（昭和五十三）年十二月、ベトナム政府に接収された資産について、「政府間交渉」を日本政府に依頼する「嘆願書」を書き、当時の大平正芳首相や園田直外相あてに提出している。大平首相あての陳情書は、ベトナムでの大南公司の歴史と接収された当時の状況を記した後、要旨次のように述べている。

「もともと革命軍は南部を統一するに当たり、第三国人の生命、財産は保障する旨宣言していたが、各行政区では軍政が敷かれ、生産的事業経営はすべて接収された。しかも所有者である我々には、一言の通告もなかった。我々としても銀行その他と取引上の賃借関係もあり、先方にその処理を願い出ている。しかしベトナム側は、債権はすべて政府管轄に移しており、債権処理は先方がすべて優先すると主張している。我々の債権は債務を相当上回っているので、差し引き処理を主張しているが、一向に考慮の余地を与えてくれない。大南公司に関する革命政府の一方的決定を、政府間交渉として処理してほしい」

時の外相、園田直は天草市河浦町生まれ、天草中学（現・熊本県立天草高等学校）出身の生粋の天草人。松下は旧知の園田にも相談したのだろう。大平内閣も動き出すが、革命政権からの反応はまったくなかった。

余生を静かに過ごす場所は、十五歳まで過ごした故郷天草・大江しかない。こう決意した松下光廣は妻千代と共に一九八一（昭和五十六）年八月二十一日、大南公司や大川塾関係者ら約五十人の見送りを受け、羽田空港から天草に向けて飛び立った。戦後十八年間、大南公司で働いた山田勲は「奥さんと二人で、ほっとしたような、幸せそうな感じでしたが、力弱く、とても寂しそうでした」と語る。山田は今でも「商人は最も人間らしくなければならない」という松下の言葉を鮮明に思い出す。「松下社長は大川先生と並んで大いなる師でした。大川先生に道の厳しさがあれば、松下社長には和の温もりがありました」。山田は松下を送った時の気持ちをこう詠っている。

ふるさとの島に余生《いき》ると発ち給う

師の機影《かげ》南の空に消えたり

松下光廣と妻千代の終《つい》の住処《すみか》となったのは、天草町大江の甥、松下正明夫妻の住む実家の棟続きに増築した二間だった。その脇に小さな台所も造り、二人だけの生活が始まった。

八十四歳を過ぎていたが、故郷での生活は子供の頃の日々を想い出させたのだろう。朝早く起き出すと、毎日のように、手製の竹杖をつき、付近の山々を歩きまわるようになった。荒尾岳にも上り、何時間も眼下に広がる東シナ海を眺めた。東シナ海を南下すればベトナムの海である。夕暮れ時になると、南の空の彼方に南十字星を探した。裏山伝いに通称根引き山の中腹の孤児院跡を懐かしそうに訪れた。

同じ屋根の下で、最後の二年間を共に過ごした甥の正明によると、山歩きをした松下は、いつも様々な野草を摘んできた。すべて食用になる薬草だという。その薬効を子供が親に自慢するように誇らしげに説明した。農業を長年営んできた正明が、名も知らぬ野草が多かった。彼は、「歩きながら元気な音でおならをした」。そして笑いながら〝解説〟した。「腹にガスを貯めることは、健康に最も悪い。ガスは思い切って抜くことだ」

晩年の松下光廣、天草にて

正明は、彼にいわれた言葉を、いまでも

忘れたことはない。どれもが彼の生涯の信条だったのだろう。
「人間はみんな平等であり、どんな人とも対等に付き合いなさい」
「人の悪口は決して言ってはいかん」
「人と話す時は真正面から、その人の目を見て話しなさい」

松下は大南公司の社業が順調だった一九七〇（昭和四十五）年、大江町に「松下光廣奨学金」制度をつくった。大江中学校長をしていた武富正勝は帰省した松下に「郷土の子供たちになにかしてやれることはないか」という相談を受けた。当時、熊本県の高校進学率は八十五％を越えていたが、大江地区はまだ貧しく、大江中学校の高校進学率は二十五％前後だった。松下の拠金で、当初は月三千円、後に四千円の奨学金制度がつくられた。天草町が奨学金制度をつくるまで約三十人の子供たちが、松下奨学金で高校に進学した。さらに松下は大江中学校正門わきに平屋建ての「松下図書館」を寄贈した。図書館が完成したのは、サイゴン陥落の直後だった。

天草に隠棲するとき、自宅に残っていた象牙や鼈甲、ベトナム製染付陶器や花瓶、ヒョウやトラの剝製などもすべてこの図書館に贈った。若い頃、ホイアンの日本人墓地を訪ねた松下は、異郷で死んだカラユキさんたちのために、必ず墓を建ててやる、と決意した。カラユキさんの墓は、「二度とカラユキさんを出さない天草にしたい」という思いに変わっていったのである。

天草はいま、少子高齢化と過疎化が急速に進み、大江中学校は廃校になった。校舎は地域の研修用の宿舎などに活用されているが、松下図書館も建物が残るだけで、彼が寄贈した本などもすべて処分されてしまった。象牙やトラなどの剝製は校舎三階の倉庫代わりの教室の片隅に無造作に置かれたままになっている。松下がこの地で生を終えて三十年。松下光廣の名を知る人も少なくなり、彼が寄贈した「松下図書館」と同じように風化が進んでいた。松下光廣のベトナムでの六十四年を知る人は、ベトナムでも日本でも今や、皆無に近い。

クオン・デの遺骨と墓

話は変わる。前述したように一九五六（昭和三十一）年正月、東京・天沼の小さな古びた一戸建てに住む安藤ちゑのと甥の成行のもとを、クオン・デの遺児、チャン・リエットとチャン・クーが予告もなく訪れた。クオン・デの遺骨を引き取りに来たのである。二人は日本語は話せ

クォン・デの長男チャン・リエット

クォン・デの次男チャン・クー

ないのに、通訳も連れていなかった。ちゑのと成行はクオン・デが死んだ直後、杉並の橋本増吉邸から、安い家賃のこの家に引っ越していた。ちゑのと二人の生活は苦しく、早稲田大学志望の成行は入学金稼ぎのためにアルバイト漬けの毎日だったころである。兄弟の話すフランス語を理解できず、急遽フランス語の出来る友人に助けを求めた。ちゑのと成行は精一杯、二人を歓迎した。成行はなけなしの小遣いをはたいて、日比谷の宝塚劇場にも二人を案内した。言葉が通じなくても、楽しめるだろうと思ったからである。

クオン・デの遺品はすべて荷造りして、ベトナムに送ることにした。残ったのは彼がいつも使っていたベトナム語用のローマ字タイプライターだけである。二人はこれまでのお礼として、金色の袱紗に包んだ現金十万円を仏壇に供えた。ちゑのは骨壺を渡す前に、中から頭頂部近くの骨と手先部分をそっと取り出して隠した。二人がベトナムに向けて飛び立った翌日、ちゑのは、この遺骨を小さな骨壺に入れ、東京・南池袋の都営雑司ヶ谷霊園の「陳東風の墓」の脇に埋めた。ちゑのはそこにクオン・デの墓を建てるつもりだった。しかし、東京都はそれを認めなかった。墓地の所有者は、クオン・デでなく、名義を借りた知人の日本人名になっており、その子孫たちの承諾がなければ、新しい墓は建てられない。

雑司ヶ谷霊園は一八七四（明治七）年、東京府（当時）によってつくられた共同墓地である。今では約十万平方メートルの広大な用地に、夏目漱石、小泉八雲、永井荷風、島村抱月ら文人たちの墓も多く、東京名所の一つにもなっている。東遊（ドンズー）運動で日本に渡って来たチャン・ドン・フォン（陳東風）が死んだ時、悲しんだクオン・デは、一区画としてはかなり広い、約二十平方メートルあるこの墓地を買い、墓を建てた。外国人であるクオン・デには、墓地購入の資格がなく、日本人の友人の名義を借りた。クオン・デの死後、管理料はちゑのが払い続け、今は成行が引き継いでいる。

安藤ちゑのは一九八七（昭和六十二）年、八十九歳で波乱の生涯を閉じるが、養子の成行へ遺した遺言は、「陳東風の墓地にクオン・デ侯の墓をつくり、私もそこに一緒に葬ってほしい」というものだった。しかし、その遺言は未だに実現せず、ちゑのの遺骨は安藤家の仏壇で眠ったままである。

二人の遺児が持ち帰ったクオン・デの遺骨はその後、どうなったのか。調べて行くうちに、一九九〇年代後半、ベトナムが共産党政権下の鎖国状態から「ドイモイ（刷新）」による開放経済に移行した時期に、クオン・デに興味を持ち、その墓を訪ねた日本人がいたことがわかった。映像作家の森達也である。彼はクオン・デの足跡を追って『ベトナムから来たもう一人のラストエンペラー』を著している。フエを取材で訪れた森を、クオン・デの墓まで案内してくれたのは「遺跡保存センターの事務所で会ったアン教授」で、「グエン王朝についてはベトナムで最も詳しいと評判の歴史学者[*73]」と書いている。当時のベトナムは「ドイモイ」政策に入ったとはいえ、政治的には反体制運動への厳しい取り締まりが続いていた時代である。「日本軍への協力者、クオン・デ」について声高に語れる時代ではなかった。クオン・デ支持者は公安当局の監視の対象でもあった。アン教授の案内で見たクオン・デの墓について、森は次のように述べている。

山道を走り、これ以上は車では無理だというところで、車を降り、急勾配の山道を登って約二十分。山の頂上付近に直径三メートルほどの擂鉢《すりばち》状の穴があった。その真ん中に一抱えほどの土が盛られていた。それがクオン・デの墓であり「線香や花が供えられた痕跡もない」。墓碑は米軍の爆撃が直撃して飛び散った、と同行した農夫は説明しながら、足元を掘ると、「ジグソーパズルのように白く乾いた墓碑の一部が姿を現した」。

私（筆者）は森達也にクオン・デの墓の場所について尋ねた。「最近、立派な墓が建てられたそうですよ。クオン・デに興味を抱いた東京の若い小学校の女性教師が単身、フエを訪ね、その墓にお参りしてきた、とメールで写真まで送ってくれましてね」。森はその小学校教師、紺野真奈美を紹介してくれた。彼女は一人で「アン教授」の自宅を探し、彼に書いてもらった地図を頼りに、ベトナムで今はやりのバイクタクシーをチャーターして、クオン・デの墓まで辿り着いたのだという。紺野はアンの自宅の電話番号と、アン不在の場合に備えて、彼女が使ったバイクタクシーの運転手の電話番号まで教えてくれたのである。

天草の旅から始まったこの長い物語を締めくくるには、ベトナムを再訪して松下光廣の大南公司本社跡を訪ね、クオン・デの墓に花を供えてお参りしてくることだ、と私は早い時期から決めていた。その旅を設営し、同行してくれることになったのが、大阪のテレビ局で報道記者経験のある宮崎泰行である。彼は放送記者時代に取材に訪れたベトナムに魅せられ、テレビ局を退社。ホーチミン市に私費留学し、ベトナム語やベトナム料理を学んだ。今では大阪市内に三軒のベトナム料理店を開業、ホーチミン市の中心街の国営デパートの一角に雑貨店を経営している。彼の両親も天草出身。松下光廣とクオン・デに強い関心を持っていた。宮崎の留学時代からの友人、トラン・ヴァン・タンも通訳兼ガイド役で同行してくれることになった。

ホーチミン・タンソニュット空港でタンに合流、国内線に乗り換えた私たちは、まずフエの南約百キロ、ダナンに向かった。松下光廣が若い頃、先人を偲んで訪れたという古い日本人街、ホイアンとその郊外にある日本人墓地を訪れるためである。ダナンはかつて米軍が最初に上陸した軍港の街だったが、今はその美しい海岸線にリゾート建設が急ピッチで進んでいる。ホイアンはダナンの南約三十キロ、車で一時間足らずの距離である。三か所の日本人墓地に線香を供えた私たちは、チャーターした車で百五十キロ近く北上、フエの街に入った。ホテルに着くとすぐに、「アン教授」に電話でクオン・デについて取材中であることを伝え、取材に応じてくれるよう頼んだ。彼は体調がすぐれず自宅で静養中だが、翌朝、自宅まで来てくれれば、喜んで会うという。

「家族写真」のナゾ

フエの中心街の閑静な住宅街にあるファン・タン・アン（潘順安）の家は、壮大な門構え、広大な庭園が続く古い寺院のような邸宅である。住所には「ゴク・ソン王子寺」とある。建物はかつて王宮の一部だったという。一九四二年生まれというアンは六十九歳。開け放した窓の向こうで、夫人と一緒に朝食中だった。アン夫人はグエン王朝九代目の縁戚の末裔。アン自身もグエン王朝に連なる名門の出だという。朝食を終えて、招き入れられた部屋の正面には巨大な仏壇があり、ひんやりとした風が吹き抜けていた。彼の名刺には「歴史研究所研究員、歴史学修士」とあった。

アンによると、クオン・デの墓が再建されたのは、二〇〇四年秋。孫たちや親戚が集まって、ささやかな墓を建てたのだという。翌年二〇〇五年五月にはフエに日本とベトナムの研究者が集まり、「東遊（ドンズー）運動百周年」を記念して「ファン・ボイ・チャウとドンズー運動」をテーマにシンポジウムが開かれることになっていた。「その席でクオン・デの話題が出るかもしれない。その時、クオン・デの墓もないことにベトナム当局も気兼ねし、墓の建立を認めたのではないか」ともいわれている。かつてフエの街には、「クオン・デ通り」もあったという。いつごろその名は消え、「クオン・デ」はベトナムで〝禁句〟となったのか。

「道路だけではなく、ベトナム各地の都市にクオン・デの名前のついた公園もあり、かつては歴史の教科書にもクオン・デの名は祖国救済の英雄として登場していました。しかし、南北ベトナムが統一され、ベトナム社会主義共和国になってから、彼の名前は急速にあらゆる場所から消えていったのです。フランスとグエン王朝という支配構造への批判と同時に、クオン・デは日本帝国主義の手先であるとされ、強い批判の対象となり、彼の名を語ることもためらわざるを得ない状況が続いてきたのです」

端正な顔立ちのアンは、静かな口調で淡々と語る。クオン・デに対する現体制の評価は今も変わることはないが、少なくとも歴史上の「否定的な人物」として語ることは問題ないという。

私は彼に率直に聞いた。

「彼は日本軍や日本人支援者に頼りすぎたという面はあったかも知れませんが、最後までベトナムとベトナム人を愛し、その独立のために生涯を捧げたと思います。ベトナム人にもクオン・デ復帰待望論があったと聞いています。クオン・デの全面否定は、今、ベトナムを支配する共産党の理論と政策のためなのでしょうか」

若きクオン・デに妻子を捨てて日本に亡命させたファン・ボイ・チャウは、共産党政権下でも「革命家」としての評価は高い。チャウがフランス当局に軟禁され最期を迎えた家はアン邸近くにあり、今では彼の業績を展示する「ファン・ボイ・チャウ記念館」として、多くの観光客が訪れている。記念館の庭にある彼の胸像は、近く市内中心部の公園に移されるという。かつてホー・チ・ミンも「我が民族の独立に身を献じ、国民に尊崇されている」と絶賛した。ドンズー運動百年の記念行事では、チャウの「偉大な功績」や日本に留学してきた何人かのベトナム青年の名前は登場したが、彼らが象徴として担いだクオン・デに触れられることはなかったという。

チャウと同じ想いを抱きながら、祖国の土を二度と踏むことの出来なかったクオン・デに対する〝完全無視〟の裏側には何があるのか。

アンは「ちょっと待ってください」と言いながら、書棚の引き出しから、写真の束を取り出した。写真は年代ごとにゴム輪で五センチほどの厚さに束ねられていた。そのなかから取り出した一枚の写真。それは前述した安藤ちゑのとクオン・デが一九四〇（昭和十五）年、台北で友人の二家族と夕食を共にした後に撮った三家族八人の集合写真だった（二四三頁参照）。クオン・デが復国同盟会の同志らとともに台北からベトナム語放送を行った頃の写真である。私も安藤成行に見せてもらったその写真を、複写して持っていた。

「この写真は一九四五年の３・９クーデター事件（明号作戦）の前後、ハノイやフエの識者に撒かれたものだと言われています。日本でのクオン・デの家族写真で、彼には二人の男の子があり、二人とも結婚して孫もすでに二人いる、という証拠写真だったそうです。ハノイやフエに当時建てられたクオン・デ歓迎のアーチもそれで消えていったというのです。クオン・デはベトナムを裏切り、日本人となっている、と説明されたようで、ベトナムの歴史学者の多くが、いいえ、今でもそう信じていますよ」

私は持参していた安藤成行の自宅で複写した写真を、アンに見せながら説明した。

「この写真は初めてクオン・デと海外旅行した安藤ちゑのが、台北の友人たちとの想い出の写真として生涯、大事に持っていた一枚です。ちゑのは弟の子供、成行を後に養子に迎えますが、クオン・デとの間に子供はいません。いや、子供はつくらなかったのです。多分、最初からそれが二人の約束だったのではないでしょうか。ちゑのはもちろん心から彼を愛していましたが、クオン・デが必ず祖国に復帰し、帝位に就くことを願いながら、生涯日陰の身であることは承知で、クオン・デに尽くしたのだと思います」

「やはりそれは真実だったのですか」。アンは表情を曇らせながら言った。彼は十数年前、やはりクオン・デの墓を訪ねてきた森達也に同じ話を聞いたという。だが、それを百パーセント信じていたわけではなかった。「クオン・デは既に日本人になっており、帰国することはない」。それは長い間、ベトナムの歴史学者の定説だったというのである。誰が、どんな目的でこの写真を、クオン・デの日本の家族写真だとして、ハノイやフエで撒いたのか。それは本書の第八章「クオン・デかバオダイか」を読めば容易に想像がつくだろう。

長い間、日本のアジア主義者や松下光廣たちのグループは、クオン・デを元首にしたベトナムの独立〟を支援してきた。しかし、日本軍の現地部隊である第三十八軍司令官土橋勇逸は、「明号作戦」を発動する際に、クオン・デ復帰に反対し、フランス統治時代からのバオダイ帝存続を決め、実行したのである。クオン・デのバックにはベトナムの真の独立を願う多くのアジア主義者たちがいた。クオン・デが帰還すれば、日本軍当局の思いのままにはならない。フランスの傀儡として、誰の意思にも容易に従うバオダイの方が、日本軍の意のままに動かせる、との判断が働いたと考えてもおかしくはない。

現地ベトナム人の間でも、クオン・デ待望論は強く、日本軍も同じようにクオン・デの帰国を支持していると信じ込んでいた。これを覆して「フランスの傀儡」といわれるバオダイ帝を存続させるとすれば、日本軍がクオン・デ擁立を阻止したのではなく、クオン・デ自身に問題があるのだ、という構図を作り上げなければならない。そのためには、「君主の資格は失われている」ということを、クオン・デを支持するベトナム国民に示す必要があった。「クオン・デはベトナム人であることを止め、日本人に成りきっているのだ」。儒教の影響を強く受け、家族意識の強いベトナム人にとって一枚の集合写真は、結果として、その恰好の証拠写真になったのである。推測ではあるが、クオン・デの即位を土壇場でひっくり返した土橋勇逸の周辺から、この写真が流されたと考えても、そう間違ってはいないだろう。土橋周辺が台北に駐屯する台湾軍に手を廻し、撮影した写真館からこの写真を入手するのは、それほど難しくはなかったと思われる。だが、それを裏付けるものはない。

ファン・タン・アンは、「案内したいのだが、この数日、体調が思わしくなくて」と言いながら、ガイド兼通訳のトラン・ヴァン・タンにクオン・デの墓の地図を克明に描き、説明してくれた。今は四車線の道路がすぐ近くを走っており、墓方向に入る小道を間違わなければ簡単にわかるはずだという。私は気になっていたことを、最後にもう一つ質問した。

「クオン・デの墓は最初からそこに建てられたのでしょうか」

彼の遺骨が二人の遺児の手に運ばれてベトナムに帰って来たのは一九五六（昭和三十一）年一月。クオン・デを敬愛したゴ・ディン・ジェムが大統領の時代である。彼が敬愛するクオン・デの墓を、山深い山中の誰の目にも触れないような場所につくらせたとは思えない。最初につくった墓は別の場所にあったが、革命の進行下で破壊され、遺族らの手によって、現在の所在地に密かに運ばれたのではないか、と私は疑っていた。

アンはそれには直接答えなかった。黙ったまま、写真の別の束の中から、これまた古びた写真を一枚引き出した。クオン・デの遺骨が二人の遺児に抱えられ、サイゴンのタンソニュット空港に到着した「帰還式」の写真だった。飛行機を降り、遺骨を胸に抱えたのが長男のチャン・リエット、遺影を胸にしたのが次男チャン・クーだろうか。そばで頭を下げて迎えているのが大統領のゴ・ディン・ジェムである、と彼は説明した。二人の遺児の遺骨引き取りに、ジェムも関わっていたことはこの写真でも明らかだ。「クオン・デ侯の帰還」として現地でも大きく報じられたという。この写真の出迎え風景からみても、クオン・デの墓が、当初からフエ郊外の山中奥深い所につくられたとは、考えられない。ジェムはフエのかなり目立つ場所に、大規模なグエン王朝の末裔に恥じない墓を建立したはずである。アンはそれを示唆してくれたのではないか。

そこから現在の場所に移されたのは一九七五年、サイゴンが陥落し、共産党支配の「ベトナム社会主義共和国」が樹立されて以降のことだろう。アンもその経緯には口を閉ざした。グエン王朝に連なるアン一家も革命政権下で表には出せない多くの辛苦があったに違いない。開放経済に移行したとはいえ、政治的には自由な発言が許されているわけではない。サイゴン陥落後の約二十年間、ベトナムは国を閉ざし、カンボジアのポル・ポト政権のような虐殺はなかったにしても、徹底した思想改造教育を施し、旧体制を破壊していった。

革命政権にとって、「日本軍への協力者」であったクオン・デも、その墓の建立を積極的に進めたゴ・ディン・ジェムも、「米国の傀儡」として、激しい糾弾を受けたに違いない。その過程で破壊されたクオン・デの墓の断片を、遺族や関係者が密かに山

クオン・デの遺骨の帰還式

中に運んで守り続けたのではなかろうか。

アン邸を辞した私たちは、フエの郊外に出ると新しく建設が進む四車線の道路を北西に約二十分、途中から舗装されていないデコボコ道になったが、アンの地図は極めて正確だった。右折箇所を一か所だけ通り越して引き返したが、順調にクオン・デの墓に通じる車一台がやっと通れる狭い山道に入った。十分近く進むと目印として示してくれた小さな民家わきに着いた。民家の庭で子供たちと遊んでいた三十代の男に聞くと、墓まで案内してくれるという。

クオン・デの墓

田んぼ脇の草深い畦道を百メートルほど歩くと、幅二メートルほどの小川に出る。橋はなく、小川を飛び越えて、両側の小枝をかき分けながら、急勾配の坂道を数百メートルほど登る。丘の頂上近くに一つだけポツンと墓があった。幅四メートル、長さ十メートルほどの楕円形の墓地に、高さ一・五メートルほどの華奢な屋根が付いた屋形状の墓である。「畿外侯彊柢㞢墓」と明記されている。最近、お参りした人もいるのだろう。新しい生花が供えられていた。フエ近郊の一般の墓に比べても、控えめな、こぢんまりとした墓だった。

お参りを済ませて車の待つ民家のそばまで戻ると、狭い道を自転車で息せき切って駆けつけた八十歳近い老人がいた。息を弾ませながら「ニッポン、サイコー」と親指を突き出し、握手を求めてきた。日本人がクオン・デの墓を訪ねてきたと知って、追っかけて来たのだという。クオン・デの一族に連なるというこの男は、涙を浮かべながら、「クオン・デが日本で受けたたくさんの恩義について感謝したい」と繰り返すのだった。

ベトナムと日本の歴史の荒波に翻弄され続けたクオン・デの生涯だった。かつては日本軍に裏切られ、共産主義体制下のベトナムでは日本軍への協力者として否定され、歴史的にも抹殺されたままである。フエでもホーチミン市でもクオン・デの名前を知る人は少ない。知っていたとしても口にする人はいないのだ。お参りしながら、彼は今、何を思い続けているのだろうかと、ふと思った。日本で無念極まりない死を迎えた彼の心は、今なお、彷徨い続けているのか、それとも兄弟同士の戦争は終わり、社会主義体制下で統一国家として歩み続けるベトナムを、喜んで見守っているのか。

ドンズー日本語学校

フエ空港からホーチミン市に戻った私たちは翌朝、市内住宅街の一角にある五階建ての「ドンズー日本語学校」を訪ねた。今、ベトナムでは日本語学習がブームになっており、日本語を学ぶ学生は全国で約五万人。約三千人が日本に留学してきているという。「ドンズー日本語学校」は全国四か所に分校があるベトナム最大の日本語学校で、卒業生総数は初級、中級合わせて一万人を超え、現在の学生総数は約二千五百人。平成時代の「東遊運動」といってもよいが、それは「革命と独立」のためではなく、ベトナムに進出する日本企業への就職を有利にすることが大きな目的になっている。

校長のグエン・トック・ホエに面会を求めたがその日は生憎の不在。彼は日本に滞在する約六百人の同校関係留学生を訪ねて毎年、日本を訪れており、今年も間もなく訪日の予定だという。「東京でホエ校長に会える時間を必ず設定し、連絡しますから」と校長秘書の伊藤晴彦は約束してくれた。連絡があったのは帰国後、二か月たった六月中旬。学生と懇談している東京・大塚の「アジア文化センター」でインタビューの時間をとってもらうことになった。

ドンズー日本語学校校長、グエン・トック・ホエは一九四〇（昭和十五）年生まれ。その流暢な日本語に、経歴を問うと昭和三十年代初めに日本に留学、一九六四（昭和三十九）年に京都大学を卒業し、東大大学院に進んだという。大学院を終えると都内北区でベトナム人留学生相手の日本語塾を開設、留学生寮「東遊学舎」を設立した。当時の留学生には金持ちの子弟が圧倒的に多かったというから、ホエもたぶん良家の息子だったのだろう。一九七三年、パリ協定によって米軍が撤退、戦火がやっと途絶えたサイゴン（当時）に帰国、一般家庭の小学生を対象にした日本語学校を始めた。二年後のサイゴン陥落と、南北ベトナムの統一。大変な時代を生き抜いてきたインテリである。

一九九一年、ホーチミンに「ドンズー日本語学校」を設立する。ドイモイ政策による開放経済への移行によって、日本企業の投資が急増し始めた頃である。学校経営が軌道に乗るまでは、相当の苦難があったに違いない。婉曲にそのことを尋ねると、彼は即座に「いろいろありましたが、私は幸せでした」とその話を遮った。彼にとっては、触れてもらいたくない、公式には話せない期間のことなのだろう。私がホエに聞きたかったのは、「東遊運動」を校名に冠した学校経営者の「クオン・デ観」であり「クオン・デの評価」だった。クオン・デについて、学生たちにどう教えているのか、知りたかった。

「私は歴史学者ではありませんが、ベトナムの歴史にとってクオン・デの価値はなかったと思います。ドンズー運動はファン・ボイ・チャウの民族観、国家観に基づいて行われたもので、彼に対するベトナムの歴史的評価は高く、学生たちにも彼の志を教えています。しかし、クオン・デには言及する必要も、その価値もない、と思っています」

予想に反してホエの口からは、クオン・デに対する厳しい批判が相次いで飛び出した。

「そもそもグエン王朝はベトナム民族を裏切って、フランスにベトナムを売ったのです。いわば〝売国奴〟です。私たちはグエン王朝そのものを認めていません。クオン・デの生涯はベトナムの革命や独立とは無縁のものであり、彼はすべて自分の保身と利益のために行動したのです。彼自身は日本軍を利用しようと思ったのかも知れませんが、日本軍は彼を利用しようとし、彼もその路線に乗ったのです。日本軍の〝傀儡〟だったといってもよいでしょう」

それがベトナム共産党の歴史観かもしれない。もし、そうだとするなら、クオン・デを独立運動の先頭に立てようとしたファン・ボイ・チャウも、大きな過ちを犯したのではないか。

「二人はある段階から違った道を歩き始めたのです。クオン・デは安易に日本と日本軍に頼り過ぎました。チャウは日本と決別し、より苦難の道を歩いたのです。チャウが党首としてクオン・デを迎えたのは、彼を利用して独立運動を盛り上げようと考えたからです」

彼は本心からそう思っているのか。このインタビューが活字になることを意識して、ベトナムの共産党政権向けに発言したのか、それは問うまい。ベトナム各地で教育事業を展開する彼の立場もあるだろう。クオン・デに対する現体制の公式見解が集約されている、とみてもよい。「ファン・ボイ・チャウもクオン・デを利用した」というならクオン・デの生涯の悲劇性は一段と大きくなる。彼は日本という国だけでなく、同志と思い続けたチャウらにも裏切られていたことになる。

「歴史」とは、いつの時代でも、ある立場から何者かに反対し、何者かに賛成するために語られてきた。その中で、それぞれの時代に生きた生身の人間の〝思い〟は無視され、消し去られる。「クオン・デは、よくよく可哀そうな人だったんですね」。私は最後にこう言って、ホエ校長と別れた。

松下光廣の残照

話を、ホーチミン市のドンズー日本語学校を訪ねた日まで戻したい。ホエ校長とは東京で会うことになった私は、かつての「大南公司ビル」の記憶を辿った。テレックス室のあった大南公司本社は、日経支局があったグエンフェ通りから一本西側のハムギ通りに面した三階建ての古めかしいビル。すぐそばに六階建てのまだ新しい「大南公司ビル」があった。当時としては界隈では目立った近代的なビルで、一階には日本から空輸された新聞を宅配するＯＣＳ（海外新聞普及会社）が入り、二階にはサイゴン唯一の日本レストラン「京」が店を構えていた。三階以上はアパートやオフィスになっており、ベトナム戦争を取材する各社の特派員たちが入れ替わりで何人も住み、通称「大南アパート」と呼んでいた。取材を終えた特派員たちは「京」に集まって、飲食をしながら大声で議論し、情報交換をした。考えてみれば、大南公司ビルは、ベトナム戦争取材の〝情報センター〟の役割を果たしていたのだった。

その周辺はここ数年、急ピッチで再開発が進み、ホーチミン市の金融センターに変貌しようとしている。それらしきビルはハムギ通りに面しては見当たらない。見当をつけたあたりには十五階建ての「工業貿易投資銀行」が聳えていた。私は、松下光廣が隠棲した天草の松下家の彼の部屋に、紙筒に入れて大切に保管されていた、大南公司ビルの写真を複写して持参していた。その写真には「西貢・大南公司新社屋」と記され「21－23 VO DI　NGUY SAIGON」というアドレスが入っている。

同行した宮崎泰行とガイドのタンが写真と旧地番を持って、聞き込みをしてくれた。そして、ビルとビルの谷間に、いかにも小さく、今にも壊れそうな感じのする六階建ての古びたビルを発見した（九九頁参照）。ハムギ通りから十メートルほど入った別の通りに面していた。写真と見比べれば、大南公司ビルに違いない。高いビルなどほとんどなかったあの当時、ハムギ通りに面していたというのは記憶違いで、ビルからハムギ通りまで別の建物はなかったのだろう。近くにあった三階建て本社ビルのあたりは、すでに近代的ビルに変貌していた。

大南公司ビルは接収されたあと国有化され、その後、民間の「海産貿易会社」に貸し出されたという。入居する海産貿易会社は祝日とあって人の気配はなかったが、中には備品もほとんどなく、空き家状態になっていた。すでに建て替えの話が進み、引っ越しが始まっているのだろう。建物に表示された地番は「21－23 HO TUNG MAU」。すぐ近くにはホーチミン市で最も高い六十八階建ての高層オフィスビル「ビテスコ」も完成、ベトナム経済の発展ぶりを示している。「このあたりの古い建物は数年後にはすべて消えているでしょう」。立ち退きを迫られているという近くのビル一階の食糧品店主は寂しそうに語った。

松下光廣の「大南公司」の残映は、夕暮れのサイゴンの街にひっそりと佇んでいた。南十字星の輝きは昔も今も変わらない。しかし、人間の肉体だけでなく、堅固なビルもまた消え、人々の記憶から去っていく。古びた人影のないビルを見上げながら、若き日の松下光廣たちや、独立の志に燃えたベトナム青年たちが、元気に出入りする姿が甦って来た。彼らが生涯をかけた夢は、歴史という過酷な激流の底深くに沈み、再び浮き上がってくることはないだろう。すべては「南柯の夢」だったのかも知れない。

主要引用・参考文献

▼引用文献（初出章に記載）

序章

＊1『ヴェトナム』小松清　新潮社　一九五五年

第一章

＊2『ヴェトナム亡国史他』（「獄中記」「海外血書初編」他も収録）潘佩珠著　長岡新次郎、川本邦衛編　平凡社東洋文庫　一九六六年
＊3『サンダカン八番娼館』山崎朋子　文春文庫　二〇〇八年
＊4『天草海外発展史』（上）北野典夫　葦書房　一九八五年
＊5『「南進」の系譜』矢野暢　中公新書　一九七五年
＊6『天草海外発展史』（下）北野典夫　葦書房　一九八五年
＊7『天草島の年輪――近代天草百年通史』井上重利　みくに社　一九七四年
＊8『五足の靴』五人づれ　岩波文庫　二〇〇七年
＊9「根引き山のアリア――神の導きの託児・孤児院」（「もっと光を」）神谷恵「熊本日日新聞」二〇〇〇年一一月七日朝刊

第二章

＊10『仏印への途』小松清　六興商会出版部　一九四一年

＊11『貿易風の仏印』ジャン・ドゥレル、姫田嘉男　育生社弘道閣　一九四二年
＊12『フランス植民地主義の歴史』平野千果子　人文書院　二〇〇二年
＊13『ヴェトナムの血』小松清　河出書房　一九五四年

第三章

＊14「第二次世界大戦期のベトナム独立運動と日本」立川京一「防衛研究所紀要」第三巻第二号　二〇〇〇年
＊15「私の戦前戦中の略歴」三浦琢二「みんなみ」所収　南方会（南方会機関誌「みんなみ」は、一号［昭和五十三年一月］より三十三号［平成十六年五月］までが一冊の合本となり国会図書館に所蔵されている）
＊16「日本におけるヴェトナムの人々」長岡新次郎（『ヴェトナム亡国史他』＊2所収）
＊17『見て来た仏印、鮮満支の旅』野依秀市　帝都出版　一九四五年
＊18『大川周明全集』第二巻　大川周明　大川周明全集刊行会　一九六二年
＊19『大川周明日記』大川周明顕彰会　岩崎学術出版社　一九八六年
＊20『東亜経済調査局附属研究所』南方会　山本哲朗編　私家版　二〇〇七年
＊21「我が瑞光寮時代」菅勤「みんなみ」所収　＊15参照

第四章

＊22『ヴェトナム独立運動家　潘佩珠伝――日本・中国を駆け抜けた革命家の生涯』内海三八郎著　千島英一・櫻井良樹編　芙蓉書房出版　一九九九年
＊23『越南義烈史』鄧搏鵬著　後藤均平訳　刀水書房　一九九三年
＊24「仏国内政関係雑纂　属領関係　印度支那関係　安南王族本邦亡命関係」外交文書第一巻　外務省外交史料館所蔵

＊25『浅羽町史（通史編）』浅羽町史編纂委員会　浅羽町　二〇〇〇年

第五章

＊26『ベトナム民族運動と日本・アジア』白石昌也　巖南堂書店　一九九三年

第六章

＊27『ある歴史の娘』犬養道子　中公文庫　一九八〇年
＊28「朝日新聞」一九五四年七月二十二日付
＊29『中村屋のボース』中島岳志　白水社　二〇〇五年
＊30「みんなみ」南方会機関誌　＊15参照
＊31『上海時代』（下）松本重治　中公新書　一九七五年
＊32「朝日新聞」一九四五年七月三十日付
＊33『松下社長とわたし』中堂観恵　私家本　一九七七年
＊34『シルクロードの夢――ある青春の記録』内川大海　私家本　一九九三年

第七章

＊35「ベトナム復国同盟会と1940年復国軍蜂起について」白石昌也「アジア経済」第23巻4号　一九八二年
＊36『軍服生活四十年の想出』土橋勇逸　勁草出版サービスセンター　一九八五年
＊37『第二次世界大戦とフランス領インドシナ――「日仏協力」の研究』立川京一　彩流社　二〇〇〇年
＊38「ヴェトナムの日本人――その知られざる記録（1）」西川寛生　アジア親善交流協会『研究資料』No.1　一九九五年

＊39『統帥乱れて——北部仏印進駐事件の回想』大井篤　毎日新聞社　一九八四年
＊40『仏印進駐の真相』中村明人　私家本　一九五四年
＊41「ヴェトナム〝復国〟秘史」西川寛生　「流れ」第二七巻第一二号所収　流れ社　一九七九年

第八章

＊42「安南と結ぶもの」小松清「新潮」一九四一年十月号所収　新潮社
＊43　大本営陸軍部印軍情第一二〇号「交趾支那地方暴動に対する仏印当局の弾圧状況並民心の趨向に関する件報告（通報）」アジア歴史資料センター蔵
＊44　昭和十五年十月五日付澄田機関発次官・次長宛河内電第五八九号　アジア歴史資料センター蔵
＊45『台湾拓殖会社とその時代』三日月直之　葦書房　一九九三年
＊46『ある現代史』小牧近江　法政大学出版局　一九六五年
＊47『小松清——ヒューマニストの肖像』林俊、クロード・ピショワ　白亜書房　一九九九年
＊48「小松清　ベトナム独立への見果てぬ夢」上・下　ビン・シン　高杉忠明・松井敬訳「世界」二〇〇〇年四、五月号
＊49「大東亜共栄圏下のベトナム——小松清をめぐって」那須国男「思想の科学」第五七号　一九六三年
＊50『人間の集団について——ベトナムから考える』司馬遼太郎　中公文庫　一九七四年
＊51『東南アジア現代史Ⅲ（世界現代史7）』桜井由躬雄・石澤良昭　山川出版社　一九七七年

第九章

＊52『戦史叢書　シッタン・明号作戦』防衛研修所戦史室　朝雲新聞社　一九六九年
＊53『特務機関長許斐氏利——風淅瀝として流水寒し』牧久　ウェッジ　二〇一〇年

＊54「仏印を語る」山根道一〔述〕日本外交協会調査資料　一九四三年
＊55「風塵のさなかに――見聞録」陳重金　陳荊和訳註「創大アジア研究」創刊号、二号　一九八〇年
＊56『大本営陸軍部戦争指導班　機密戦争日誌』（下）軍事史学会編　錦正社　一九九八年
＊57「インドシナ三国独立の経緯」林秀澄　『「昭和軍事秘話」――同台クラブ講演集』（中）「同台クラブ講演集」編集委員会　同台経済懇話会　一九八九年
＊58『手記で綴った大川塾』山本哲朗　私家版　二〇〇九年
＊59「ヴェトナムの日本人――その知られざる記録（2）」　西川寛生　アジア親善交流協会『研究資料』No.4　一九九六年
＊60『ベトナム1945――明号作戦とインドシナ三国独立の経緯』神谷美保子　文芸社　二〇〇五年
＊61「大川先生とクォン・デ殿下」西川寛生　「大川周明顕彰会報」二四号　一九九七年
第十章
＊62『総蜂起への道――ボー・グエン・ザップ回想録』ボー・グエン・ザップ　竹内与之助訳　新人物往来社　一九七一年
＊63『ベトナムのラスト・エンペラー』ファム・カク・ホエ　白石昌也訳　平凡社　一九九五年
＊64『ホー・チ・ミンと死線をこえて』中川武保　文藝春秋　一九七〇年
＊65「フランスが帰って来る――インドシナの一九四五年」立川京一　軍事史学会編「第二次世界大戦（三）―終戦―」錦正社　一九九五年
＊66『ホー・チ・ミン（人物現代史8）』大森実　講談社　一九七九年
＊67「ホー・チミンに会うの記」小松清「朝日評論」一九五〇年三月号　朝日新聞社

第十一章

＊68『白い航跡――大川塾卒業生が見てきた戦争と東南アジア』山田勲　文芸社　二〇〇四年
＊69「週刊新潮」昭和三十四年十一月三十日号
＊70『ベトナム戦記』開高健　朝日文庫　一九九〇年
＊71『アジアの内幕』大森実　弘文堂　一九六四年

終章

＊72「新しいベトナムは日本に何を求めているか――インドシナで65年の半生をかけた貿易商・松下光廣さんに聞く…」「オールビジネス」一九七七年七月号　政経通信社
＊73『ベトナムから来たもう一人のラストエンペラー』森達也　角川書店　二〇〇三年

▼その他参考文献（順不同）

『天草キリシタン史』北野典夫　葦書房　一九八七年
『南船北馬』北野典夫　みくに社　一九八二年
『からゆきさん』森崎和江　朝日新聞社　一九七六年
『南十字星――シンガポール日本人社会の歩み』シンガポール日本人会　一九七八年
『五足の靴と熊本・天草』濱名志松編　国書刊行会　一九八三年
『西海の南蛮文化　五足の靴』鶴田文史　長崎文献社　二〇〇六年
『天草四郎と島原の乱』鶴田倉造　熊本出版文化会館　二〇〇八年
『天草かくれキリシタン宗門心得違い始末』平田正範遺稿　濱崎献作編集　サンタ・マリア館　二〇〇一年
『日本宗教事典』村上重良　講談社　一九七八年

『街道をゆく　島原・天草の諸道』司馬遼太郎　朝日文庫　二〇〇八年
『異国の戦争』小牧近江　かまくら春秋社　一九八〇年
『物語ヴェトナムの歴史』小倉貞男　中公新書　一九九七年
『ベトナム戦争を考える』遠藤聡　明石書店　二〇〇五年
『ベトナム新時代』坪井善明　岩波新書　二〇〇八年
『ベトナム民族小史』松本信弘　岩波新書　一九六九年
『第二次世界大戦（三）終戦』軍事史学会編　錦正社　一九九五年
『ベトナム革命の素顔』タイン・ティン　中川明子訳　めこん社　二〇〇二年
『ベトナムと日本』今川幸雄　連合出版　二〇〇二年
『ベトナム戦争』松浦完　中公新書　二〇〇一年
『わかりやすいベトナム戦争』三野正洋　光人社　一九九九年
『ベトナム解放宣伝隊』ボー・グエン・ザップ　加茂徳治訳　すずさわ書店　一九七六年
『これならわかるベトナムの歴史』三橋広夫　大月書店　二〇〇五年
『クアンガイ陸軍士官学校』加茂徳治　暁印書館　二〇〇八年
『ベトナム人名人物事典』西川寛生訳・著　暁印書館　二〇〇〇年
『サイゴンの火焰樹――もう一つのベトナム戦争』牧久　ウェッジ　二〇〇九年
『大川周明』松本健一　岩波書店　二〇〇四年
『大川周明の大アジア主義』関岡英之　講談社　二〇〇七年
『大川周明関係文書』大川周明関係文書刊行会　芙蓉書房出版　一九九八年
『日米開戦の真実』佐藤優　小学館　二〇〇六年
『松井石根と南京事件の真実』早坂隆　文春新書　二〇一一年

『重光葵　連合軍に最も恐れられた男』福岡健一　講談社　二〇一一年
『ポーツマスの旗　外相小村寿太郎』吉村昭　新潮社　一九七九年
『国破レテ　失われた昭和史』村上兵衛　二玄社　二〇〇九年
『人ありて　頭山満と玄洋社』井川聡　小林寛　海鳥社　二〇〇三年
『なぜ日本は「大東亜戦争」を戦ったのか』田原総一朗　PHP研究所　二〇一一年
『宿命の戦争』中堂観恵　自由アジア社　一九六六年
『岸田国士全集』第二巻戯曲編（二）岸田国士　新潮社　一九五四年
『仏印を描く』久留島秀三郎　朝日新聞社　一九四三年
『日本の南進と東南アジア』矢野暢　日本経済新聞社　一九七五年
『日越ドンズーの華――ベトナム独立秘史』田中孜　明成社　二〇一〇年
『白い航路　こぼれ話』山田勲　私家本　（刊行年記載なし）
『松田竹千代の生涯』松田澄江　松田妙子　私家本　一九八一年
『澤山汽船株式会社七十年史』澤山汽船社史編集委員会　澤山汽船　一九八八年
『日本商船・船名考』松井邦夫　海文堂出版　二〇〇六年
『値段史年表　明治・大正・昭和』週刊朝日編　朝日新聞社　一九八八年
「インドシナ残留日本兵の研究」立川京一　防衛研究所戦史部「戦史研究年報第五号」二〇〇二年
「東遊運動をめぐる日仏両外交当局の対応」白石昌也　大阪外語大学報第七三号　一九八七年
「戦前・戦時期日本の対インドシナ経済侵略について」疋田康行　疋田康行編『戦時日本の対東南アジア経済支配の総合的研究』研究報告　科学研究費補助金総合研究A研究成果報告書　一九九二年
「新しいベトナムと日本の親善と協力のために　松下光廣談」「ベトナム」No.51—52　ベトナム協会　一九七六年
「浅羽佐喜太郎と東遊運動」安間幸甫編　浅羽佐喜太郎公記念碑八五周年記念事業実行委員会　二〇〇三年

「エコノミスト」昭和三十四年十一月十日号
「在支朝鮮人及在本邦安南人に関する日仏情報交換関係」外交文書　外務省外交史料館
「ベトナム賠償および借款協定関係」外交文書　外務省外交史料館　二〇〇八年
「日本・ヴェトナム戦後賠償交渉」　田中健郎　東南アジア関東例会報告　二〇〇九年
「終戦直後の日越関係と賠償交渉――戦前・戦中・戦後をベトナムに生きて」小田親　「東アジア近代史」第十一号所収　東アジア近代史学会　二〇〇八年
「ベトナム秘史に生きる『日本人』」全五回　玉居子精宏　Ｗｃｂ草思（http://web.soshisha.com/archives/vietnam/index.php）二〇〇七年
『大川周明　大川塾塾生の足跡　加藤健四郎さんインタビュー』ＤＶＤ　村瀬一志編　ケイエムコンサルティングＬＬＣ　二〇一一年
週刊みくに、朝日新聞、読売新聞、日本経済新聞、大阪朝日新聞、大阪毎日新聞、国民新聞、夕刊フジ、熊本日日新聞

あとがき

一九七五年四月のベトナム戦争終結から、四十年近い歳月が流れた。「ベトナム社会主義共和国」が、ドイモイ（刷新）政策によって開放経済に移行してから四半世紀。世界各国からの投資も急増し、目覚ましい経済発展を遂げ、悲惨な戦争の傷跡もようやく癒えようとしている。日本企業の進出も急ピッチで進む。原発開発の日本受注も決まり、新幹線計画が浮上するなど日越両国の関係は年ごとに深まってきた。

　サイゴン陥落時、日本経済新聞のベトナム特派員だった私は、三年前、当時の記憶を辿り『サイゴンの火焔樹――もう一つのベトナム戦争』を上梓した。その中でかつての取材源であり、向こう側（解放戦線側）の情報に強かった大南公司常務（当時）、西川寛生について書いた。西川は大川周明の「大川塾」出身であり、仏印派遣軍参謀長、長勇が組織した「許斐《このみ》機関」の機関員だった。この「許斐機関」を追跡して出版したのが『特務機関長許斐氏利――風淅瀝《せきれき》として流水寒し』である。

両書の取材、執筆中、常に気になっていたのが「大南公司の創業者、松下光廣」という男の存在だった。日本軍がベトナムに進駐した時、長勇や許斐氏利、西川寛生らと現地ベトナム人たちを繋ぎ、彼らが常に一目も二目も置き、心から信頼していた男──それが松下光廣だった。サイゴン陥落直前まで、サイゴンの目抜き通りに六階建ての「大南公司ビル」を構えていたが、その人物像については「十五歳で天草からベトナムに渡り、一代で大南公司という東南アジアに根を張った一大商社を築いた男」ということぐらいしかわからなかった。

「松下光廣の実像がわからなければ、あなたのベトナム戦争も終わりませんね」。こう冷やかし気味に問いかけて来たのは、前述の拙著二作の編集者、服部滋氏である。その通りだった。松下光廣という男と、ベトナムとの関わりを書き終わらなければ、私はベトナムに別れを告げることは出来ない。そうした意味でこの本は、前二作の続編であり、私の「サイゴンの記憶を辿る旅」の終着駅でもあった。

本書の取材の過程で次第に明らかになったのが、明治末年、フランスからの独立闘争のために日本に亡命してきたグエン王朝直系の王子クオン・デと、同じころ天草からハノイに渡った松下光廣との強固な盟友関係だった。日越の歴史の関わりの陰には、クオン・デを中心とする独立運動グループを密かに支援し続けた松下光廣という男が、常にその〝中核〟として存在していたのである。クオン・デと松下光廣の関わりを書くことは、明治、大正、昭和三代にわたるベトナムと日本人の交流史を書くことでもあった。

もう一つ、私には本書を書く強い動機があった。陥落後のサイゴンを取材中、北からやってきた若い将校（多分、ベトナム共産党員だったのだろう）に「あなたは、戦前、戦中にベトナムに侵攻してきた日本軍が何をやったか知っていますか」と厳しく問われたことがある。恥ずかしいことだが、私はこれに答えることが出来なかった。教科書で教わった中国に侵攻した日本軍の行為が頭に浮かび、ベトナムでも日本軍は同じことを繰り返したに違いない、とばかり思っていたからである。

戦後、日本軍の東南アジア進出は、「帝国主義的侵略」として全面的に否定され、またベトナムでもクオン・デの独立運動は、日本軍に利用されたものとして歴史の裏側に隠されたままである。私は「大東亜戦争がアジア各地の民族独立のための戦争であった」というつもりは毛頭ない。白人支配からのアジア解放を唱えながら、実際にはアジアの多くの人々に強い反発を買う戦争にのめり込んでいった日本。それは歴史の皮肉としか言いようがない。

しかし、「侵略戦争」や「ファシズム」という言葉ですべてを一括りにすれば、表に一切出ることもなく、自らも語らず、ベトナム人の独立の悲願を応援し続けた多くの日本人がいた事実は、闇の中に葬られ、歴史の真相は見失われるのではないか。今、ベトナムはかつての桎梏から解き放たれて完全独立を果たし、政治形態は違っても、人々の生活は向上の一途を辿っている。クオン・デや松下光廣と彼の同志たちの〝魂の叫び〟は実現したのである。彼らの思いや行動を書き遺すことは、今後の日越友好の深化に大きな役割を果たす、と私は信じている。

最後に本書の執筆を細部にわたって支援してくれた服部滋氏や、快く貴重な資料提供、取材に応じてくれた皆さんに心からお礼申し上げる。特に松下光興、松下正明、安藤成行、許斐氏連各氏を始め、天草の平石水穂、平石皎、松浦四郎、山下嘉明、山下大恵、本多康士、北野照枝各氏、大川塾出身の山本哲朗、加藤健四郎、山田勲各氏、外務省外交史料館の熱田見子と外務省出身の渡辺幸治、穴吹允各氏、防衛省防衛研究所の兵庫正彦、立川京一両氏、映像作家の森達也氏、浅羽ベトナム会の安間幸甫氏、ベトナムのファン・タン・アン、グエン・トック・ホエ、伊藤晴彦、宮崎泰行各氏らのご協力に深く感謝の意を表したい。

二〇一二年一月

牧　久

著者略歴

牧　久（まき・ひさし）

ジャーナリスト。一九四一年、大分県生れ。六四年、早稲田大学第一政治経済学部政治学科卒業。同年、日本経済新聞社に入社。東京本社編集局社会部に配属。サイゴン・シンガポール特派員。名古屋支社報道部次長、東京本社社会部次長を経て、八九年、東京・社会部長。その後、人事局長、取締役総務局長、常務労務・総務・製作担当。専務取締役、代表取締役副社長を経て二〇〇五年、テレビ大阪会長。現在、日本経済新聞社客員。著書に『サイゴンの火焔樹——もうひとつのベトナム戦争』『特務機関長 許斐氏利——風淅瀝として流水寒し』（各小社刊）がある。

「安南王国」の夢

——ベトナム独立を支援した日本人

二〇一二年二月二十八日　第一刷発行

著　者　牧　久

発行者　布施知章

発行所　株式会社ウェッジ

〒101-0052　東京都千代田区神田小川町1-3-1

NBF小川町ビルディング3F

電話：03-5280-0528　FAX：03-5217-2661

http://www.wedge.co.jp/　振替00160-2-410636

DTP組版　株式会社リリーフ・システムズ

印刷・製本所　図書印刷株式会社

＊定価はカバーに表示してあります。　ISBN978-4-86310-094-7 C0095